Incorporações Imobiliárias

ESTUDOS APLICADOS

Incorporações Imobiliárias

ESTUDOS APLICADOS

Coordenadoras: Nathalia Lima Feitosa Lopes • Priscila Mie Gomes Sammi

Camila Conte
Daniela de Pontes Andrade
Débora Lúcia Tiemy Sato de Moura
Fatima Tadea Rombola Fonseca
Fernanda Costa Neves do Amaral
Gabriela Marcondes
Júlia Mascarenhas Costa
Juliana Rubiniak
Márcia Giangiacomo Bonilha Novo
Maria Flavia Candido Seabra
Mariana Senna Sant'Anna
Marina Monteiro Chierighini Lacaz
Marina Rosa Cavalli
Natalie Collet Feitosa Lange
Rafaella Carvalho Corti
Viviane Zacharias do Amaral

ALMEDINA
BRASIL

Rio de Janeiro, 2025

Incorporações Imobiliárias

ALMEDINA é uma empresa do Grupo Editorial Alta Books (STARLIN ALTA EDITORA E CONSULTORIA LTDA).

ISBN: 978-85-8493-742-4

Impresso no Brasil — 1ª Edição, 2025 — Edição revisada conforme o Acordo Ortográfico da Língua Portuguesa de 2009.

Dados Internacionais de Catalogação na Publicação (CIP)
(Câmara Brasileira do Livro, SP, Brasil)

Incorporações imobiliárias : estudos aplicados / coordenação Nathalia Lima Feitosa Lopes, Priscila Mie Gomes Sammi. -- São Paulo : Almedina, 2025.

Várias autoras.
Bibliografia.
ISBN 978-85-8493-742-4

1. Condomínios (Imóveis) 2. Direito imobiliário - Leis e legislação - Brasil 3. Financiamento imobiliário 4. Incorporação imobiliária - Legislação - Brasil 5. Liderança 6. Mercado imobiliário I. Lopes, Nathalia Lima Feitosa. II. Sammi, Priscila Mie Gomes.

24-211467 CDU-347.235(81)

Índices para catálogo sistemático:

1. Brasil : Direito imobiliário 347.235(81)

Eliane de Freitas Leite - Bibliotecária - CRB 8/8415

Grupo Editorial Alta Books

Produção Editorial: Grupo Editorial Alta Books
Diretor Editorial: Anderson Vieira
Editora-Chefe: Manuella Santos de Castro
Editor Pleno: Aurélio Nogueira
Vendas Governamentais: Cristiane Mutüs
Gerência Comercial: Claudio Lima
Assistente Editorial: Andreza Moraes
Diagramação: Almedina e Aurélio Corrêa

ALTA BOOKS
GRUPO EDITORIAL

Rua Viúva Cláudio, 291 — Bairro Industrial do Jacaré
CEP: 20.970-031 — Rio de Janeiro (RJ)
Tels.: (21) 3278-8069 / 3278-8419
www.altabooks.com.br — altabooks@altabooks.com.br
Ouvidoria: ouvidoria@altabooks.com.br

Editora **afiliada à:**

ASSOCIADO

SOBRE AS COORDENADORAS

Nathalia Lima Feitosa Lopes
Vice-Coordenadora da Coordenadoria de Incorporações Imobiliárias da Comissão Especial de Direito Imobiliário da OAB/SP. Coordenadora da área de Consultivo Urbanístico – Imobiliário do Bicalho Navarro Advogados. Graduada pela Universidade de São Paulo em 2011. Especialista em Direito Empresarial Imobiliário pela Universidade Secovi e em Mercado de Capitais pela Fundação Getúlio Vargas – FGV. Foi monitora do curso de pós-graduação em Direito Imobiliário pela Fundação Getúlio Vargas – FGV. Atualmente, cursa o mestrado em Direito Civil pela Universidade de São Paulo. Autora de diversos artigos relevantes para o setor imobiliário.

Priscila Mie Gomes Sammi
Coordenadora da Coordenadoria de Incorporações Imobiliárias da Comissão Especial de Direito Imobiliário da OAB/SP. Árbitra do Núcleo Especializado em Direito Imobiliário da Câmara de Mediação e Arbitragem Especializada – CAMES. Advogada na área de Consultivo Imobiliário – Condomínio e Incorporações, Negócios Imobiliários, Operações Estruturadas, Contratos e Notarial Registral do NFA Advogados. Possui LL.M em Direito dos Mercados Financeiro e de Capitais do Insper. Possui MBA em Gestão e Business Law pela Fundação Getúlio Vargas – FGV. Especialista em Direito Empresarial Imobiliário pela Universidade Secovi. Pós-graduada em Direito Civil pela Escola Paulista da Magistratura de São Paulo – EPM. Graduada pela Universidade Presbiteriana Mackenzie em 2014.

SOBRE AS AUTORAS

Camila Conte

Formada pela Unifieo com pós-graduação em Direito Contratual pela PUCS-SP e especialização em Negócios do Mercado Imobiliário pela FIA, atua desde 2008 com financiamentos habitacionais à construção dentro e fora do Programa Casa Verde Amarela.

Daniela de Pontes Andrade

Formada pela Universidade Presbiteriana Mackenzie. Especialista em Direito Registral Imobiliário pelo Instituto de Registro Imobiliário do Brasil – IRIB. Advoga na área do consultivo imobiliário do Machado Meyer Advogados. Possui larga experiência no aconselhamento em todos os aspectos do direito imobiliário e das transações imobiliárias, incluindo compra e venda de propriedades urbanas e rurais, locações comerciais e de varejo, arrendamento e parcerias rurais, zoneamento e uso do solo, criação de direitos reais e garantias. Também atua na estruturação de negócios imobiliários complexos, transações imobiliárias financiadas por investimentos estrangeiros e desenvolvimento de projetos *greenfiled* para o setor industrial. Presta assessoria a clientes de diversos segmentos, como logística, educação, automobilístico e varejo.

Débora Lúcia Tiemy Sato de Moura

Graduada pela Faculdade de Direito da Pontifícia Universidade Católica de São Paulo e especialista em Direito Imobiliário pela Pontifícia Universidade Católica de São Paulo. Advogada do departamento de direito imobiliário do escritório Duarte Garcia, Serra Netto e Terra, tendo ingressado no escritório em 2009. Possui experiência na área de consultoria imobiliária assessorando clientes em operações imobiliárias, conduzindo auditorias imobiliárias no contexto de aquisição de imóveis e operações de financiamento, na elaboração e negociação de instrumentos contratuais, constituição de direitos reais e garantias imobiliárias, bem como em incorporações imobiliárias e em assessoria consultiva para regularização imobiliária.

Fatima Tadea Rombola Fonseca
Especialista em operações imobiliárias, especialmente incorporações, instituições de condomínio, loteamentos, parcerias imobiliárias, aquisições, contratos de locação, *built to suit*, contratos de construção e gestão de obras e instrumentos de garantia, como hipoteca, alienação fiduciária e instituição de direito de superfície. Seu trabalho consiste em estruturar, rever os termos e implementar operações imobiliárias puras. Além disso, apoia o mapeamento dos diferentes modelos adotados em projetos de infraestrutura, energia, fusões e aquisições e contratos financeiros, participando de operações estruturadas, orientando e analisando a elaboração de contratos que envolvam, direta ou indiretamente, bens imóveis. Tem experiência nos setores de operadores logísticos, construtoras, incorporadoras, bancos, veículos de investimentos e empresas de tecnologia.

Fernanda Costa Neves do Amaral
Doutoranda e Mestre em Direito Comercial pela Pontifícia Universidade Católica de São Paulo. Especialista em Direito Empresarial Econômico pela Fundação Getúlio Vargas. Advogada. Sócia do Freitas Leite Advogados em São Paulo. Professora do Insper São Paulo, PUC COGEA e Uni-Secovi.

Gabriela Marcondes
Advogada com atuação em reestruturação de incorporação imobiliária; formada pela Universidade de São Paulo – USP, com especialização em Processo Civil e Direito Imobiliário pela Pontifícia Universidade Católica – PUC, Especialista em Negócio e Direito Imobiliário pela Universidade Secovi e professora Assistente em Direito Civil, na Pontifícia Universidade Católica de São Paulo – PUC.

Júlia Mascarenhas Costa
Analista Judiciária TRT 2ª Região. Formada na Faculdade Baiana de Direito e Pós-graduada em Legal tech: direito, inovação e *start ups*. Aspirante a temas

de inovação, agilidade, *design thinking* e *visual law*. Mentorada pela Ana Paula Holtz para aplicação de UX – *user experience* – e *visual law*, pela UX-PA Curitiba. Aplica metodologia de gestão ágil no jurídico, atuante como PO – *Product Owner* – de time multidisciplinar de diferentes áreas do jurídico. Ex-Coordenadora Jurídica da Cyrela.

Juliana Rubiniak
Sócia do Juliana Rubiniak Advogados. Especialista em Direito Imobiliário pela Universidade Secovi – SP. LL.M. em Direito dos Contratos pelo Insper com Extensão em *Law and Economics* pela Universität St. Gallen – Suíça. Especialista em Contratos Específicos e Registro de Loteamentos pela Universidade Secovi. Presidente da Comissão de Negócios Imobiliários do Ibradim. Membro da MDDI – Mesa de Debates de Direito Imobiliário. Coordenadora do Livro – *A Prática das Operações de Built to Suit.*

Márcia Giangiacomo Bonilha Novo
Advogada, Especialista e Mestre em Processo Civil pela PUC/SP. Possui Certificações em Compliance Anticorrupção – CPC-A e Investigações Internas – CPIIC. Participou do Programa de Governança, Risco e Compliance da Fundação Dom Cabral. Atuou no mercado de *Oil & Gas*, de Agronegócios, de Serviços e estou, desde 2009, no mercado imobiliário.

Maria Flavia Candido Seabra
Sócia e Head da área imobiliária do Machado Meyer Advogados. Pós-graduada em Contratos pela CEU Law School. Graduada pela Universidade Presbiteriana Mackenzie É especialista em direito imobiliário, presta assessoria na estruturação dos mais diversos negócios imobiliários, tais como operações de aquisição de imóveis, locações, *built to suit*, e investimentos no setor imobiliário do país, bem como na estruturação de desenvolvimento imobiliário, regularização de imóveis, financiamento e garantias em operações estruturadas. Tem vasta experiência em assuntos registrários.

Mariana Senna Sant'Anna
Mestre em Direito Público – Urbanístico pela PUC/SP; Certificação em Gestão de Riscos e Compliance – CPC-A, especialização em ESG pelo IBGC (em curso). Trabalhou em grandes bancas de advocacia, atuando há mais de 10 anos como responsável pela área jurídica de empresas de grande

porte do Mercado Imobiliário. Atual Diretora Jurídica e de Gestão de Riscos e Compliance da Even Construtora e Incorporadora S.A., Governance Officer e, Diretora responsável pelos Comitês de Auditoria, de Transações com Partes Relacionadas e de Conduta. Membro do Comitê ESG Even Construtora e Incorporadora S.A. Autora de artigos diversos no setor.

Marina Monteiro Chierighini Lacaz
Formada pela Faculdade de Direito da Universidade de São Paulo (FADUSP) em 2008. Obteve pós-graduação *lato sensu* em Direito Administrativo pela Universidade Anhanguera, em Arbitragem Comercial pela Fundação Getúlio Vargas (FGV-Law) e em Contencioso Estratégico, também pela FGV--Law. Desde o início da carreira ao ano de 2014, adquiriu larga experiência nas áreas de contencioso empresarial estratégico e arbitragem, advogando em escritórios de grande porte (Mattos Filho Advogados e Castro Barros Advogados). Em seguida, como advogada no escritório Bicalho & Mollica Advogados, passou a atuar no contencioso cível imobiliário com ênfase em litígios estratégicos. Entre 2015 e 2016, foi monitora do curso de pós-graduação em Direito Imobiliário da FGV-Law. Em 2016, fundou o escritório SIDC Advogados (hoje S2GDC Advogados), com o objetivo de prestar serviços especializados ao setor imobiliário, onde permanece até os dias atuais. Atualmente, é também membro da Comissão de Arbitragem e Mediação do IBRADIM e do Comitê Brasileiro de Arbitragem.

Marina Rosa Cavalli
Formada pela Universidade Presbiteriana Mackenzie. Pós-graduada em Direito Imobiliário pela Fundação Getúlio Vargas. Advogada da área de consultivo imobiliário do Machado Meyer Advogados. Especialista em direito imobiliário, negócios imobiliários e contratuais em geral, tendo participado da constituição e administração de fundos de investimentos imobiliários, negócios jurídicos complexos no setor imobiliário e de investimentos, aquisições imobiliárias diversas (diretas e indiretas), regularização de imóveis, gestão e administração de imóveis e mapeamento jurídico para expansões de empresas.

Natalie Collet Feitosa Lange
Graduada pela Faculdade de Direito da Universidade Presbiteriana Mackenzie e especialista em Contratos pelo Centro de Extensão Univer-

sitária e em Direito Imobiliário pela Fundação Getúlio Vargas. Sócia do departamento de direito imobiliário do escritório Duarte Garcia, Serra Netto e Terra desde 2009, tendo ingressado no escritório em 1999. Possui vasta experiência (mais de 20 anos) na área de consultoria imobiliária, sendo altamente especializada em assessorar clientes, de diversos setores do mercado (notadamente do setor imobiliário), na negociação e estruturação de contratos de compra e venda, contratos de permuta, contratos de pagamento em espécie, incorporações imobiliárias, auditorias imobiliárias, entre outros, tendo realizado diversas transações imobiliárias de pequeno, médio e grande porte. Foi reconhecida pela Leaders League em 2021 e 2022 como "advogada líder" na área de Real Estate e pela Análise Advocacia Mulher como uma das mulheres mais admiráveis do Direito no ano de 2022 (prática de Real Estate)

Rafaella Carvalho Corti
Diretora Executiva da Cyrela. Formada em Direito e Relações Internacionais na UFRJ e na UniverCidade, com pós-graduação em Direito Empresarial e Direito Registral e Notarial na FGV e no IBMEC, MBA em Gestão Empresarial na FDC com módulo internacional na *Northwestern University – Kellogg School of Management* e LLM Executivo na CEU Law School. Atua também nas Comissões de Direito Imobiliário e de Relações Internacionais da OAB RJ e no Comite Jurídico da ABRAINC. Além disso, atua como Coeditora da Revista da Carreira, uma revista digital com foco em temas de Gestão e Carreira

Viviane Zacharias do Amaral
Advogada, sócia fundadora do Viviane Amaral Advogados Associados, escritório especializado há 38 anos em recuperação de empreendimentos imobiliários com obras paralisadas, tendo atuado em mais de 150 projetos imobiliários no Brasil. Especialista em Direito Processual Civil pela UFGO; em Direito Imobiliário Empresarial pela Universidade Secovi/SP; Pós-Graduada em Negócios Imobiliários pela FAAP – SP; Lecionou na PUC/GO; na Faculdade Anhanguera/Go e na Funenseg; Ex-juíza membro do Tribunal Regional Eleitoral/GO; Associada do IBRADIM; Autora de artigos sobre a Lei 4.591/64 e Palestrante sobre o tema "Destituição do Incorporador".

NOTA DA COORDENAÇÃO

"O que elas reivindicam hoje é serem reconhecidas como existentes ao mesmo título que os homens e não de sujeitar a existência à vida (...)" – Simone de Beauvoir[1]

A conclusão dessa publicação é o resultado do esforço de mulheres de destaque profissional e acadêmico no mercado jurídico imobiliário, e que desenvolvem diariamente um trabalho de excelência, sendo referências em suas áreas de atuações. Foram reunidas na presente obra algumas dessas profissionais, em um livro escrito por elas, uma coletânea de artigos que visa aprofundar o debate sobre temas diversos relacionados às incorporações imobiliárias, a primeira com esse recorte no Brasil.

O mercado jurídico imobiliário é carente de material bibliográfico semelhante ao proposto, de excelente nível técnico e de cunho prático, relacionado à temática das incorporações imobiliárias e escrito exclusivamente por mulheres. Não há sequer um material como o ora proposto.

Antes de se debruçar sobre a leitura dos temas instigantes contidos nesse trabalho, importante que se compreenda um pouco sobre os bastidores de sua elaboração.

A ideia de reunir mulheres para escrever essa coletânea surgiu nas reuniões da Coordenadoria de Incorporações Imobiliárias da Comissão Especial de Direito Imobiliário da OAB/SP. A OAB/SP, sob a presidência de Patrícia Vanzolini, e a Comissão de Direito Imobiliário, sob a

[1] BEAUVOUIR, Simone. *O segundo sexo – Volume 1.* Rio de Janeiro: Nova Fronteira, 5ª ed., 2019, pg. 100.

presidência de Anna Lyvia Ribeiro (ambas no triênio 2022/2024), têm incentivado fortemente a composição plural dos painéis e fóruns organizados pelas comissões da Ordem. Foram nessas reuniões que percebemos quantas mulheres competentes, de vasto conhecimento técnico e prático, temos no nosso setor imobiliário.

Ocorre que no cotidiano, muitas vezes, priorizamos fazer reverências a autores já consolidados em nossas áreas de atuação, repetindo reiteradas vezes citações de um ou outro autor. Foi, então, que nós, organizadoras desse livro, indagamos onde estariam as publicações das mulheres que conhecemos nas reuniões da nossa Coordenadoria? Por que elas não escreviam e divulgavam todo o conhecimento compartilhado conosco? Nessa constatação, surgiu a ideia de organizamos uma coletânea que contasse com algumas dessas especialistas.

A partir do convite inicial feito para diversas profissionais, passamos a nos deparar com as razões pelas quais não temos, ainda, muitas mulheres para citar: perdemos algumas para a injusta síndrome da impostora, outras para o ainda invisível trabalho familiar, tantas para a desmedida pressão e o *burn out*, outras para os intensos compromissos familiares, para a recente maternidade, para a dificuldade, pautada em muitas desigualdades estruturais, em conciliar projetos profissionais, família e vida pessoal. Foi uma maratona emocional entender e apoiar o que estava por trás de cada história que estávamos acompanhando, de cada desistência que vivenciamos.

O que aprendemos com isso é que as mulheres se deparam com dificuldades incontáveis para conseguir se dedicar à solidão da produção acadêmica. Os espaços e as funções de cuidado por nós ocupados – muitas vezes exclusivamente – tomam-nos horas exigentes. São muitos papéis para assumir com competência, muitos pratos para equilibrar, muitos anseios para controlar. Por isso, o apoio mútuo e a valorização recíproca são tão importantes e foram os pilares que possibilitaram seguir com o projeto dessa obra.

E aquelas que conseguiram, que se desafiaram, que superaram suas próprias barreiras, precisam ajudar e apoiar as próximas, para que outros conteúdos como esse surjam. É assim que nos sentimos em relação ao livro: a conclusão de um trabalho de apoio mútuo, esforço intenso e divulgação de autoras muito competentes.

Em vista desse cenário, buscamos oxigenar as publicações no setor e impulsionar a divulgação de outras escritoras.

A experiência das coordenadoras deste material evidenciou a necessidade de fornecer à sociedade estudos aplicados ao tema, no intuito de propagar o conhecimento e melhor capacitar o profissional que atua com incorporações no país. Nesse sentido, agradecemos sobretudo às autoras que se engajaram no projeto e a ele se dedicaram, acreditando conosco no seu potencial!

Também agradecemos imensamente à Editora Almedina Brasil, que sempre nos brinda com suas publicações de elevada excelência acadêmica, e que abraçou a ideia do projeto, fornecendo meios para concretizá-lo e disponibilizá-lo para o mercado jurídico, sobretudo por nos permitir abrir espaços para profissionais relevantes como as que colaboraram com esta obra.

Boa leitura a todos!

São Paulo, 08 de março de 2024.

Nathalia Lima Feitosa Lopes
Priscila Mie Gomes Sammi

SUMÁRIO

1. FINANCIAMENTO À PRODUÇÃO

CAMILA CONTE

Introdução

Financiamento à produção, Plano Empresário, Apoio à Produção, Crédito Imobiliário Pessoa Jurídica (PJ), Contrato de Crédito e de Mútuo à PJ para Construção de Empreendimento Imobiliário, Cédula de Crédito Bancário, entre outros.

Todos esses termos são utilizados para definir o mesmo tipo de contrato, o contrato de financiamento da obra de um empreendimento imobiliário.

Essa modalidade de contrato de mútuo voltada para a construção civil brasileira possui características próprias que serão exploradas nas próximas páginas.

O objetivo final desse artigo é elucidar, através de uma linguagem simples e acessível, todo o processo de contratação e manutenção mensal do financiamento de uma incorporação imobiliária com as principais instituições financeiras que atuam no Brasil e possuem essa modalidade contratual.

É importante iniciar essa conversa explicando que basicamente existem dois tipos de contratos, os contratos que possuem o objetivo de suportar a construção do projeto e os contratos que possuem o objetivo de viabilizar tanto o projeto como o financiamento dos adquirentes das futuras unidades. Ambos possuem uma base parecida, mas uma dinâmica completamente diferente de contratação e manutenção mensal.

Esse artigo é focado em unidades habitacionais urbanas e foi elaborado a partir do ponto de vista de quem possui 17 (dezessete) anos de atuação na área.

1. Financiamento à produção

1.1 *Funding* ou origem do recurso

Quando o assunto é o financiamento de uma obra, precisamos começar pela origem do recurso ou *funding*.

Atualmente, os recursos utilizados pelas instituições bancárias podem ser diversos e cada um deles possui enquadramento distinto.

O Sistema Financeiro de Habitação (SFH), criado pela reforma financeira de 1964, através da Lei nº 4.320/1964, deu origem ao recurso da poupança (Sistema Brasileiro de Poupança e Empréstimo – SBPE) e recursos do Fundo de Garantia do Tempo de Serviço (FGTS).

O SBPE é constituído pelas instituições que captam recursos através de poupança, com diretrizes de direcionamento instituídas pelo Conselho Monetário Nacional e acompanhados pelo Banco Central.

Pelas regras atuais do Banco Central, 65% dos recursos captados pela caderneta de poupança, devem ser destinados ao crédito imobiliário.

Esses recursos não podem ser destinados a imóveis acima de R$1.500.000,00 (um milhão e quinhentos mil reais) e possuem taxa de juros máxima de 12% a.a., entre outras regras.

Já os recursos do FGTS, atualmente regido pela Lei nº 8.036/1990, foi criado com o objetivo, dentre outros, de garantir a formação de uma reserva financeira para o trabalhador registrado no regime CLT (Consolidação das Leis do Trabalho).

Suas diretrizes são estabelecidas pelo Conselho Curador e os recursos são operados pela Caixa Econômica Federal. Vale ressaltar que a aplicação desses recursos é utilizada pelo Governo Federal para financiar programas de habitação e obras de saneamento e infraestrutura e algumas utilizações aprovadas em lei em caráter emergencial.

Atualmente, para a habitação, o recurso do FGTS é acessado através do Programa Minha Casa Minha Vida.

Para contrato de financiamento à produção, hoje somente a Caixa Econômica Federal acessa esse recurso e possui critérios bem rigorosos para enquadramento da operação, aprovação do projeto, contratação do financiamento, manutenção mensal do contrato, bem como para o encerramento desse contrato.

Os critérios de enquadramento da operação, bem como as tarifas e taxa de juros para a construção são tabeladas pelo Fundo Curador, e os recursos do FGTS só podem ser utilizados para imóveis residenciais avaliados dentro do valor limite do programa, conforme a localização do terreno. Na prática, se o projeto de incorporação tiver uma ou mais unidades não residenciais, o valor correspondente será excluído do financiamento à construção.

O FGTS possui orçamento anual e plurianual aprovado pelo Fundo Curador e sua utilização pode ser acompanhada pelo próprio *site* do FGTS.

Existem também outros *fundings* que podem ser captados no mercado e utilizados para fomentar a construção civil, tais como fundos de pensão, bancos de investimento, títulos de renda fixa como a Letra Imobiliária Garantida (LIG), Letra de Crédito Imobiliário (LCI) e os Certificados de Recebíveis Imobiliários (CRI).

Essas captações podem tanto compor o *funding* de SBPE, caso a instituição financeira já esteja tomada na regra dos 65% da destinação da poupança, como podem ser utilizados nas operações do Sistema de Financiamento Imobiliário (SFI).

O SFI, criado pela Lei nº 9.514/1997, possui regras mais flexíveis, alcançando todas as operações não enquadradas no SFH.

1.2 Repasse na planta x repasse nas chaves

A escolha do repasse na planta ou repasse nas chaves é um dos pontos de sucesso da incorporação imobiliária. E nesse sentido, precisamos definir o conceito de repasse.

O processo de financiamento do saldo devedor da unidade do comprador junto a uma instituição bancária, seja esse financiamento durante a obra ou após seu término, é conhecido como repasse ou desligamento.

A compra de um imóvel envolve diversas análises por parte do comprador, mas uma em especial, a disponibilidade de crédito.

Antes da criação do SFH, somente o brasileiro classe alta conseguia financiar seu imóvel, pois o sistema vigente possuía taxas altíssimas e prazos curtos. Com a instituição do novo sistema, a inserção da figura da correção monetária nos contratos de financiamento permitiu o aumento dos prazos contratuais e a utilização do *funding* de poupança, permitindo assim o acesso a condições mais atrativas.

Como esse financiamento da unidade habitacional ocorre somente após a finalização da construção e a emissão do habite-se, o comprador da unidade assina um compromisso de compra e venda com a construtora elaborado a partir de uma análise de sua renda e capacidade de financiamento; assim, acordam um plano de pagamento da diferença entre o valor limite de financiamento e o valor de compra da unidade: ato, parcelas mensais, parcelas anuais e a parcela de financiamento ao final.

Vale lembrar que a maioria das instituições bancárias permite financiar apenas 80% do valor da unidade e não aceita que a parcela mensal do financiamento do cliente ultrapasse 30% ou 35% de sua renda.

Ocorre que o valor ainda não pago da unidade, ou seja, todo o plano de pagamento futuro contratado possui correção monetária pelo índice nacional da construção civil (INCC), e muitas vezes a correção da renda do cliente não acompanha a correção do compromisso de compra e venda firmado, resultando na perda de capacidade de pagamento do cliente e em uma eventual desistência do imóvel e rescisão contratual.

Em um cenário de inflação, é muito comum que o cliente não consiga concretizar o plano de pagamento acordado, resultado da desistência do seu contrato de compra da unidade e na devolução de valores já recebidos. Essa devolução é um total desastre para as construtoras, pois os valores recebidos foram aplicados na obra que ainda está em andamento. A Lei nº 13.786/2018, organizou melhor a questão do distrato.

Ainda que o SBPE tenha melhorado o acesso ao crédito para a aquisição do imóvel, a questão da correção ainda machucava a população de baixa renda e a criação do repasse na planta ampliou a possibilidade de acesso à casa própria.

Em março de 2009, o Governo Federal cria o Programa Minha Casa Minha Vida (PMCMV ou MCMV) voltado integralmente para famílias de baixa renda, com diversas regras de enquadramento tanto no contrato de financiamento à construção, quanto ao financiamento da aquisição, com a criação de grupos de renda familiar, onde cada um dos grupos possui acessos a subsídios e taxas de juros especiais.

Um dos instrumentos que ajudou no sucesso do PMCMV foi a possibilidade de realizar o processo de financiamento da unidade durante a obra.

Conhecido também como financiamento na planta, o promitente comprador verifica seu enquadramento no PMCMV, o valor do subsídio governamental que terá acesso, à taxa reduzida que lhe será concedida, destina os recursos da sua conta do FGTS e aprova seu crédito para o financiamento diretamente com o agente financeiro no momento da compra de sua unidade.

E, após todas as análises realizadas, o comprador assina seu contrato de financiamento com a Caixa Econômica Federal (Caixa) praticamente em ato contínuo à assinatura de seu compromisso de compra e venda com a construtora, mantendo com a construtora apenas um plano de pagamento de eventuais valores complementares, conhecido como *pró-soluto*.

A realização da análise dos fatores de crédito no momento da decisão da aquisição da unidade reduziu a insegurança na decisão de compra e permitiu o acesso de milhares de famílias de baixa renda ao sonho da casa própria.

É importante pontuarmos que quando falamos de financiamento ao final da obra, o repasse tradicional ou repasse nas chaves, os adquirentes das unidades não estão vinculados ao banco financiador da obra, os clientes podem ter condições diferenciadas para financiarem seu saldo devedor com a instituição que realizou o financiamento à produção, mas estão livres para optarem por melhores condições de crédito em qualquer banco.

Já o adquirente de unidade com repasse associativo está obrigado a fazer o financiamento do seu saldo com o mesmo banco que está financiando a obra. Isso ocorre porque ao analisar o financiamento da construção, a Caixa analisa todo o projeto a fundo, conforme as regras do seu produto e do FGTS ou SBPE e, além disso, uma das garantias do financiamento à produção é a alienação do próprio terreno e das futuras unidades, então somente o detentor da garantia pode baixar essa garantia ou realizar sua substituição.

Diante da dinâmica acima, a decisão entre repasse na planta ou repasse nas chaves é do incorporador, que precisa observar as características do seu projeto, do público-alvo e das diferenças entre os produtos bancários. A viabilidade do projeto e a tabela de vendas devem espelhar as condições.

1.3 Financiamento à produção fora do "Programa Minha Casa Minha Vida"

Como ator coadjuvante na engrenagem de uma incorporadora, temos o financiamento da obra.

Partindo do princípio de que toda incorporação imobiliária deve se autossustentar, o ideal é que o custo da obra seja totalmente arrecadado com as vendas das unidades do empreendimento, contudo são diversos fatores que concorrem para o sucesso dessa afirmação, tanto fatores inerentes ao negócio imobiliário, tais como um projeto com diferenciais e compatível com o público da região, quanto o momento econômico do país, como escassez ou abundância de crédito e índice de confiança da população, que exerce grande influência para a tomada de decisão de compra de um imóvel.

A razão da existência do financiamento à produção é atender as necessidades mensais do fluxo de caixa do empreendimento, observando sempre as regras da Lei do Patrimônio de Afetação, Lei nº 10.931/2004.

A escolha do banco financiador da obra precisa ser assertiva ou a margem de lucro do projeto sofrerá. É de grande valia conhecer os produtos das instituições bancárias que atuam com o financiamento à produção, para verificar qual possui melhor aderência àquela incorporação imobiliária.

A instituição bancária escolhida precisa possuir aderência junto aos adquirentes das unidades, vez que, dependendo do padrão do empreendimento, a grande maioria das vendas será quitada com o financiamento bancários dos compradores, o repasse. Os adquirentes, por sua vez, irão escolher os bancos que lhes são conhecidos, acessíveis e com boas condições de crédito e prazo.

O processo de repasse junto ao banco financiador da obra é mais rápido e prático se o perfil do cliente for aderente ao perfil do banco escolhido para a obra, com recebimento mais ágil dos valores. Caso contrário, a chance de fuga do cliente para outras instituições bancárias é grande e o prazo de recebimento dos valores dos financiamentos aumenta significativamente.

Financiar a obra com um banco de grande penetração regional muitas vezes é o fator de sucesso para o repasse e consequentemente para um bom o resultado do projeto, bem como um banco regionalmente desconhecido ou que possua uma política de crédito diverso do público--alvo do projeto pode colocar em risco a rapidez do retorno financeiro desejado, comprometendo toda a margem de lucro e assim a viabilidade do projeto.

Todo contrato de financiamento de obra possui gatilhos mínimos para a primeira liberação de recursos. Faz muita diferença poder realizar o primeiro desembolso com 10% ou 20% de obra medida e receber o recurso correspondente ao percentual medido ou não.

O mesmo acontece com os gatilhos de vendas. A obrigatoriedade de 30% ou 45% de vendas para iniciar a liberação do recurso pode ser fator diferencial sobre a tomada de decisão do início da obra ou a necessidade de aporte dos sócios no projeto, aumentando a exposição de caixa.

Essa equação pode variar muito nas cotações de banco para banco e precisa ser conhecida o mais cedo possível, pois ela pode ser um padrão do produto bancário ou variar entre diferentes tipos de projetos.

A taxa de juros contratual é, sem dúvida, um fator principal, mas precisa ser observada no pacote das demais condições.

Hoje o mercado oferece diversos tipos de taxas, tais como taxa fixa +TR, %CDI, CDI+, IPCA+, entre outras.

Em um contrato de financiamento à produção temos quatro prazos distintos. O prazo de carência de início de obra, que determina a lacuna entre emissão do contrato e o início efetivo da obra; o prazo de obra propriamente dito, que é expressamente informado no contrato; o prazo de carência pós-obra que compreende um prazo para a realização do repasse e consequentemente a amortização da dívida, e após esse período, caso ainda exista saldo devedor no contrato à produção, existe o prazo conhecido como repagamento, que são as parcelas mensais a serem pagas ao credor, contratualmente acordadas.

Verificar o limite total desses quatro prazos com cada instituição financeira é de grande importância, principalmente em obras de alto padrão, que geralmente possuem um prazo maior, bem como a flexibilidade do banco fazer alterações nesse prazo, caso necessário, como por exemplo, nas penalidades contratuais diante da necessidade de reformulação simples do cronograma de obra.

O contrato de financiamento da obra possui algumas garantias. Normalmente temos a garantia hipotecária, o aval da principal pessoa física ou jurídica envolvida na incorporação daquele projeto e a cessão de recebíveis.

A garantia que mais causa questionamentos por parte dos compradores das futuras unidades é, sem dúvida, a garantia hipotecária.

Na garantia hipotecária a empresa tomadora do crédito oferece o próprio terreno no qual a obra financiada será construída e todas as frações ideais correspondentes às futuras unidades em garantia.

Importante excluir as unidades compradas à vista, permutadas e até as oferecidas em dação de pagamento, se existirem. Essas unidades, além de já estarem totalmente comprometidas com um terceiro, não possuem recebíveis futuros para compor o cálculo da garantia de cessão de recebíveis, que veremos a seguir.

A hipoteca é gravada na matrícula do imóvel e só pode ser baixada com a quitação total da dívida. O cancelamento parcial da hipoteca somente é autorizado com a quitação parcial da dívida proporcionalmente à fração ideal da futura unidade que será retirada da garantia.

Contratualmente, o tomador está obrigado a realizar a baixa de hipoteca da fração ideal por ocasião do pagamento do valor proporcional da dívida, quando a unidade foi comprada à vista ou quando o saldo devedor do compromisso de compra e venda for quitado durante a obra, ou seja, quando determinada unidade não tiver mais recebíveis futuros e nesse sentido, não participar mais da garantia de recebíveis.

O terreno tema do financiamento precisa estar livre de ônus, mas é possível oferecer um outro terreno em garantia, que não aquele da operação.

Para a realização da baixa da hipoteca, o tomador paga ao credor o valor médio da unidade (VMD). Esse cálculo geralmente é expresso no contrato firmado entre as partes e varia bastante conforme a política de cada instituição bancária. Quando o pagamento é realizado, o banco credor emite um termo de autorização de baixa de hipoteca citando a unidade e sua fração ideal, e o documento precisa ser levado a averbação no cartório de registro de imóveis.

O não pagamento dos VMDs das unidades quitadas ou adquiridas à vista pode acarretar o bloqueio das liberações mensais pela instituição credora.

A garantia de cessão de recebíveis consiste em oferecer a carteira de recebimento das vendas do empreendimento em garantia, mais especificamente a parcela futura de financiamento acordada com cada comprador.

Cada instituição controla a garantia de recebíveis de uma forma, mas geralmente devemos ter em torno de 120% de garantia sobre o valor contratado. Em termos práticos, a parcela mensal de medição de obra só será liberada se a somatória do fluxo de recebimento pós habite-se corresponder a 120% da somatória do valor já liberado e do valor a liberar naquela etapa.

Alguns bancos consideram também como garantia um percentual do valor de avaliação do estoque e para esses, o cálculo é realizado pelo valor total do contrato.

Assim, como as duas outras garantias, o aval também é mandatório no contrato de financiamento à produção. Como a maioria das incorporadoras trabalham com SPEs (sociedade de propósito específico), geralmente o aval é oferecido pela empresa *holding* ou pelos sócios principais da SPE, na pessoa física.

O aval talvez seja o fator mais determinante para balizar o risco da instituição bancária no projeto e vai indicar também a taxa de juros contratual oferecida.

1.4 Contratação

Após a realização das cotações e da escolha da instituição financeira que irá financiar o projeto de incorporação imobiliária inicia-se a fase de contratação.

Apesar de cada banco possuir seu formato de contratação, podemos dizer que a contratação é grosseiramente dividia em duas: a análise do empreendimento e a análise jurídica das pessoas participantes.

O *check list* jurídico geralmente envolve as certidões fiscais municipais, estaduais e federais da incorporadora, construtora e avalistas, sejam eles pessoas físicas ou jurídicas, bem como as certidões forenses e cartorárias de todos. Faz parte da relação de documentos da análise jurídica algumas certidões do imóvel objeto de financiamento e a mais importante com certeza é a certidão negativa de IPTU (Imposto Predial e Territorial Urbano). Essa análise resulta em um parecer simples de aceite ou não aceite da operação. A análise jurídica pode levar em consideração também o relacionamento da tomadora ou da avalista com o banco escolhido, ou seja, se essas pessoas físicas ou jurídicas possuem outros produtos adquiridos com a instituição bancária e há quanto tempo eles possuem esse relacionamento.

Já a análise do empreendimento olha para o projeto em si e toda a sua legalização: todas as aprovações obrigatórias em órgãos municipais, estaduais e federais. Nessa fase o empreendedor deve apresentar o memorial descritivo, o orçamento e o cronograma de obras (geralmente em formulários próprios do banco escolhido), pois o banco avalia o terreno e as futuras unidades e como resultado temos o estudo de viabilidade do projeto.

Independente do momento em que o processo de contratação é iniciado, ele só pode ser finalizado com a apresentação da incorporação imobiliária registrada em matrícula.

Uma contratação realizada com dedicação demora cerca de 04 (quatro) meses para sua finalização, que resulta na emissão do contrato.

1.5 Liberações e manutenção mensal

Uma das características importante desse tipo de financiamento é a dinâmica de liberação dos recursos para sua utilização.

Diferentemente dos contratos de mútuo amplamente conhecidos, em que o recurso total contratado é disponibilizado assim que o documento é assinado pelas partes e cumprida as condições suspensivas, o contrato de financiamento de uma obra possui suas liberações realizadas pelo sistema de reembolso.

Após assinatura e registro do contrato no cartório de Registro de Imóveis, concretizando a garantia hipotecária ou fiduciária na matrícula do empreendimento, e após os gatilhos obrigatórios de percentual de obra e de vendas atendidos, iniciam-se as medições mensais da obra.

Normalmente para a primeira liberação, além das condições suspensivas, existe outra relação de documentos que precisam ser apresentados. Vale ressaltar que para os empreendimentos com Patrimônio de Afetação toda documentação relativa a esse tema é solicitada, como a Ata da Assembleia de Constituição, apresentação dos balanços trimestrais, etc.

Todos os meses o banco credor realiza a vistoria da obra, confere sua evolução, confere a garantia de recebíveis e disponibiliza o valor proporcional da evolução da obra para utilização do tomador.

Exemplo: contrato de R$10.000.000,00 (dez milhões de reais) com evolução mensal atestada pelo técnico responsável em 3,25%, possui a disponibilidade de R$325.000,00 (trezentos e vinte e cinco mil reais) para a etapa mensal, considerando que a garantia de recebíveis também foi atendida.

Uma vez realizada a primeira liberação contratual, o processo mensal flui naturalmente, pois as demais liberações de recursos mensais dependerão tão somente da evolução da obra e da análise da garantia de recebíveis.

Importante registrar a obrigatoriedade no envio de planilha mensal com as informações de todas as vendas realizadas e seu fluxo de pagamento, bem como envio de cópia de todos os compromissos de compra e venda ao banco credor para conferência de dados.

1.6 Carência e repagamento

Com o término da obra e a emissão do habite-se pelo órgão competente, entramos em uma nova fase contratual, a carência.

A carência é um período em que a tomadora não acessa mais as liberações contratuais pois considera-se que ela já recebeu todo o valor necessário para a conclusão da obra e inicia-se o período de repasse, onde os clientes vão quitar seus saldos devedores e receber as chaves das unidades através do financiamento bancário.

Vale ressaltar que algumas instituições consideram o prazo contratual para o início da carência, mesmo se a obra não estiver concluída, e por isso é importante manter o cronograma de obra sempre atualizado com o banco financiador, e outras instituições aguardam a apresentação do habite-se para então iniciar a contagem do prazo de carência contratual.

Desde a primeira liberação de valores até o período de carência, a tomadora está pagando somente juros contratuais sobre o saldo devedor ao banco credor e no período de carência a dívida é amortizada com o valor total de cada financiamento assinado de unidade vinculada ao empreendimento.

O ideal é que a dívida seja integralmente quitada com os repasses, mas caso isso não ocorra, ao final no prazo de carência, o credor consolida a dívida e passa a cobrar a parcela do principal acrescida de juros, a PMT.

A quantidade de parcelas é acordada contratualmente na contratação, e mesmo durante a fase de repagamento os repasses continuam a acontecer e a amortizar a dívida, reduzindo o saldo devedor.

1.7 Atraso de obra

O atraso de obra nunca é desejado, pois além de causar grande insatisfação nos compradores das unidades, fere as margens de lucro do projeto. Contudo, o atraso de obra é uma realidade atual, causada por um período longo de pandemia, em que ocorreram paralisações de obras momentâneas e escassez de mão de obra e materiais. Contudo, mesmo em um cenário regular da economia, o atraso de obra pode acontecer por diversos fatores.

O acompanhamento mensal das medições realizadas pelo banco financiador da obra e das medições internas é essencial. Dependendo do contrato firmado, atrasos acima de 10% ou 15% da obra podem acarretar desdobramentos contratuais ainda mais indesejáveis do que o próprio atraso, tais como, comunicação formal de todos os adquirentes sobre o atraso e seu motivo, vencimento antecipado da dívida, acionamento de seguros com troca da construtora, etc.

O ideal é que a equipe financeira que faz o acompanhamento contratual tenha total acesso à equipe de engenharia e juntos, consigam, mês a mês, verificar se o descolamento do planejamento inicial da obra é algo momentâneo ou trata-se de um replanejamento do andamento da obra e nesse caso, precisa ser também comunicado ao banco credor e repactuado aditamento contratual.

Cada instituição vai analisar o atraso de obra de uma forma, seja simplesmente de um ou dois meses, seja algo mais extenso. Nos casos mais simples, existe a possibilidade de aumento do prazo de obra e redução do prazo de carência ou prazo de repagamento contratual.

Muitas vezes essa reestruturação é acompanhada por taxas de aditamento ou até mesmo aumento da taxa de juros contratual.

2. Financiamento à produção no programa “minha casa minha vida”

O financiamento à produção ganha um papel protagonista na incorporação imobiliária quando falamos de um projeto cujos valores de avaliação das unidades estão enquadrados no Programa Minha Casa Minha Vida. (O valor do enquadramento muda conforme a cidade e essa tabela pode sofrer reajustes do Conselho Curador, então é importante acompanhar essas regras diretamente no *site* do FGTS). Isso ocorre pois toda análise de atendimento às normas do Conselho Curador do FGTS e do produto da Caixa, conhecido como Apoio à Produção, é realizada no processo de contratação do financiamento da obra.

É o contrato de Apoio à Produção da Caixa Econômica Federal que vai permitir que essa unidade seja adquirida e financiada por um comprador que também possui enquadramento nas regras próprias do PMCMV.

O projeto precisa nascer já obedecendo as regras do PMCMV e do Apoio à Produção ou na maioria das vezes, sua modificação posterior ao lançamento será impossível, pois itens que muitas vezes não são obrigatórios para a aprovação em Prefeitura como atendimento ao percentual mínimo de unidades adaptáveis, são obrigatórios para o enquadramento do contrato de produção.

Na contratação do Apoio à Produção a Caixa avalia o empreendimento e aceita ou não o preço proposto pelas tipologias das unidades; analisa o empreendimento em relação ao seu projeto e características técnicas; analisa a parte jurídica e legal do empreendimento, vendedora, construtora e avalista e ainda avalia a parte jurídica dos antigos proprietários do terreno, se a escritura foi realizada antes de um ano do registro do memorial de incorporação, visando inibir a fraude contra credor.

Além disso, como diferencial do contrato de Plano Empresário (Fora do PMCMV), a Caixa analisará o projeto por uma ótica mais ampla, preocupando-se com que o empreendimento tenha condições de habitabilidade completa e nesse sentido, obras chamadas de "infra não incidentes" serão consideradas para essa análise. Nesse sentido temos possíveis obras de extensão de rede de esgoto para abastecimento de água e esgoto do empreendimento e até mesmo estações de tratamento de esgoto (ETE) ou estações elevatórias (ETT), obras de calçamento público, entre outras. Todas as cartas de viabilidade ou diretriz das concessionaras locais deverão ser apresentados para a Caixa, bem como os orçamentos e cronogramas dessas obras.

Outro documento que deve constar no *check list* do empreendedor é o laudo hidrológico do local do terreno com análise de 200 (duzentos) anos; esse pedido é comum quando a região do empreendimento possui histórico de alagamento e o resultado desse laudo pode ser catastrófico para o orçamento da obra caso seja conhecido somente após o pedido da Caixa.

A contratação do Apoio à Produção pode ser iniciada bastante tempo antes do Registro da Incorporação, pois a Caixa possibilita a divisão da análise de engenharia em duas etapas, sendo a primeira etapa apenas a análise inicial, que resulta no aceite ou não dos valores de avaliação propostos pela construtora, contudo com a apresentação do *check list* obrigatório.

A etapa definitiva da análise de engenharia ocorre com a apresentação completa da relação de documentos que resulta na emissão da Manifestação de Viabilidade Técnica (MVT).

Contudo, mesmo a análise jurídica sendo realizada por departamento diverso, só pode ser iniciada com o Registro da Incorporação Imobiliária em matrícula. Como resultado temos a emissão da Grade Jurídica Aprovada.

Um ponto curioso sobre a análise jurídica é que por se tratar de Banco Federal, a Caixa não aceitará pendências de débitos federais referentes ao imóvel, como é o caso de imposto e taxas de imóveis foreiros e de nenhuma das pessoas envolvidas na operação, e inclusive dos antigos proprietários do terreno, mesmo que os débitos representem valores irrisórios.

Após as duas análises fechadas, é iniciada a terceira análise, a análise do "custo sob gestão". Nessa etapa a Caixa analisa todo o custo informado e aprovado da obra e sua legalização e monta uma matriz de conjugação de variáveis (MCV).

De uma forma simples, precisa estar muito clara a composição de 100% do custo do empreendimento.

As formas de compor 100% do custo são:

- financiamento da construção, e/ou
- obra realizada, e/ou
- repasse realizado, e/ou
- aporte em conta.

No caso de a Caixa financiar 100% do custo, a etapa é resolvida.

Mas se por qualquer motivo a Caixa não financiar 100%, como *rating* da empresa, regra de utilização de *funding*, etc., a construtora precisará informar como realizará essa composição, condição que funcionará como cláusula suspensiva contratual.

Em um caso prático, se a Caixa financiará 80% do custo da obra, os demais 20% podem ser organizados da melhor forma desejada pela empresa: obra realizada, aporte na conta ou repasse de unidades.

Ao indicar 20% de obra realizada, a Caixa só baixará a suspensiva quando a obra atingir 20%, e não realizará o reembolso desse valor, ou seja, ela não liberará parcela de financiamento sobre esses 20% de obra executada.

Ao indicar aporte em conta, a construtora deposita o valor calculado na conta do empreendimento, valor que será bloqueado pela Caixa e desbloqueado à medida que a obra ou os financiamentos dos clientes são realizados.

Ao indicar o repasse temos o processo chamado de "1ª agregação", onde a construtora precisa organizar um número alto de clientes que estejam aptos documentalmente para a realização do repasse de sua unidade, totalizando os 20% faltantes para composição do custo. E nesse caso, todos esses clientes assinam seus contratos de financiamento em um curto espaço de tempo, um ou dois dias.

Esse processo é bastante sensível e precisa de uma força tarefa colossal por parte dos clientes, Correspondentes Caixa Aqui (CCA), agência da Caixa e construtora.

A decisão de composição do custo é flexível, ou seja, ainda no exemplo acima, a construtora pode optar pela composição dos 20% pelo repasse, mas por qualquer motivo a 1ª agregação atingiu um percentual menor e a empresa pode optar por aportar em conta a diferença, cumprindo a suspensiva contratual.

Após essa etapa, o contrato entra em manutenção mensal, então a equipe responsável pelo financiamento continua a realizar os repasses dos adquirentes que não participaram da primeira agregação e/ou das novas vendas, mas agora sem a necessidade de assinaturas de grandes grupos no mesmo dia.

E assim como os contratos fora do PMCMV, a instituição bancária realiza a vistoria de medição mensal da obra, atesta seu andamento e libera a parcela mensal de reembolso de obra.

No entanto, por termos a figura do repasse na planta, após atestar o andamento mensal da obra, a Caixa realiza primeiro a liberação do percentual do financiamento dos clientes para depois aferir a necessidade de liberação do contrato de financiamento da obra.

Isso significa que ao realizar os repasses dos adquirentes, a construtora não recebe o valor total de seu financiamento, mas sim a parcela do financiamento conforme andamento de obra.

Em exemplo prático, ao repassar o total de R$3.000.000,00 (três milhões de reais) e a obra medir 2,7% na etapa mensal, a construtora receberá 2,7% de cada contrato de financiamento assinado, totalizando R$81.000,00 (oitenta e um mil reais), e só após essa liberação terá acesso à liberação da etapa mensal do contrato de financiamento.

2.1 Garantias e seguros

O contrato de Apoio à Produção não possui a garantia de cessão de recebíveis, mas tão somente a garantia da hipoteca, que é trocada pela alienação fiduciária no próprio contrato de financiamento do adquirente da unidade e a garantia do aval da *holding* pessoa jurídica ou das pessoas físicas envolvidas na incorporação.

Além dos seguros de obra, quais sejam Risco Engenharia (RE) e Risco de Responsabilidade Civil (RCC), para o contrato de Apoio à Produção é obrigatória a contratação de mais dois seguros, o Seguro Garantia Construtora (SGC) e o Seguro Garantia Pós-Entrega (SGPE).

O RE, RCC e SGC devem estar vigentes para autorização da primeira agregação até o prazo previsto para entrega da obra, e o SGPE deve possuir vigência de cinco anos após entrega de obra.

2.2 Juros mensais, atraso de obra e patrimônio de afetação

Após a assinatura do contrato de financiamento na planta da sua unidade com a Caixa, o cliente pagará durante a fase de construção, mensalmente, apenas a parcela de juros contratual proporcional à evolução da obra. Isso quer dizer que a parcela mensal do cliente vai aumentando conforme a evolução da obra, contudo o cliente não paga parcela de principal e consequentemente não amortiza o seu valor de financiamento com a Caixa.

Além da vendedora, a construtora assina também o contrato de financiamento do adquirente e ambas participam como fiadoras da operação, isso significa que no caso de inadimplência da parcela mensal dos juros de obra por parte do adquirente, a Caixa cobrará o valor da fiadora. Esse processo é conhecido como "rotina fiador".

Nosso ordenamento jurídico não prevê o distrato ou rescisão contratual de uma alienação fiduciária, mas tão somente a retomada do imóvel em leilão pela Credora Fiduciária, nesse caso, a Caixa Econômica

Federal. Portanto, cabe à construtora acompanhar essa inadimplência, cobrar e realizar um trabalho prévio de conscientização dos pagamentos mensais.

A Caixa exige que o empreendimento esteja afetado conforme Lei nº 10.931/2004, bem como a apresentação da ata da Assembleia da Comissão do Patrimônio de afetação.

A indesejável comunicação de atraso de obra toma um peso maior quando temos um contrato de Apoio à Produção, pois se o prazo indicado para a Caixa no cronograma de obra da contratação for ultrapassado, o pagamento da parcela mensal de juros de obra de todos os clientes com financiamento na planta assinados passa a ser de responsabilidade da construtora.

E nesse sentido, na contratação do Apoio à Produção, a própria Caixa recomenda a apresentação do cronograma de obra com alguns meses a mais do planejado, não podendo ultrapassar 36 (trinta e seis) meses de obra.

2.3 Encerramento da obra

As parcelas mensais dos contratos de repasse são liberadas somente até 95% de obra medida.

Os 5% finais são retidos pela Caixa até a apresentação de toda a documentação de legalização do empreendimento. Entra nessa relação documentos óbvios como o Habite-se e a Certidão Negativa de Débitos do Instituto Nacional do Seguro Social (CND do INSS) da obra, e no caso de terremos contaminados, o cumprimento de plano de intervenção acordado com órgão competente, e documentos não tão óbvios como comprovação de destinação de resíduos, ateste das concessionárias de água e luz de comprovação de ligação definitiva, entre outros.

O rol de documentos para essa etapa é extenso e precisa de cuidados, pois além dos 5% dos valores de repasse não recebidos, a Caixa não fará o comando em sistema de encerramento do contrato e os clientes continuarão a pagar somente a parcela de juros de obra, sem amortização do principal contratual, gerando um descontentamento em grande escala.

O ideal é que essa documentação esteja organizada e pronta para envio à Caixa no mesmo mês da Assembleia de Instalação de Condomínio e entrega das chaves. Contudo, conhecemos a realidade e complexidade de uma obra e nem sempre esse ideal é possível. Nesse caso recomenda-se comunicação transparente com o cliente com a informações de prazos para atendimento da etapa.

2.4 Amortização

Após o comando de encerramento de obra, inicia-se o prazo de carência e amortização contratual. Esse prazo pode variar conforme o *funding* utilizado.

O contrato de Apoio à Produção com *funding* do FGTS não possui prazo de carência, e possui 24 parcelas; o contrato com *funding* SBPE pode variar de seis a 12 meses de carência e mais seis a 12 parcelas mensais após o fim do período de carência.

Referências

ABECIP. História do Crédito Imobiliário. Origem do SFH e SFI. Disponível em: https://www.abecip.org.br/credito-imobiliario/historia. Acesso em: 25 jan. 2023.

BRASIL. Caixa Econômica Federal. *Minha Casa Minha Vida*. Disponível em: https://www.caixa.gov.br/voce/habitacao/minha-casa-minha-vida/Paginas/default.aspx. Acesso em: 11 abr. 2023.

BRASIL. Ministério do Desenvolvimento Regional. *Programa Minha Casa Minha Vida*. Disponível em: https://www.gov.br/cidades/pt-br/assuntos/materias/programa-minha-casa-minha-vida. Acesso em: 14 abri. 2023.

ESTADÃO conteúdo, em 14 mar. 2023. Crédito imobiliário mais caro cria temor de retração nas vendas de imóveis no país; entenda. *Infomoney*. Disponível em: https://www.infomoney.com.br/consumo/credito-imobiliario-mais-caro-cria-temor-de-retracao-nas-vendas-de-imoveis-no-pais-entenda/. Acesso em: 15 jan. 2023.

FOLHAONLINE. Banking. Entenda o Sistema Financeiro Imobiliário. Disponível em: https://www1.folha.uol.com.br/folha/banking/sfi.shtml. Acesso em: 13 abr. 2023.

OLIVEIRA TRUST. Você sabe a diferença entre LIG, LCI e CRI? Disponível em: https://www.oliveiratrust.com.br/voce-sabe-a-diferenca-entre-lig-lci-e-cri-2/. Acesso em: 21 fev. 2023.

SILVEIRA, Fernando Magesty. Funding imobiliário. Do Crédito Direcionado ao Livre: a transição necessária. Entendendo o provimento de Funding imobiliário em cada momento econômico do país. *Clickhabitacao*, 26 jan. 2020. Disponível em: https://www.clickhabitacao.com.br/artigos/funding-imobiliario-do-credito-direcionado-ao-livre-a-transicao-necessaria/. Acesso em 25 jan. 2023.

2. OS DESAFIOS DA ADAPTAÇÃO DOS CONDOMÍNIOS EDILÍCIOS À TECNOLOGIA, NOVOS USOS E POLÍTICAS DE SUSTENTABILIDADE

Fatima Tadea Rombola Fonseca
Marina Rosa Cavalli

Introdução

O instituto condomínio edilício sempre fomentou discussões jurídicas relevantes em função de características que lhe são próprias.

Figura híbrida e bastante complexa, o condomínio edilício desafia constantemente doutrinadores e operadores do direito em face da coexistência entre os direitos individuais e exclusivos dos titulares de domínio do imóvel e o conjunto de direitos comuns detidos pela universalidade dos condôminos, o que, por si só, já representa uma fonte de polêmicas e constantes embates.

Estima-se que hoje a capital paulista possua mais de 28 mil edifícios[1], a maioria residencial, com projeção de verticalização em expansão[2], o

[1] Conforme informações constantes em: SÃO PAULO construiu dois prédios por dia neste ano e atingiu um total de 28 mil edifícios. *Casa Vogue*, 2022. Disponível em https://casavogue.globo.com/casa-vogue-estate/noticia/2022/11/sao-paulo-construiu-dois-predios-por-dia-neste-ano-e-atingiu-um-total-de-28-mil-edificios.ghtml. Acesso em 14 abr. 2023.

[2] Conforme informações constantes em: CIDADE de São Paulo registra 746 novos condomínios verticais no 1º semestre, 2022. Disponível em https://www.lellocondominios.

que significa dizer que qualquer decisão ou alteração legislativa sobre o tema tem, invariavelmente, o condão de alterar a dinâmica da vida condominial, com repercussões diretas aos ocupantes e proprietários de unidades autônomas deles integrantes.

Positivado de forma mais efetiva em nosso ordenamento pátrio pela Lei Federal nº 4.591/1964, que dispõe sobre o condomínio em edificações e as incorporações imobiliárias, o condomínio edilício é hoje regulado pelo Código Civil e segue sendo objeto de constantes adaptações, não só na forma de uso, como também em termos de tecnologia, sustentabilidade e inovação. São mudanças significativas, de usos e costumes, com impactos desafiadores no campo social e jurídico.

É nesse cenário que, de forma despretensiosa e não exaustiva, serão trazidas à discussão algumas reflexões práticas e jurídicas sobre o condomínio edilício nos dias atuais, especialmente diante do alcance e repercussão da matéria.

1. Evolução histórica dos condomínios edilícios

Historicamente, a concepção de propriedade horizontal ou de condomínios edilícios – também conhecidos como condomínios especiais, condomínios em edificações, condomínio por andares e/ou condomínios em propriedades em planos horizontais – está diretamente ligada às exigências sociais de melhorias estruturais e organizacionais de uso dos espaços, especialmente em função do crescimento da população, da queda da mortalidade e da natural escassez de terra, uma equação que exigia, já na antiguidade, um novo padrão de habitação a suportar uma inevitável explosão demográfica.

Os primeiros esboços de condomínios em edifícios, mais próximos da figura jurídica que hoje se encontra codificada, parecem remontar ao pós-guerra na Europa, quando a necessidade de reorganização e de reconstrução das cidades justificava o desenvolvimento de um novo modelo de habitação. Há relatos, inclusive, de que o surgimento dos condomínios especiais teria raízes históricas bem anteriores à Idade Moderna, como na Babilônia, Grécia e, ainda, na Roma Antiga, onde,

com.br/cidade-de-sao-paulo-registra-746-novos-condominios-verticais-no-1o-semestre/#:~:text=A%20cidade%20de%20S%C3%A3o%20Paulo,aos%20356%20condom%C3%ADnios%20em%202020. Acesso em 14 abr. 2023.

inclusive, desenvolveram-se as ínsulas (grandes quarteirões que abrigavam milhares de pessoas), tidas, por alguns, como possíveis primórdios da vida em condomínio de edifícios.

Entretanto, não é possível afirmar ao certo como e onde a idealização dos primeiros condomínios ocorreu, mas as razões de sua existência podem ser atribuídas a fatores e momentos históricos distintos. Tais fatores começam pela configuração de cidades muradas da antiguidade, organizadas e estruturadas para acolher seus moradores e que, necessariamente, compartilhavam espaços entre seus habitantes, passando pelo crescimento da população em geral e pelo impulso da industrialização e consequente concentração de pessoas em centros urbanos, sem considerar o êxodo rural e a busca por melhores condições de vida, enfim, circunstâncias históricas e de relevo que certamente contribuíram para a estruturação dos primeiros condomínios especiais em edificações. RIZZARDO[3] explica, todavia, que nessas formas primitivas de condomínios especiais não coexistiam a propriedade exclusiva e a copropriedade sobre as partes comuns e, segundo o autor, no geral, dividia-se o edifício por andares, com propriedade exclusiva sobre ele pelo respectivo titular, admitindo-se uma escada para a utilização comum de todos os proprietários, mas dando-lhe um caráter de servidão e não de área comum.

O certo, no final, é que a figura dos condomínios acompanhou a evolução social e econômica, especialmente a necessidade de uso cada vez mais racional dos espaços disponíveis e de atendimento aos anseios e à demanda cada vez maior por moradia. Foi possível solucionar, assim, parte do problema habitacional e trazer, ainda, algumas conveniências e o proveito comum, inclusive em relação à segurança, compartilhamento de despesas e de uso de espaços de lazer coletivos.

Por outro lado, é de conhecimento notório que a convivência em condomínio também acarreta muitos dissabores e uma série de inconvenientes, comprometendo seriamente a qualidade de vida de seus moradores, revelando-se, ainda, uma preocupação latente junto aos operadores do Direito e a comunidade civil em geral, especialmente diante dos desafios de adaptação, pelos condomínios, aos novos usos que hoje lhes são conferidos.

[3] RIZZARDO, Arnaldo. *Condomínio Edilício e Incorporação Imobiliária*. 7. ed. Rio de Janeiro: Forense, 2019.

E é nesse contexto que o condomínio especial se insere, nessa relação de coexistência entre os direitos exclusivos do proprietário e o conjunto de direitos comuns a todos os demais condôminos, situação jurídica híbrida que, não raras vezes, encontra-se na mais completa dissonância de interesses entre seus principais atores, demandando a intervenção estatal para a resolução final dos conflitos.

2. Algumas espécies de condomínios

De latim, *condominium*, o condomínio civil ou comum pressupõe a existência de um domínio exercido por mais de uma pessoa simultaneamente sobre um bem ou conjunto de bens, sem individualizações, divergindo assim do condomínio em edificações, conceituado como aquele onde se apresentam partes de propriedade comum e partes de titularidade exclusiva, privativa, condomínio esse mais especificamente tratado neste estudo.

Assim, no condomínio em edificações, as suas partes suscetíveis de utilização independente, como os apartamentos e salas comerciais, com as respectivas frações ideais no solo e nas outras partes comuns, subordinam-se à propriedade exclusiva, o que significa dizer que podem ser alienadas e gravadas livremente pelos seus respectivos proprietários. A única exceção são as vagas de garagem autônomas que, via de regra, não podem ser vendidas para pessoas que não sejam condôminos, de acordo com as regras impostas pelo Código Civil. Já as áreas tidas como de propriedade comum, também definidas pela legislação civil, são tidas como inalienáveis, indivisíveis e acessórias, indissoluvelmente ligadas às demais coisas, como o terreno sobre o qual se assenta a construção, as fundações, as áreas de circulação de pedestres, elevadores, portarias e tudo mais que por sua natureza, destinação ou função seja de uso comum a todos os proprietários ou titulares de direitos a aquisição de unidades autônomas ou seus ocupantes.

No Brasil, o Código Civil de 1916 não se ocupou da matéria atinente ao condomínio horizontal, sendo que as primeiras normas que delinearam o tema, ainda de forma inicial, remontam ao ano de 1928, por meio do Decreto 5.481[4]. A primeira lei que normatizou especificamente

[4] VENOSA, Silvio de Salvo. O condomínio edilício no novo Código Civil. *Migalhas*, 06 jan. 2003. Disponível em: https://www.migalhas.com.br/depeso/912/o-condominio-edilicio-no-novo-codigo-civil. Acesso em 12 abr. 2023.

os condomínios edilícios ocorreu em 1964, quando promulgada a Lei Federal nº 4.591, que dispõe sobre o condomínio em edificações (hoje aplicável naquilo em que não conflitar pelo Código Civil de 2002).

Por força da lei de condomínios em edificações (Lei Federal nº 4.591/1964), estabeleceu-se que tais condomínios são legalmente instituídos por ato entre vivos ou por testamento, com inscrição obrigatória junto ao Cartório de Registro de Imóveis, devendo constar daquele ato, além do disposto em lei especial, a discriminação e individualização das unidades de propriedade exclusiva, estremadas uma das outras e das partes comuns, a determinação da fração ideal atribuída a cada unidade, relativamente ao terreno e partes comuns e, ainda, a finalidade a que as unidades se destinam. E é apenas a partir da instituição do condomínio que, conforme leciona Franco[5], termina a atividade do incorporador, do arquiteto, dos operários, e uma nova e palpitante realidade surge reclamando disciplina legal e gerenciamento próprio, sendo, a disciplina de uso do edifício, matéria de convenção e Regulamento Interno. Segundo o art. 1.333 do Código Civil, a convenção de condomínio deve ser subscrita pelos titulares de, no mínimo, dois terços das frações ideais e torna-se, desde logo, obrigatória para os titulares de direito sobre as unidades, ou para quantos sobre elas tenham posse ou detenção.

Nesse sentido, a convenção, não sendo contrária ao direito e aos bons costumes, fará lei entre as partes dela subscritoras e assim deverá ser tratada pelos condôminos, possuindo tal força que, a renúncia de qualquer condômino aos seus direitos, em caso algum valerá como escusa para exonerá-lo de seus encargos, o que se estende para todo o tipo de condomínio tratado brevemente neste estudo. O condômino, portanto, convive com a realidade e divisão de detentor de direitos e de deveres, especialmente em relação à coletividade e à submissão à vontade da maioria.

Ao lado do condomínio em edificações, temos uma outra modalidade de condomínio, o chamado condomínio de lotes, conforme artigo 1358-A do Código Civil (incluído pela Lei Federal nº 13.465/2017). Trata-se do condomínio no qual os lotes estão preparados para edificação (inexistente), diferentemente das unidades autônomas, já entregues prontas e acabadas. Assim como o condomínio edilício, o condomínio de lotes também se submete à lei das incorporações imobiliárias (Lei Federal

[5] Franco, J. Nascimento. *Condomínio.* 5. ed. rev. São Paulo: Revista dos Tribunais, 2005.

nº 4.591/1964) e, portanto, subordina-se à convenção de condomínio e à legislação afeta ao tema. E, diferentemente do que se pensa (até em função da denominação), não tem relação com a Lei Federal de loteamentos, a 6.766/1979, e por não se tratar de modalidade de parcelamento do solo (em substituição ou como alternativa jurídica ao loteamento e ao desmembramento), esse tipo de condomínio dispensa a destinação de áreas do empreendimento ao Poder Público, apesar de discussões jurídicas já incorridas sobre o tema.

O modelo é uma forma alternativa de uso e organização do espaço urbano, viabilizando a administração dos espaços diretamente pelos moradores, contribuindo, ainda, sensivelmente, para a desoneração dos cofres públicos e melhoria da qualidade de vida.

E mais recentemente, a legislação brasileira também positivou a figura da multipropriedade imobiliária, uma espécie de condomínio regulamentada pela Lei Federal nº 13.777/2018, que alterou e introduziu novos dispositivos no Código Civil e na Lei de Registros Públicos (Lei Federal nº 6.015/1973), que nada mais é do que a propriedade exercida por mais de uma pessoa sobre um mesmo imóvel, porém, utilizada pelos respectivos proprietários apenas em determinados períodos pré-estabelecidos, revestindo-se, assim, de um modelo de negócio onde cada titular adquire uma cota/fração correspondente a parte ideal de uma unidade, utilizando-a proporcionalmente e conforme aporte realizado, havendo, assim, a divisão fracionada do tempo para uso e gozo do imóvel. Trata-se de uma forma de utilização e compartilhamento de espaço de forma mais racional, inclusive com aproveitamento econômico do bem imóvel, com a divisão de custos rateadas entre os multiproprietários, com base na sua respectiva coparticipação.

No entanto, e apenas em breve explanação, é possível observar (ao lado das vantagens da multipropriedade) alguns percalços desse tipo de condomínio, que é uma espécie do gênero *time sharing*. A questão da excussão de dívidas, como IPTU e despesas de condomínio, é um deles. Isso porque, a jurisprudência tem se posicionado no sentido de cobrar e perseguir a dívida de quaisquer dos multiproprietários, com fundamento no caráter *propter rem* da obrigação e no direito de regresso desse(s) contra o devedor, instituindo-se, assim, uma solidariedade entre os seus titulares. Outra matéria que ainda gera certa insegurança no âmbito dos contratos dessa natureza, é o caráter dito persuasivo da venda de cota representativa de parte ideal de unidades em multipropriedade, ou seja, a venda realizada às pressas e sem tempo de reflexão por parte dos compradores, razão pela qual muitos contratos de venda e compra nesse formato são rescindidos judicialmente, demonstrando a necessidade de maior atenção aos preceitos legais e, especialmente, de descaracterizar a venda "sob pressão" ou aquela incorrida de forma precipitada e meramente emocional, situações que por si só justificariam o desfazimento do negócio.

3. Das inovações e a tecnologia no âmbito dos condomínios edilícios e seus reflexos legais

Com o avanço das tecnologias e o crescente interesse por sustentabilidade e eficiência da construção civil, a introdução de inovações em condomínios horizontais tem se tornado uma tendência crescente, porém, por vezes, permeada de tabus e ainda tratada com muita desinformação. Introduzir a tecnologia no campo jurídico parece ser ainda mais desafiador, dado o costumeiro descompasso do direito em meio ao avanço tecnológico e, ainda, à oferta de novos serviços e negócios *versus* uma visão, por vezes, arcaica de condomínios tradicionais.

Ainda assim, como será visto adiante, mesmo com certa dificuldade e clara ausência de regulamentação, já é possível vivenciar o uso da tecnologia como aliada no dia a dia dos condomínios edilícios.

De maneira geral, para introduzir a inovação em suas realidades de maneira efetiva, os condomínios edilícios deverão se atentar para a necessidade inafastável de atualização dos documentos que regram a convivência de seus condôminos e estipulam direitos e obrigações de moradores, prestadores de serviços e visitantes.

Mas a tentativa de incorporar a tecnologia e a inovação nesses espaços coletivos pode, sem dúvida alguma, gerar conflitos, não só pela diferença de opinião e conhecimento dos agentes em si, mas também pela forma de compartilhamento de custos, ou mesmo, pelo limite da responsabilização de cada condômino. Assim, far-se-á necessário ainda incluir a governança desses assuntos na gestão condominial, criando a possibilidade para resolução de potenciais conflitos, como assembleias de condomínio ou comitês específicos para mediação de tais embates.

A seguir, serão tratadas algumas inovações que já permeiam a realidade de muitos condomínios edilícios.

3.1 Assembleias-gerais *online*

A dinâmica de quem reside nos condomínios edilícios vem passando por um turbilhão de alterações, impulsionadas, em grande escala, pelo efeito da pandemia da COVID 19.

Um exemplo comum e bastante evidente dessa adaptação foi a necessidade de realização remota das assembleias gerais (órgão deliberativo essencial à mantença da funcionalidade e boa organização dos trabalhos em condomínios), conforme previsão contida na Lei Federal nº 14.309/2022, que foi sancionada em face dos protocolos de segurança impostos pela pandemia, especialmente relacionados a reunião e aglomeração de pessoas, que deveriam ser evitados na ocasião.

Tratou-se de uma adequação essencial à sobrevivência da vida em condomínio, mas que, invariavelmente, trouxe revezes bastante significativos, principalmente no início da operacionalização dessa nova dinâmica de tomada de decisões coletivas.

As dificuldades começaram pela situação de condôminos mais idosos, isolados, sem qualquer apoio ou familiaridade com os meios digitais, passando por moradores e condomínios sem acesso à *internet* ou sem qualquer conhecimento das plataformas utilizadas. Além disso, é possível ainda citar problemas ocorridos de ordem sistêmica, sejam relacionados à queda de conexão ou mesmo à possibilidade legal da modalidade híbrida, que por si só traziam maior complexidade; situações que, ao final, esbarraram nas formalidades exigidas para a aprovação e quórum mínimo exigidos para as matérias que eram colocadas em votação e que acabavam sendo, por vezes, questionadas, colocando em xeque a segurança do procedimento eletrônico adotado.

Outro fator recorrente no uso da plataforma digital foi a flexibilização de certas decisões, ou seja, tomadas sem o acatamento das regras convencionais e ditames legais, situações que ainda hoje reverberam no Judiciário, representadas por pedidos de suspensão e até mesmo anulação de assembleias realizadas à margem da lei e sem as exigências formais estabelecidas em convenção, como forma de convocação e, quóruns mínimos de deliberação, dentre outros. Aliás, a maioria das convenções de condomínio, antes do advento COVID 19, sequer tratavam de autorizar ou proibir a realização das assembleias remotas, o que, mediante sanção legal, passou a ser válido e incontestável, porém, com necessidades invariáveis de adequação à nova realidade fática constatada, mas mantendo a observância de normativos legais.

Denote-se, ainda, que passado o período de isolamento social, a maioria dos condomínios optou pela elaboração de tutoriais, treinamentos sistêmicos e disponibilização de acesso à *internet* nas áreas comuns dos prédios, na tentativa de reduzir a barreira tecnológica imposta às primeiras assembleias virtuais realizadas. Nesse sentido, os condomínios convivem atualmente melhor com o formato híbrido das deliberações, que hoje funcionam muito bem e com muito menos desgastes e reclamações, diante do aperfeiçoamento das práticas assembleares, mas ainda assim demandam atenção e cuidado para evitar novas discussões ou questionamentos de condôminos suposta ou efetivamente preteridos.

3.2 Portarias inteligentes

Diante de rigorosos protocolos sanitários impostos pela pandemia, as empresas de tecnologia, que já vinham implantando soluções de melhorias aos acessos e à segurança dos condomínios, foram obrigadas a incrementar seu portfólio e, inclusive, adaptar a sua produção às novas (e crescentes) demandas que lhes foram impostas.

Isso porque, originalmente, as portarias eram sinônimo, muitas vezes, de simples contato e mera interligação entre visitante e morador, sem maiores formalidades ou acuracidade. Com o passar do tempo, e mesmo com uma identificação mais cuidadosa dos visitantes, outros fatores, especialmente relacionados à segurança física dos moradores, exigiram dos condomínios maior controle de fluxos de entrada e saída e, com isso, técnicas inovadoras tiveram que ser pensadas para a mitigação dos riscos.

Uma das primeiras técnicas, já bastante difundida, foi a criação de clausuras nas entradas principais da edificação e nos acessos à garagem, individualizando os acessos de entrada e saída de pessoas, na tentativa de conter e/ou barrar o ingresso de infratores nas dependências dos condomínios. Trata-se de um sistema de segurança que geralmente é constituído por 02 portões, que isolam o morador ou visitante, mas que, se não utilizado dentro das normas de segurança exigidas, é de parca solução, assim como a câmera de monitoramento.

Em meio à adaptação dos condomínios a essa barreira física, a COVID 19 exigiu uma rápida mobilização dos condomínios não só quanto à correta identificação dos visitantes, mas também maneiras para restringir a propagação do vírus. Alguns condomínios fizeram uso (provisório) de cartões de liberação, mas logo migraram para a estrutura dos leitores digitais.

Os sistemas de controle de acesso sem contato foram e estão sendo adotados como uma alternativa para, além de controlar e registrar os fluxos de pessoas nas dependências do condomínio, evitar que haja qualquer tipo de contaminação. Apesar de toda a tecnologia empregada nesse tipo de recurso, ao morador cabe apenas a realização de um simples reconhecimento facial ou reconhecimento de voz, que não duram mais que alguns segundos, garantindo-lhes a comodidade de realizar acessos sem qualquer tipo de contato com estruturas ou objetos, o que inclusive se estende aos funcionários, como alternativa ao controle de ponto, inclusive.

Nesse ponto, oportuno refletir sobre outros impactos que a tecnologia implica, como a redução de pessoal em razão de sua substituição pelas máquinas. Não é raro os condomínios que já contam com a tecnologia do *QR Code* para acesso ou de portarias eletrônicas terem o controle de acesso de forma 100% remota, com substancial redução do emprego de força humana.

O mesmo ocorre com as entregas *online* de mercadorias, febre no Brasil nos últimos tempos, realizadas por meio de *lockers,* que nada mais são do que armários estrategicamente instalados nas áreas comuns dos condomínios para a entrega e recepção de mercadorias, sem a necessidade de porteiro físico ou da presença simultânea do morador para recebimento. O morador é, muitas vezes, imediatamente comunicado do recebimento e pode, inclusive, controlar seu pedido por meio de aplicativos, rastreando-o em todo o seu percurso.

No entanto, tal automação não afasta uma série de discussões relacionadas, por exemplo, a responsabilização do condomínio ou da terceirizada em caso de falhas ou violações de produto e de segurança. Nesse sentido, importante a previsão de questões relacionadas às falhas tecnológicas na contratação desses prestadores de serviço e até mesmo rever as apólices de seguros para verificar a necessidade de coberturas adicionais para adequação dos condomínios a essa inovação.

Outro ponto de potencial discussão é a participação dos condôminos na escolha da melhor alternativa tecnológica a ser empregada diante das particularidades de determinado condomínio, já que a escolha pode envolver a necessidade da realização de assembleias específicas (notadamente para o nivelamento técnico da inovação que será proposta) e, ainda, aprovações com diferentes quóruns de decisão.

3.3 Pontos de carregamento de carros

Com a evolução da indústria automobilística, os veículos elétricos já são uma realidade no Brasil e no mundo. Possuem a mesma função dos veículos com motores movidos à combustão, ou seja, transporte de pessoas e de carga, mas com a vantagem de não emitirem ruídos e tampouco poluentes sendo, portanto, uma opção bem mais sustentável se comparada aos veículos tradicionais. Podem ser 100% elétricos ou, ainda, híbridos. Da mesma forma que o carro à combustão, existem variadas tecnologias disponíveis para veículos elétricos e híbridos, que podem ser, inclusive, carregados na rede elétrica convencional (por meio de fonte de energia externa).

A problemática instala-se a partir do momento em que há a necessidade da implementação de ponto de carregamento para o veículo elétrico nas dependências dos condomínios edilícios. Exceção ao estado de São Paulo, não há conhecimento de legislação, em âmbito nacional, que exija a colocação de tais pontos nas dependências dos condomínios. São Paulo, por sua vez, possui uma legislação mais específica, em vigor desde 2021, que torna obrigatório que todos os empreendimentos, comerciais ou residenciais, prevejam a solução para a recarga de veículos elétricos em seu projeto de edificação, conforme normas técnicas brasileiras (Lei Estadual nº 17.336/2020).

A referida norma estabelece, ainda, a necessidade de medição individualizada e cobrança da energia consumida, conforme procedimentos vigentes das concessionárias, excetuando da obrigatoriedade de ponto de recarga empreendimentos decorrentes de programas habitacionais públicos ou subsidiados com recursos públicos, uma vez comprovada a impossibilidade técnica ou econômica.

Todavia, a Lei Estadual nº 17.336/2020 não possui alcance nacional e, ainda, é direcionada a projetos de edificações novas, protocolados a partir da data de vigência desta Lei (ou seja, a partir de março de 2021).

Com isso, muitos fatores devem ser considerados pelos condomínios de outros estados e, especialmente, condomínios mais antigos que, além de não estarem submetidos à obrigatoriedade de adaptação e dependerem de aprovação assemblear para a instalação de um ponto de carregamento, terão que tratar de questões como espaço, infraestrutura, avaliação de sobrecarga elétrica e potencial dano elétrico à edificação, pois serão temas que merecerão toda a atenção, assim como o custeio de uma instalação em si e o controle do uso e das despesas entre os condôminos.

Como medida paliativa, e até que o assunto não esteja pacificado e deixe de ser uma exceção dentro dos condomínios, algumas empresas especializadas do setor, cientes de toda a problemática que envolveria o rateio de custos de um ponto de carregamento, já empregam tecnologias específicas para o controle de uso, como cartão magnético e aplicativos de celulares que destravam a estação de carregamento, tudo, enfim, para maior controle de uso e direcionamento das despesas no âmbito dos condomínios edilícios, o que, certamente, facilitará o controle de despesas geradas pelo uso da tecnologia.

3.4 Condomínio edilício residencial x plataformas *online* de locação

Plataforma *online* de hospedagem, o Airbnb é um dos exemplos de empresa que presta serviço de locação de acomodações de curta duração, muito difundidas no Brasil e no mundo. Segundo a plataforma[6], o Airbnb, fundado em 2008, surgiu quando dois de seus fundadores, que dispunham de espaço em casa, hospedaram viajantes que iriam participar de um evento e que tiveram dificuldades em encontrar um local para ficar. A concepção inicial era apenas a locação de quartos em casas, passando para a locação da integralidade de imóveis. Hoje a plataforma, assim como outras de menor popularidade, aproximam, por meio totalmente digital e com base em mapeamento de necessidades e oportunidades, o proprietário do imóvel ao contratante do serviço (hóspede) que busca a acomodação por um curto espaço de tempo.

Facilidades como pagamento, que já inclui a comissão do Airbnb, taxa de estadia e limpeza, além de fluxo de recebimento (o dinheiro só é transferido ao anfitrião horas depois da instalação do viajante), conferem cada vez mais credibilidade ao serviço prestado, além de representar, para muitos, um investimento na disponibilização e acomodação temporária de seu imóvel.

[6] Conforme informações constantes em: WHAT Makes Airbnb, Airbnb, em 22 fev. 2022. Disponível em: https://news.airbnb.com/what-makes-airbnb-airbnb/. Acesso em 14 abr. 2023.

Mas, ao lado de algumas facilidades e funcionalidades, as plataformas *online* de locação por curtos períodos ainda encontram resistência no Brasil, especialmente quando o serviço tem como objeto unidades autônomas integrantes de condomínios edilícios residenciais.

Isso porque, as decisões judiciais mais recentes[7] foram favoráveis à proibição, em convenção de condomínio, da hospedagem de curta duração em edifícios de natureza residencial, com base no entendimento de que a acomodação por curto período configuraria hospedagem remunerada e, portanto, poderia ser proibida, sob a condição de que a decisão fosse definida em assembleia por dois terços dos moradores. Segundo os ministros, nas plataformas haveria alteração de destinação do imóvel (de residencial para comercial) o que pode ser vedado pelas convenções de condomínios residenciais. Segundo as decisões, por ser uma locação atípica, distinta da locação por temporada e dos contratos típicos de hospedagem, a convenção deve ser soberana para estipular o regramento do uso ou não dos serviços, inclusive sobre o trânsito de hóspedes e uso das dependências comuns do condomínio.

De outro lado, a plataforma sustenta que proibir a utilização do serviço é inconstitucional, por impedir a livre utilização do imóvel.

Embate parecido é percebido com relação a empresas de moradia compartilhada (*coliving*) no Brasil, locações residenciais de longa temporada, porém com a possibilidade de relações locatícias diversas em uma mesma unidade autônoma. No conceito da moradia compartilhada, alguns espaços, como salas e cozinhas, são compartilhados entre os moradores enquanto outros cômodos, geralmente quartos, são de uso exclusivo. Especialmente pela falta de regulamentação sobre o tema, as empresas responsáveis por essa modalidade de locação também vêm enfrentando desafios no Judiciário com a defesa de argumentação de que suas locações seriam tipicamente residenciais, não caracterizando relações comerciais, como defendem Maluf e Marques[8].

7 STJ. REsp 1.819.075, Rel. Min. Luís Felipe Salomão, Quarta Turma, j. 20/04/2021; STJ, REsp 1.884.483, Rel. Min. Ricardo Villas Bôas Cueva, Terceira Turma, j. 23/11/2021.

8 Maluf; Fernando; Marques, João Pedro. Minha Casa, Minhas Regras: o *coliving* no Brasil *In*: Britto, Carlos Augusto Ayres de Freitas (coord.). *Supremo 4.0*: Constituição e Tecnologia em Pauta. São Paulo, SP: Revista dos Tribunais, 2022.

Nessa discussão, fica bastante evidenciada a segregação entre a propriedade exclusiva e a propriedade comum, ou seja, o conflito existente entre os direitos constitucionais à propriedade (de livremente usar, fruir e dispor do imóvel) e à vizinhança dos outros condôminos, princípios que deverão ser sopesados e ainda solidificados em nosso ordenamento jurídico.

3.5 Sustentabilidade

O setor da construção civil é uma das atividades com maior destaque econômico no País. No entanto, também é um dos maiores causadores de impactos ao meio ambiente, desde a produção de matéria-prima até os resíduos produzidos[9]. Nos últimos anos, foi possível identificar uma alteração de comportamento no desenvolvimento dos projetos construtivos. Agora, já faz parte da idealização do projeto a preocupação com alternativas mais sustentáveis e inovadoras, que possam contribuir para a diminuição do impacto ambiental causados por esse setor.

De modo geral, as mudanças acompanham as necessidades sociais, e com os condomínios edilícios não poderia ter sido diferente. A tecnologia, aliada à necessidade de agilidade no trânsito de informações, com a diminuição de custos e de distâncias para deslocamento, a demanda de diversificação de investimentos e, inclusive, a preocupação com a sustentabilidade, tornou os condomínios uma fonte de adaptações e inovações para as quais muitos ainda estão em franca adequação.

Desde a concepção do empreendimento, já há uma natural preocupação com o adensamento populacional e com os impactos ambientais da localidade e do entorno daquela construção gerando, consequentemente, a necessidade de se estabelecer contrapartidas que mitiguem os impactos da edificação, sejam eles ambientais, de vizinhança, de circulação de pessoas e veículos, etc., uma vez que toda a construção consome uma série de recursos naturais e humanos, e nada mais adequado do que minimizar, seja durante a construção, seja depois do prédio concluído,

[9] Martins, Maria de Fátima; Oliveira, Verônica Macário de; Ferreira, Rodolfo Gabriel Souza; Cândido, Gesinaldo Ataíde. O ecodesign como ferramenta de gestão ambiental aplicada ao setor da construção civil: o caso de um condomínio horizontal com proposta sustentável em Campina Grande – PB *Rev. Ciênc. Admin.*, Fortaleza, vol. 17, n. 3, p. 883-914, set./dez. 2011. Disponível em: https://ojs.unifor.br/rca/article/view/3296. Acesso em: 12 abr. 2023.

que o empreendimento tenha uma característica mais verde, inclusivo e sustentável ao longo do tempo.

Um dos reflexos dessa crescente preocupação foi a publicação, em 10 de julho de 2001, da Lei Federal nº 10.257, o Estatuto da Cidade, que além de regulamentar os artigos 182 e 183 da Constituição Federal, estabeleceu diretrizes gerais da política urbana, além de normas de ordem pública e interesse social que regulam o uso da propriedade urbana em prol do coletivo, da segurança e do bem-estar dos cidadãos, bem como do equilíbrio ambiental.

O Estatuto da Cidade define, em um de seus primeiros artigos, as diretrizes gerais e o conceito de direito a cidades sustentáveis, conceituando-o como o direito à terra urbana, à moradia, ao saneamento ambiental, à infraestrutura urbana, ao transporte e aos serviços públicos, ao trabalho e ao lazer, para as presentes e futuras gerações.

No âmbito dos condomínios, instituídos após a efetiva construção das edificações, esses assumem atualmente um papel de extrema relevância em termos de sustentabilidade, começando pela captação e reuso de água das chuvas, passando pela coleta seletiva do lixo, instalação de sensores de presença, colocação de placas solares, além de aquisição de matérias igualmente sustentáveis ou, ainda, adquiridos de empresas que comprovadamente empregam essa prática. Trata-se de medidas extremamente simples, mas com impactos gigantescos, seja em termos ambientais, como econômicos, uma vez que se torna possível reduzir drasticamente os custos (água e energia, por exemplo), utilizar materiais menos nocivos à saúde, além de gerar conscientização para a preservação dos recursos naturais, medidas de fácil implementação e que podem ser colocados em prática no dia a dia.

Um outro exemplo prático de questão de interesse geral voltada à sustentabilidade é a instalação de composteiras nas áreas comuns, seja via recipiente próprio ou, ainda, diretamente nos buracos cavados no solo, onde os condôminos depositam o lixo orgânico para a sua transformação em fertilizante ou adubo natural. Aliado a isso, o uso de aplicativos de mensagem entre grupos de condôminos, em ambiente moderado pelo síndico, reduz drasticamente o uso do papel e da impressora e vem se revelando apto para resolução de problemas do cotidiano condominial.

E voltando à construção civil, propriamente dita, oportuno ainda observar que empresas do setor, impulsionadas também pela concorrência verde, estão buscando a certificação Leadership in Energy and Environmental Design (LEED), concedida pela da US Green Building Council (USGBC), para empreendimentos que contenham projetos sustentáveis, classificados conforme pontuação atingida. A ideia da UBGBC é estimular práticas de construções cada dia mais sustentáveis, transformando a forma em que as edificações são planejadas, desenvolvidas e operadas, inclusive a comunidade no entorno da nova edificação[10].

A relevância do LEED reside na sensibilidade, cada vez mais evidente, dos consumidores ao tema, de modo que a preferência de mercado é direcionada hoje aos empreendimentos imobiliários que adotam procedimentos e padrões mais sustentáveis e que, além de implicar em benefícios ambientais (como a redução de emissão de resíduos e de gás carbônico quando de sua concepção e construção), reduzem substancialmente custos agregados às futuras taxas condominiais, como luz, água e manutenção geral, isso tudo por ocasião de sua efetiva operação.

Perceptível, portanto, que desde a concepção, passando pela instituição e até operação efetiva do condomínio edilício, a sustentabilidade passou a ter papel determinante, não só sob a perspectiva legal, como em termos de conscientização social, o que influencia diretamente o mercado imobiliário que, cada vez mais, vem fazendo o uso mais racional dos recursos naturais.

3.6 A Lei Geral de Proteção de Dados e os condomínios edilícios

Apesar de algumas discussões relacionadas à ausência de personalidade jurídica plena, hoje já há um consenso de que os condomínios estão, ao lado das pessoas naturais e jurídicas, sujeitos às disposições e cumprimento da Lei Geral de Proteção de Dados (LGPD, Lei Federal nº 13.709/2018). As dúvidas foram sanadas, inclusive, com a publicação da Resolução nº 02 CD/ANPD, pelo Conselho Diretor da Autoridade Nacional de Proteção de Dados (ANPD), por meio da qual ficou determinado que entes privados despersonalizados que assumem obrigações típicas de controlador ou de operador estão sujeitos à LGPD (Art. 2).

[10] Conforme informações constantes em: CONSTRUINDO um futuro sustentável. Green Building Council Brasil. Disponível em: https://www.gbcbrasil.org.br/sobre-nos/. Acesso em 14 abr. 2023.

Promulgada em 2018, a LGPD alterou o Marco Civil da Internet e consolidou a legislação de proteção de dados no Brasil. Com grande influência do Regulamento Geral de Proteção de Dados (ou *General Data Protection Regulation* – GDPR, na acepção inglesa) da União Europeia, entrou em vigor em setembro de 2020 e trouxe importantes mudanças no tratamento de dados pessoais por empresas, organizações e condomínios.

Contextualizando, a LGPD traz duas grandes classificações de dados, os dados pessoais (informações relacionadas a pessoa natural identificada ou identificável) e os dados sensíveis (origem racial ou étnica, convicção religiosa, opinião política, filiação a sindicato ou a organização de caráter religioso, filosófico ou político, dado referente à saúde ou à vida sexual, dado genético ou biométrico, quando vinculado a uma pessoa natural). Além disso, a legislação também estabelece alguns princípios básicos no tratamento de dados pessoais, quais sejam: finalidade (relacionados aos propósitos que levam a obtenção do dado), adequação (compatibilidade do tratamento com as finalidades informadas ao titular), necessidade (tratamento ao mínimo necessário para a realização de suas finalidades), livre acesso (consulta facilitada aos titulares), qualidade (garantia de exatidão, clareza, relevância e atualização dos dados), transparência (informações claras, precisas e facilmente acessíveis), segurança (garantia de proteção de dados), prevenção (medidas para prevenir a ocorrência de danos), não discriminação (impossibilidade de realização do tratamento para fins discriminatórios ilícitos ou abusivos) e responsabilização e prestação de contas (adoção de medidas eficazes e capazes de comprovar a observância e o cumprimento das normas de proteção de dados pessoais).

Assim, o objetivo geral da legislação é proteger a privacidade e os direitos dos titulares de dados pessoais, promovendo uma cultura de proteção de dados nas atividades econômicas e sociais. A ANPD é o órgão responsável por zelar, implementar e fiscalizar a aplicação da LGPD no território nacional. Para que exista uma comunicação entre a ANPD, o controlador e os titulares dos dados, a lei criou a figura de um encarregado de dados (ou *Data Protection Officer* – DPO, na acepção inglesa), que também deve existir nas relações condominiais.

O tamanho da revolução originada pela LGPD é incrível. Ainda que diante de um condomínio simples, é inegável o tratamento de dados no dia a dia, seja na coleta de informações para permitir a entrada de visitantes, seja na relação entre funcionários diretos ou até mesmo indiretos. Ela pode ocorrer desde o preenchimento de cadastro à mão, na impressão digital da biometria para abertura de acessos ou até mesmo na coleta de dados faciais, cuja representação fotográfica pode ser armazenada em sistemas rudimentares ou em empresas de monitoramento, conforme esclarece KLEIBER[11].

Exemplificando a relação de cadastro na portaria de um condomínio, o titular dos dados pessoais (condômino, visitante, prestador de serviços) fornece seus dados ao controlador (condomínio) ou ao operador (em caso das portarias remotas)[12].

De acordo com a LGPD, não apenas o motivo da obtenção do dado deverá ser claro ao titular, como também a possibilidade da revogação do consentimento quanto ao seu fornecimento, respeitando os princípios legais da transparência e da finalidade.

Caberá ao condomínio edilício expor sua política de privacidade de maneira clara, bem como as providências adotadas visando o tratamento e a proteção de dados, uma vez que o fornecimento de dados deve ser feito de maneira consentida e livre. No entanto, imprescindível que os direitos dos titulares sejam considerados em conjunto com outros direitos, como o da propriedade (CC, art. 1.228 e CF, art. 5º) e demais previstos em lei.

Com relação a penalidades, além da possibilidade de advertência, multa diária, bloqueio de dados até a regularização, publicização da infração, eliminação de dados e suspensão de atividades, destaca-se que a multa prevista na LGPD pode chegar a 50 milhões de reais. Claro que a ANPD deve flexibilizar a situação dos condomínios especiais, principalmente considerando que a legislação e a Resolução nº 02 CD/ANPD trazem como parâmetros e critérios para a aplicação das sanções a gravidade, a natureza das infrações, os direitos afetados e a boa-fé do infrator, porém, ainda existem vários pontos que precisam ser esclarecidos para a adequação completa dos condomínios à LGPD.

[11] KLEIBER, Suse Paula Duarte Cruz; TORRES, Amanda Lobão (coord.). *Direito Condominial Contemporâneo*. São Paulo, SP: Liber Ars, 2020.

[12] KLEIBER, Suse Paula Duarte Cruz; TORRES, Amanda Lobão, *cit.*

Como exemplo, temos a falta de definição da base de cálculo para a aplicação das sanções previstas no art. 52 da LGPD[13]. Seria correto considerar o valor arrecadado pelo condomínio, tendo em vista não se tratar de faturamento? Seria a multa dividida entre os condôminos, nos termos do Código Civil (art. 1.317) e posicionamento do STJ no sentido de que os condôminos devem arcar com repercussões econômicas negativas do condomínio[14]? São questões que permanecem sem resposta e que deverão ter esclarecimentos conforme a ANPD tenha maior atuação em casos relacionados à proteção de dados nos condomínios.

Resta claro, no entanto, o árduo trabalho de adaptação dos condomínios edilícios relacionado a medidas técnicas e organizacionais, devendo se atentar à forma de obtenção e tratamento de dados, além da necessidade de revisitar documentos e informações compartilhados com terceiros. Os condomínios precisam ter uma política de privacidade e proteção de dados, e todos os contratos firmados deverão conter cláusula de proteção de dados padrão. Contratos já existentes deverão ser revisitados para que seja possível a sua atualização de acordo com tal política.

Por fim, não há como efetivar a adequação necessária sem adotar regras de boas práticas e governança[15]. Há a necessidade clara da capacitação constante de funcionários e investimento em programas de treinamento para aqueles que tiverem acessos a dados e transparência para os usuários dos condomínios. Apenas assim será possível atingir os princípios e parâmetros constantes na LGPD sem maiores repercussões, especialmente financeiras, aos condomínios edilícios.

[13] LIMA, Adrianne; SANTOS, Flávia A. dos; MARTINELLI, Anielle E.; JABUR, Miriam A. Esquárcio. LGPD para os Condomínios (residenciais, comerciais e corporativos). *Migalhas*, 08 dez. 2020. Disponível em: https://www.migalhas.com.br/depeso/337493/lgpd-para-os-condominios--residenciais--comerciais-e-corporativos. Acesso em 12 abr. 2023.

[14] "Diferentemente do que ocorre com as pessoas jurídicas, qualquer repercussão econômica negativa será suportada, ao fim e ao cabo, pelos próprios condôminos, a quem incumbe contribuir para todas as despesas condominiais, e/ou pelos respectivos proprietários". (STJ. REsp 1.736.593/SP, Rel. Min. Nancy Andrighi, Terceira Turma, j. 11/02/2020).

[15] LIMA, Adrianne; SANTOS, Flávia A. dos; MARTINELLI, Anielle E.; JABUR, Miriam A. Esquárcio, *cit*.

Das considerações finais

A par das constantes atualizações e do cotidiano cada vez mais acelerado da vida em sociedade, ficou reservado aos legisladores e juristas o desafio de acompanhar e regulamentar as inovações do mercado imobiliário em geral e, particularmente, as adaptações dos condomínios edilícios à sociedade contemporânea.

Além do desafio natural imposto aos operadores do direito, os condomínios especiais acabam ainda se subordinando às novas realidades que, progressivamente, se colocam no mundo fático e jurídico, inclusive decorrentes de inovações e tecnologia presentes no dia a dia condominial, bem como de fatos novos e surpreendentes, como a pandemia, que anteciparam e aceleraram no Brasil algumas discussões e necessidades da comunidade civil em geral.

A necessidade cada vez maior e evidente de conscientização ambiental e de uso racional dos recursos naturais influenciam diretamente a construção civil, o mercado imobiliário e o mercado consumidor final desse segmento, resultando em modificações legislativas expressivas que contribuem, não só para uma construção mais verde, mas também para uma administração condominial mais sustentável ao longo do tempo, com foco, inclusive, no futuro das próximas gerações.

Resta clara, no entanto, a necessidade do aperfeiçoamento das discussões junto aos órgãos deliberativos dos condomínios e da própria legislação relacionada à matéria no país, diante dos recentes acontecimentos reportados neste artigo e, particularmente, da presença cada vez crescente da inovação, da tecnologia e da sustentabilidade na nova dinâmica da sociedade atual.

Referências

CASTRO, Daniel Aureo de (coord.). *Direito Imobiliário Atual.* Rio de Janeiro: Elsevier, 2013.

CIDADE de São Paulo registra 746 novos condomínios verticais no 1º semestre, 2022. Disponível em https://www.lellocondominios.com.br/cidade-de-sao-paulo-registra-746-novos-condominios-verticais-no-1o-semestre/#:~:text=A%20cidade%20de%20S%C3%A3o%20Paulo,aos%20356%20condom%C3%ADnios%20em%202020 . Acesso em 14 abr. 2023.

CONSTRUINDO um futuro sustentável. Green Building Council Brasil. Disponível em: https://www.gbcbrasil.org.br/sobre-nos/. Acesso em 14 abr. 2023.

FRANCO, J. Nascimento. *Condomínio*. 5. ed. rev. São Paulo: Revista dos Tribunais, 2005.

KLEIBER, Suse Paula Duarte Cruz; TORRES, Amanda Lobão (coord.). *Direito Condominial Contemporâneo*. São Paulo, SP: Liber Ars, 2020.

LIMA, Adrianne; SANTOS, Flávia A. dos; MARTINELLI, Anielle E.; JABUR, Miriam A. Esquárcio. LGPD para os Condomínios (residenciais, comerciais e corporativos). *Migalhas*, 08 dez. 2020. Disponível em: https://www.migalhas.com.br/depeso/337493/lgpd-para-os-condominios--residenciais--comerciais-e-corporativos. Acesso em 12 abr. 2023.

LUCON, Paulo Henrique dos Santos; WOLKART, Erik Navarro; LAUX, Francisco de Mesquita; RAVAGNANI, Giovani dos Santos (coord.). *Direito, processo e tecnologia*. São Paulo: Revista dos Tribunais, 2020.

MALUF; Fernando; MARQUES, João Pedro. Minha Casa, Minhas Regras: o *coliving* no Brasil *In*: BRITTO, Carlos Augusto Ayres de Freitas (coord.). *Supremo 4.0*: Constituição e Tecnologia em Pauta. São Paulo, SP: Revista dos Tribunais, 2022.

MARTINS, Maria de Fátima; OLIVEIRA, Verônica Macário de; FERREIRA, Rodolfo Gabriel Souza; CÂNDIDO, Gesinaldo Ataíde. O ecodesign como ferramenta de gestão ambiental aplicada ao setor da construção civil: o caso de um condomínio horizontal com proposta sustentável em Campina Grande – PB *Rev. Ciênc. Admin.*, Fortaleza, vol. 17, n. 3, p. 883-914, set./dez. 2011. Disponível em: https://ojs.unifor.br/rca/article/view/3296. Acesso em: 12 abr. 2023.

RIZZARDO, Arnaldo. *Condomínio Edilício e Incorporação Imobiliária*. 7. ed. Rio de Janeiro: Forense, 2019.

SÃO PAULO construiu dois prédios por dia neste ano e atingiu um total de 28 mil edifícios. *Casa Vogue*, 2022. Disponível em https://casavogue.globo.com/casa-vogue-estate/noticia/2022/11/sao-paulo-construiu-dois-predios-por-dia-neste-ano-e-atingiu-um-total-de-28-mil-edificios.ghtml . Acesso em 14 abr. 2023.

VENOSA, Silvio de Salvo. O condomínio edilício no novo Código Civil. *Migalhas*, 06 jan. 2003. Disponível em: https://www.migalhas.com.br/depeso/912/o-condominio-edilicio-no-novo-codigo-civil. Acesso em 12 abr. 2023.

WHAT Makes Airbnb, Airbnb, em 22 fev. 2022. Disponível em: https://news.airbnb.com/what-makes-airbnb-airbnb/. Acesso em 14 abr. 2023.

3. A SECURITIZAÇÃO DE RECEBÍVEIS COMO MODALIDADE DE FINANCIAMENTO DE INCORPORAÇÕES IMOBILIÁRIAS

Fernanda Costa Neves do Amaral

1. Introdução

A propriedade é um fenômeno histórico, de alçada social. Estudada pela economia, pelo direito e por todas as ciências humanas. Ser dono, senhor de uma coisa, reflete poder. Ter propriedade, especialmente o local de moradia, traz segurança emocional e sentimento de felicidade ao adquirente. O setor imobiliário acolhe a realização de sonhos particulares, especialmente em relação à aquisição da propriedade residencial, que representa uma difícil e sacrificada conquista para a maioria da população brasileira.

O mercado imobiliário engloba diversos agentes: a incorporadora, a construtora, financiadores, investidores, até o consumidor ou adquirente final, e reflete rapidamente o desempenho da economia, com o aumento de construções e da comercialização de unidades ou, ao revés, a vacância de unidades e a desaceleração do mercado.

O incremento no financiamento de obras aumenta a produção de unidades imobiliárias, fomenta o crédito, gera moradias, empregos, e todo o ciclo de negócios e insumos relacionados ao mercado imobiliário.

O crédito é pressuposto fundamental da atividade econômica. Graças ao crédito, os comerciantes conseguem imprimir aos seus negócios o volume exigido pela intensidade da vida atual.[1]

Segundo Luciano Benetti Timm e Rafael Bicca Machado[2], tão relevante é a função do crédito no mundo moderno, que afirmam os economistas que o estágio em que vivemos se caracteriza como sendo uma economia do crédito.

Diante da importância da incorporação imobiliária para a economia e da relevância do crédito para o desenvolvimento dessa atividade, o intuito do presente artigo é abordar algumas modalidades de financiamento de incorporações imobiliárias, com destaque para aquela promovida por meio da securitização de recebíveis imobiliários.

Embora a securitização de recebíveis imobiliários tenha sido introduzida no nosso ordenamento em 1997, por meio da Lei n. 9.514, de 20 de novembro de 1997 (Lei n. 9514/97) ainda é escassa a doutrina que aborda o assunto, e que vem sofrendo, ao longo de mais de duas décadas, alterações e adequações, conforme as práticas do mercado e o comportamento de seus agentes. E como ensina o Professor Oscar Barreto Filho[3], "*para escrever sobre direito comercial é preciso ver como funcionam na prática os institutos, sob pena de se construir conceitos jurídicos fora da realidade histórico social*". Por esse motivo, a escolha neste artigo, com a devida vênia a uma abordagem mais acadêmica, foi por uma abordagem pragmática do tema.

2. Incorporações imobiliárias

Segundo o relato de Mario Pazzutti Mezzari[4], o surgimento da propriedade horizontal no mundo ocorreu após a Primeira Guerra Mundial, que gerou na Europa uma nova situação nas cidades, diante da destruição causada por bombardeios, a demolição das casas e o êxodo rural de

[1] Barreto Filho, Oscar. (1962). **O crédito no direito**. *Revista da Faculdade de Direito, Universidade De São Paulo, 57,* 204-217. Recuperado de https://www.revistas.usp.br/rfdusp/article/view/66404. Acesso em 11.04.2023.

[2] Timm, Luciano Benetti e Machado, Rafael Bicca. **Direito, Mercado e função social**. Revista da AJURIS, 2006 – researchgate.net.

[3] Barreto Filho, Oscar. (1962). Ob. citada.

[4] Caio Mário da Silva Pereira *apud* Mezzari, Mario Pazzuti. **Condomínio e incorporação no Registro de Imóveis**. 5. ed. Porto Alegre: Livraria do Advogado, 2020, p. 16.

pessoas em busca de melhores condições de trabalho e segurança. Essa situação criou para o poder público a necessidade de estender a infraestrutura urbana a essas novas zonas. Nesse ambiente, surgiram os edifícios com mais de 10 andares, o que acomodava a questão habitacional, não gerava novas áreas urbanas e necessidade de infraestrutura adicional em países com a economia abalada, concentrando a população em espaços reduzidos. Políticos, economistas e legisladores iniciaram uma forte corrente a favor da propriedade por andares, por toda a parte.

No Brasil, a regulamentação da propriedade em condomínio teve origem no Decreto n. 5.481, de 25 de junho de 1928 (Decreto n. 5.481/28), que disciplinava a alienação parcial dos edifícios de mais de cinco andares. O revogado Decreto n. 5.481/28 não trazia a figura do incorporador ou atribuição de quaisquer obrigações a respeito da construção do edifício (que só poderia ter mais de cinco andares...), ou outra disposição a respeito da responsabilidade quanto à entrega das unidades e suas condições físicas ou qualitativas.

A venda de unidades imobiliárias integrantes de condomínio em construção, com a criação da figura do incorporador e da atribuição de suas obrigações, só foi regulada no Brasil a partir da Lei n. 4.591, de 16 de dezembro de 1964 (Lei n. 4.591/64).

Conforme relata Melhim Chalub[5], dada a inexistência de disciplina legal nesse sentido, no período imediatamente anterior à promulgação da Lei n. 4.591/64, as pessoas que se dedicavam à atividade da construir e vender edificações atuavam livres de quaisquer limitações legais e realizavam negócios sem riscos, "nadando livremente neste mar sem controle".

A Lei n. 4.591/64 conceituou como incorporação imobiliária a atividade exercida com o intuito de promover e realizar a construção, para alienação total ou parcial, de edificações ou conjunto de edificações compostas de unidades autônomas. A responsabilidade principal do incorporador é a entrega das unidades imobiliárias prontas e acabadas.

Sendo um traço característico da atividade de incorporação imobiliária a venda antecipada de apartamentos a serem construídos, do ponto de vista econômico e financeiro, esta situação constitui o meio pelo qual o incorporador capta recursos para a construção. Segundo explicam

[5] Chalhub, Melhim Namem. **Incorporação imobiliária**. 5. ed. Rio de Janeiro: Forense, 2019, p. 2.

Orlando Gomes e Maria Helena Diniz, é a operação que consiste em obter o capital necessário à construção do edifício, mediante venda, por antecipação, dos apartamentos de que se constituirá[6].

Caso aqueles que se dedicam à atividade de incorporação, como sói acontecer, não disponham da totalidade dos recursos necessários deverão, portanto, recorrer a estruturas de crédito.

3. Financiamentos bancários

Dentre os financiadores das incorporações imobiliárias, os que mais se destacam, tradicionalmente, são as instituições financeiras. O denominado "Plano Empresário" ainda é a forma mais usual de financiamento de incorporações imobiliárias.

Nessa modalidade de mútuo, o banco provê os recursos necessários ao desenvolvimento do empreendimento imobiliário, fornecendo, em média, até 70% (setenta por cento) do custo de construção. O financiamento imobiliário é normalmente garantido pela hipoteca do imóvel onde será desenvolvido o empreendimento, além de garantias fidejussórias prestadas pelos sócios da tomadora, e cessão fiduciária dos recebíveis decorrentes da alienação das unidades do empreendimento. A liberação dos recursos tomados é feita de acordo com o cumprimento do cronograma físico-financeiro das obras, normalmente em forma de reembolso das despesas já incorridas e comprovadas pelo incorporador. Habitualmente, durante a fase de obras o incorporador efetua o pagamento apenas dos juros do capital financiado, e após a entrega das unidades o saldo devedor do financiamento é amortizado pelo incorporador, com os recursos decorrentes dos "repasses", assim considerados os pagamentos feitos pelos adquirentes, por meio da contração de seus próprios financiamentos, para quitação do saldo devedor do preço de aquisição da unidade.

A concessão de crédito imobiliário no Brasil é regulada pelo Banco Central, que em sua Resolução 4676, de 31 de julho de 2018 (Resolução Bacen 4676), dispõe sobre os integrantes do sistema brasileiro de poupança e empréstimo (SBPE), do sistema financeiro da habitação (SFH)

[6] Gomes, Orlando. **Direitos reais**. 2. ed. Rio de Janeiro: Forense, 1962, p. 305; Diniz, Maria Helena. **Curso de direito civil brasileiro** – teoria das obrigações contratuais e extracontratuais. v. 3. 11. ed. São Paulo: Saraiva, 1996, p. 493.

e do sistema de financiamento imobiliário (SFI). A Resolução Bacen 4676 disciplina ainda as condições gerais e os critérios para contratação de financiamento imobiliário pelas instituições financeiras e demais instituições autorizadas a funcionar pelo Banco Central do Brasil.

Além de tradicional, a oferta de financiamentos imobiliários pelas instituições financeiras atende ao cumprimento obrigatório dos recursos de poupança, determinado às instituições integrantes do SPBE que captem recursos de poupança, impondo-lhes o retorno obrigatório, para o mercado imobiliário, de 65% (sessenta e cinco por cento) desses valores.

A tradição do mercado imobiliário de valer-se de financiamentos bancários, com suas estruturas e dinâmica já conhecidas, aliado ao direcionamento obrigatório a ser cumprido pelas instituições financeiras, garante a liderança dessa modalidade de financiamento para as incorporações imobiliárias.

Contudo, o incremento da concessão de crédito imobiliário acarreta um círculo virtuoso na economia e, naturalmente, no mercado imobiliário, e esse foi o desiderato do legislador ao editar a Lei n. 9.514/97, criando a securitização de créditos imobiliários, como alternativa aos financiamentos bancários tradicionais.

4. Securitização de recebíveis imobiliários

A securitização de recebíveis imobiliários representou um significativo avanço na regulamentação do mercado brasileiro de financiamentos.

A Lei n. 9.514/97 também criou a alienação fiduciária de bens imóveis, que pode ser considerada um divisor de águas no mercado imobiliário[7], tornando mais célere a satisfação do crédito imobiliário, diante da possibilidade de execução extrajudicial da garantia, incentivando a sua concessão, o que vai ao encontro da pretensão do legislador, deduzida na Exposição de Motivos da Lei n. 9.514/1997:

> A análise da experiência de vários países mostra que o crescimento do financiamento habitacional está intimamente ligado à existência de garantias efetivas de retorno dos recursos aplicados, liberdade na contratação

[7] AMARAL, Fernanda Costa Neves do; ROCHA, Mauro Antonio (coord.). **Alienação fiduciária de bem imóvel** – 20 anos da Lei n. 9.514/97: São Paulo, aspectos polêmicos. Não extinção legal da dívida após o segundo leilão negativo do imóvel. São Paulo: Lepanto, 2018.

das operações e um mercado de crédito imobiliário dinâmico, capaz de canalizar recursos de longo prazo[8].

Assim nasceram as companhias securitizadoras de créditos imobiliários, definidas como instituições não financeiras, constituídas sob a forma de sociedade por ações, com a finalidade de adquirir e securitizar os créditos imobiliários, realizando a emissão e colocação, no mercado financeiro, de Certificados de Recebíveis Imobiliários (CRI), por sua vez caracterizados como títulos de crédito nominativos, de livre negociação, lastreados em créditos imobiliários, que constituem promessa de pagamento em dinheiro.

O termo securitização é um anglicismo que decorre de "*securitization*". Processo que transforma direitos creditórios, recebíveis, em lastro de valores mobiliários, os "*securities*", em inglês.

Segundo relata José Alves Ribeiro Jr.,[9] o termo teria surgido em 1977, em uma entrevista concedida por um executivo do banco Salomon Brothers, Lewis Ranieri, para o *Wall Street Journal*. Quando a jornalista lhe perguntou o nome da operação financeira de que o executivo participava, ao não encontrar um termo que se aplicasse adequadamente, o executivo cunhou o termo *securitization*, que soou estranho ao editor do jornal. O periódico, todavia, acabou por utilizá-lo, disseminando a expressão.

Ao criar o Sistema de Financiamento Imobiliário e a securitização de créditos imobiliários, a Lei n. 9.514/97 buscou oferecer alternativa de crédito para o setor imobiliário. Ao conceituar as companhias securitizadoras como instituições não financeiras, afastou dessa atividade a regulação e supervisão do Banco Central. Os CRI foram classificados como valores mobiliários quando distribuídos publicamente[10], reclamando a regulamentação e a supervisão da CVM, conforme previsto na

[8] Item 10 da Exposição de Motivos Interministerial nº 032/MPO-MF, de 9 de junho de 1997. Disponível em https://www.camara.leg.br/proposicoesWeb/prop_mostrarintegra?codteor=1130748&filename=Dossie-PL%203242/1997. Acesso em 02.09.2018.

[9] Ribeiro Jr., José Alves. **Elementos Constitutivos da Securitização de Recebíveis no Direito Brasileiro.** Dissertação (Mestrado em Direito). Escola de Direito de São Paulo, Fundação Getúlio Vargas, São Paulo, 2019, p. 18-19. Disponível em https://bibliotecadigital.fgv.br/dspace/bitstream/handle/10438/28074/Dissertação%20JRJ%20vFINAL%2017-09-2019.pdf?sequence=1&isAllowed=y. Acesso em 12.04.2023.

[10] Cf. §1º do art. 20 da Lei n. 14.430/2022.

Lei n. 6.385, de 07 de dezembro de 1976 (Lei n. 6.385/76) e a regulação própria do mercado de capitais, expoente da desintermediação financeira.

A Exposição de Motivos da Lei n. 9.514/97[11] destacou a criação do CRI, como um novo e característico título de crédito, destinado às operações do mercado secundário, salientando que: "*A criação da figura desse novo título vem acompanhada da definição das condições legais para a efetiva securitização de créditos imobiliários, previstos rigorosos mecanismos de segurança e proteção ao investidor. Dessa forma, abrem-se perspectivas inéditas para o funcionamento de um mercado secundário de créditos imobiliários e a estruturação de operações de captação de recursos capazes de robustecer grandemente o financiamento habitacional.*" Avança indicando que "*O funding primário para essas operações consistirá de recursos que as entidades mencionadas captam no mercado financeiro e de valores mobiliários, mediante instrumentos próprios, dentre os quais se incluem letras hipotecárias e debêntures. Essas entidades poderão realizar financiamentos imobiliários em geral, segundo condições de mercado, utilizando, para tanto, as modalidades contratuais já tipificadas no ordenamento civil e comercial*".

O registro das companhias securitizadoras de crédito imobiliário, assim como a oferta pública de distribuição de Certificados de Recebíveis Imobiliários é atualmente[12] regulada pela Resolução da Comissão de Valores Mobiliários n. 60, de 23 de dezembro de 2021 (Resolução CVM 60).

Recentemente, foi promulgado o marco legal da securitização, consubstanciado na Lei n. 14.430, de 03 de agosto de 2022 (Lei n. 14.30/22), que regula não somente a securitização de recebíveis imobiliários, mas também de recebíveis do agronegócio e recebíveis em geral, e conceitua a operação de securitização como sendo a aquisição de direitos creditórios para lastrear a emissão de Certificados de Recebíveis ou outros títulos e valores mobiliários perante investidores, cujo pagamento é primariamente condicionado ao recebimento de recursos dos direitos creditórios e dos demais bens, direitos e garantias que o lastreiam.

[11] Itens 13 e 15 da Exposição de Motivos Interministerial nº 032/MPO-MF (Lei 9.514/97), de 9 de junho de 1997.

[12] O registro das companhias securitizadoras de crédito imobiliário foi inicialmente regulado pela Instrução CVM n. 284, de 24 de julho de 1998, que dispunha sobre a companhia securitizadora de créditos imobiliários e distribuição pública de Certificados de Recebíveis Imobiliários – CRI. Posteriormente, a regulamentação foi atualizada e aprimorada, passando a ser orientada pela ICVM n. 414, de 30 de dezembro de 2004.

A Lei n. 14.430/22 revogou os dispositivos da Lei n. 9.514/97 que tratavam da securitização, com o intuito de consolidar o tratamento das operações de securitização em geral, mantendo, entretanto, o comando de suas disposições fundamentais.

Os direitos creditórios que lastrearão os CRI devem ser previamente identificados, atender aos critérios de elegibilidade previstos no termo de securitização e deverão ser adquiridos até a data de integralização dos CRI. A regulamentação, portanto, não admite a securitização de créditos futuros.

O valor dos CRI não pode exceder ao valor total dos direitos creditórios a ele vinculados, o que se mostra muito razoável, já que é o fluxo dos recebíveis que fornece à securitizadora os valores necessários ao pagamento aos investidores.

A operação de securitização inicia-se com a cessão dos créditos imobiliários a uma companhia securitizadora, que posteriormente vinculará esses créditos a uma emissão de CRI.

Quando da aquisição dos CRI a securitizadora deve fazer uma análise rigorosa dos créditos, respondendo por sua origem e autenticidade. A análise aqui referida é a mesma adotada para as auditorias e diligências imobiliárias efetuadas por ocasião da aquisição de imóveis, procurando afastar o risco de fraude contra credores ou execução. Adicionalmente, a securitizadora realiza a análise da capacidade financeira dos devedores, para avaliar a sua capacidade de pagamento dos créditos e deve também avaliar a sua situação fiscal se tratar-se de devedor relevante.

Para ilustrar a operação: a incorporadora que possuir uma carteira de recebíveis imobiliários, decorrentes da comercialização de unidades imobiliárias, pode antecipar o recebimento desses recursos, mediante a sua cessão para uma securitizadora. A securitizadora promoverá o pagamento do preço de cessão ao incorporador com os recursos pagos pelos investidores por conta da integralização dos CRI.

Por conta da antecipação dos recebíveis, o incorporador terá recursos para custear as suas obras, prosseguir em suas atividades e gerar outras carteiras de recebíveis, gerando o ciclo virtuoso almejado quando da criação da securitização. Nesse exemplo – cessão de carteira de recebíveis – estaremos diante do que a CVM conceituou como créditos imobiliários por origem.

Outra possibilidade para que o incorporador possa se financiar por meio de uma operação de securitização é mediante a emissão de títulos de dívida. Seja uma cédula de crédito bancário, debêntures ou notas comerciais[13], desde que tais recursos sejam destinados ao desenvolvimento da incorporação imobiliária, para pagamento do preço de aquisição dos imóveis, ou para os arcar com os custos da construção.

Em tópico seguinte, detalharemos o conceito de crédito imobiliário por origem e por destinação que vem sendo construído a partir de operações do mercado e decisões da CVM.

Considerando que a fonte de recursos para o pagamento dos CRI, pela securitizadora aos investidores, será aquela proveniente dos créditos imobiliários que o lastreiam, no primeiro exemplo estaremos diante de um CRI com risco de crédito pulverizado, já que são vários os devedores (os adquirentes das unidades imobiliárias). No segundo exemplo, o risco de crédito está concentrado na incorporadora, emissora do título de dívida que lastrear o CRI.

A incorporadora poderá constituir garantias em favor da securitizadora, em prol da atratividade da operação, já que a qualidade do crédito melhora com a presença de garantias. Assim, quanto mais líquidas, ou seja, de satisfação mais célere, melhor a qualidade do crédito e a atratividade do CRI para o investidor.

Tratando-se de cessão da carteira de créditos decorrentes da comercialização das unidades, usualmente as garantias constituídas são a fiança dos sócios da cedente, a cessão fiduciária de outros créditos, e até a alienação fiduciária de imóveis, para assegurar situações, caso assim tenha sido estabelecido no contrato de cessão, de inadimplência dos créditos cedidos, distratos e quaisquer outras que possam impactar o fluxo de pagamento dos CRI.

A coobrigação da cedente em operações de securitização não é obrigatória, exigida pela regulamentação, mas se mostra uma prática nesse mercado, principalmente se os créditos cedidos não tiverem alguma

[13] As notas comerciais foram criadas pela Lei n. 14.195, de 26 de agosto de 2021. São consideradas valor mobiliário e título de crédito não conversível em ações, de livre negociação, representativo de promessa de pagamento em dinheiro. Podem ser emitidas por sociedades anônimas, sociedades limitadas e sociedades cooperativas, exclusivamente sob a forma escritural.

garantia real. Se o incorporador ceder recebíveis garantidos por alienação fiduciária, por exemplo, estaremos diante de uma provável hipótese de cessão *true sale*, assim denominada, pelas práticas de mercado, as cessões de créditos sem nenhum tipo de coobrigação ou recurso contra o cedente[14].

Em operações de securitização cujo lastro seja um título de dívida com destinação imobiliária, as garantias mais usuais são a garantia fidejussória, normalmente prestada pelos sócios da sociedade incorporadora, garantias reais sobre as quotas sociais ou ações da sociedade devedora, alienação fiduciária de imóveis e a cessão fiduciária de recebíveis. Muitas vezes, o incorporador já deu início às obras do empreendimento imobiliário, mas não tem volume de vendas suficiente para observar uma determinada razão de garantia relacionada ao montante da dívida. Nesses casos, o incorporador pode prometer ceder em caráter fiduciário os recebíveis decorrentes da futura comercialização das unidades imobiliárias, adicionalmente à cessão fiduciária dos recebíveis existentes. Nesse caso, o lastro do CRI será a dívida, e os valores recebidos por conta da cessão fiduciária dos recebíveis poderão ser desde logo imputados ao pagamento da dívida, conforme vier a ser acordado no instrumento de cessão, diante da previsão contida no §1º do artigo 19 da Lei n. 9.514/97.

É ampla a utilização de garantias fiduciárias em operações de securitização. Seja a alienação fiduciária de imóveis, de quotas ou ações, ou a cessão fiduciária de recebíveis. As garantias fiduciárias, por conta da previsão contida no §3º do art. 49 da Lei n. 11.10, de 09 de fevereiro de 2005[15], passaram a ser preferidas em relação às garantias usuais do SFH,

[14] Excetuada a responsabilidade da cedente pela existência do crédito, de acordo com o que preconiza o artigo 295 do Código Civil.

[15] Art. 49. Estão sujeitos à recuperação judicial todos os créditos existentes na data do pedido, ainda que não vencidos.

...

§ 3º Tratando-se de credor titular da posição de proprietário fiduciário de bens móveis ou imóveis, de arrendador mercantil, de proprietário ou promitente vendedor de imóvel cujos respectivos contratos contenham cláusula de irrevogabilidade ou irretratabilidade, inclusive em incorporações imobiliárias, ou de proprietário em contrato de venda com reserva de domínio, seu crédito não se submeterá aos efeitos da recuperação judicial e prevalecerão os direitos de propriedade sobre a coisa e as condições contratuais, observada a legislação respectiva, não se permitindo, contudo, durante o prazo de suspensão a que se refere o § 4º do art. 6º desta

consistentes de hipoteca e penhor, por não se submeteram aos efeitos da recuperação judicial do devedor ou sua falência, contribuindo para a qualidade do crédito.

Assim como ocorre no Plano Empresário, se as obras da incorporação estiverem em andamento, prudencialmente a securitizadora poderá fazer a liberação dos recursos decorrentes do pagamento do preço de cessão, ou da aquisição do título de dívida, de acordo com a evolução das obras, observado o cronograma físico financeiro.

Embora se trate de uma operação do mercado de capitais, a securitização de recebíveis imobiliários observa várias práticas advindas da concessão de crédito imobiliário do sistema bancário, no que se refere a critérios de elegibilidade, verificação da capacidade de pagamento dos devedores, sua pontualidade, a razão entre o valor nominal da operação de financiamento imobiliário e o valor de avaliação do imóvel dado em garantia (termo conhecido como LTV ou *Loan to Value*).

Cabe à securitizadora, na qualidade de administradora do patrimônio dos CRI, zelar pela boa administração dos créditos, promover a sua cobrança, executar as garantias e adotar todas as medidas tendentes a viabilizar a sua liquidação. Deve exercer suas atividades com boa fé, transparência, diligência e lealdade em relação aos seus investidores.

Embora a regulamentação não permita a revolvência dos créditos imobiliários, em determinadas situações é permitida a substituição dos créditos lastro, tais como: i) quando forem verificados vícios na cessão que possam vir a afetar a cobrança dos direitos creditórios, incluindo, por exemplo, falhas em sua formalização; ii) para a manutenção do nível da retenção de risco assumida pelo cedente ou terceiros na emissão; ou iii) para manutenção do teto de concentração de cedente ou de devedor.

A esse respeito, importa esclarecer que a regulamentação impõe o limite máximo de concentração, para a emissão, de 20% (vinte por cento) por devedor ou coobrigado. Esse limite pode ser excedido se o devedor for uma instituição financeira, uma sociedade que tenha suas demonstrações financeiras relativas ao exercício social imediatamente anterior à data de emissão dos CRI elaboradas em conformidade com o disposto na Lei das S/A., e auditadas por auditor independente registrado na

Lei, a venda ou a retirada do estabelecimento do devedor dos bens de capital essenciais a sua atividade empresarial.

CVM ou se a emissão dos CRI for destinada exclusivamente a investidores profissionais, conforme definidos pela CVM[16].

Os CRI podem ser emitidos em classe única ou classe sênior e subordinada. Os CRI da classe sênior não se subordinam às demais classes para efeito de amortização e resgate. Já os CRI da classe subordinada subordinam-se à classe sênior para efeito de amortização e resgate.

A classe subordinada pode se dividir em subclasses, com diferentes níveis de subordinação entre si, sendo a subclasse denominada "subordinada júnior" aquela que se subordina às demais subclasses, denominadas "subordinada mezanino".

A classe sênior não pode se dividir em subclasses, mas é admitida a sua divisão em séries, exclusivamente com o fim de estabelecer, para cada série, remuneração diferenciada e prazos distintos de amortização.

Como regra geral do princípio da fungibilidade dos valores mobiliários, os CRI de uma mesma série devem conter as mesmas características e conferir a seus titulares iguais direitos e obrigações. Os CRI de uma mesma emissão serão lastreados pela mesma carteira de direitos creditórios. Assim, ainda que contem com diferentes classes, a carteira é única para o pagamento dos CRI.

A formalização dos CRI é feita por meio de um termo de securitização, que deve indicar o nome da companhia securitizadora, o número da emissão, a identificação do devedor, se for o caso, o nome do cedente, caso seja único, ou adotar a expressão diversificado para as demais hipóteses. Deve ainda indicar o seu valor nominal unitário, com a discriminação dos valores, da forma, local e das datas de pagamento, as condições de remuneração e cláusulas de reajuste, se houver, a existência e condições de resgate antecipado, as características das classes e séries da emissão e respectivos direitos políticos e econômicos, ordem de pagamentos entre as classes, as características dos direitos creditórios, as garantias da operação, a possibilidade e condições para a substituição dos direitos creditórios lastro, a declaração, pela companhia securitizadora, da instituição do regime fiduciário, a nomeação de agente fiduciário com a definição de seus deveres, responsabilidades e remuneração,

[16] São considerados investidores profissionais as pessoas indicadas no art. 11 da Resolução CVM n.30, de 11 de maio de 2021.

bem como as hipóteses, condições e forma de sua destituição ou substituição e as demais condições de sua atuação, os encargos próprios ao patrimônio separado, eventuais provisões ou reservas para o exercício da cobrança judicial ou extrajudicial dos créditos inadimplidos, a forma de liquidação do patrimônio separado e os eventos de liquidação antecipada dos CRI.

As decisões relacionadas à emissão são tomadas pelos investidores, reunidos em assembleia especial de investidores, observados os quóruns determinados na Resolução CVM 60.

A negociação dos CRI é feita por meio dos sistemas de registro e depósito em entidades autorizadas pelo Banco Central do Brasil ou pela CVM a exercer a atividade de registro ou depósito centralizado de ativos financeiros e de valores mobiliários.

A oferta dos CRI deve ser realizada pelas securitizadoras por meio das disposições contidas na Resolução CVM n. 160, de 13 de julho de 2022, que dispõe sobre as ofertas públicas de distribuição primária ou secundária de valores mobiliários e sua a negociação nos mercados regulamentados. Caso a emissão seja de até R$ 120.000.000,00 (cento e vinte milhões de reais) a própria companhia securitizadora poderá atuar na distribuição dos ativos, sem necessidade de contratação de um coordenador líder[17].

Por incentivar o desenvolvimento do mercado imobiliário, os rendimentos produzidos pelos CRI são isentos de imposto de renda para pessoas físicas[18] e para os fundos de investimento imobiliário[19]. A isenção tributária incentiva o investimento nesse título, principalmente pelos fundos de investimento imobiliário (FII), já que as condições para a oferta de CRI a investidores em geral, que não sejam qualificados ou profissionais, conta com algumas particularidades[20]. Com efeito, a maioria das ofertas de CRI (85,8%)[21] são destinadas a investidores profissionais.

[17] As obrigações do coordenador líder, assim como as modalidades de oferta de valores mobiliários encontram-se disciplinadas pela Resolução CVM 160.

[18] Cf. o art. 3º, II da Lei n. 11.033, de 21 de dezembro de 2004.

[19] Cf. art. 16-A, § 1º da Lei n. 8.668, de 25 de junho de 1993.

[20] Cf. art. 4º do Anexo Normativo I da Resolução CVM 60.

[21] Segundos dados do Anuário Uqbar 2022. Disponível em: https://lp.uqbar.com.br/anuarios2022/cri.php. Acesso em: 16.04.2023.

Os fundos de investimento, notadamente os FII, são responsáveis pela aquisição de 73% (setenta e três por cento) dos CRI.[22]

Até abril de 2023, o volume total de emissão de CRI é R$ 150.092.133,20 (cento e cinquenta bilhões, noventa e dois milhões, trinta e três mil reais e vinte centavos)[23].

Nesse mesmo período, o patrimônio líquido dos fundos de investimento imobiliário alcançou a cifra de R$ 192.033.283.783,46 (cento e noventa e dois bilhões, trinta e três milhões, duzentos e oitenta e dois mil, setecentos e oitenta e três reais e quarenta e seis centavos). Dentre os FII, 41,2% são fundos imobiliários que investem em valores mobiliários,[24] dos quais 81,9% são FII que investem preponderantemente em CRI.

Os FII alcançaram, em abril de 2023, a marca de 2,062 milhões de cotistas, sendo que desse número, 74,1% são pessoas físicas[25].

Os números, expressivos, comprovam que a securitização imobiliária consegue atrair investidores para o mercado imobiliário, beneficiando os tomadores de recursos e os investidores, que podem contar com robustos mecanismos de proteção, determinados pela CVM.

5. Regime fiduciário

As operações de securitização podem contar com a instituição de regime fiduciário, apartando os créditos imobiliários do patrimônio geral da securitizadora. Embora a instituição do regime fiduciário seja uma faculdade da securitizadora[26], na prática não se observam emissões de CRI sem regime fiduciário.

[22] Segundos dados do Anuário Uqbar 2022. Disponível em: https://lp.uqbar.com.br/anuarios2022/cri.php. Acesso em: 16.04.2023.

[23] Considerando não haver dados consolidados e atualizados disponíveis para consulta pública, os dados aqui indicados foram coletados a pedido da autora, e compilados a partir de informações obtidas na CVM, Anbima e B3 pelo time do Clube FII. https://www.clubefii.com.br/

[24] Segundo dados do Boletim Mensal da B3.Disponível em: https://www.b3.com.br/pt_br/produtos-e-servicos/negociacao/renda-variavel/fundos-de-investimentos/fii/boletim-mensal/. Acesso em: 16.04.2023.

[25] Segundo matéria veiculada pela Infomoney. Disponível em: site https://www.infomoney.com.br/onde-investir/fiis-2-milhoes-investidores/. Acesso em: 16.04.2023.

[26] Excetuadas as ofertas de CRI destinadas ao público em geral, ou seja, para investidores que não sejam qualificados ou profissionais, nos quais a instituição do regime fiduciário é obrigatória, conforme dispõe o art. 4 do Anexo Normativo I da Resolução CVM 60.

Com a afetação, os créditos lastro do CRI só respondem pelas obrigações daquela emissão, estando isentos de qualquer outra ação ou execução pelos credores da companhia securitizadora, inclusive de natureza fiscal, previdenciária ou trabalhista, em especial quanto às garantias e aos privilégios que lhes são atribuídos[27].

O patrimônio separado das securitizadoras aparta os créditos imobiliários de uma determinada emissão de CRI do patrimônio geral da securitizadora, que deve manter demonstrações contábeis e contas correntes segregadas para cada emissão de CRI sujeito a regime fiduciário e, portanto, ao patrimônio separado.

Segundo Melhim Chalhub, a lei autorizadora da separação de patrimônio excepciona o princípio segundo qual o patrimônio constitui garantia geral dos credores, e o princípio da livre utilização do patrimônio por parte do seu titular.

> A afetação do patrimônio oriunda das relações de natureza fiduciária produz basicamente dois efeitos: de uma parte, os bens objeto do negócio são colocados à margem das vicissitudes econômico-financeiras que possam atingir o fiduciante, o fiduciário e o beneficiário, e, de outra parte, as faculdades do titular do patrimônio separado sofrem limitações, a ele se atribuindo, tão somente, aquelas faculdades necessárias à consecução dos fins para os quais a afetação foi estabelecida[28].

O mecanismo da afetação possibilita limitar a responsabilidade da pessoa e atrai o investimento de terceiros, possibilitando a contração de obrigações relacionadas exclusivamente ao fim específico para o qual tiver sido criado o patrimônio de afetação, circunstância que importa em redução de custo do monitoramento dos créditos dos investidores, que

[27] Conforme disposto no §4º do art. 27 da Lei 14.430/22. Antes da vigência do marco legal da securitização, vigorava a disciplina esposada no artigo 76 da Medida Provisória n. 2.158-35, de 24 de agosto de 2001, que excluía da proteção inerente à afetação os débitos de natureza fiscal, previdenciária ou trabalhista, em especial quanto às garantias e aos privilégios que lhes são atribuídos.

[28] CHALHUB, Melhim Namem. **Alienação fiduciária**: negócio fiduciário. 6. ed. Rio de Janeiro: Forense, 2019, p. 67.

ficará concentrado no controle daquela atividade e não no desempenho de toda a empresa[29].

Ainda segundo Melhim Chalhub, o patrimônio de afetação tem ativos e passivos próprios, podendo ser formado tanto pelos bens, direitos e obrigações pelos quais tiver sido originalmente formado, como pelos frutos e encargos advindos da gestão desse patrimônio, e pelos encargos que eventualmente se venham imputar a ele[30]. Constituído por um complexo de bens, organizados para um fim determinado, esse patrimônio especial é dotado de autonomia funcional, visando à consecução de uma determinada finalidade.

Gladston Mamede ensina que patrimônio de afetação se refere a um destaque especial de bens e direitos para responderem a uma dívida, ou obrigação, previamente sinalizada, sem que se comuniquem com outros ativos e passivos do titular:

> Por afetação se entende o estabelecimento de um vínculo necessário entre as porções ativa e passiva de determinado patrimônio, com validade inclusive perante terceiros. Assim, o patrimônio ativo especificado (bens e direitos) vincula-se exclusivamente ao respectivo patrimônio passivo especificado (obrigações), não se comunicando com o restante do patrimônio universal da pessoa, nele incluídos, eventualmente, outro ou outros patrimônios de afetação. Por suas implicações perante o direito de terceiros, a afetação não é regra, mas exceção em nosso Direito, existindo apenas em hipóteses expressamente autorizadas pelo legislador, estabelecendo-se como instrumento garantidor da realização (concretização) de certo objetivo maior[31].

Caio Mário da Silva Pereira acrescenta, sobre a importância do patrimônio de afetação, sua relevância e o objetivo de sua idealização, como mecanismo de proteção a credores:

[29] CHALHUB, Melhim Namem. **Alienação fiduciária**: negócio fiduciário. 6. ed. Rio de Janeiro: Forense, 2019, p. 82.

[30] CHALHUB, Melhim Namem. **Alienação fiduciária**: negócio fiduciário. 6. ed. Rio de Janeiro: Forense, 2019, p. 68.

[31] MAMEDE, Gladston. **Direito empresarial brasileiro**: falência e recuperação. v. 4. São Paulo: Atlas, 2006, p. 507.

> A teoria da afetação, como se sabe, atende à necessidade de privilegiar determinadas situações merecedoras de tutela especial; para tal, admite-se a segregação, dentro de um mesmo patrimônio, de determinados bens ou núcleos patrimoniais que, identificados por sua procedência ou destinação, são encapsulados no patrimônio geral do titular para que fiquem excluídos dos riscos de constrição por dívidas ou obrigações estranhas à sua destinação...[32]

No âmbito das operações de securitização de recebíveis imobiliários, o regime fiduciário será instituído mediante declaração unilateral da companhia securitizadora ao firmar termo de securitização, onde será declarado que os créditos objeto do regime fiduciário: i) constituem patrimônio separado, que não se confunde com o da companhia securitizadora; ii) manter-se-ão apartados do patrimônio da companhia securitizadora até que se complete o resgate de todos os CRI a que estejam afetados; iii) destinam-se exclusivamente à liquidação dos CRI a que estiverem afetados, e ao pagamento dos respectivos custos de administração e de obrigações fiscais; iv) estão isentos de qualquer ação ou execução pelos credores da companhia securitizadora; v) não são passíveis de constituição de garantias ou de excussão por quaisquer dos credores da companhia securitizadora, por mais privilegiados que sejam e iv) só responderão pelas obrigações inerentes aos títulos a ele afetados.

As emissões de CRI com patrimônio separado devem contar com a atuação de um agente fiduciário, instituição financeira ou companhia autorizada para esse fim pelo Banco Central, a quem competirá zelar pelos interesses dos investidores dos CRI.

O agente fiduciário dos CRI deve atuar, no que for aplicável, conforme as mesmas atribuições dispostas no artigo 66 da Lei das S/A, para o agente fiduciário de debêntures, competindo-lhe adotar as medidas judiciais ou extrajudiciais necessárias à defesa dos interesses dos beneficiários, e à realização dos créditos afetados ao patrimônio separado, caso a companhia securitizadora não o faça, assim como exercer, na hipótese de insolvência da companhia securitizadora, a administração do patri-

[32] Pereira, Caio Mário da Silva. **Condomínio e incorporações**. 13. ed. Rio de Janeiro: Grupo GEN, 2018. Disponível em: https://integrada.minhabiblioteca.com.br/#/books/9788530980986/. Acesso em: 18 jul. 2021, p. 276.

mônio separado. O agente fiduciário tem, portanto, atribuições gerais de fiscalização das atividades desempenhadas pela securitizadora e atribuições excepcionais de gestão do patrimônio separado, em caso de falta da securitizadora, por inércia, má administração ou insolvência.

Aplicam-se também ao agente fiduciário, as normas contidas na Resolução CVM n. 17, de 9 de fevereiro de 2021.

O patrimônio separado na securitização de crédito é essencial para conferir segurança aos investidores por saberem que os seus créditos não pertencem ao patrimônio próprio da securitizadora e não responderão por suas dívidas.

Uma vez satisfeitos os créditos dos investidores dos CRI, cessa a afetação do patrimônio decorrente do regime fiduciário, reintegrando-se automaticamente ao patrimônio comum da companhia securitizadora os créditos que sobejarem[33] [34].

O termo de securitização onde foi instituído o regime fiduciário deverá ser registrado em entidade autorizada pelo Banco Central do Brasil ou pela CVM a exercer a atividade de registro ou depósito centralizado de ativos financeiros e de valores mobiliários.

Na prática do mercado de securitização imobiliária, não se utiliza a estrutura de segregação por meio de sociedades de propósito específico. A securitizadora institui o patrimônio separado, mantém os créditos de uma determinada emissão, apartado de seu próprio patrimônio, e de outras emissões, criando contas correntes e demonstrações financeiras apartadas para cada emissão. A Resolução CVM 60, evoluindo em relação à regulação anterior, criou várias obrigações adicionais para a securitizadora, pertinentes à sua estrutura organizacional, para assegurar aos investidores o adequado nível informacional, funcionamento, controle e monitoramento das emissões de CRI e de suas garantias.

[33] CAMBLER, Everaldo Augusto. O sistema financeiro imobiliário e a execução extrajudicial no âmbito da Lei n. 9.514/1997. *In*: AMORIM, José Roberto Neves (coord.). **Direito imobiliário**: questões contemporâneas. Rio de Janeiro: Elsevier, 2008, p. 184.

[34] Diante dessa circunstância, em operações de securitização imobiliária, o que sobejar da arrecadação dos créditos imobiliários, após o resgate dos CRI, pertencerá à Securitizadora, ou aos investidores, conforme dispuser o termo de securitização. Usualmente, em operações de securitização que tenham classes diferentes de CRI, sujeitas à subordinação, o sobejo da arrecadação é destinado aos investidores detentores da série subordinada, como uma espécie de prêmio.

De acordo com a regulamentação vigente, tanto a companhia securitizadora quanto o agente fiduciário poderão ser substituídos por decisão dos investidores reunidos em assembleia, caso não estejam cumprindo devidamente as suas funções.

6. O conceito de crédito imobiliário – por origem e por destinação

O conceito de crédito imobiliário não possui definição legal expressa ou exaustiva. A construção do conceito de crédito imobiliário está voltada à jurisprudência da CVM, sendo sua extensão delimitada com base no desenvolvimento do mercado.

No âmbito da Audiência Pública que discutiu a Resolução CVM n. 60, ao responder à sugestão de participante para que da nova norma constasse a definição de créditos imobiliários, esclareceu a CVM que a redação foi propositalmente genérica, servindo de maneira ampla para a indústria de securitização que acesse a poupança pública.[35]

Não é demais repetir que a intenção do legislador ao criar o SFI, foi dar amparo a um novo ciclo de expansão econômica, donde se mostrou premente, a reconstrução, em novos moldes, dos mecanismos de financiamento imobiliário, criando-se instrumentos que possibilitassem a livre operação de crédito para o setor e a mobilização dos capitais necessários à sua dinamização.

Diante disso, e do peculiar dinamismo do mercado de capitais, a autarquia tem sido constantemente provocada a validar o que pode ser considerado crédito imobiliário, para conferir segurança jurídica e previsibilidade às operações de securitização, mantendo a alternativa ao alcance dos empreendedores imobiliários.

Para a conceituação de crédito imobiliário, a CVM tem adotado a pragmática distinção entre origem e destinação. Em breve síntese, a autarquia caracteriza como crédito imobiliário "pela origem", todos aqueles que decorrem da exploração direta de um imóvel ou de seu financiamento, e por destinação, os créditos com direcionamento específico para a construção, aquisição ou reforma de imóveis.

[35] Edital de Audiência Pública e Relatório SDM nº 05/20. Disponível em: https://conteudo.cvm.gov.br/audiencias_publicas/ap_sdm/2020/sdm0520.html. Acesso em: 15.04.2023

Essa bifurcação do conceito de crédito imobiliário foi consolidada a partir de um julgado do Colegiado da CVM, do ano de 2003,[36] relatado pelo Diretor Luis Antonio de Sampaio Campos, a respeito do indeferimento de um pedido de registro de oferta de CRI que tinha como lastro recebíveis decorrentes de cessão fiduciária de contratos de fornecimento de energia elétrica.

Em seu relatório, o Diretor Luis Antonio afirmou que o cerne da questão seria a definição do que seria um crédito imobiliário para fins de emissão de Certificados de Recebíveis Imobiliários, ponderando que o crédito imobiliário deveria ser aquele que decorre da exploração do imóvel ou do financiamento do imóvel; que surge, ou garante-se, dos frutos e rendimentos de um imóvel ou de negócio imobiliário. Essa modalidade configuraria o crédito imobiliário pela origem.

O reconhecimento da possibilidade de conceituação de crédito pela sua origem imobiliária, possibilitou que empréstimos sem destinação específica com garantia real imobiliária concedidos por instituições integrantes do SFI a pessoas naturais fossem validados como lastro de CRI, reconhecendo que nessa modalidade de contratação o proprietário do imóvel dele extrai proveito econômico ao obter recursos a custos reduzidos, diante da existência da garantia real imobiliária.

Atualmente, o entendimento acerca da definição de crédito imobiliário, encontra-se pacificado no sentido de, serem considerados créditos imobiliários por origem: (i) contrato de compra e venda de imóvel (incorporação, loteamento, compromissos de compra e venda ou contratos definitivos de compra e venda); (ii) contrato de financiamento imobiliário; (iii) contrato de locação de imóvel, (iv) exploração de direito de superfície; e (v) empréstimo concedido por instituições integrantes do SFI a pessoa natural, com pacto adjeto de alienação fiduciária ou hipoteca.

Além da conceituação dos créditos imobiliários pela sua origem, a CVM adota a conceituação do crédito imobiliário por destinação.

36 Processo CVM nº RJ 2002/3032. Recurso contra decisão da SRE de indeferimento de registro de Certificado de Recebíveis Imobiliários – CRI Interessados: Companhia Brasileira de Securitização – CIBRASEC Relator: Luiz Antonio de Sampaio Campos. Disponível em http://www.tlon.com.br/attachments/article/12649/PROC-CVM-2002-3032-TLON.pdf. Acesso em 24/08/2021.

A orientação atual é resultado de uma série de precedentes que foram ampliando o conceito, antes limitado a devedores da área imobiliária[37].

Atualmente, os requisitos para a caracterização do crédito imobiliário por destinação estão consolidados no Ofício-Circular nº 1/2021, da Superintendência de Registro de Valores Mobiliários da CVM, que determina que a documentação da oferta do CRI contenha a relação exaustiva dos imóveis para os quais serão destinados os recursos oriundos da emissão, com indicação dos percentuais de utilização para cada imóvel, de modo a configurar o vínculo imobiliário.

Além disso, os documentos da emissão devem conter o cronograma indicativo da utilização dos recursos, que deverá ocorrer até o prazo final da emissão, e a obrigação do agente fiduciário de verificar, ao longo do prazo dos CRI, no mínimo semestralmente, o efetivo direcionamento de todo o montante obtido com a emissão para os referidos imóveis.

Conclusões

A intenção desse artigo não foi esgotar o tratamento jurídico das operações de securitização de recebíveis imobiliários, discorrer exaustivamente sobre a sua origem anteriormente à Lei n. 9514/97, outras modalidades de securitização imobiliária que podem se processar por meio de fundos de investimento ou ainda o tratamento das ofertas públicas de CRI. Muito há a ser tratado, tais como situações práticas que envolvem a dinâmica do setor imobiliário e sua compatibilização com a dinâmica do mercado de capitais, enfrentamentos que as operações de securitização imobiliária vêm experimentando especialmente em situações de crise das incorporadoras imobiliárias, as proteções do regime fiduciário, ou outras questões práticas pertinentes, por exemplo à constituição de garantias em relação ao patrimônio afetado de incorporações imobiliárias.

[37] Construído com base em decisões proferidas no bojo de casos emblemáticos como o da Rio Bravo Companhia de Securitização – processo CVM nº RJ-2007-0547; os casos da Rede D'Or – primeiro caso objeto do processo CVM nº RJ-2012-12177 e segundo caso objeto do processo CVM nº 19957.010578/2017-50; Cyrela Brazil Realty S.A. – processo CVM nº 19957.000587/2016-51; 19957.001669/2016-13; caso Burger King – processo CVM nº 19957.001669/2016-13 e da Barigui – processo SEI nº 19957.008927/2017-73.

Como se disse na introdução, a expectativa desse artigo foi fornecer uma análise breve da securitização, como alternativa aos contratos bancários, para financiamento das incorporações imobiliárias, seja por meio da antecipação de recebíveis decorrentes da carteira de comercialização de unidades, ou a contração de dívidas com destinação imobiliária.

Os números relacionados às emissões de CRI, aos investidores nesse tipo de ativo e a atração pelo investimento por meio de fundos de investimento imobiliário com relevante número de cotistas pessoas físicas demonstram que a securitização tem sido uma alternativa importante no mercado imobiliário, e firmou-se como uma opção sólida aos financiados e aos investidores que acessam esses ativos.

A adequada proteção conferida pela regulamentação da CVM e pelo marco legal da securitização garantem o sucesso desse fortalecimento, aliado à habitual criatividade e inovação típicas daqueles que operam no mercado de capitais, delimitadas, como acentuou o legislador ao editar a Lei 9.514/97, pelas *"modalidades contratuais já tipificadas no ordenamento civil e comercial"*.

Referências

AGHIARIAN, Hercules. **Curso de direito imobiliário**. 12. ed. São Paulo: Atlas, 2015. Disponível em: https://integrada.minhabiblioteca.com.br/#/books/9788597000337/. Acesso em: 02 nov. 2021.

AMARAL, Fernanda Costa Neves do; ROCHA, Mauro Antonio (coord.). **Alienação fiduciária de bem imóvel** – 20 anos da Lei n. 9.514/9197: São Paulo, aspectos polêmicos. Não extinção legal da dívida após o segundo leilão negativo do imóvel. São Paulo: Lepanto, 2018.

BARRETO FILHO, Oscar. (1962). **O crédito no direito**. Revista da Faculdade de Direito, Universidade de São Paulo, 57, 204-217. Recuperado de https://www.revistas.usp.br/rfdusp/article/view/66404. Acesso em: 11.04.2023.

BEVILÁQUA, Clóvis. **Direitos das coisas**. v. 2. Brasília: Senado Federal, 2003.

BEVILÁQUA, Clóvis. **Direito das obrigações**. Edição histórica. Rio de Janeiro: Rio, 1977.

BEVILÁQUA, Clóvis. **Teoria geral do direito civil**. Campinas: Red Livros, 2001.

BRASIL, **Exposição de Motivos Interministerial nº 032/MPO-MF**, de 9 de junho de 1997. Disponível em: https://www.camara.leg.br/proposicoesWeb/prop_mostrarintegra?codteor=1130748&filename=Dossie-PL%203242/1997. Acesso em: 02.09.2018.

CAMBLER, Everaldo Augusto. O sistema financeiro imobiliário e a execução extrajudicial no âmbito da Lei n. 9.514/1997. *In*: AMORIM, José Roberto Neves (coord.). **Direito imobiliário**: questões contemporâneas. Rio de Janeiro: Elsevier, 2008.

CHALHUB, Melhim Namem. **Alienação fiduciária**: negócio fiduciário. 6. ed. Rio de Janeiro: Forense, 2019.

CHALHUB, Melhim Namem. **Incorporação imobiliária**. 5. ed. Rio de Janeiro: Forense, 2019.

CHALHUB, Melhim Namem. Função social da propriedade. **Revista da EMERJ**, v. 6, n. 24, 2003. Disponível em: https://www.emerj.tjrj.jus.br/revistaemerj_online/edicoes/revista24/revista24_305.pdf. Acesso em: 24 ago. 2021.

CHALHUB, Melhim Namem. A incorporação imobiliária como patrimônio de afetação – a teoria da afetação e sua aplicação às incorporações imobiliárias. Comentários à Medida Provisória 2.221, de 04.09.2001. **Revista de Direito Imobiliário**, v. 55, p. 62. São Paulo: RT, jul. 2003.

COELHO, Fábio Ulhoa. **Curso de direito comercial** – direito de empresa. v. 1. 2. ed. São Paulo: RT, 2018.

CVM. Edital de Audiência Pública SDM nº 05/20. Disponível em: https://conteudo.cvm.gov.br/audiencias_publicas/ap_sdm/2020/sdm0520.html. Acesso em: 15.04.2023

DANTAS, Marcus Eduardo de Carvalho. Da função social da propriedade à função social da posse exercida pelo proprietário. **Revista de Informação Legislativa**, ano 52, n. 205, jan-mar. 2015, p. 23-38. Disponível em: https://www2.senado.leg.br/bdsf/bitstream/handle/id/509941/001032607.pdf?sequence=1&isAllowed=y. Acesso em: 30 jun. 2021.

DINIZ, Maria Helena. **Curso de direito civil brasileiro** – teoria das obrigações contratuais e extracontratuais. v. 3. 35. ed. São Paulo: Saraiva, 2019.

FABIAN, Christoph. **Fidúcia**. Negócios fiduciários e relações externas. Porto Alegre: Sergio Antonio Fabris, 2007.

FORGIONI, Paula Andrea. **A evolução do direito comercial brasileiro**: da mercancia ao mercado. 4. ed. São Paulo: RT, 2019.

GOMES, Orlando. **Direitos reais**. 2. ed. Rio de Janeiro: Forense, 1962.

LÔBO, Paulo. **Direito civil** – direito das coisas. 2. ed. São Paulo: Saraiva, 2017 (*Ebook*).

MAMEDE, Gladston. **Direito empresarial brasileiro**: falência e recuperação. v. 4. São Paulo: Atlas, 2006.

MEZZARI, Mario Pazzuti. **Condomínio e incorporação no Registro de Imóveis**. 5. ed. Porto Alegre: Livraria do Advogado, 2020.

MONTEIRO, Washington de Barros. **Curso de direito civil** – direito das coisas. 24. ed. São Paulo: Saraiva, 1985.

OLIVA, Milena Donato. **Patrimônio separado**. Rio de Janeiro: Renovar, 2009.

PEREIRA, Caio Mário da Silva. **Condomínio e incorporações**. 13. ed. Rio de Janeiro: Grupo GEN, 2018. Disponível em: https://integrada.minhabiblioteca.com.br/#/books/9788530980986/. Acesso em: 18 jul. 2021.

PEREIRA, Caio Mário da Silva. **Instituições de direito civil**. 33. ed. Rio de Janeiro: Forense, 2020.

PEREIRA, Lafayette Rodrigues. **Direito das coisas**. Campinas: Russel, 2003.

RIBEIRO Jr., José Alves. **Elementos Constitutivos da Securitização de Recebíveis no Direito Brasileiro.** Dissertação (Mestrado em Direito). Escola de Direito de São Paulo, Fundação Getúlio Vargas, São Paulo, 2019, p. 18-19. Disponível em: https://bibliotecadigital.fgv.br/dspace/bitstream/handle/10438/28074/Dissertação%20JRJ%20vFINAL%2017-09-2019.pdf?sequence=1&isAllowed=y. Acesso em: 12.04.2023.

RIZZARDO, Arnaldo. **Condomínio edilício e incorporação imobiliária**. 2. ed. Rio de Janeiro: Forense, 2012.

SERPA LOPES, Miguel Maria de. **Curso de direito civil** – direito das coisas. v. VI. 2. ed. Rio de Janeiro: Livraria Freitas Bastos, 1962.

SEIXAS, Renato. Estruturação societária e proteção patrimonial em empreendimentos imobiliários. *In*: AMORIM, José Roberto Neves (coord.). **Direito imobiliário**: questões contemporâneas. Rio de Janeiro: Elsevier, 2008.

SOUZA, Sylvio Capanema de. O Código Napoleão e sua influência no direito brasileiro. **Revista EMERJ**, v. 7, n. 26, p. 44, 2004.

TERRA, Marcelo; PERES, Tatiana Bonatti; DIAS, José Guilherme Gregori Siqueira (coord.). **Alienação fiduciária de bem imóvel e outras garantias**. Indaiatuba: Foco, 2020.

UQBAR, **Anuário Uqbar 2022**. Disponível em: https://lp.uqbar.com.br/anuarios2022/cri.php. Acesso em: 16.04.2023

VENOSA, Sílvio de Salvo. **Direito civil**: parte geral. 17. ed. São Paulo: Atlas, 2017.

4. LEI 14.382/22: EFICÁCIA E CELERIDADE NA REESTRUTURAÇÃO DAS INCORPORAÇÕES IMOBILIÁRIAS; RELEVÂNCIA PARA O MERCADO IMOBILIÁRIO E A QUESTÃO DOS FINANCIAMENTOS

Gabriela Marcondes

Introdução

A viabilização da reestruturação da incorporação imobiliária, em decorrência de situações de crises do incorporador, faz-se de extrema relevância, para manutenção da segurança e confiança no mercado imobiliário e de setores da indústria da construção civil, sendo que a Lei 14.382/2022, a qual introduziu alterações na Lei 4.591/1964, buscou trazer plena efetividade a esse processo.

Este estudo tem como escopo apresentar de forma concisa um breve histórico da evolução do sistema da incorporação imobiliária no Brasil, a partir de um recorte histórico do Século XX, até se chegar na promulgação da Lei 4.591/1964, e as suas posteriores alterações, em especial, as introduzidas pela Lei 14.382/2022, no que se refere à viabilização da retomada das obras, após destituição, insolvência ou falência do incorporador.

Ainda, mesmo que de forma inicial, chamar a atenção para uma questão relevantíssima à reestruturação da incorporação, consistente na necessidade de financiamento ou refinanciamento, dos custos de obra e regularização, por meio de produtos ou linhas de crédito pensados e voltados a esse tipo de operação.

A situação de crise somente será resolvida de forma eficaz, reverberando efeitos na indústria da construção civil; economia; nas questões urbanísticas das cidades, e, principalmente, na vida do adquirente, se, e somente se, houver recursos para conclusão das obras e sua regularização documental.

A grande dificuldade enfrentada pelos grupos de adquirentes de unidades imobiliárias é a obtenção de recursos para conclusão das obras. Os ditos "esqueletos", espalhados por todo o Brasil, demoram, na maioria dos casos, muitos anos para terem suas obras retomadas e concluídas, em virtude da dificuldade de se ratear as despesas, normalmente de grande monta, ou de se conseguir um financiamento.

De nossa experiência, podemos dizer que a quase totalidade das obras paralisadas no país com ou sem patrimônio de afetação, em situação de crise do incorporador (insolvência; recuperação judicial e falência) são "deficitárias", ou seja, os ativos do empreendimento (unidades em estoque e parcelas de saldo de contratos) são insuficientes para pagar o custo de término de obra; tributos (INSS, ISS, IPTU); despesas com regularização documental e demais vinculadas à incorporação.

Diante disto, resta ao grupo de adquirentes que deliberar, em Assembleia Geral, quanto à destituição do incorporador e à retomada das obras, ratear com recursos próprios os custos necessários para conclusão e regularização; ou obter junto a fundos de investimentos ou investidores privados recursos, sujeitando-se, entretanto, a condições financeiras bem desfavoráveis, o que pode implicar sobremaneira no custo final da unidade imobiliária, podendo, inclusive, superar seu valor de mercado.

Ainda, tais custos de captação dos recursos, bem como a ausência desses, poderia tornar inviável a reestruturação, o que por conseguinte consubstanciaria impeditivo relevante à reestruturação, tendo-se como única alternativa a liquidação do patrimônio de afetação ou dos ativos da incorporação.

A opção de rateio das despesas de custo de obra e regularização entre os próprios adquirentes, dependerá muito do produto; estágio de obra; e, claro, da capacidade financeira dos contratantes. Isso porque, os valores de arrecadação das parcelas deverão ser *pari passu* aos desembolsos do cronograma físico-financeiro da obra e, dependendo do estágio em que se encontrem, são valores consideravelmente altos, os quais os grupos nem sempre conseguem pagar, gerando o alongamento do prazo de obra e o consequente aumento dos custos fixos. Em suma, essa opção de autofinanciamento é esfoliante ao patrimônio do adquirente que, amiúde, não está numa condição confortável em decorrência da paralisação das obras.

Achar um meio termo e uma solução financeira para o negócio da reestruturação da incorporação imobiliária é um desafio, o qual pode custar meses ou anos. Os "esqueletos" que ficam espalhados pelas cidades brasileiras sem destinação contribuem para o aumento de situações que comprometem a segurança e a saúde pública. Além disso, podem se tornar áreas de invasão e ocupações indevidas, prejudicando não somente os adquirentes, mas também gerando impactos negativos no entorno do empreendimento. Por outro lado, são "negócios" latentes que poderiam impulsionar toda a economia e mercado de uma região ou cidade, e por conseguinte, do país, pois esses problemas existem em todo o território nacional.

Daí, o porquê entendemos a relevância do mercado financeiro ater-se a tais situações, criando produtos em suas esteiras, que estejam ligados às necessidades específicas desse ativo estressado. E, principalmente, leve em consideração que diferente do financiamento à produção, cuja base é atividade empresária do incorporador e aferição de lucro, a reestruturação da incorporação pelos adquirentes tem como mote a diminuição de perdas e prejuízos, diante da não entrega da unidade imobiliária no prazo certo e a preço determinado.

Entendemos importante destacar, mesmo que em termos, dois produtos que podem ser basilares para a criação das linhas de crédito para fomento da reestruturação, são eles: (i) "Carta de Crédito Plano Associativo", da Caixa Econômica Federal, destinado às Associações habitacionais, ainda vigente; e (ii) o extinto "Programa Condomínio" do BNH.

E isso somente faz sentido pois, como dito, a reestruturação da incorporação implica diretamente a manutenção da confiança das aquisições de imóveis na planta ou em construção; movimentação e sustentação da indústria da construção civil; da própria economia e do mercado imobiliário; desenvolvimento urbano das cidades e respectivas ocupações; e, principalmente, efetivação da função social da incorporação, consistente na entrega das unidades imobiliárias na forma contratada, por ser essa a função precípua da Lei 4.591/1964.

1. Um breve histórico

Com o recorte histórico proposto: Brasil Século XX, cerca de 2/5 dos imigrantes que vieram para o país, instalaram-se nas cidades, e destinavam suas economias à moradia. Assim, a maioria das construções executadas por construtor empreiteiro, ou empresa de construção, não eram destinadas à venda, mas para locação, para classe média e baixa, conforme lições do Prof. Doutor Antônio Claudio Pinto da Fonseca[1].

Como ponto de partida da legislação destacamos o Decreto-Lei n. 5.481/1928, que estabelecia as regras básicas e preliminares do que entendemos por incorporação imobiliária, sobre o qual Jéverson Luis Bottega[2] destaca:

> [...] o decreto nº 5.481/28 foi de extrema importância para o desenvolvimento da incorporação imobiliária, pois tornou possíveis os condomínios em edificações quando "o legislador determinou que as edificações, com as características nele determinadas podiam ser alienadas em parte, constituindo cada apartamento uma propriedade autônoma, suscetível de ser como tal alienada e gravada; os negócios jurídicos assim realizados podiam ser transcritos ou inscritos no Registro de Imóveis. Até esse momento era inconcebível a existência da propriedade autônoma de um apartamento.

De forma bem simplista, podemos dizer que esse Decreto-Lei dispunha sobre a alienação parcial dos edifícios, por meio de frações autônomas[3], condicionada, entretanto, a edifícios de mais de 5 (cinco) andares.

À época, vigorava o chamado mercado "rentista", consistente na rentabilidade pelo emprego da poupança/economias na construção para locação, sendo ele ferramenta relevantíssima da transformação da produção fundiária de caráter mercantil, para imobiliária capitalista,

[1] Fonseca, Antonio Claudio Pinto da. *A produção Imobiliária e a construção da cidade*. São Paulo: FAUUSP, 2012. p. 133-134.

[2] Bottega, Jéverson Luis. *Incorporação Imobiliária e responsabilidade civil do incorporador*. Porto Alegre: Norton Editor, 2005. p. 22-23.

[3] Pereira, Caio Mário da Silva, *Propriedade Horizontal*. São Paulo: Forense, 1961. p. 74.

haja vista, o caráter de segurança na preservação do patrimônio acumulado, num ambiente sem um mercado financeiro estruturado.

A regulamentação mais efetiva do setor imobiliário vem a partir da década de 1940 com a chamada "Lei dos Aluguéis" - Decreto n. 4.598/1942, que previa o congelamento dos aluguéis e fixação do locatário no imóvel, especialmente em decorrência direta da guerra e a consequente elevação anormal dos preços, bem como a necessidade de se destinar as poupanças para o mercado da exportação e importação de bens de consumo, dentro de um cenário de inflação baixa. Nesse sentido, destacamos as lições de Caio Mario Pereira da Silva[4]:

> A crise de habitações, deflagrada a Segunda Guerra Mundial, provocou a intervenção legislativa no direito do contrato de maneira mais vasta do que já vinha fazendo. Com uma legislação chamada de emergência, institui o congelamento dos preços e a fixação do locatário no imóvel alugado. E, se a legislação recente amenizou as restrições com a liberação completa dos novos aluguéis, não restituiu o comércio locatício à livre concorrência, porque ainda conteve reajuste dos preços e conservou limitado direito de retomada.

O chamado período do "preço fixo", que surge após meados dos anos 1940, traz consigo óbices à destinação de recursos para construção, gerando, por conseguinte, escassez de moradias, e, o surgimento da cultura do "sonho da casa própria".

A partir do segundo período da década de 1950, passou-se a verificar uma forte inflação, que seria observada até 1964. Na época não havia um sistema claro de financiamento de imóveis (BNH/Estado injetava dinheiro em incorporação), nem tampouco um sistema de indexação da moeda.

No final da década de 1950 e meados da década de 1960, surge um novo modelo: o "preço de custo", no qual o investidor consegue lucro por meio da especulação do valor do terreno em cotas-partes. Caio Mario da Silva Pereira[5] destaca:

[4] Pereira, Caio Mário da Silva. *Condomínios e Incorporações*. 10 ed. Rio de Janeiro: Forense, 2000. p. 36.

5 Pereira, Caio Mário da Silva. *Condomínios e Incorporações*. 10 ed. Rio de Janeiro: Forense, 2000. p. 48.

> [...] sugerem uma técnica de constituição de *sociedade imobiliária*, de um grupo (comumente doméstico), à qual pertence a propriedade dos bens, ficando as pessoas com títulos representativos. Consegue-se, desta sorte, *converter a propriedade imóvel em coisa móvel incorpórea*, mais maleável, mais facilmente transferível. Fortunas particulares, crentes com o desenvolvimento econômico do País, vêm sendo aplicadas sob esta modalidade, que permite a conservação da propriedade na pessoa jurídica e a difusão do gozo pelas pessoas naturais, sob a forma de quota ou ação de uma sociedade mercantil. Esta modalidade econômica da *sociedade imobiliária doméstica* sob forma anônima ou de responsabilidade limitada, [...].

Em 1964 temos a criação do Sistema Financeiro da Habitação, que será propulsor da origem de um novo sistema imobiliário brasileiro. Como ensina Prof. Doutor Antônio Claudio Pinto da Fonseca[6], cerca de 1/4 de todas as unidades edificadas no período receberam recursos desse sistema, a saber:

> A política de financiamento imobiliário, deflagrada pela hegemonia militar, conduz ao aumento gritante da exclusão social, na medida em que privilegia o financiamento imobiliário para segmentos da classe média, objetivando, em curto prazo, aumentar sua base de sustentação política. Segundo Berenice Guimarães, a política habitacional, em suma, está baseada, "num sistema financeiro abastecido de capitais sub-remunerados, oriundos de pequenos poupadores (Cadernetas de Poupança) e de recursos dos trabalhadores assalariados (Fundo de Garantia por Tempo de Serviço).
> [...] O que é importante é que os capitais, captados para o financiamento habitacional, vieram em grandes quantidades dos segmentos de baixa renda e retornaram para os segmentos de classe média-média e classe média-alta em grandes quantidades também, daí a razão de falarmos em estelionato, ou seja, o governo agiu como Robin Hood às avessas, tirou do pobre e deu aos ricos.

Destarte, apesar da criação do Sistema Financeiro de Habitação, o Brasil enfrentava uma elevação dos índices inflacionários; achatamento

[6] FONSECA, Antonio Claudio Pinto da. *A produção Imobiliária e a construção da cidade*. São Paulo: FAUUSP, 2012. p. 146.

do valor dos salários (perda do poder de compra) e uma diminuição do crédito (parcelas baixas dos financiamentos e alta inadimplência) e escassez de recursos que originalmente vinham da Previdência e Seguro Social. Tais características do mercado justificaram a desativação do BNH (Banco Nacional de Habitação), gerando intercorrências no mercado imobiliário, advindas da interrupção abrupta no crédito e a crise de liquidez.

O mercado imobiliário, buscando alternativas para permeabilizar a forte demanda habitacional da classe média, passa a adotar, como solução, o modelo do "financiamento direto de curto prazo", que não se sustentou por muito tempo. Em virtude da falta de regulamentação própria, empresas lançavam empreendimentos imobiliários, sem observância a de uma estrutura jurídica clara.

Com esse cenário, a Lei 4.591/1964 surge como elemento regulador, composto por um plexo detalhado e delimitando direitos e deveres dos comunheiros de um edifício e das relações decorrentes, bem como o estabelecimento da quota condominial como obrigação *propter rem*; além de definir e delimitar a atividade econômica da incorporação e da figura do incorporador, tudo às vistas de tutelar o principal: *função social da incorporação*, mediante proteção dos direitos dos candidatos às unidades em edificações e coibição de abusos[7].

Nesse sentido, destacamos as lições do Ilustre Professor Dr. Everaldo Augusto Cambler[8], a saber:

> Com o advento da Lei. 4.591/64, várias inovações foram introduzidas na sistemática do condomínio edilício (propriedade horizontal), principalmente no que diz respeito à proteção aos futuros condôminos, por ocasião da aquisição e recebimento de unidades autônomas a serem incorporadas.
>
> [...] Dentre as inovações ali expressas, destacam-se: a atribuição do caráter *propter rem* aos encargos condominiais, isto é, os débitos do alienante, inclusive multas e juros moratórios, com o condomínio passaram a acompanhar a coisa e a ser por ela garantidas, respondendo

[7] Exposição de Motivos Lei 4.591/1964.

[8] CAMBLER, Everaldo Augusto. *Responsabilidade Civil na Incorporação Imobiliária*. 2 ed. São Paulo: Revista dos Tribunais, 2014. p. 33-34.

> por elas o adquirente (art. 4º, parágrafo único, da LCI, atual art. 1.345 do CC/2002); a previsão de uma convenção de condomínio, desde logo obrigatória para os titulares de direitos sobre as unidades (art. 9º, atual art. 1.333 do CC/2002), cuja minuta deverá ser registrada no cartório competente antes do início do lançamento do condomínio pelo incorporador (art.32, *j*, da Lei 4.591/64); a escolha de um síndico por assembleia dos condôminos, cabendo a ele administrar o Condomínio (art. 22 da Lei 4.591/64, atual 1.347 do CC de 2002).
>
> A Lei 4.591/64 trouxe, portanto, maior segurança às relações jurídicas provenientes da instituição da comunhão especial, determinando a sua natureza jurídica, o complexo de faculdades, direitos e deveres dos comunheiros e, principalmente, a figura jurídica que, por excelência, determina a existência do condomínio por andares: o negócio jurídico incorporativo (art. 29 da Lei 4.591/64). O conceito de incorporador imobiliário, anteriormente fruto do costume comercial, passou a receber tratamento legislativo, sendo responsável pelo lançamento, venda e entrega das unidades condominiais.

No final da década de 1990, um fato, relevante, no mercado imobiliário, acabou impulsionando alterações na Lei 4.591/1964: a falência da Encol S/A Engenharia, Comércio e Indústria, maior incorporadora do país, que há época, deixou 719 (setecentos e dezenove) empreendimentos paralisados.

Além do pânico decorrente da insegurança inicial dos adquirentes quanto às incertezas de recebimentos de seus imóveis, a consequência direta foi o comprometimento da segurança em toda a estrutura e cadeia de comercialização de imóveis na planta e em construção. E por conseguinte, do mercado propriamente dito, pois as pessoas não queriam mais empregar suas economias em imóveis que não estivessem já concluídos. Com isso, a própria economia do país, acabou sendo afetada.

As razões pelas quais ocorreu a falência da Encol S/A Engenharia, Comércio e Indústria, culminou na necessidade de criação de mecanismos, além dos já existentes, de vinculação de receitas e despesas, visando à correta destinação dos recursos a cada incorporação, trazendo com isso a melhoria das ferramentas de proteção dos adquirentes e imóveis. E de mesmo modo, a retomada gradual da confiança no mercado imobiliário de comercialização de futuras unidades na planta ou em construção.

De acordo com o que nos ensina Namem Challhub[9] o Instituto dos Advogados Brasileiros – IAB aprovou a propositura do anteprojeto de lei, anexo à Indicação nº 220, no qual previa que a incorporação imobiliária deveria ser submetida ao patrimônio de afetação, ou seja: (i) que os bens e direitos de uma incorporação têm uma função precípua e inerente, que é a viabilização da construção para entrega das unidades imobiliárias aos adquirentes de boa-fé; (ii) que o patrimônio de afetação de um empreendimento é incomunicável com os bens, direitos e obrigações do incorporador e demais incorporações e responde somente por suas próprias dívidas e obrigações; (iii) deve ter sua contabilidade própria; (iv) em caso de falência do incorporador, não haverá comunicação de bens e direitos com os da incorporação afetada; (v) complementando o já disposto no art. 43, VI, em caso de paralisação, insolvência ou falência do incorporador, o grupo de adquirentes, reunidos em assembleia geral, estão autorizados a deliberarem pela destituição daquele, assumindo os direitos e obrigações para conclusão e regularização das obras.

O Poder Executivo editou a MP 2.221/2001, com todas as características do anteprojeto, com exceção da obrigatoriedade de instituição do patrimônio de afetação. O Relator, Deputado Ricardo Izar, converteu o Projeto de Lei 3.065/2004, anexado ao projeto de Lei 2.109/1999, na Lei 10.931/2004, revogando a MP, mediante introdução dos arts. 31-A a 31-F na Lei 4.591/1964.

E de forma mais recente, destacamos a MP 1.085/2021, oriunda dos trabalhos e atividades do Ministério da Economia, com diversos setores, em especial dos Cartórios e Mercado Imobiliário, que trouxeram especificidades das "problemáticas" de execução das atividades, e, por conseguinte, buscou-se construir e estabelecer soluções eficazes e práticas, as quais contribuiriam para toda a eficiência dos setores.

Nos ateremos neste breve estudo às inovações trazidas à Lei 4.591/1964, vinculadas à viabilização da retomada das obras, mais especificamente, os arts. 43, §§ 1º ao 5º e art. 50.

2. As alterações promovidas pela lei 14.382/2022

Antes de identificar pontualmente as alterações, importante trazer o contexto em que se estruturava a retomada das obras pelos próprios

[9] Chalhub, Melhim Namem. *Da incorporação imobiliária*. 6. ed. Rio de Janeiro: Renovar, 2022. p. 116-120.

adquirentes e as dificuldades e empecilhos que justificaram tais implementações e alterações.

Na Lei 4.591/1964 podemos identificar duas hipóteses de incorporação: (i) com patrimônio de afetação e (ii) sem patrimônio de afetação. Os art. 31-F, §§ 1º e 2º, estipulam os procedimentos para formalização da destituição e assunção das obrigações de término de obra, pelos adquirentes, para o caso de (i) e o art. 43, VI, para (ii).

Para incorporações com patrimônio de afetação, nos sessenta dias que se seguirem a decretação da falência ou da insolvência civil do incorporador, o condomínio dos adquirentes, ou em sua falta 1/6 (um sexto) dos titulares de frações ideais, deverão convocar uma Assembleia Geral de Adquirentes.

Aqui podemos dizer que já nos deparamos com o primeiro problema: como convocar uma Assembleia Geral de Adquirentes, se os próprios não têm as informações de quem são os demais? Como obtê-las? Quando você compra um imóvel em construção, você não é informado sobre quem são os outros adquirentes/vizinhos, e muito menos, lhe são compartilhados os dados deles.

Com exceção dos casos de destituição "amigável", o incorporador na maioria das vezes não aceita sua perda de posição, e, por conseguinte, não entrega a documentação do empreendimento (adquirentes e obra), mesmo após a notificação do art. 43, VI devidamente cumprida, ainda que esta seja sua obrigação para com a Comissão de Representantes, nos termos do 31-D, IV. Além do mais, muitas das vezes ela sequer é constituída, pela ausência de seu caráter obrigatório, implicando na execução das obras sem a fiscalização dos bens e direitos do patrimônio de afetação.

Para os casos sem patrimônio de afetação, segue-se a regra do disposto no 49, § 1º, ou seja, para realização da Assembleia Geral, após cumprimento da notificação do art. 43, VI, faz-se necessário que 1/3 (um terço) dos adquirentes assinem uma lista de "convocantes", para formalização da convocação. Mas, de mesmo modo, quem são os adquirentes? Como viabilizar a convocação?

Para ambos os casos, quando ocorria a negativa do incorporador de entrega formal da documentação do empreendimento, em especial a lista de adquirentes, a única opção que eles tinham era ingressar com ação de exibição de documentos, que muitas das vezes implicava em longos anos de batalha judicial até a efetiva retomada das obras.

Uma das características mais relevantes da Lei 4.591/1964 é a "extrajudicialidade". O único ato judicial consiste na notificação do art. 43, VI, que segue o rito da jurisdição voluntária, ou seja, cumprida a notificação, mediante ciência do incorporador, inicia-se o cômputo do prazo de 30 (trinta dias) para retomada das obras; em não sendo verificada a retomada, os adquirentes estão autorizados de pleno direito a deliberarem em Assembleia Geral, quanto à destituição do incorporador.

A extrajudicialidade tem uma razão e justificativa, a retomada das obras tem que ser imediata, ao tempo de sua paralisação. Verificado o problema e cumprida as formalidades legais, os adquirentes já podem assumir os direitos e obrigações de conclusão das obras, para recebimento de suas unidades imobiliárias. Qualquer *ratio* contrária a isso implicaria submeter o procedimento de reestruturação da incorporação a infindáveis demandas processuais, e, por conseguinte, à deterioração do patrimônio pela ação do tempo, gerando incremento considerável nos custos e ineficácia coetânea dos direitos dos adquirentes.

A Lei 14.382/2022 alterou o inciso I[10], do art. 43, da Lei 4.591/1964 para fazer constar a obrigatoriedade de encaminhamento à Comissão de Representantes a cada 3 (três) meses o demonstrativo do estado da obra e de sua correspondência com o prazo pactuado para entrega do conjunto imobiliário (art. 43, I, *a*); e quando solicitada, a relação dos adquirentes com os seus endereços residenciais e eletrônicos (art. 43, I, *b*). Ou seja, toda a vez que o incorporador contratar a entrega da unidade imobiliária a prazo e preços certos, determinados ou determináveis, terá a obrigação de compartilhar tais informações com a Comissão de Representantes, que necessariamente deverá ser previamente constituída.

Nesse ponto, pode-se verificar três principais avanços introduzidos pela 14.382/2022: (i) obrigatoriedade de constituição da Comissão de Representantes, no prazo de até seis meses, contados do registro do memorial de incorporação, nos termos do art. 50, e (ii) a equiparação

[10] I – encaminhar à comissão de representantes: a) a cada 3 (três) meses, o demonstrativo do estado da obra e de sua correspondência com o prazo pactuado para entrega do conjunto imobiliário; e b) quando solicitada, a relação dos adquirentes com os seus endereços residenciais e eletrônicos, devendo os integrantes da comissão de representantes, no tratamento de tais dados, atender ao disposto na Lei nº 13.709, de 14 de agosto de 2018 (Lei Geral de Proteção de Dados Pessoais), no que for aplicável.

propriamente dita das incorporações com patrimônio de afetação e sem, isso porque, agora, em ambas estipulou-se a obrigatoriedade descrita no (i), e o efetivo poder de fiscalização da Comissão de Representantes sobre a execução das obras conforme cronograma físico-financeiro, que antes *a priori* estava previsto somente para incorporações afetadas. E, (iii) a estipulação do direito da Comissão de Representantes de ter acesso à lista de adquirentes.

Com a obrigatoriedade de constituição prévia da Comissão de Representantes e do seu direito de ter acesso à lista de adquirentes, os problemas para localização e identificação dos adquirentes, em situações de crise, com paralisação das obras, foram resolvidos, permitindo, com isso, a eficácia da Lei 4.591/1964, visto que as deliberações assembleares de destituição são coetâneas à formalização da inviabilidade de continuidade das obras pelo incorporador.

O inciso II[11] dispõe quanto à necessidade do incorporador realizar a quitação das quotas de construção das unidades em estoque, para viabilização da auditoria do art. 31-C[12].

Aqui fazemos a ressalva de que tal "obrigação" implicará a necessidade de um controle adequado e eficiente, por parte do incorporador, com relação a pagamentos, para que, em eventual realização de auditoria, ou destituição, existam meios para demonstração dos valores empregados, sob pena de, não havendo comprovação do pagamento no prazo de 15 (quinze) dias, ficar autorizada de pleno direito a Comissão de Representantes a proceder à venda em leilão extrajudicial, nos termos dos arts. 31-F, § 14, e §§ 4º e 5º do art. 43.

No lapso temporal entre a comprovação ou não do pagamento, e a realização do leilão extrajudicial, os direitos sobre futuras unidades, de acordo com o disposto no § 5º do art. 43, permanecem indisponíveis, não podendo ser alvo de penhoras ou constrições por credores do incorporador destituído, ou por dívidas estranhas à incorporação. Tal entendimento alinha-se com os termos do disposto nos arts. 833, XII[13], e

[11] II – efetive o pagamento das quotas que estiverem pendentes, de modo a viabilizar a realização da auditoria a que se refere o art. 31-C desta Lei.

[12] A Comissão de Representantes e a instituição financiadora da construção poderão nomear, às suas expensas, pessoa física ou jurídica para fiscalizar e acompanhar o patrimônio de afetação.

[13] Art. 833. São impenhoráveis: [...] XII – os créditos oriundos de alienação de unidades imobiliárias, sob regime de incorporação imobiliária, vinculados à execução da obra.

862, §§ 3º e 4º[14] do CPC, à medida que visa resguardar os "ativos" do empreendimento para custeio da conclusão das obras e sua regularização jurídica, às vistas de trazer eficácia à função social da incorporação.

Aqui ousamos fazer um parêntese no sentido da necessidade de se identificar o que são dívidas vinculadas ao empreendimento. Tal verificação é importante nos casos de destituição de incorporação deficitária (ativos insuficientes para custeio da conclusão das obras), pois poderá ter havido eventual prática de ilícito, razão pela qual, mesmo após destituído, o incorporador permanece responsável pelas "dívidas" e "obrigações", nos termos do disposto no art. 31-A, § 2º[15] (incorporação com PA) e art. 43, II e VI parte final[16], de forma objetiva.

Isso significa, por exemplo, que condenações advindas de ações de resolução contratual, em decorrência do atraso de obra/não entrega, não podem ser incluídas como obrigações de incorporações deficitárias, visto que resultantes da prática de ato ilícito, exclusiva do incorporador destituído, que não cumpriu com a obrigação de entrega das unidades imobiliárias nos termos, condições e prazos pactuados. Tanto é que exis-

[14] Art. 862. Quando a penhora recair em estabelecimento comercial, industrial ou agrícola, bem como em semoventes, plantações ou edifícios em construção, o juiz nomeará administrador-depositário, determinando-lhe que apresente em 10 (dez) dias o plano de administração. [...] § 3º Em relação aos edifícios em construção sob regime de incorporação imobiliária, a penhora somente poderá recair sobre as unidades imobiliárias ainda não comercializadas pelo incorporador. § 4º Sendo necessário afastar o incorporador da administração da incorporação, será ela exercida pela comissão de representantes dos adquirentes ou, se se tratar de construção financiada, por empresa ou profissional indicado pela instituição fornecedora dos recursos para a obra, devendo ser ouvida, neste último caso, a comissão de representantes dos adquirentes.

[15] § 2º O incorporador responde pelos prejuízos que causar ao patrimônio de afetação.

[16] II – responder civilmente pela execução da incorporação, devendo indenizar os adquirentes ou compromissários, dos prejuízos que a êstes advierem do fato de não se concluir a edificação ou de se retardar injustificadamente a conclusão das obras, cabendo-lhe ação regressiva contra o construtor, se fôr o caso e se a êste couber a culpa; VI – se o incorporador, sem justa causa devidamente comprovada, paralisar as obras por mais de 30 dias, ou retardar-lhes excessivamente o andamento, poderá o Juiz notificá-lo para que no prazo mínimo de 30 dias as reinicie ou torne a dar-lhes o andamento normal. Desatendida a notificação, poderá o incorporador ser destituído pela maioria absoluta dos votos dos adquirentes, sem prejuízo da responsabilidade civil ou penal que couber, sujeito à cobrança executiva das importâncias comprovadamente devidas, facultando-se aos interessados prosseguir na obra;

tem posicionamentos de Tribunais do país nesse sentido[17]. E consequen-

[17] Agravo de Instrumento – ação de rescisão de compromisso de compra e venda – cumprimento de sentença indeferimento penhora sobre fração ideal do terreno, cuja titularidade, passou ser do condomínio/associação da construção instituída para a finalização de obras prediais, ante o afastamento da construtora inadimplente – Associação que representa os interesses dos adquirentes das unidades imobiliárias que deveriam ser construídas pela executada – Acordo celebrado por meio do qual a executada transferiu todos os direitos e obrigações da incorporação à associação – Manobra lícita – Inteligência do art. 31-F, § 2º da Lei 4.591/64 não configuração de sucessão empresarial a penhora de referido bem corresponderia a penhora de bem de terceiros o que é vedado pelo ordenamento pátrio decisão mantida Recurso não provido. (TJSP, 5ª Câmara de Direito Privado Agravo de Instrumento nº 2023917-19.2020.8.26.0000, Rel. Moreira Viegas, julgado em 06/03/2020); EMBARGO DE TERCEIRO – Patrimônio de afetação – Crédito advindo da condenação em resolução do contrato por culpa da incorporadora/vendedora, além do pagamento de indenização por dano moral (processo nº 1100364-32.2015.8.26.0100) – Destituição do incorporador original (executado no cumprimento de sentença) e constituição a comissão embargante para administração da incorporação – Penhora da fração ideal de 1,5259% do terreno condominial, que corresponderá futuramente ao apartamento nº 144, em 15/01/2019, com registro no fólio real em 17/10/2019 (Av. 20 de fls. 77) – Dívida que não se comunica com as obrigações próprias da incorporação e destinadas à sua concreção – Constrição que inviabilizará a retomada das obras – Sentença de procedência mantida, ratificando-se seus fundamentos, a teor do art. 252 do RITJSP – Recursos improvidos. (TJSP – AC: 10471271020208260100 Rel. Alvaro Passos, J. 20/08/2021, 2ª Câmara de Direito Privado, Publicação: 20/08/2021); APELAÇÃO CÍVEL. EMBARGOS DE TERCEIRO. PATRIMÔNIO DE AFETAÇÃO. Sentença de improcedência. Incorporadora abandonou empreendimento, assumindo os adquirentes a continuidade das obras. Penhora, por um dos compradores que exigiu a devolução dos valores pagos de uma das unidades autônomas. Patrimônio afetado por averbação. Afetação anterior à propositura da execução ou penhora. Patrimônio que só submete a constrição de créditos decorrentes de sua finalidade. Exegese do artigo 31-A, "caput" e § 1º, da lei 4.591/64, incluído pela lei 10.931/2004. Cancelamento da penhora a fim de salvaguardar os direitos dos demais compradores que desejam dar continuidade ao empreendimento por intermédio do condomínio. Precedentes. Sentença reformada. Recurso provido. (TJSP – APL 10075409720168260624 SP Rel. Nilton Santos Oliveira, J. 31/01/2019, 3ª Câmara de Direito Privado, Publicação: 31/01/2019); RECURSO ESPECIAL. PROCESSUAL CIVIL. INCORPORAÇÃO IMOBILIÁRIA. AUSÊNCIA DE PREQUESTIONAMENTO. INTERPRETAÇÃO EXTENSIVA DO ART. 833, XII, DO CPC/2015. POSSIBILIDADE. RECURSO ESPECIAL PARCIALMENTE CONHECIDO E, NESSA EXTENSÃO, PROVIDO. 1. O propósito recursal consiste em definir se a hipótese de impenhorabilidade constante do art. 833, XII, do CPC/2015 pode ser objeto de interpretação extensiva. 2. A ausência de prequestionamento das teses relacionadas aos arts. 789 e 805 do CPC/2015, apontados como violados, obsta o conhecimento do recurso especial, atraindo, com isso, a incidência das Súmulas 282 e 356/STF. 3. A impenhorabilidade constante do inciso XII do art. 833 do CPC/2015 comporta interpretação extensiva, incidindo

temente, de acordo com o que estipula o art. 31, A, § 2º, o incorporador responde pelos prejuízos causados ao patrimônio de afetação.

Nos termos do art. 43, § 1º[18], após a deliberação pela destituição do incorporador, este será notificado, a pedido da Comissão de Representantes, pelo Oficial de Registro de Imóveis da circunscrição do empreendimento, em sua sede ou no seu endereço eletrônico (inovação da lei que gera: agilidade e efetividade) para que no prazo de 15 (quinze) dias imita a Comissão de Representantes na posse do empreendimento, bem como entregue a ela os documentos da incorporação, e os comprovantes de quitação das quotas de construção das unidades em estoque, e/ou efetive a quitação daquelas que estiver faltando.

Nesse ponto, também se privilegiou a eficácia da extrajudicialidade da Lei 4.591/1964, visto que muitas das vezes o incorporador paralisava a obra, e ato contínuo abandonava o canteiro, deixando o imóvel sujeito a invasões, depreciações, subtração de materiais, além de um ambiente para proliferação de doenças, em total prejuízo aos adquirentes e à coletividade do entorno.

sobre todo o patrimônio de afetação destinado à consecução da incorporação imobiliária, a fim de atender o propósito legal consistente na proteção dos direitos dos consumidores atuais e futuros adquirentes das unidades imobiliárias autônomas. 4. Recurso especial parcialmente conhecido e, nessa extensão, provido. [...] a impenhorabilidade constante do inciso XII do art. 833 do CPC/2015 comporta interpretação extensiva, incidindo sobre todo o patrimônio de afetação destinado à consecução da incorporação imobiliária, a fim de atender ao escopo da lei, consistente na proteção dos direitos dos consumidores atuais e futuros adquirentes das unidades imobiliárias autônomas. [...] Revela-se contraditório, a meu juízo, o reconhecimento da impenhorabilidade estritamente quanto aos créditos provenientes da venda de frações da obra (unidades imobiliárias), como prevê expressamente o diploma processual em vigor, e a admissão da penhora relativamente ao terreno que serve de alicerce à construção de todo o empreendimento, situação que ensejaria o completo esvaziamento do propósito legal [...] (STJ, 3ª Turma, RECURSO ESPECIAL nº 1.675.481 – DF (2017/0128310-2), j. 21/04/2021).

[18] § 1º Deliberada a destituição de que tratam os incisos VI e VII do caput deste artigo, o incorporador será notificado extrajudicialmente pelo oficial do registro de imóveis da circunscrição em que estiver localizado o empreendimento para que, no prazo de 15 (quinze) dias, contado da data da entrega da **notificação na sede do incorporador ou no seu endereço eletrônico**: I – imita a comissão de representantes na posse do empreendimento e lhe entregue: a) os documentos correspondentes à incorporação; e b) os comprovantes de quitação das quotas de construção de sua responsabilidade a que se referem o § 5º do art. 31-A e o § 6º do art. 35 desta Lei; ou II – efetive o pagamento das quotas que estiverem pendentes, de modo a viabilizar a realização da auditoria a que se refere o art. 31-C desta Lei.

Foi muito comum no passado a Comissão de Representantes ter que entrar com ação de imissão na posse para poder fazer a guarda e manutenção do imóvel, até a efetiva retomada das obras. Da mesma forma, a ação de exibição de documentos, muita das vezes, implicava um tempo considerável, visto que o incorporador inconformado com a perda de posição contestava, mesmo sem ter condições de manter e cuidar do imóvel. Assim, até o proferimento de decisão liminar e/ou definitiva, o empreendimento ficava sujeito às situações acima descritas.

A previsão da obrigação de entrega dos documentos e imissão na posse não é garantia absoluta de que o incorporador irá fazê-lo, contudo nos termos do art. 43, § 3º, II e alínea *d*[19], a Comissão de Representantes é legitimada a praticar todas as medidas judiciais ou extrajudiciais necessárias e quaisquer outros atos necessários à efetividade da viabilização da conclusão das obras, ou seja, caso precise ingressar com ação judicial, a liminar de imissão na posse ou exibição de documentos deverá ser deferida de plano.

As alterações introduzidas pelo art. 43, § 2º[20] tiveram como objetivo a padronização dos requisitos que devem constar na ata de destituição, para viabilização de sua averbação na matrícula do empreendimento, visando a ampla publicidade de terceiros.

Isso foi de suma importância, também, visto que antes, cada Corregedoria do respectivo Estado do país estabelecia as normas e requisitos prévios para averbação da destituição, a exemplo da Bahia[21], que exigia o registro prévio de todos os compromissos de venda e compra, inviabilizando-a, muitas das vezes, pois a princípio nem todos os adquirentes se dispunham ou tinham condição de fazê-lo.

[19] d) quaisquer outros atos necessários à efetividade da norma instituída no caput deste artigo, inclusive para prosseguimento da obra ou liquidação do patrimônio da incorporação.

[20] § 2º Da ata da assembleia geral que deliberar a destituição do incorporador deverão constar os nomes dos adquirentes presentes e as seguintes informações: I – a qualificação; II – o documento de identidade; III – as inscrições no Cadastro de Pessoas Físicas (CPF) ou no Cadastro Nacional da Pessoa Jurídica (CNPJ) da Secretaria Especial da Receita Federal do Brasil do Ministério da Economia; IV – os endereços residenciais ou comerciais completos; e V – as respectivas frações ideais e acessões a que se vincularão as suas futuras unidades imobiliárias, com a indicação dos correspondentes títulos aquisitivos, públicos ou particulares, ainda que não registrados no registro de imóveis.

[21] TJ/BA, Provimento Conjunto CGJ/CCI 03/2020 – art. 1.417-B.

Com referência ao art. 43, § 3º[22], as introduções legais revelam-se de suma importância para a efetiva retomada das obras. A primeira destaca-se pela caracterização da ata que deliberou pela destituição do incorporador e assunção pelos adquirentes das obrigações e direitos de término de obra, perante o Cartório de Título e Documentos, como título hábil para averbação na matrícula do empreendimento (art. 43, § 3º, I), dando-se a mais ampla publicidade quanto à alteração da gestão e administração, em virtude da destituição do incorporador.

O inciso II desse artigo ratifica a legitimidade da Comissão de Representantes, dentro de seu mandato legal, de agir extrajudicialmente e judicialmente no interesse da coletividade dos adquirentes. Tal introdução decorreu das experiências de ingresso com demandas judiciais por aquela, nas quais necessariamente tinha-se que comprovar a legitimidade, e muitas das vezes não era reconhecida, mesmo se tratando de um direito autoexecutável, decorrente do mandato legal, previsto no art. 50.

De mesmo modo, a Comissão de Representantes já pode promover medidas judiciais, por exemplo, para resguardar o imóvel e construções de penhora de credores do incorporador destituído, nos termos do previsto nos artigos 833, XII[23], e 862, §§ 3º e 4º[24], do CPC.

[22] § 3º A ata de que trata o § 2º deste artigo, registrada no registro de títulos e documentos, constituirá documento hábil para: I – averbação da destituição do incorporador na matrícula do registro de imóveis da circunscrição em que estiver registrado o memorial de incorporação; e II – implementação das medidas judiciais ou extrajudiciais necessárias: a) à imissão da comissão de representantes na posse do empreendimento; b) à investidura da comissão de representantes na administração e nos poderes para a prática dos atos de disposição que lhe são conferidos pelos arts. 31-F e 63 desta Lei; c) à inscrição do respectivo condomínio da construção no CNPJ; e d) quaisquer outros atos necessários à efetividade da norma instituída no caput deste artigo, inclusive para prosseguimento da obra ou liquidação do patrimônio da incorporação.

[23] Art. 833. São impenhoráveis: [...] XII – os créditos oriundos de alienação de unidades imobiliárias, sob regime de incorporação imobiliária, vinculados à execução da obra.

[24] Art. Art. 862. Quando a penhora recair em estabelecimento comercial, industrial ou agrícola, bem como em semoventes, plantações ou edifícios em construção, o juiz nomeará administrador-depositário, determinando-lhe que apresente em 10 (dez) dias o plano de administração. [...] § 3º Em relação aos edifícios em construção sob regime de incorporação imobiliária, a penhora somente poderá recair sobre as unidades imobiliárias ainda não comercializadas pelo incorporador. § 4º Sendo necessário afastar o incorporador da administração da incorporação, será ela exercida pela comissão de representantes dos adquirentes ou, se se tratar de construção financiada, por empresa ou profissional indicado pela instituição

Mais especificamente, com relação ao art. 43, § 3º, II, *a*, com a averbação da destituição do incorporador na matrícula do empreendimento, a Comissão de Representantes é imitida definitivamente na posse do empreendimento, já podendo tomar os atos necessários à viabilização da conclusão das obras, não se fazendo mais necessário o reconhecimento desse direito de forma definitiva, com trânsito em julgado, em ação de imissão na posse.

Ainda, com referência ao art. 43, § 3º, II, *b*, de mesmo modo com a averbação da destituição, a Comissão de Representantes já está legitimada a tomar as medidas necessárias, previstas nos art. 31-F (prosseguimento de obra ou liquidação do PA), bem como promoção das medidas para o leilão extrajudicial previsto no art. 63.

O art. 43, § 3º, II, *c*, traz uma das soluções mais importantes para a viabilização da retomada das obras, pois embora a Lei 4.591/1964 confira amplos poderes (mandato legal) à Comissão de Representantes, inclusive o de disposição, esta não é uma pessoa jurídica.

Diante disto, despontava a questão da necessidade de existência de uma pessoa jurídica, para contratar uma nova construtora; abrir conta bancária para realização dos pagamentos e recebimento das parcelas de rateio de custo de obra e regularização; para aquisição de materiais; contratação de mão-de-obra; enfim, realização de todas as atividades inerentes à incorporação.

A Lei 4.591/1964 fala em Condomínio da Construção no art. 31-F, § 1º e no § 12º, II, contudo, a Receita Federal do Brasil não o reconhecia como uma pessoa jurídica, impedindo a abertura de uma inscrição no CNPJ. Diante disto, os grupos de adquirentes, buscavam alternativas, mediante a instituição de uma Associação, com fim específico de viabilização da conclusão das obras e regularização jurídica do empreendimento. Contudo, se sujeitavam à questão do direito à livre associação, ou seja, eventualmente nem todos os adquirentes se "associavam", e de mesmo modo pagavam as taxas associativas. Sendo assim, em paralelo, fazia-se a Assembleia da Comissão de Representantes, deliberando-se os rateios de custo de obra e regularização, que são obrigações *propter rem*, vinculada às unidades, e, somente a arrecadação efetiva dos valores

fornecedora dos recursos para a obra, devendo ser ouvida, neste último caso, a comissão de representantes dos adquirentes.

dava-se por meio da conta bancária da Associação, igualmente os pagamentos das obrigações para conclusão das obras.

Agora com o reconhecimento expresso, pela Lei 14.382/2022, de que o Condomínio da Construção é uma pessoa jurídica, poder-se-á fazer a competente inscrição perante o CNPJ. Apesar de algumas tentativas, após a promulgação da lei, a Receita Federal do Brasil, até o momento, não definiu qual Código CNAE e de natureza jurídica serão aplicáveis a ele.

Importante, entretanto, considerar que ele é uma pessoa jurídica *sui generis*, ou seja, não está no rol descrito no art. art. 44 do Código Civil, não podendo, por exemplo receber a propriedade do imóvel do empreendimento e suas construções, o que implicaria, infelizmente, na necessidade de constituição das Associações para esse fim único.

Com relação a esse ponto, não podemos dizer que há solução concreta, todavia, entendemos que ela deverá decorrer dos poderes da Comissão de Representantes para concretização da conclusão do empreendimento, em conjunto com o disposto nos arts. 32, "i", §§ 1º-A[25] e 15[26] da Lei 4.591/1964.

Explicamos. No nosso entendimento o Condomínio de Construção e o Condomínio Edilício, na verdade, são a evolução contínua no tempo do condomínio especial, previsto no art. 32, § 1º, que é constituído a partir do registro do memorial de incorporação, ou seja, a mesma pessoa jurídica. Contudo, cada um deles tem especificidades e características ao longo da execução do empreendimento até sua concretização da vida condominial.

O primeiro, a princípio, é constituído em situação de crise, por meio de ata registrada em Cartório de Títulos e Documentos e tem um regulamento próprio, sendo gerido e administrado pela Comissão de Representantes e previsto na Lei 4.591/1964. Já o Condomínio Edilício tem a administração feita pelo Síndico, com a convenção de condomínio registrada no Cartório de Registro de Imóveis, sendo regulado, especialmente pelo Código Civil.

[25] § 1º-A O registro do memorial de incorporação sujeita as frações do terreno e as respectivas acessões a regime condominial especial, investe o incorporador e os futuros adquirentes na faculdade de sua livre disposição ou oneração e independe de anuência dos demais condôminos.

[26] § 15. O registro do memorial de incorporação e da instituição do condomínio sobre as frações ideais constitui ato registral único.

Com base nos precedentes existentes no STJ, uma vez que o Condomínio Edilício pode ter a propriedade de bens por meio da adjudicação, nada mais natural aceitar que o Condomínio de Construção também receba a propriedade do imóvel e das construções por meio dos poderes decorrentes da cláusula mandato, em que a Comissão de Representantes, visando dar efetividade ao procedimento de retomada das obras, comparece em nome do incorporador destituído, transferindo a propriedade para o Condomínio de Construção, especialmente, para que seja possível a contratação de financiamento bancário, dando o imóvel em garantia.

O art. 43, § 3º, II, *d*[27-28] pode ser entendido como a ratificação dos poderes da Comissão de Representantes para que ela possa praticar todos os atos necessários à viabilização da retomada e conclusão das obras, dentre eles a transferência da propriedade aos adquirentes, nos termos do previsto nos artigos 31-F, §§ 3º, 4º, 5º e 6º, ou até mesmo a transferência da propriedade fiduciária para um agente financeiro, como garantia da contratação de recursos para conclusão das obras e competente regularização documental, justificando-se, também desse modo, a possibilidade do Condomínio de Construção ter patrimônio em seu nome.

Importante considerar que nas incorporações sem patrimônio de afetação a transferência da propriedade somente era possível por meio de decisão judicial prévia ou outorga de procuração específica pelo incorporador; ou por meio da realização do leilão extrajudicial do art. 63. Ou seja, mesmo após a conclusão das obras, ainda se encontravam óbices ao recebimento da propriedade pelos adquirentes. O estabelecimento da amplitude dos poderes viabiliza a atuação da Comissão de Representantes perante os órgãos públicos estaduais, municipais e federal, convalidando-se a plena eficácia da legislação.

Com relação ao art. 43, § 4º[29] estabeleceu-se que as unidades em estoque ficam indisponíveis para penhora de dívidas estranhas à incorpo-

[27] Art. 44. São pessoas jurídicas de direito privado: I – as associações; II – as sociedades; III – as fundações; IV – as organizações religiosas; (Incluído pela Lei nº 10.825, de 22.12.2003) V – os partidos políticos.

[28] Na alínea *d*, importante considerar que há um erro material na Lei, à medida que se refere à norma estabelecida no *caput*, quando deveria se referir à norma estabelecida nos incisos VI e VII, que tratam da retomada das obras ou liquidação do empreendimento.

[29] § 4º As unidades não negociadas pelo incorporador e vinculadas ao pagamento das correspondentes quotas de construção nos termos do § 6º do art. 35 desta Lei ficam indispo-

ração (art. 31-A). Trata-se de inovação legislativa, que está em consonância com o disposto nos arts. 833, XII, e 862, §§ 3º e 4º, do CPC. Com isso, a receita dos estoques está adstrita ao custeio da conclusão das obras, conforme o entendimento do Ilustre Porf. Melhim Namem Chalhub[30]:

> É a partir desses pressupostos e com o propósito de assegurar a preservação dos recursos necessários à conclusão da obra que os arts. 31-F, § 2º, e 43, VI e VII, preveem o afastamento do incorporador da gestão do negócio e sua atribuição aos adquirentes, compreendendo a transferência do controle do ativo da incorporação, notadamente dos créditos decorrentes, oriundos da comercialização das unidades, e do lastro ainda existente, representado pelas unidades estoque a serem vendidas, inclusive mediante leilão, para obtenção de recursos necessários ao prosseguimento das obras.

Normalmente, em incorporações deficitárias, o incorporador insolvente, falido ou em recuperação judicial, que executou parcialmente as obras, não terá como demonstrar a quitação das quotas de preço das unidades em estoque. E de mesmo modo, sobre elas também incidirá o custo de obra e regularização, que muitas das vezes deverá ser rateado entre todos os adquirentes, até posterior venda dos direitos, para composição dos custos globais de obra.

Quanto ao § 5º[31], estabeleceu-se um prazo para que o incorporador comprove a quitação das "quotas" de construção das unidades em estoque, que seria de 15 (quinze) dias, transcorrido o qual, a Comissão de Representantes estaria autorizada de pleno direito a promover a venda, por meio de leilão extrajudicial, nos termos do § 14 do art. 31-F[32] e do

níveis e insuscetíveis de constrição por dívidas estranhas à respectiva incorporação até que o incorporador comprove a regularidade do pagamento.

[30] Chalhub, Melhim Namem. *Da incorporação imobiliária*. 6. ed. Rio de Janeiro: Renovar, 2022. p. 393.

[31] § 5º Fica autorizada a comissão de representantes a promover a venda, com fundamento no § 14 do art. 31-F e no art. 63 desta Lei, das unidades de que trata o § 4º, expirado o prazo da notificação a que se refere o § 1º deste artigo, com aplicação do produto obtido no pagamento do débito correspondente.

[32] § 14. Para assegurar as medidas necessárias ao prosseguimento das obras ou à liquidação do patrimônio de afetação, a Comissão de Representantes, no prazo de sessenta dias, a contar da data de realização da assembléia geral de que trata o § 1o, promoverá, em leilão

art. 63, com o objetivo único de aplicação do produto obtido no custeio das despesas de conclusão e regularização do empreendimento.

Nesse ponto, importante considerar que não necessariamente o prazo de 60 (sessenta) dias previsto no § 14º será factível de cumprimento, e no nosso entendimento, não é, em nenhuma instância, preclusivo do direito, lembrando que, apesar das inovações promovidas pela Lei 14.382/2022, o procedimento de reestruturação da incorporação imobiliária é complexo, e sujeito a variáveis imponderáveis, inclusive, como falaremos em seguida, decorrentes da dificuldade de captação/contratação de novos recursos, para viabilização da retomada das obras e conclusão do empreendimento.

Como apontado supra, tais alterações na Lei 4.591/1964, promovidas pela Lei 14.382/2022, foram de suma e extrema importância à promoção da eficácia, da reestruturação da incorporação imobiliária, e se revelaram um avanço substancial, contudo, tem mais um aspecto, para o qual deve-se juntar esforços com vistas ao aprimoramento do procedimento de reestruturação da incorporação imobiliária: (re)financiamento da retomada, conclusão e regularização dos empreendimentos objeto de destituição e assunção das obrigações pelos adquirentes.

3. A importância e necessidade de adequação de produtos e linhas de financiamento para condomínios de construção

Esclarecidas as questões da evolução legislativa, mais especificamente, no âmbito da viabilização da reestruturação da incorporação imobiliária, que trouxeram mais tutela e segurança ao adquirente de imóvel, os olhares e atenção agora devem estar direcionados às questões de financiamento da reestruturação, à medida que os "esqueletos" não prejudicam, exclusivamente, os adquirentes de imóvel, mas têm impacto relevante e direto nos setores da indústria e construção civil; habitação e urbanismo; além da economia de modo geral.

Em uma pesquisa inicial, apuramos que não existem informações e dados concretos, de domínio público, com relação às obras privadas paralisadas no país. Contudo, basta atentar-se aos centros urbanos,

público, com observância dos critérios estabelecidos pelo art. 63, a venda das frações ideais e respectivas acessões que, até a data da decretação da falência ou insolvência não tiverem sido alienadas pelo incorporador.

interior e litoral dos Estados, que verificaremos números consideráveis de empreendimentos paralisados.

Partindo desse viés, entendemos que sim, é possível o setor financeiro e bancário se debruçarem no estudo de produtos mais direcionados ao setor da reestruturação da incorporação imobiliária. Isso porquê, existem modelos importantes que podem servir de ferramentas embrionárias, para criação de produtos específicos para essa parcela relevante do mercado, e, por conseguinte, de viabilização de soluções financeiras da retomada das obra e conclusão dos empreendimentos em situações de crise, decorrentes da destituição do incorporador.

No sistema do extinto BNH (Banco Nacional da Habitação) havia previsão do chamado "Programa Condomínio", previsto pela Resolução n. 132/1982, a qual estabelecia o financiamento direcionado à consrução nos termos da Lei 4.591/1964.

O item 2 da Resolução dispunha que o objetivo do programa era financiar o desenvolvimento de empreendimentos imobiliários, os quais fossem vislumbrados e geridos pelos próprios adquirentes, reunidos no regime condominial.

É fato que o programa abarcava situações mais amplas, inclusive possibilitando a compra do terreno, ou seja, o desenvolvimento da construção desde sua origem, por meio de financiamentos concedidos pelas entidades integrantes do Sistema Brasileiro de Poupança e Empréstimo – SBPE, inclusive com possibilidade de oferecimento de garantias como o imóvel e as construções.

No caso da retomada das obras, decorrente da destituição do incorporador, pensando nesse sistema, o que haveria de diferente seria a limitação do financiamento à conclusão das obras e sua competente regularização documental. Ainda, deveria ter previsão expressa de que os recursos poderiam ser utilizados não tão somente para empreendimentos residenciais, mas também, comerciais.

A lógica do "Programa Condomínio" encaixa-se perfeitamente na situação de crise de paralisação de obra e destituição do incorporador, isto porque, afasta da operação de financiamento o caráter empresarial e mercantil verificado em financiamentos à produção. Não há lucro, tão somente custeio das despesas (déficit de obra e custos com regularização documental), pelos próprios adquirentes.

A relevância do "Programa Condomínio", para viabilização das obras pelos adquirentes, foi pontualmente destacada pelo Ilustre Professor Melhim Namem Chalhub[33], a saber:

> A questão desperta ainda maior interesse na área do Sistema Brasileiro de Poupança e Empréstimo na medida em que as autoridades responsáveis pela formulação da política habitacional reconhecem que a construção de conjuntos habitacionais promovida diretamente por "condomínios fechados", sem a intermediação de empresários-incorporadores, é um dos processos mais ágeis e de mais baixo custo para obtenção da casa própria.

Agora partindo para uma esfera mais atual, por exemplo, citamos o "Programa Carta de Crédito Associativa" da Caixa Econômica Federal, regulamentado pelas IN MDR nº 42/2021, 48/2022 (FGTS), que visa apoio à produção de habitações, possibilitando com isto mais acesso a moradias, em áreas urbanas, por famílias cuja renda mensal bruta esteja limitada a R$ 8.000,00 (oito mil reais).

No caso da retomada das obras pelos adquirentes, entendemos que as questões de limitações de valor de renda e destinação deveriam ser caracterizadas de forma mais ampla, visto que existem empreendimentos paralisados de todos os tipos e padrões. E que, claro, precisam de soluções financeiras, cada um à sua medida. Logo, o desenvolvimento de um produto, tomando-se como base o "Programa Carta de Crédito Associativa", deveria levar em consideração tais especificidades, estabelecendo padrões e parâmetros.

O financiamento da conclusão das obras também poderia seguir mediante a contratação de recursos pelo Sistema Financeiro Imobiliário (SFI) – Lei Federal nº 9.514/1997 ou Sistema Financeiro da Habitação (SFH) – 4.380/1964, com recursos advindos do SBPE (Sistema Brasileiro de Poupança e Empréstimo), perante uma instituição financeira; banco de investimentos ou até mesmo fundos imobiliários. Contudo, o que se pode verificar hoje é a dificuldade de alocação de recursos, para tal finalidade.

33 CHALHUB, Melhim Namem. Memorial de Incorporação. Notas sobre a inexigibilidade de seu arquivamento nas hipóteses que não configuram atividade empresária. *Revista do Direito Imobiliário*, São Paulo, n. 13, p.46. janeiro/junho 1984.

Outra opção que pode ser utilizada para captação de recursos para conclusão das obras, seria a estruturação de uma operação pelo próprio Condomínio da Construção ou Associação de Adquirentes, mediante dação em garantia do terreno e construções, além das parcelas de rateio de custo de obra e regularização (saldo de contrato, acrescido do déficit de obra – "recebíveis"), viabilizando, inclusive, a emissão de CCIs (Cédulas de Crédito Imobiliários) e CRIs (Certificados de Recebíveis Imobiliários), tornando a operação mais atrativa.

O grande entrave para contratação de recursos novos, por meio desse tipo de operação, são as taxas de juros praticadas, bem como os custos decorrentes e inerentes à operação, os quais muitas das vezes encarecem sobremaneira a conclusão das obras, podendo até inviabilizá-las. Sendo assim, fatores como o montante total a ser financiado; o prazo de obra estabelecido e as possibilidades de garantias a serem ofertadas (alienação fiduciária do terreno, recebíveis e outras) serão determinantes à atratividade dos fundos, e por outro lado, à viabilidade de contratação por parte do Condomínio de Construção ou Associação de Adquirentes.

Justificada a relevância de financiamento desse seguimento, seria importante que setores bancários, financeiro e indiretamente da própria indústria da construção civil, promovessem estudos acerca da implementação de novos produtos, que se adequem à realidade e especificidades da reestruturação da incorporação imobiliária, especialmente porque, como explicado, gera consideráveis impactos na economia; no setor da construção; nas questões urbanas e, claro, de habitação, para empreendimento residenciais. Com o desenvolvimento de produtos voltados a esse seguimento, poderemos então manifestar uma maior segurança na efetividade da retomada e conclusão dos "esqueletos", no menor custo e tempo possíveis.

Conclusões

O presente trabalho buscou de forma sucinta trazer um breve histórico da incorporação imobiliária no Brasil, visando contextualizar o mote de criação da Lei 4.591/1964, em especial a questão da viabilidade da reestruturação da incorporação imobiliária, em situações de crise decorrentes da destituição do incorporador.

Comentamos pontualmente as alterações estipuladas nos arts. 43, §§ 1; 2, 3, 4 e 5, bem como demos destaque aos seus pontos relevantes, para promoção da eficácia da retomada e conclusão das obras, por meio dos próprios adquirentes. E, especialmente, ressalvamos a importância de tais alterações, à medida que estão em consonância com o espírito da extrajudicialidade e eficácia da concretização da função social da incorporação.

Por fim, convidamos setores da indústria e da construção civil; do mercado financeiro e bancário, a pensarem em novos modelos e produtos, para financiamento da conclusão dos "esqueletos", tomando como embriões as diretrizes gerais dos "Programa Condomínio"; e "Programa Carta de Crédito Associativa". À medida que o Condomínio da Construção puder contratar recursos, para conclusão das obras e sua regularização jurídica, coetaneamente à destituição do incorporador, o procedimento da reestruturação da incorporação imobiliária terá sim a eficácia necessária ao cumprimento da função social da incorporação, contribuindo de sobremaneira com o impulsionamento do sistema financeiro e da construção civil.

Referências

BOTTEGA, Jéverson Luis. *Incorporação Imobiliária e responsabilidade civil do incorporador.* Porto Alegre: Norton Editor, 2005.

CAMBLER, Everaldo Augusto. *Responsabilidade Civil na Incorporação Imobiliária.* 2 ed. São Paulo: Revista dos Tribunais, 2014.

CHALHUB, Melhim Namem. *Incorporação Imobiliária.* 6 ed. São Paulo: Forense, 2022.

CHALHUB, Melhim Namem. Memorial de Incorporação. Notas sobre a inexigibilidade de seu arquivamento nas hipóteses que não configuram atividade empresária. *Revista do Direito Imobiliário,* São Paulo, n. 13, 1984.

FONSECA, Antonio Claudio Pinto da. *A produção Imobiliária e a construção da cidade.* São Paulo: FAUUSP, 2012.

FRANCO, João Nascimento; NISSKE, Gondo. *Incorporações Imobiliárias.* 2 ed. São Paulo: Revista dos Tribunais, 1984.

GHEZZI, Leandro Leal. *A Incorporação Imobiliária.* 2. ed. São Paulo: Revista dos Tribunais, 2011.

PEREIRA, Caio Mário da Silva. *Condomínios e Incorporações.* 10 ed. Rio de Janeiro: Forense, 2000.

PEREIRA, Caio Mário da Silva. *Propriedade Horizontal.* São Paulo: Forense, 1961.

5. A LICITUDE DA CONTRATAÇÃO DE CORRETORES AUTÔNOMOS, CONSTITUÍDOS NO FORMATO DE PESSOA JURÍDICA OU FÍSICA, POR IMOBILIÁRIAS E INCORPORADORAS, SEM A CONFIGURAÇÃO DE RELAÇÃO DE EMPREGO

Rafaella Carvalho Corti
Júlia Mascarenhas Costa

Introdução

Vivemos tempos de grandes transformações, tanto no aspecto tecnológico, quanto social. Essas transformações impactam diretamente a forma como as pessoas trabalham e como organizações produzem.

De formas de comunicação, realização do trabalho, controle de jornada até o rastreamento da conclusão de metas, tudo foi alterado pela evolução da sociedade.

O Direito, portanto, precisa acompanhar essas transformações. Mas como veremos a seguir, existem relações de trabalho que há muito apresentam especificidades e características próprias que merecem ser prestigiadas.

Ao se contratar um profissional para o exercício de alguma atividade para empresa ou pessoa física, o ordenamento jurídico dispõe de opções diversas de regimes.

Cada um desses diferentes tipos de contratos – de emprego, prestação de serviços, com pessoa jurídica, experiência, associação, por tempo determinado, entre outros – carrega consigo pontos bem distintos relacionados ao tipo de gestão, poderes e grau de ingerência que será possibilitado ao contratante em face do contratado.

Dentre essas possibilidades está o trabalho autônomo, que é realizado por profissionais de forma liberal, prestando serviços para empresas ou pessoas físicas por um tempo específico, sem vínculo empregatício.

Os profissionais que trabalham de forma autônoma são das mais variadas ocupações. Tradicionalmente são trabalhadores autônomos médicos e advogados, por exemplo.

Com o corretor de imóveis, tema central do presente trabalho, não é diferente.

Veremos que esse profissional que desde sempre trabalhou de forma autônoma também vivenciou algumas transformações em sua atividade e com isso passou-se a observar que a coexistência de regimes jurídicos distintos de contratação é uma realidade no setor imobiliário brasileiro.

Assim como a empresa define o formato que melhor se enquadra em seu modelo de negócio, o corretor de imóveis pode optar por aquele com que mais se identifica ou de que precisa, seja o modelo de contrato de emprego regido pela CLT – enquadrando-se aqui como vendedor de imóveis celetista – ou corretor de imóveis associado/parceiro – sendo, neste caso, autônomo.

Essa possibilidade de associação é resguardada tanto por expressa previsão contida na lei que regulamenta a profissão, Lei 6.530/1978, quanto pelos últimos julgados no STF sobre o tema.

Mesmo diante de todo esse contexto, apesar de importantes avanços no judiciário sobre o tema, o setor imobiliário, ao optar pelo modelo de contratação por associação, ainda se depara com relevante insegurança jurídica sobre o assunto.

O setor é surpreendido de forma extremamente negativa, com grave impacto, por algumas decisões – apesar de minoritárias – que desconsideram o contrato de parceria para a intermediação de vendas de produtos imobiliários, regularmente celebrado nos termos da Lei n. 6.530/1978.

Tais decisões violam a um só tempo três diferentes searas: 1) contratual – o contrato firmado pelas partes sem nenhum vício de validade;

2) legislativa – a Lei 6.530/1978 com previsão expressa da possibilidade de associação dos corretores de imóveis; 3) jurisprudencial – decisões vinculantes do STF, especialmente as orientações proferidas na ADPF 324, RE 958.252 e ADC 48.

Esses três pontos devem ser observados em conjunto. Mas, especialmente os julgados da Suprema Corte, fazem crer que o futuro do direito do trabalho, não apenas para o setor imobiliário, como para os vários setores que convivem com regimes de contratação distintos do vínculo empregatício, caminha para o aumento da segurança jurídica que possibilite o regime de contratação distinto do celetista.

Segurança jurídica, diga-se de passagem, necessária para a sobrevivência de um modelo de negócio benéfico não apenas para o mundo empresarial, mas, em vários aspectos, para o profissional que opta de forma livre pelo modelo de contratação.

Sobre este tema trata-se o presente artigo.

Abordaremos o histórico e a origem da profissão de corretor de imóveis, que demonstram características de uma profissão originalmente – e por essência – autônoma, a legislação específica que regulamenta a profissão, a validade do contrato firmado de boa-fé e, por fim, decisões judiciais e últimos entendimentos do STF que reforçam a possibilidade de contratação diversa da relação de emprego.

1. Corretores de imóveis: histórico e autonomia da profissão

Antes de adentrar na questão técnica jurídica propriamente dita, relevante é entender o contexto histórico do segmento de corretagem no Brasil.

O *modus operandi* da profissão evoluiu ao longo do tempo, mas carrega consigo pontos que remontam ao início da profissão, sua essencialidade.

O profissional corretor de imóveis apresenta características e peculiaridades envoltas da sua atividade, que imprescinde sejam levadas em consideração antes de qualquer posicionamento a respeito do assunto.

Tais elementos reforçam o modelo essencialmente autônomo. Veja-se, a seguir:

SÉCULO 18

1. **Colonização do Brasil e o primeiro corretor de imóveis:** as primeiras atividades relacionadas à corretagem ocorreram de maneira mais informal, por meio de cartas para Portugal, com o objetivo de anunciar e intermediar a ocupação da nova terra pelos latifundiários e Coroa Portuguesa.	(Celani, 2019) "A profissão do Corretor de Imóveis no Brasil vem desde o tempo da colonização, onde as pessoas ganhavam a vida arrumando pousadas para os desbravadores deste país. Como se trata de uma atividade que visa o desenvolvimento, o progresso e a concretização dos ideais, pode-se afirmar de maneira figura, que Pero Vaz de Caminha, deu início às atividades de corretagem. Ao escrever para Portugal descrevendo o Novo Mundo, atuou como um Corretor de Imóveis."[1]
2. **Comerciantes locais e "Agenda de Negócios Imobiliários":** com o avançar do deslocamento do eixo da vida administrativa da colônia portuguesa e aumento progressivo do número de habitantes, os próprios comerciantes locais eram os intermediadores de imóveis e terras, atuando com o objetivo de obterem mais uma fonte de renda, em paralelo às atividades que já desenvolviam no comércio.	(Celani, 2019) "As cidades começaram a tomar uma forma mais urbana, com infraestrutura. Com o seu crescimento, começou a nascer uma nova profissão, a de agenda de negócios imobiliários. No início eram comerciantes locais que passaram a ter seus rendimentos aumentados com a intermediação imobiliária, ou então leiloeiros, que se especializaram neste ramo com o potencial do mercado imobiliário. Em seguida, vieram os agentes imobiliários, pessoas que, com um caderno de apontamentos na mão, muita disposição e o sonho de vencer na vida, passaram a intermediar negócios imobiliários utilizando os anúncios nos jornais para divulgar suas ofertas, e a sola dos sapatos para identificar os vendedores e deles adquirir a autorização para a venda."[2]
3. **Classificados com os primeiros anúncios de imóveis**: surgiram a partir de 1821, no jornal "Diário do Rio de Janeiro", com o primeiro anúncio formal imobiliário. O Intermediador era Venâncio José Lisboa, com poderes do proprietário do imóvel para fazer o anúncio e intermediar a venda.	(Celani, 2019) "Os anúncios de jornal, comprovando a comercialização de imóveis, surgiram a partir de 1821, junto com a introdução da imprensa no país. O sentinela e O tamoio, no Rio de Janeiro, foram os primeiros jornais publicados no Brasil, e neles já havia os anúncios de imóveis. O jornal Diário do Rio de Janeiro, o periódico mais antigo nos arquivos da Biblioteca Nacional no Rio de Janeiro, público no dia 2 de junho de 1821, já continha um anúncio imobiliário. Na edição seguinte (4/6/1821) constata-se a presença de um intermediário, Venâncio José Lisboa, que havia recebido "poderes do dono do imóvel para vendê-lo."[3]

[1] CELANI, Silvia. Histórico da Profissão: Corretor de Imóveis. Sistema COFECI-CRECI, em 30 maio 2019. p. 4. Disponível em: https://www.cofeci.gov.br/historia-do-corretor-de-imoveis. Acesso em 30 mar. 2023.

[2] CELANI, Silvia, cit., p. 8.

[3] CELANI, Silvia, cit., p. 8.

Vendas.

Quem quizer comprar huma caza de Sobrado com grandes commodos, e boa chacara, toda plantada de capim, horta e arvoredo de varias qualidades, podendo sustentar annualmente com o capim doze parelhas, sita na rua da Pedreira de N. Senhora da Gloria, falle com Venancio José Lisboa, na rua da Alfandega N.º 1, ou no Catete, na ultima caza de sobrado, antes de chegar á ponte, hindo para o botafogo, lado direito, que tem ordem, e poderes de seu dono para vender.

Vende-se huma caza nobre, sita no principio da praia do Botafogo com onze janelas de frente, com bons commodos, bastantes quartos capazes de acommodar huma grande familia, com boa cozinha, e moderna, grande coxeira, e cavalharice, com sala de espera, boa sala de jantar, e duas grandes salas para a frente do mar, com dois quartos iguaes, com jardim, poço, e diversas obras, e quintal murado, pegada com o portão do Coronel Rocha, quem quizer comprar dirija-se a cáza N.º 38 da rua Direita.

Vende-se huma preta, de idade de 20 annos, pouco mais ou menos, de boa conducta, e que sabe cozinhar, lavar roupa, e engomar, costura, e habil em todo o serviço de caza: quem a pertender comprar dirija-se á rua nova dos arcos N.º 5, e ahi mesmo ha diversos trastes para vender.

Antonio Pereira Martins rua da Quitanda N.º 51, vende huma negra de Nação, lavadeira e sem vicios.

Diário do Rio de Janeiro 4-06-1821

SÉCULO 19

4. Surgimento da profissão, o agente imobiliário: com o desenvolvimento das cidades, a atividade de comercialização de imóveis se tornou uma constante, dando origem à profissão. O corretor de imóveis na época era denominado como "agente imobiliário". Eles assumiram, por sua conta e risco, a profissão que emergia naquele momento. Muitos deixaram suas cidades para se deslocarem aos grandes centros, levando consigo materiais próprios de trabalho e, por vezes escritórios próprios, para desempenharem a nova atividade profissional.	(Celani, 2019) "Um exemplo do surgimento dos profissionais é o relato de Daniel Bicudo, irmão de Argemiro Bicudo, publicado no jornal A Tribuna, em 12 de fevereiro de 1971. O corretor e empresário Argemiro Bicudo participou da fundação da primeira associação da categoria. Esta história representa a de muitos outros Corretores, que deixaram sua cidade natal e foram para os grandes centros, descobrindo no mercado imobiliário sua verdadeira vocação. [...] Indo de Santos para São Paulo por volta de 1910, onde se fixaria com a pequena experiência adquirida e com a grande decisão de trabalhar sozinho e livre, Argemiro se aventuraria como AGENTE AVULSO DE NEGÓCIOS, sem a necessidade de escritório e apenas munido de cartões de endereço, caderninho de apontamento e lápis Faber."[4]

[4] Celani, Silvia, cit., p. 4.

5. Contraprestação do corretor de imóveis: com o avançar do deslocamento do eixo da vida administrativa da colônia portuguesa e aumento progressivo do número de habitantes, os próprios comerciantes locais eram os intermediadores de imóveis e terras, atuando com o objetivo de obterem mais uma fonte de renda, em paralelo às atividades que já desenvolviam no comércio.	(Celani, 2019) "Pelo trabalho que desenvolviam, eram normalmente remunerados com dois por cento do valor total do negócio. "Naquele tempo não havia nenhuma lei que obrigasse o vendedor ou comprador a pagar a comissão, no entanto havia o instituto da palavra que, na maioria dos casos, valia mais que qualquer assinatura", afirma Orlando [...] Orlando Feitosa vendeu o seu primeiro imóvel em 1934 e desde então, até a sua aposentadoria, mesmo quando exercia outras atividades, não deixou de atuar como Corretor de Imóveis."[5]

Da esquerda para a direita: Orlando Feitosa, Amiraldo, Newton Feitosa e Roberto M. Cunha Lima

[5] Celani, Silvia, cit., p. 4.

SÉCULO 20

6. **Surgimento de imobiliárias:** a partir da segunda metade do século 20, foram se solidificando as primeiras imobiliárias. Um exemplo é a "Gilberto Nascimento Imóveis", que investia em treinamentos, além de realizar entrevistas de seleção pelos denominados "gerentes".	(Celani, 2019) "A Gilberto Nascimento Imóveis especializou-se em administração de imóveis, mas também trabalhava com lançamentos, locação e venda de imóveis de terceiros. Desde a sua fundação, o empresário dava cursos aos Corretores sobre técnicas de vendas. Além dele, lecionava Cícero Moura Mendonça, que tinha grande conhecimento sobre o mercado [...]. A seleção dos Corretores era feita pessoalmente por Gilberto Nascimento. [...] Os interessados pelo anúncio também eram entrevistados pelos gerentes, selecionando-se os que tinham mais cunho para vendas. A formação era realizada dentro da própria imobiliária."[6]
7. **Promulgação da lei 6.530/1978:** os próprios corretores de imóveis, representados pelo Presidente do COFECI na época, Edmundo Carlos Freitas Xavier, conquistaram no Congresso Nacional a aprovação da lei que regulamentava a profissão.	(Celani, 2019) "A notícia da regulamentação da profissão do Corretor de Imóveis foi dada pelo representante do ministro Arnaldo Prieto, Adriano Salles Toledo de Carvalho, durante a cerimônia de encerramento do IX Congresso. Foi comemorada uma verdadeira festa, com abraços, vivas ao ministro e canto do Hino Nacional e dos Corretores de Imóveis e muitos aplausos, pelos 1200 congressistas presentes no plenário do Palácio de Convenções do Anhembi. Alguns chegaram a chorar."[7]
8. **Impactos positivos da lei 6.530/1978:** a profissão de corretor de imóveis ganhou grande importância e reconhecimento com a regulamentação por lei específica, além de trazer várias vantagens para a classe.	(Celani, 2019) "A lei n/] 530/78, assinada pelo presidente Geisel, regulamentou a profissão do CORRETOR DE IMÓVEIS e trouxe inúmeras vantagens para a classe. As pessoas que davam pouco valor a esta atividade passaram a conhecer melhor seus aspetos técnicos. A exigência de uma formação mínima para o exercício da profissão também contribuiu para que a mesma fosse reconhecida pela sociedade."[8]

[6] CELANI, Silvia, cit., p. 109.
[7] CELANI, Silvia, cit., p. 132.
[8] CELANI, Silvia, cit., p. 133.

À esq. o Sr. José Henrique de Albuquerque, diretor do C.M.I., quando entregava ao Sr. Celso Pinheiro o troféu a que fez jus como Primeiro na Produção no 3º Trimestre de 1963.

João Roberto S. Malta e Gilberto Nascimento

No palco do Anhembi, no encerramento do IX congresso é anunciada a promulgação da Lei 6.530

2. Legislação específica: a validade do contrato de associação entre corretores – pessoa física ou jurídica – e imobiliárias. formatos de contratação diversos da relação de emprego validados pelo ordenamento jurídico

Como exposto no capítulo anterior, as passagens históricas da profissão de corretor de imóveis no Brasil remontam a uma origem da época colonial, essencialmente autônoma e informal.

Como fruto de verdadeira conquista de classe, felizmente, a profissão recepcionou, além de prestígio e vantagens, normatividade técnica, deveres, direitos e obrigações. Assim, houve o marco legislativo regulamentando a profissão: a promulgação da Lei 6.530/1978.

Na referida lei, há previsão expressa de regime contratual de associação, autônomo, entre corretor de imóveis e imobiliária:

> Art 6º As pessoas jurídicas inscritas no Conselho Regional de Corretores de Imóveis sujeitam-se aos mesmos deveres e têm os mesmos direitos das pessoas físicas nele inscritas.
>
> § 1º As pessoas jurídicas a que se refere este artigo deverão ter como sócio gerente ou diretor um Corretor de Imóveis individualmente inscrito. (Renumerado do parágrafo único pela Lei nº 13.097, de 2015)
>
> § 2º O corretor de imóveis pode associar-se a uma ou mais imobiliárias, mantendo sua autonomia profissional, sem qualquer outro vínculo, inclusive empregatício e previdenciário, mediante contrato de associação específico, registrado no Sindicato dos Corretores de Imóveis ou, onde não houver sindicato instalado, registrado nas delegacias da Federação Nacional de Corretores de Imóveis. (Incluído pela Lei nº 13.097, de 2015)
>
> § 3º Pelo contrato de que trata o § 2º deste artigo, o corretor de imóveis associado e a imobiliária coordenam, entre si, o desempenho de funções correlatas à intermediação imobiliária e ajustam critérios para a partilha dos resultados da atividade de corretagem, mediante obrigatória assistência da entidade sindical. (Incluído pela Lei nº 13.097, de 2015)
>
> § 4º O contrato de associação não implica troca de serviços, pagamentos ou remunerações entre a imobiliária e o corretor de imóveis associado, desde que não configurados os elementos caracterizadores do vínculo empregatício previstos no art. 3º da Consolidação das Leis do Trabalho – CLT, aprovada pelo Decreto-Lei nº 5.452, de 1º de maio de 1943. (Incluído pela Lei nº 13.097, de 2015)

Da interpretação do dispositivo subscrito conclui-se que, inexistindo fraude, ou seja, pedido de nulidade ou vício de vontade no contrato de natureza comercial firmado entre as partes, não há sequer que se discutir a existência ou não de vínculo empregatício.

Dessa mesma lógica interpretativa é que inclusive surgiu a orientação jurisprudencial de que não caberia à Justiça do Trabalho apreciar a validade de contratos disciplinadores de relações de natureza comercial, *in verbis*:

> CONSTITUCIONAL E PROCESSUAL CIVIL. AGRAVO INTERNO NA RECLAMAÇÃO. VIOLAÇÃO AO QUE DECIDIDO NA ADC 48. COMPETÊNCIA DA JUSTIÇA COMUM PARA JULGAR CAUSA

> ENVOLVENDO RELAÇÃO JURÍDICA COMERCIAL. AGRAVO INTERNO PROVIDO. 1. No julgamento da ADC 48, o Ministro Relator Roberto Barroso consignou em seu voto que a Lei 11.442/2007, "disciplina, entre outras questões, a relação comercial, de natureza civil, existente entre os agentes do setor, permitindo a contratação de autônomos para a realização do Transporte Rodoviário de Cargas (TRC) sem a configuração de vínculo de emprego". 2. As relações envolvendo a incidência da Lei 11.442/2007 possuem natureza jurídica comercial, motivo pelo qual devem ser analisadas pela justiça comum, e não pela justiça do trabalho, ainda que em discussão alegação de fraude à legislação trabalhista, consubstanciada no teor dos arts. 2º e 3º da CLT. 3. Agravo Interno provido (STF – Ag. Reg. na Reclamação 43.544 Minas Gerais, Primeira Turma, j. 17/02/2021, *DJE* 03/03/2021) – grifos nossos

Assim sendo, o vínculo entraria em discussão apenas se desconstituído o contrato firmado, por uma questão específica de invalidade de natureza civil, comprovada cabalmente pela parte que a alega.

Assim, a Lei 6.530/1978 torna inconteste a presunção relativa que a relação entre corretor de imóveis, seja na pessoa física ou jurídica, e a imobiliária será de associação.

Importante sublinhar que referida legislação trata-se, outrossim, de Lei Federal, que, assim como a CLT, encontra-se em nível hierárquico de norma infraconstitucional, portanto uma não se sobrepõe à outra.

Assim, sendo a Lei 6.530/1978 posterior à CLT, além de específica, deve ter sua análise priorizada, como determina a LINDB – Lei de Introdução às Normas de Direito Brasileiro.

Nesse sentido é que se conclui que a legislação possibilita à imobiliária e ao corretor optar por dois regimes jurídicos distintos:

1) o corretor de imóveis celetista, registrado e com todas as obrigações e direitos constantes da norma celetista;

2) o corretor de imóveis associado, que mantém a sua autonomia e é regido pela Lei Federal 6.530/1978.

Não se pode deixar de sublinhar, ainda, que a grande maioria dos profissionais que opta pela relação de associação autônoma recebe valores voluptuosos a título de comissões por negócios imobiliários, sendo que muitos inclusive são titulares de empresa constituída antes mesmo da relação de parceria mantida com as imobiliárias, possuindo, ainda, regular registro como corretor, tudo nos moldes da citada Lei 6.530/1978.

São, assim, verdadeiros trabalhadores hiperssuficientes que desejam a relação autônoma em detrimento da celetista por diversos motivos. Citamos alguns deles: benefícios fiscais, autonomia de horário, liberdade de escolha de local e *modus operandi* do trabalho, recebimento de remuneração variável diretamente pelo cliente sem teto.

E, assim o fazem assumindo todos os riscos do negócio, já que assinam o contrato de associação sem nenhuma garantia de recebimento de valores fixos ou qualquer ajuda de custo por parte da imobiliária.

Não é demais ressaltar que, além da lei dos corretores de imóveis acima apontada, são várias as leis que disciplinam relações jurídicas próprias, como a lei dos *motoboys*, dos transportadores de cargas, trabalhador avulso, guia de turismo, representantes comerciais.

O legislador, com a discricionariedade que lhe é inerente, editou leis específicas que determinam expressamente a prevalência da relação autônoma sobre a celetista, uma vez atendidos os requisitos das respectivas leis.

Esse entendimento de que há a possibilidade de outras formas de contratação que não a de emprego é reforçado pelo Min. Roberto Barroso no julgamento da Rcl 56.285/SP (j. 06/12/2022):

> 12. Considero, portanto, que o contrato de emprego não é a única forma de se estabelecerem relações de trabalho. Um mesmo mercado pode comportar alguns profissionais que sejam contratados pelo regime da Consolidação das Leis do Trabalho e outros profissionais cuja atuação tenha um caráter de eventualidade ou maior autonomia. Desse modo, são lícitos, ainda que para a execução da atividade-fim da empresa, os contratos de terceirização de mão de obra, parceria, sociedade e de prestação de serviços por pessoa jurídica (pejotização), desde que o contrato seja real, isto é, de que não haja relação de emprego com a empresa tomadora do serviço, com subordinação, horário para cumprir e outras obrigações típicas do contrato trabalhista, hipótese em que se estaria fraudando a contratação.

O Direito deve acompanhar a realidade e reconhecer que o contrato de emprego celetista não é a única forma de se acessar o serviço de um profissional. E não é por outro motivo que a jurisprudência tem consolidado a licitude da terceirização de serviços, ainda que relacionados à atividade fim, e a validade dos contratos de serviços de profissionais autônomos.

3. Recentes decisões proferidas pelo STF. licitude da terceirização da atividade-fim. Validade do regime de natureza comercial, autônoma, entre corretor de imóveis e imobiliária

Fato é que o modelo de negócio utilizado por grande parte das empresas do mercado imobiliário brasileiro é de associação e, por sua vez, observa o disposto na Lei Federal nº 6.530/1978.

Ocorre que, apesar do histórico da profissão originalmente autônoma e da possibilidade expressa em lei federal da relação de associação autônoma entre corretores e imobiliárias, ainda persiste no judiciário brasileiro grande insegurança jurídica em ações com pedidos de vínculo de emprego entre referidas partes.

Há ainda no cenário do judiciário trabalhista decisões que persistem na equivocada presunção do vínculo, como se todo o trabalho de corretor de imóvel fosse presumidamente "empregado", pelo fato de existir um mínimo de organização das atividades dos corretores de imóveis, muito embora a legislação específica deixe expressa determinação em sentido diametralmente oposto: presunção de autonomia, sendo o ônus da prova da fraude da relação comercial e do contrato firmado do autor, corretor de imóveis.

Tais decisões, no entanto, descumprem a orientação vinculante expressa tanto na **ADPF 324** quanto no **RE 958.252**, proferida pelo STF, desconsiderando autêntico contrato de parceria celebrado para a intermediação de vendas de produtos imobiliários, nos termos da Lei n. 6.530/1978.

No seu voto prevalecente, em julgamento conjunto das decisões citadas, o Min. Relator Luís Roberto Barroso se posicionou no sentido de que "*a terceirização de partes da cadeia produtiva de uma empresa é possível, quer se trate de atividade-meio, quer se trate de atividade essencial para o negócio ou de atividade-fim*".

Registrou ainda o referido Ministro a necessidade de observância dos princípios da livre iniciativa e da livre concorrência, sendo que os mesmos ministros asseguram "liberdade para o desenvolvimento de atividades econômicas" e de "estratégias de produção em busca dos melhores resultados, maior eficiência e maior competitividade", sem que se imponha a "adoção de um modelo específico de produção".

O Ministro ainda destacou a primazia da autonomia da vontade, tendo em vista a inexistência de lei proibitiva da terceirização. Ora, "se não há norma vedando a terceirização, esta não pode ser banida como estratégia negocial, e a opção por ela é legitimamente exercida".

O voto do Min. Luiz Fux no mesmo julgamento converge a esse entendimento, no sentido de que *"os valores do trabalho e da livre iniciativa são intrinsecamente conectados, em uma relação dialógica que impede seja rotulada determinada providência como maximizadora de apenas um desses princípios".*

O Ministro Alexandre de Moraes acompanhou o entendimento, afirmando que "o texto constitucional não permite ao poder estatal – executivo, legislativo ou judiciário – impor um único e taxativo modelo organizacional para as empresas, sob pena de ferimento aos princípios constitucionais da livre iniciativa e livre concorrência".

Muito embora tudo quanto exposto, ao acolherem a tese de impossibilidade de *terceirização* da *atividade-fim* e declararem o vínculo empregatício, algumas decisões de primeiro e segundo grau ainda assim desconsideram a lei federal, a validade do contrato firmado e as decisões vinculantes proferidas pelo STF.

Nesse sentido, a conjugação dos fatores já expostos anteriormente – lei federal específica regulamentando a profissão, contrato de associação válido firmado, hiperssuficiência do profissional, remuneração expressiva e ausência de coação – tem conduzido o Supremo Tribunal Federal a acolher diversas reclamações constitucionais.

Nas referidas reclamações, são invocados os precedentes já expostos da ADPF 324 e do RE 958.252 (referentes à validade da terceirização), assim como os da ADC 48 (referente à relação entre empresa e transportador autônomo de cargas) e da ADI 5.625 (referente à parceria entre salões de beleza e trabalhadores autônomos).

Vale destaque especial para pretensão deduzida em ação movida contra a imobiliária Seller, empresa do Grupo Cyrela, conforme decisão proferida pelo Exmo. Min. Luis Roberto Barroso:

> Considero, portanto, que o contrato de emprego não é a única forma de se estabelecerem relações de trabalho. Um mesmo mercado pode

> comportar alguns profissionais que sejam contratados por regime da Consolidação das Leis do Trabalho e outros profissionais cuja atuação tenha um caráter de eventualidade ou maior autonomia. Desse modo, são lícitos, ainda que para a execução da atividade-fim da empresa, os contratos de terceirização de mão de obra, parceria, sociedade e de prestação de serviços (pejotização), desde que o contrato seja real [...] (doc. anexo, Rcl 56.132/MA, 30/11/2022).

No mesmo sentido, posicionou-se a Primeira Turma do STF, nos termos propostos pelo Ministro Alexandre de Moraes, no julgamento da Reclamação Constitucional 59.841:

> Ementa: CONSTITUCIONAL, TRABALHISTA E PROCESSUAL CIVIL. AGRAVO INTERNO NA RECLAMAÇÃO. OFENSA AO QUE DECIDIDO POR ESTE TRIBUNAL NO JULGAMENTO DA ADPF 324 E DO TEMA 725 DA REPERCUSSÃO GERAL. CONTRATO DE CORRETOR DE IMÓVEL. PERMISSÃO CONSTITUCIONAL DE FORMAS ALTERNATIVAS DA RELAÇÃO DE EMPREGO. AGRAVO PROVIDO. 1. A decisão reclamada afastou a eficácia de contrato de corretor de imóvel, firmado nos termos do art. 6º da Lei 6.530/1978, assentando a existência de relação de emprego, afirmando que a relação foi utilizada como meio para se fraudar a legislação trabalhista. 2. Esta CORTE tem assentado a constitucionalidade das relações de trabalho diversas das de emprego regida pela CLT, conforme decidido na ADPF 324, na ADC 48, na ADI 3.961, na ADI 5.625, bem como o Tema 725 da Repercussão Geral. 3. Recurso de Agravo a que se dá provimento para julgar procedente a Reclamação. (Rcl 59.841 AgR/SP, Rel. Min. Cármen Lúcia, Rel. p/ Acórdão Min. Alexandre de Moraes, Primeira Turma, *DJe* 3/8/2023)

Nas Reclamações 62.835, 62.255 e 62.660, também movidas por empresas do Grupo Cyrela, o Relator, Ministro Cláudio Zanin, revendo posicionamento anterior, reconheceu que a legalidade da contratação de corretores é posicionamento majoritário nos julgados do STF *"que consagram a liberdade econômica e de organização das atividades produtivas"*.

No mesmo sentido se observam as decisões nas seguintes reclamações: Rcl 62.854/RS (*DJe* 13/10/2023) e Rcl 62.851/RS (*DJe* 13/10/2023),

Rel. Min. Gilmar Mendes; Rcl 61.514/RS (*DJe* 20/09/2023) e Rcl 56.176/RJ (*DJe* 25/08/2023), Rel. Min. Nunes Marques; e Rcl 59.843/MG (*DJe* 10/08/2023), Rel. Min. André Mendonça.

Diante desse contexto, a partir das reclamações constitucionais, em sua maioria julgadas procedentes, tem sido possível manter a autoridade do posicionamento majoritário do STF, que privilegia a liberdade econômica e de organização das atividades produtivas.

Com isso, há o respeito à autonomia da vontade e a boa-fé das empresas e dos profissionais, que, ao optarem pelo trabalho no formato de corretores associados, assim autorizados por lei específica, acessam a uma série de vantagens e liberdades inerentes ao regime de trabalho de natureza autônoma, que não teriam se fossem empregados registrados.

Com essa vertente de decisões, recentes e específicas da profissão de corretor, é esperado que os tribunais regionais do trabalho, se curvando ao entendimento majoritário do STF quanto ao correto enquadramento do regime de corretores associados, profiram decisões que observem os precedentes vinculantes, possibilitando como consequência uma maior segurança jurídica que faça prescindir o manejo dos recursos à instância do STF.

Conclusões

Como delineado ao longo do presente trabalho, a profissão de corretor de imóveis surgiu e se consolidou ao longo do tempo como essencialmente autônoma.

Justamente por esse motivo, foi promulgada lei federal específica – Lei 6.530/1978 – prevendo expressamente em seu artigo 6º a possibilidade de associação dos referidos profissionais com as imobiliárias, por meio de suas pessoas físicas ou jurídicas, sem que isso acarrete a configuração de vínculo de emprego, mantendo a natureza de associação autônoma.

Nesse sentido, considerando que o regime de parceria comercial sem vínculo empregatício é majoritário em todo o setor imobiliário brasileiro – e livremente optado pelo corretor de imóveis que assina contrato de associação, em razão dos vários benefícios atinentes a esse regime – a pacificação da matéria acerca da licitude da contratação de serviços autônomos dos corretores por meio de parceria é urgente.

Felizmente, o processo de uniformização está sendo evidenciado pelas recentes decisões pronunciadas pelo Supremo Tribunal Federal diante de hipóteses similares e, mais recentemente, em reclamações constitucionais que envolvem a parceria comercial entre o corretor de imóveis e a imobiliária.

Não há mais espaço para decisões que desrespeitem a autoridade da Corte Suprema e desconsiderem a validade de contrato de associação imobiliária, declarando a relação de emprego.

Esse viés decisório, além de desrespeitoso ao entendimento do STF e de causar insegurança jurídica, provoca um impacto de valor inestimável para o mercado imobiliário, o que pode gerar inclusive fechamento de imobiliárias e encerramento de relações de parcerias benéficas para ambas as partes.

Ou seja, esse tipo de decisão, contrária a precedentes vinculantes recentes do STF, acaba por beneficiar, individualmente, apenas uma parte que pretende, com extrema má-fé, diga-se de passagem, "*o melhor dos dois mundos*" – autonomia durante a relação de associação, e os valores das verbas decorrentes da declaração do vínculo de emprego após o fim do contrato. Tal comportamento prejudica todo o setor imobiliário com o pagamento de indenizações voluptuosas indevidas, o que pode gerar encerramento ou limitação de um modelo de negócio vantajoso para o setor, para o corretor autônomo que verdadeiramente quer trabalhar e para a economia brasileira.

Assim, o que se espera é que prevaleça o direito e a justiça, e, por consequência, a completa extinção de decisões com tamanho impacto negativo e que são totalmente míopes em relação à realidade do mercado acerca do verdadeiro relacionamento entre imobiliárias e corretores autônomos.

Referências

BRASIL. Lei nº 6.530, de 12 de maio de 1978. Dá nova regulamentação à profissão de Corretor de Imóveis, disciplina o funcionamento de seus órgãos de fiscalização e dá outras providências. Disponível em: https://www.planalto.gov.br/ccivil_03/leis/l6530.htm. Acesso em 01 abr. 2023.

BRASIL. SUPREMO TRIBUNAL FEDERAL (1. Turma). Agravo Regimental na Reclamação 43.544. Permissão constitucional de formas alternativas da relação de emprego. Disponível em: https://redir.stf.jus.br/paginadorpub/paginador.jsp?docTP=TP&docID=766369729. Acesso em 02 abr. 2023.

BRASIL. SUPREMO TRIBUNAL FEDERAL. Ministro Relator Luís Roberto Barroso. Reclamação 56.132. Licitude outras formas de organização da produção e de pactuação de força de trabalho. Disponível em: https://ppf.adv.br/wp-content/uploads/2022/12/Decisao-Reclamacao-Constitucional-CYRELA.pdf. Acesso em 04 abr. 2023.

CELANI, Silvia. *Histórico da Profissão*: Corretor de Imóveis. Sistema COFECI-CRECI, em 30 maio 2019. Disponível em https://www.cofeci.gov.br/historia-do-corretor-de-imoveis. Acesso em 30 mar. 2023.

6. INCORPORAÇÃO IMOBILIÁRIA POR MANDATO

Juliana Rubiniak

Introdução

A classificação global atribuída a países, para fins de identificação de níveis de desenvolvimento (ou de subdesenvolvimento) econômico, adota como um de seus principais elementos de análise, os indicadores sociais.

Tais indicadores abrangem elementos de base educacional, financeira, sanitária e alimentícia, entre outros de grande relevância. Com o intuito de medir o grau de desenvolvimento econômico vinculado às condições de vida das sociedades, a Organização das Nações Unidas criou o IDH – Índice de Desenvolvimento Humano. Para formação do IDH, as nações sob estudo sujeitam-se a análises para identificação de carências múltiplas, sendo uma delas, a identificação de carências relativas às moradias.

É dessa forma que o *déficit* habitacional de um país se torna elemento de extrema relevância sob a perspectiva econômica e de desenvolvimento, e deixa de ser simples elemento componente de sua realidade, que demanda assistência e cuidados de aspecto meramente social.

O *déficit* habitacional corresponde ao número de habitações impróprias, precárias e, independentemente das razões, consideradas inadequadas à moradia familiar. No Brasil, o número preocupa. De acordo com as informações divulgadas pela Fundação João Pinheiro, resultantes de estudo que compreendeu os anos de 2016 a 2019, a carência vinculada às habitações atinge praticamente 6 milhões de residências[1].

Dentre as causas principais motivadoras dessa condição social, aponta-se a precariedade de políticas públicas voltadas à criação de moradias, em especial para aquelas famílias em situação de vulnerabilidade, e a desigualdade social.

A solução ou, ao menos, a diminuição dessa situação crítica de miséria na perspectiva habitacional, passa, necessariamente, pelo mercado de construção civil, seus agentes diretos e indiretos e, por conseguinte, pelas atividades organizadas de desenvolvimento e implementação de moradias.

E tal preocupação não é recente. Desde a década de 1930, o Estado demonstra expressamente suas preocupações e dificuldades com relação à falta ou inadequação de moradias.

Foi em ambiente de alguma desordem política e social que, entre as décadas de 1940 e 1950, ganhou força impulsiva a adoção de ações voltadas ao fomento das atividades de produção imobiliária e ao planejamento urbano das cidades. Movimentação bastante tímida que não gerou resultados significativos de forma imediata, mas que chamou a atenção para a total ausência de ambiente legislativo propício a facilitar e encorajar o desenvolvimento empresarial dessa atividade de enorme relevância para a economia interna.

André Abelha e Melhim Chalhub, na atualização do livro *Condomínio e Incorporação*, originalmente escrito pelo Professor Caio Mário da Silva Pereira, lembram que foi nesse ambiente, mais precisamente em 1959, que se iniciou o desenvolvimento do Anteprojeto de Lei que tratou de propriedades horizontais, em movimento semeado pelo Professor Caio Mário da Silva Pereira[2]. A partir daí, o ambiente legislativo tão necessário ao desenvolvimento de negócios imobiliários e, em especial, àqueles que permitiam a construção de moradias, passou a se desenvolver.

[1] Informações extraídas de Fundação João Pinheiro. *Déficit Habitacional no Brasil 2016-2019.* Relatório elaborado a pedido (contrato) do Ministério do Desenvolvimento Regional. Disponível em: https://fjp.mg.gov.br/wp-content/uploads/2021/04/21.05_Relatorio-Deficit-Habitacional-no-Brasil-2016-2019-v2.0.pdf. Acesso em 28 mar. 2023, às 11h06m.

[2] Pereira, Caio Mario da Silva. *Condomínio e Incorporações.* 15. ed. revista e reformulada. Rio de Janeiro: Forense 2022. p. 433.

A Lei 4.591/1964, que ficou conhecida como a Lei de Incorporações Imobiliárias, regra a atividade de incorporação imobiliária e o condomínio em edificações (observadas as regras introduzidas posteriormente por legislação esparsa e, principalmente pela Lei 10.406/2002, que alterou substancialmente o Código Civil Brasileiro e criou novo regramento para o regime de condomínios edilícios) estabelece, de forma criteriosa e objetiva, regras e responsabilidades para a organização de meios de produção e a comercialização de unidades imobiliárias, deixando evidenciada a possibilidade de alienação de unidades imobiliárias, antes mesmo da finalização das obras respectivas.

Dentre as disposições da Lei de Incorporações Imobiliárias, há previsão específica direcionada ao agente econômico responsável pela atividade de incorporação. O artigo 29 de referido diploma legal (e outros que o seguem), define e caracteriza o incorporador imobiliário indicando, resumidamente, que poderá assim atuar no mercado (a) o proprietário ou promitente comprador/cessionário de direitos sobre imóvel, a respeito do qual determinada construção será edificada, (b) o construtor a ser contratado para execução das obras, (c) o corretor de imóveis e (d) entes da Federação (ou seu(s) cessionário(s)) imitido(s) na posse do imóvel objetivado, por decisão judicial.

No que tange ao desenvolvimento dessa atividade por parte do construtor ou corretor de imóveis, a lei segue seu regramento estabelecendo que, para esses casos, o incorporador imobiliário deve ser investido em suas funções via mandato, a ser outorgado pelo proprietário do terreno (ou o promitente comprador/ cessionário de direitos).

O mandato mencionado na Lei de Incorporações Imobiliárias possui características bastante específicas e se distingue do contrato de mandato clássico previsto no Código Civil em razão da importância social e relevância econômica indissociáveis à atividade de incorporação imobiliária e produção de moradias.

A incorporação por mandato pode ser utilizada no mercado como forma de exploração econômica e de exercício da função social de imóveis cujos proprietários e/ou titulares de direito não tenham interesse em atuar diretamente e/ou não possuam as características de empreendedores e/ou desenvolvedores necessárias para atuação direta na exploração do ativo. Mais do que isso, a modalidade requer cuidados e estruturação jurídica qualificada e concebida especificamente para o negócio a ser desenvolvido e, daí, a importância de se aprimorar estudos e debates a respeito do assunto.

Para além disso, em busca de ambiente seguro e propício a gerar resultados satisfatórios às partes envolvidas e, por consequência, fomentar o desenvolvimento de atividades imobiliárias e do setor de construção civil, facilitando, ente outros aspectos de grande relevância, a construção de moradias, a exploração mais detalhada da possibilidade de implementação da atividade de incorporação imobiliária por meio de mandato parece extremamente conveniente, valendo lembrar que a utilização dessa formatação legal gera reflexos diretos no que tange à atribuição/assunção de responsabilidade civil das partes na cadeia de produção, bem como para os resultados financeiros das partes envolvidas com relação ao empreendimento a ser desenvolvido.

1. Conceito da atividade de incorporação imobiliária

A incorporação imobiliária é atividade expressamente prevista no artigo 28, parágrafo único, da Lei nº 4.591/1964 que assim determina *"[...] considera-se incorporação imobiliária a atividade exercida com o intuito de promover e realizar a construção, para alienação total ou parcial, de edificações ou conjunto de edificações compostas de unidades autônomas"*.

Incorporar significa, dentre outros conceitos aplicáveis, somar, agrupar, adicionar. A atividade de incorporação, quando vinculada ao desenvolvimento de negócios imobiliários, volta-se ao conjunto de ações que visam a implementação de empreendimentos imobiliários que são compostos de unidades individualizadas e de áreas de uso comum a todos os proprietários e/ou ocupantes das áreas privadas anteriormente mencionadas, assunto que será mais bem detalhado adiante.

Toda atividade de incorporação imobiliária tem início com a localização e prospecção de terrenos de interesse do desenvolvedor, passa por estudos de mercado e definição de produtos imobiliários possíveis para exploração, ações relacionadas à efetiva aquisição do imóvel (ou direitos sobre o imóvel) escolhido, concepção do projeto e das obras do empreendimento pretendido, verificação de alternativas à sua comercialização ou exploração, projeções vinculadas ao término das obras e planejamento das medidas aplicáveis à atualização de todas as informações de registro e cadastros correlatas ao imóvel empreendido, encontrando a conclusão desse processo por ocasião do registro do instrumento da especificação e instituição de condomínio no regime edilício, com aberturas de matrículas individualizadas para cada unidade imobiliária construída.

Tem-se, pois, que inúmeras são as ações que estão englobadas nos negócios de incorporação imobiliária, e diferentemente não poderia ser, dado que da própria previsão legal contida no artigo 28 recém-mencionado, pode-se ter clareza do volume de atos que devem ser assumidos por aqueles que optam por exercer a atividade de incorporação. Veja-se:

- *promover e realizar a construção:* texto que sugere a realização de atos de contratação ou efetiva execução de obras, incluindo a aquisição de materiais, equipamentos e instalação de sistemas necessários aos projetos a serem desenvolvidos, bem como o pagamento dos valores necessários para tanto e a completa gestão da construção pretendida;
- *alienação total ou parcial, de edificações:* texto que atribui ao responsável as ações necessárias à comercialização do produto da incorporação, desde sua divulgação ao público, até a conclusão das vendas pretendidas, incluindo a responsabilidade pela gestão dos recebíveis resultantes de tais vendas;
- *edificações compostas de unidades autônomas:* texto que especifica a necessidade de o incorporador individualizar, sob o aspecto das edificações e sob o aspecto documental, as unidades do produto a ser comercializado na atividade de incorporação imobiliária, o que implica na abertura de matrículas individualizadas para cada imóvel construído, englobando, portanto, todos os atos de concepção, implementação e conclusão organizacional do empreendimento.

Para além dos dizeres e lições que são passíveis de interpretação por meio da leitura do disposto na legislação em vigor, pode-se também entender a atividade de incorporação imobiliária como a compilação de ações que tem como objetivo final construir empreendimentos imobiliários (a) que sejam compostos de áreas privativas (que somente podem ser utilizadas por seu adquirente) e de áreas de uso comum a todos aqueles que adquirirem unidades/áreas privativas no mesmo empreendimento, e (b) cuja comercialização de unidades ocorra antes de finalizadas as obras e a completa construção do empreendimento pretendido.

Importa considerar que o desenvolvimento de empreendimentos que tenham unidades individualizadas por matrículas, com áreas privativas e áreas de uso comum, não está, necessariamente, sujeito ao desenvolvimento de atividade de incorporação imobiliária. No entanto, o oposto não é praticável. Toda e qualquer incorporação imobiliária gera, ao seu fim, a produção de unidade(s) autônoma(s), com matrícula própria, existindo no empreendimento área de uso comum e área de uso privativo do adquirente de cada unidade.

Isso ocorre porque a legislação obriga o agente econômico a promover a atividade de incorporação imobiliária tal qual prevista na Lei 4.591/1964 nas hipóteses em que as unidades futuras do empreendimento pretendido sejam comercializadas anteriormente à sua efetiva existência nos mundos fático e jurídico. Enquanto não concluídas as obras de empreendimento, a comercialização de suas unidades somente pode ser realizada após a devida nomeação do incorporador imobiliário, apresentação de todos os documentos relacionados ao projeto, e obtenção das licenças e autorizações de ordem técnica, ambiental e urbanística aplicáveis e efetivo registro de tais documentos.

Pois bem. Explicando em mais detalhes, após as devidas aprovações do projeto perante os órgãos competentes, cada empreendimento incorporado deve ser objeto de registro no Cartório de Registro de Imóveis competente pela circunscrição a que o imóvel escolhido para desenvolvimento se sujeita. O registro aqui tratado e os documentos a serem elaborados e apresentados, que são ordinária e resumidamente identificados como memorial de incorporação, estão relacionados no artigo 32 da Lei 4.591/1964.

A atividade de incorporação imobiliária e, portanto, a preparação de todos os documentos necessários ao registro do memorial de incorporação é exercida pelo incorporador.

Sem prejuízo do respeito adequado às previsões legais que caracterizam a figura do incorporador, as quais constam do artigo 31 da lei recém-mencionada, cumpre aqui tratar dos atos que, quando praticados, alçam o agente por eles responsáveis à figura do incorporador. Isso porque apesar de existir previsão expressa que determina quais são as partes que podem figurar como incorporadores nos documentos relativos às incorporações imobiliárias, há na legislação previsão específica que equipara empresas ou pessoas físicas à figura do incorporador, a eles atribuindo as mesmas responsabilidades prevista em lei e inerentes àqueles que praticam oficialmente os atos de incorporação, ainda que assim não tenham sido oficialmente nomeados ou reconhecidos.

Aqui, convém lembrar a importância dos setores imobiliário e de construção civil para o desenvolvimento da economia nacional e, como resultado disso, a intenção do legislador de conferir o máximo de segurança jurídica ao desenvolvimento das atividades de incorporação imobiliária. A legislação busca, portanto, garantir direitos e atribuir responsabilidades para aqueles que se intitulam, oficialmente, como incorporadores, mas também atribui responsabilidades àqueles que não tenham se autodeclarado incorporadores, mas desempenhem funções análogas ou classificadas como atividades afetas à incorporação imobiliária.

Nessa linha, são classificados como incorporadores, na perspectiva do direito imobiliário, aqueles que, oficial ou oficiosamente, praticam as atividades descritas no parágrafo único do artigo 28 da Lei 4.591/1964.

A responsabilidade do incorporador imobiliário é objetiva e engloba toda a cadeia de produção da unidade autônoma disponibilizada à comercialização. Em outras palavras, responde o incorporador pela totalidade dos atos praticados durante a atividade de incorporação, até a entrega do produto da venda (a unidade autônoma comercializada antes de finalizadas as obras), podendo os demais participantes de tais atividades responderem conjuntamente com o incorporador, a depender de cada caso concreto que dê ensejo a demandas ou oposições justificadas.

Especificidades relacionadas à responsabilidade do incorporador e, em especial, do incorporador que atua no desenvolvimento e implementação de empreendimento em decorrência de nomeação por mandato, seguem apresentadas adiante, razão pela qual o assunto deixa de ser objeto de aprofundamento por agora.

Antes de passar a apresentar informações relacionadas ao desenvolvimento da incorporação imobiliária por meio de mandato, que é o objetivo precípuo deste trabalho, convém trazer aqui, de forma ilustrativa, alguns elementos característicos da incorporação imobiliária que se deve ter em mente na hipótese de interesse em desenvolver tal atividade e/ou, assessorar aqueles que o fazem:

a. a incorporação imobiliária é essencial para a comercialização de unidades autônomas de empreendimentos imobiliários cujas obras não estejam concluídas por seu desenvolvedor;

b. o incorporador pode desistir da implementação do empreendimento, mesmo após o registro da incorporação, desde que tenha se reservado a faculdade de exercer esse direito por meio de declaração específica no memorial de incorporação;

c. a conclusão das obras dos empreendimentos é reconhecida pela municipalidade pela emissão do certificado de conclusão de obras (também conhecido por habite-se), enquanto para o cartório de registro de imóveis, deve-se sempre buscar o reconhecimento da conclusão completa do Empreendimento, o que ocorre por meio do ato de averbação das obras do empreendimento na matrícula do imóvel;

d. a abertura de matrículas individualizadas para cada unidade imobiliária construída pode ocorrer, a depender do Cartório de Registro de Imóveis e/ou de sua região, após registro do memorial de incorporação, ou somente após registro do ato definitivo de instituição e especificação de condomínio;

e. imóveis construídos com capital próprio e comercializados somente após conclusão das obras não obrigam seu desenvolvedor ao registro prévio da incorporação imobiliária e permitem a especificação do condomínio no regime edilício, diretamente;

f. o registro da incorporação imobiliária permite a afetação do patrimônio do empreendimento, nos termos do artigo 31-A e seguintes da Lei 4.591/1964, criando segregação de todos os demais ativos da empresa desenvolvedora, atos essenciais para que o incorporador possa adotar o regime especial de tributação e aproveitar o benefício fiscal de alíquota reduzida (comparada às demais alíquotas aplicáveis para a tributação sobre a receita de vendas de unidades autônomas de empreendimentos imobiliários);

g. pode haver mais de um incorporador para uma incorporação imobiliária;

h. apenas uma incorporação imobiliária pode ser registrada por matrícula de imóvel (e pode estar sujeita a alterações futuras);

i. projetos de incorporação imobiliária podem ter seu desenvolvimento previsto para que sua implementação ocorra em fases distintas, no decorrer do tempo, com prazos de carência distintos para cada etapa de desenvolvimento prevista na documentação;

j. proprietários de imóveis a serem destinados a empreendimento imobiliários podem se manter proprietários da integralidade dos imóveis e nomear terceiros para o desenvolvimento do empreendimento pretendido, ou, se preferirem, podem transferir fração ideal do imóvel para que ocorra o desenvolvimento por terceiro, mantendo em sua esfera patrimonial direitos sobre [parte do] empreendimento;

Feitas essas breves considerações acerca da prática das atividades de incorporação imobiliária, seguem comentários acerca da utilização de mandatos para o exercício dessa função social de tamanha relevância ao desenvolvimento das sociedades.

2. A incorporação imobiliária por mandato

Apresentadas algumas informações essenciais para que se entenda a incorporação imobiliária como negócio jurídico e para que se tenha clareza da sua importância para o setor imobiliário e desenvolvimento da economia nacional, passa-se a abordar os aspectos envolvidos na exploração de instrumento de mandato para implementação de tal atividade.

Inicialmente, importa destacar que o mandato é negócio típico, previsto nos artigos 653 e seguintes do Código Civil de 2002. Dispõe a legislação que por meio do mandato "*alguém recebe de outrem poderes para, em seu nome, praticar atos ou administrar interesses*". Por meio do mandato, que se instrumentaliza de forma expressa ou tácita, verbal ou escrita, e por meio de procurações públicas ou privadas, o mandante determina os poderes que são conferidos ao mandatário para execução de atos ou ações por ele, mandante, determinadas.

Em qualquer caso de nomeação por mandato, o mandatário deve se limitar a praticar atos em nome do mandante de acordo com os limites dos poderes que lhe são conferidos por meio da procuração, sob pena de responder em seu próprio nome, por medidas adotadas em contrariedade às orientações e poderes conferidos e/ou de forma a extrapolar suas atribuições.

Extingue-se o mandato na ocorrência de quaisquer das hipóteses previstas no artigo 682 do Código Civil, quais sejam: (a) pela revogação ou pela renúncia, (b) pela morte ou interdição de uma das partes, (c) pela mudança de estado que inabilite o mandante a conferir os poderes, ou o mandatário para os exercer ou (d) pelo término do prazo ou pela conclusão do negócio. Sem prejuízo disso, em regra geral, o outorgante de poderes pode revogar as procurações conferidas a mandatários, devendo realizar as comunicações cabíveis observados os termos previstos na legislação.

Esse descrito acima caracteriza o formato clássico de utilização de mandatos na prática jurídica. Não se pode, entretanto, confundir o regramento e aplicação do mandato clássico, com o mandato previsto na Lei nº 4.591/1964, cuja previsão legal é de aplicação específica em casos de nomeação de incorporador pelo proprietário de imóveis para fins de desenvolvimento de atividades de incorporação imobiliária.

Há pouco material disponível na doutrina para explicar a diferenciação entre as modalidades de mandato acima mencionadas, razão pela qual se pode concluir que é a prática da atividade de incorporação, nesse formato específico, que permite a definição de bases sólidas para desenvolvimento de negócios com essas características.

O mandato para exercício de atos de incorporação imobiliária, pela letra da lei, demanda lavratura por instrumento público. Assim determina o parágrafo primeiro do artigo 31 da Lei 4.591/1964. Essa, uma primeira e relevante diferença entre os institutos de mesmo nome aqui tratados.

Com relação à exigência de forma pública para formalização de negócio, vale lembrar que não se pode perder de vista que uma das principais ações a serem praticadas pelo incorporador nomeado por mandato envolve a venda de frações ideais e/ou de futuras unidades autônomas de empreendimentos. Venda de fração de imóvel que é, portanto, a realização de tal ato demandaria, de qualquer forma, a outorga de poderes por instrumento público (em negócios imobiliários cujo valor do ativo supere 30 (trinta) salários-mínimos).

Outro aspecto importante do mandato utilizado para fins de nomeação de incorporador imobiliário se materializa (a) na limitação dos agentes que podem ser nomeados e (b) no escopo da contratação.

Conforme conceito apresentado acima em alguns trechos deste artigo, é inafastável o caráter e importância social da atividade imobiliária para que se atinja desempenho favorável à diminuição da carência de moradias que formam, atualmente, o *déficit* habitacional nacional de aproximadamente 6 milhões de unidades imobiliárias para residências familiares.

Nessa linha e, possivelmente com essa preocupação, o legislador, ao elaborar a Lei 4.591/1964, externou certo paternalismo na defesa de interesses de adquirentes de imóveis. Dentre os regramentos que visam assegurar o desempenho e completude das atividades objetivadas nesse diploma legal, consta a expressa indicação daqueles agentes que podem ser nomeados, por mandato, para atividades de incorporação imobiliária (de forma absolutamente divergente das disposições comuns do mandato clássico, em que o mandante pode escolher qualquer pessoa que entenda adequada para o exercício dos poderes a serem conferidos). São eles: construtor e corretor.

Não há, na legislação, nenhuma previsão específica que permita a nomeação de qualquer terceiro que não seja construtor ou corretor de imóveis para exercício de atividades de incorporação por nomeação via mandato.

Aqui parece válido lembrar o interesse social por trás das atividades de incorporação imobiliária e a possível preocupação do legislador ao limitar e expressamente nomear aqueles que podem atuar nesse escopo. Para além disso, também se faz relevante mirar no objeto social das empresas que forem nomeadas para o desenvolvimento dessas atividades, pois além de conterem descrição fiel às atividades operacionais por elas desenvolvidas no dia a dia (de construção ou corretagem, conforme o caso), tal descrição de objeto social e o regramento das atividades empresariais não podem obstar ou de alguma forma serem contrárias ao exercício das funções do mandato, devendo o cuidado aqui expressado ir além, para que se inclua, dentre as atividades componentes do objeto social do mandatário, aqueles que caracterizem a incorporação imobiliária para fins de cumprimento do mandato.

No que tange ao escopo da contratação, diferentemente do mandato clássico, em que o mandante indica livremente os poderes que tem interesse em outorgar ao seu mandatário, no caso das nomeações para incorporações imobiliárias, as partes devem se preocupar com avenças que vão muito além da simples disposição de poderes conferidos.

As contratações nesse sentido regram, sem dúvida, as ações a serem praticadas no âmbito da incorporação, em observância às disposições do memorial de incorporação levado a registro e englobam disposições que vão desde os poderes outorgados para os atos efetivos de implementação do empreendimento pretendido e sua comercialização, até o detalhamento de temas vinculados à remuneração do incorporador, responsabilidades das partes no empreendimento, à efetiva promoção das obras do empreendimento, gestão de vendas e respectivos recebíveis, captação de recursos financeiros necessários às obras, contratações do empreendimento (incluindo pagamentos relacionados e gestão contábil), ações de publicidade, representação do mandante perante terceiros, contratação de seguros e outras disposições específicas, atingindo o estabelecimento de disposições relativas às penalidades e demais consequências do descumprimento das obrigações assumidas pelo incorporador.

Para além disso, o mandato conferido para a incorporação imobiliária deve conter, expressamente, cláusula que reconheça a aplicação da regra estabelecida no parágrafo § 4º do artigo 35 da Lei 4.591/1964, que estabelece que

> [...] descumprida pelo incorporador e pelo mandante de que trata o § 1º do art. 31 a obrigação da outorga dos contratos referidos no caput dêste artigo, nos prazos ora fixados, a carta-proposta ou o documento de ajuste preliminar poderão ser averbados no Registro de Imóveis, averbação que conferirá direito real oponível a terceiros, com o conseqüente direito à obtenção compulsória do contrato correspondente.

No aspecto de responsabilidades, também há diferença entre os mandatos das leis 4.591/1964 e 10.406/2002. Isso porque na atividade de incorporação imobiliária o mandatário se obriga pessoalmente pelos atos que praticar. Essa previsão é totalmente oposta ao regramento-base do mandato no Código Civil, dado que, nesse último caso, o mandatário somente responde pessoalmente para as ações praticadas em seu próprio nome, pois assim prevê o artigo 663 da Lei 10.406/2002: "*Sempre que o mandatário estipular negócios expressamente em nome do mandante, será este o único responsável; ficará, porém, o mandatário pessoalmente obrigado, se agir no seu próprio nome, ainda que o negócio seja de conta do mandante*".

Ainda explorando diferenças relevantes entre o mandato clássico e aquele previsto na Lei 4.591/1964, cumpre destacar uma das principais características do instrumento público que formaliza a outorga de poderes para execução de atos de incorporação imobiliária. Trata-se do fato de tal mandato demandar a cláusula de irrevogabilidade e irretratabilidade como premissa da negociação, de forma que não seja autorizado ao mandante revogar os poderes outorgados. Essa característica da operação não consta da lei, mas conforme mencionado, a experiência na formatação de operações nesse sentido faz com que se conclua pela necessidade de se atrelar essa característica à operação, para garantir a solidez e o máximo de segurança ao completo aperfeiçoamento do plano de implementação do empreendimento.

As regras previstas nos demais artigos do Código Civil que tratam do mandato e que não são contraditórias ao conceito da atividade de incorporação imobiliária podem ser utilizadas na contratação de nomeação de incorporadores, de forma subsidiária.

Finalmente, e antes de mudar o ângulo de análise das informações relacionadas ao tema deste artigo, vale fazer constar que o instrumento a ser celebrado para formalizar a contratação da incorporação por mandato não necessariamente carrega o nome de "procuração" ou "instrumento de mandato". Em verdade, dada a complexidade do tema, extensão das regras e condições que esses documentos podem alcançar nas tratativas negociais, em determinadas situações, pode ser adequado ao negócio que se trabalhe em instrumento de denominação livre e indefinida, que seja estruturado de forma a alcançar todas as premissas e condições do negócio, e que contenha cláusula mandato com todas as características aplicáveis. Nunca esquecer, ao se adotar esse caminho, que tal documento deve ser lavrado por instrumento público e, por esta razão, toda as condições que tiverem sido negociadas entre as partes estarão sujeitas à publicidade do ato notarial. Aqui, análise de conveniência e eventual segregação de regras em instrumentos distintos pode ser desejável e, por isso, muitas nomeações são feitas por meio de procurações públicas simples, sem que transpareçam ou demonstrem o volume e relevância dos regramentos que são abrangidos na operação por completo.

Nessa linha, importa esclarecer que nem toda as atividades afetas à incorporação e, portanto, que compõem a totalidade do negócio a ser celebrado devem, necessariamente, constar do mandato que outorgar poderes ao incorporador. Inclusive, caso seja do interesse do proprietário terceirizar uma ou mais ações que comumente são exercidas pelo incorporador, essa escolha lhe é facultada, devendo haver atenção importante para o custeio e incidência de tributos sobe a prestação dos serviços a serem delegados.

3. Aplicação e estruturação de incorporações por mandato

A escolha das partes envolvidas no negócio de desenvolvimento da incorporação imobiliária por mandato não impede a implementação de operações por meio das estruturas contratuais que costumam ser ordinariamente utilizadas pelo mercado imobiliário e seus agentes.

Isso porque, observados os requisitos, a forma e as partes possíveis de serem nomeadas para desenvolvimento da atividade, conforme anteriormente exposto, o proprietário do imóvel sujeito à incorporação tem livre escolha daquele que irá eleger para realização das atividades.

E o proprietário acima referido tanto pode ser pessoa física, quanto pode ser qualquer veículo que as partes envolvidas no negócio entendam adequado aos seus objetivos. Nessa linha, pode ser constituída uma empresa (de responsabilidade limitada ou sociedade autônoma), com propósito específico ou não, para figurar como proprietária de domínio do imóvel a ser incorporado.

Importante destacar que nas incorporações por mandato, os instrumentos de venda e compra das unidades podem indicar como destinatários dos valores da venda das unidades tanto o proprietário do terreno quanto o incorporador mandatado. Nesse caso, cada parte (proprietário e incorporador) deve reconhecer as receitas recebidas de acordo com o regime de tributação que lhe é aplicável. Indispensável que se estabeleçam regras claras, tanto na contratação do mandato/instrumento que regre a relação entre mandante e mandatário, quanto no instrumento de venda das unidades perante terceiros.

De forma vinculada a tais veículos, as partes podem constituir sociedades em conta de participação ("SCP"), por meio das quais é possível reunir recursos financeiros de investidores interessados em participar (dos lucros e prejuízo eventualmente decorrentes) da atividade de desenvolvimento imobiliário. Esse tipo de estruturação pode ser bastante útil nas hipóteses em que o proprietário se responsabiliza, perante o incorporador mandatado, por disponibilizar quantias para pagamento de determinadas despesas do empreendimento e não tem interesse ou condições financeiras para dispor das quantias correspondentes.

Nesses casos, a empresa proprietária do imóvel figura como sócia ostensiva na Sociedade em Conta de Participação, enquanto investidores comparecem como sócios participantes. Os resultados do empreendimento que forem auferidos pela proprietária (se existentes) são, ao final da operação, distribuídos às socias participantes, observadas suas participações na SCP (em regime de distribuição de lucros). Caso, entretanto, ao final da operação, não haja resultado positivo a ser distribuído, pode se fazer necessária, inclusive, chamada de capital para aportes financeiros das sócias participantes na SCP.

Fundos de Investimento, desde que observem as disposições de seus regulamentos, regras regulatórias, orientações de seus gestores e administradores, também podem ser proprietários dos imóveis a serem direcionados ao desenvolvimento de empreendimentos imobiliários por meio de incorporação por mandato.

Para as hipóteses de estruturação de incorporações imobiliárias de imóveis de propriedade de fundos imobiliários com nomeação de incorporadores via mandato, vale destacar que a distribuição de receitas de vendas de unidades para o fundo proprietário aproveita todas as vantagens fiscais desse tipo de veículo.

Finalmente, mencionam-se as estruturas de consórcios, que também podem ser utilizadas para instrumentalizar a relação entre os participantes do negócio. Consórcios, como se sabe, não possuem personalidade jurídica e, por essa razão, indispensável que se atente para a nomeação do incorporador mandatado pelo proprietário do terreno como um dos elementos que compõem as atribuições a serem conferidas ao proprietário por meio do consórcio.

Tanta flexibilidade essa forma de contratar agrega às operações, que se pode sugerir que se considere o consórcio como instrumento para consolidação de todas as regras e condições da contratação mencionadas acima neste artigo, devendo ser complementado por instrumento público de mandato, para nomeação do incorporador (para mais detalhe, vide trecho deste artigo que explica as condições que devem compor as contratações e observações a respeito de instrumentalização das operações).

Sem prejuízo das informações acima apresentadas, deve-se sempre lembrar que a escolha da estrutura jurídica mais adequada para desenvolvimento de incorporações por mandato demanda atenta avaliação das modalidades de *funding* desejáveis ou viáveis para implementação do empreendimento. Muitas vezes, a disponibilidade financeira existente no mercado de capitais e/ou no sistema financeiro imobiliário direciona as partes à escolha de uma ou outra forma de contratação. Elementos como valor de taxas de desconto e/ou garantias a serem apresentadas para captações financeiras devem sempre ser avaliadas por ocasião da definição das alternativas possíveis para a estruturação do negócio pretendido.

Qualquer que seja a estruturação jurídica escolhida para o negócio da incorporação imobiliária, importa lembrar que o proprietário do imóvel é responsável pela eleição e escolha daquele mandatário nomeado. Diante disso, em paralelo às previsões legais de atribuição de responsabilidades já tratadas neste artigo, pode ser conveniente estabelecer disposições ou mecanismos contratuais que possam ser utilizados pelas partes para direcionamento ou solução de conflitos que envolvam demandas de terceiros que possam atingir o proprietário do imóvel direta ou indiretamente.

Ainda, é altamente recomendável que as contratações de mandato para incorporações imobiliárias estabeleçam regras para a hipótese de destituição do incorporador, até mesmo em razão das características de irrevogabilidade e irretratabilidade do mandato, já mencionadas, acima. Definir ações, responsabilidades, penalidades e estabelecer regras específicas a serem observadas entre as Partes nessas hipóteses, pode ser mecanismo de extrema utilidade para minimizar danos perante adquirentes e quaisquer terceiros expostos à atividade da incorporação imobiliária.

Conclusões

A incorporação imobiliária é atividade que atinge diretamente interesses de aspecto social e econômico vinculados ao desenvolvimento do país.

A urgente necessidade de desenvolvimento de moradias para redução do *déficit* habitacional e melhoria das condições de vida das pessoas em situação de vulnerabilidade demandam atenção para todas as alternativas possíveis de desenvolvimento de empreendimentos e exploração (em observância ao princípio da função social) de imóveis.

A estruturação de empreendimentos imobiliários por meio de nomeação de mandatários para desempenho de atividades de incorporação imobiliária pode ser alternativa a ser adotada em circunstâncias específicas em que proprietários de imóveis optem por desenvolver empreendimentos sobre seus ativos, indicando construtores e/ou corretores de imóveis para execução das atividades previstas na legislação em vigor.

Essa formatação, prevista na Lei 4.591/1964 desde sua publicação, deve ser explorada pelo mercado, observando-se as especificidades e os cuidados necessários para garantir segurança e solidez jurídica às contratações.

Com a diligência necessária, a realização de incorporações imobiliárias por mandato tem potencial para atender ao dinamismo do mercado, às necessidades de seus agentes econômicos e, ainda, viabilizar a melhora das condições de vida da população e, por tabela, dos indicadores sociais atrelados à identificação de carências e precariedades de aspecto habitacional que são utilizados para análise do grau de desenvolvimento social do nosso país.

Referências

ARAUJO, Paulo Doron Rehder; SOARES, Renan Tadeu S. Soares. Quando um fim horroroso é melhor que um horror sem fim: alternativas jurídico negociais para a incorporação imobiliária com obras paralisadas em decorrência de crise financeira. *In*: ABELHA, André (coord.). *Estudos de Direito Imobiliário*: homenagem a Sylvio Capanema de Souza. São Paulo: IBRADIM, 2020. p. 190 a 201.

FERRARI, Carlos Eduardo Peres. Estruturas de Capital e Investimentos no Setor Imobiliário. *In*: ABELHA, André (coord.). *Estudos de Direito Imobiliário*: homenagem a Sylvio Capanema de Souza. São Paulo: IBRADIM, 2020. p. 659 a 671.

FUNDAÇÃO JOÃO PINHEIRO. *Déficit Habitacional no Brasil 2016-2019*. Relatório elaborado a pedido (contrato) do Ministério do Desenvolvimento Regional. Disponível em: https://fjp.mg.gov.br/wp-content/uploads/2021/04/21.05_Relatorio-Deficit-Habitacional-no-Brasil-2016-2019-v2.0.pdf. Acesso em 28 mar. 2023, às 11h06m.

GONÇALVES, Alexandre Tadeu Navarro Pereira; DIAS, Rodrigo Antonio. Tributação das Operações Imobiliárias. 2. ed. revista, ampliada e atualizada até 01/01/2022. São Paulo: Quartier Latin, 2022.

MARTINS, Rita. O mandato público e os poderes especiais nos negócios imobiliários. *In*: ABELHA, André (coord.). *Estudos de Direito Imobiliário*: homenagem a Sylvio Capanema de Souza. São Paulo: IBRADIM, 2020. p. 484 a 488.

PEREIRA, Caio Mario da Silva. *Condomínio e Incorporações*. 15. ed. revista e reformulada. Rio de Janeiro: Forense 2022.

7. POR QUE A PENALIDADE PREVISTA NO ART. 67-A DA LEI 4.591/64 DEVE SER INEXORÁVEL?

Márcia Giangiacomo Bonilha Novo

1. Breve e necessário histórico. como nasceu a lei de incorporação e a possibilidade por ela trazida de comercialização de imóveis na planta ou em construção

A Lei 4.591/1964, também denominada Lei de Incorporação Imobiliária (ou "Lei Caio Mário", em alusão ao exclusivo autor do anteprojeto da Lei, Professor Caio Mário da Silva Pereira), sistematizou a estrutura jurídica do condomínio, que o Código Civil em vigor denomina "condomínio edilício", conforme previsão nos artigos 1.331 e seguintes.

De início, insta salientar que o Código Civil de 1916 apenas trazia os conceitos de condomínios legal e voluntário. Não existia, antes da Lei 4.591/1964, regramento jurídico às incorporações imobiliárias que, na prática, aconteciam – empresas compravam terrenos, sobre eles aprovavam projetos e vendiam as futuras unidades sem que existissem regras que, sobretudo, protegessem os seus clientes finais.

A construção de novos empreendimentos era necessária – havia uma grande demanda por novas moradias, por novos espaços para trabalho e comércio, mas, sem uma Lei específica, que regrasse os direitos e obrigações do incorporador, as consequências do seu inadimplemento, etc., os compradores das unidades ficavam demasiadamente vulneráveis.

O que tínhamos, antes da Lei 4.591/1964, era o Decreto 5.481/1928 (com alterações trazidas pelo Decreto-Lei 5.234/1943 – que alterou de cinco para três o número mínimo de unidades que um edifício deveria conter – e pela Lei 285/1948 – que, por sua vez, alterou de três para dois o número mínimo de unidades que um edifício deveria conter), o qual contava com apenas 12 artigos e dispunha, de forma singela, sobre a alienação isolada de unidades autônomas e algumas regras da vida em condomínio.

A indústria da construção civil fluía, mas a legislação continuava estagnada, o que acabava por gerar não só insegurança, mas também muitos conflitos, que desembocavam no Judiciário.

Demandas de difíceis solução, na medida em que o Poder Judiciário não possuía meios eficazes de prover as buscadas tutelas jurisdicionais.

Como bem salientou o Professor Caio Mário da Silva Pereira, no Prefácio da 2ª edição da sua obra "Condomínio e Incorporações",

> A nova lei reguladora do Condomínio e Incorporações veio preencher lacuna sempre lamentada e imprimir sistema e ordem à matéria.
> Todos sentiam a falta, todos reclamavam. E a todos veio a nova lei atender.
> [...]
> Imprimiu seriedade e trouxe confiança ao mercado especializado. Preparou campo ao advento da era imobiliária, de tal modo que o surto de progresso neste ramo, atingindo proporções quase agigantadas, não seria viável se lhe faltasse suporte legislativo.[1]

Com a Lei 4.591/1964, adveio a figura **legal** do "incorporador imobiliário" e o regramento a ser por ele seguido para a comercialização de frações ideais de terreno vinculadas a unidades autônomas em edificações a serem construídas ou em construção sob regime condominial. Até o advento da Lei 4.591/1964, não havia menção a tal figura legal – nem no já citado Decreto 5.481, nem tampouco no Código Civil; o incorporador já existia, na prática, na vida real, mas não no mundo jurídico.

Nasceu, então, a possibilidade legal, sistematizada nos artigos 29 e 30, de comercialização de unidades autônomas antes de estarem prontas, em construção ou *na planta*.

[1] Pereira, Caio Mário da Silva. *Condomínio e Incorporações*. 2. ed. Rio de Janeiro: Forense, 1969. p. 13.

Tal previsão legal veio ao encontro dos anseios da sociedade como um todo, na medida em que, com segurança jurídica, possibilita a compra a prazo de imóveis, com o pagamento de uma menor parte do preço em parcelas durante a construção, restando o saldo do preço para pagamento somente após a conclusão do empreendimento.

Levando-se em conta o atual e usualmente praticado pelos incorporadores, tem-se que, durante as obras, o comprador paga cerca de 30% (trinta por cento) do preço do imóvel, restando para o momento das "chaves" os restantes 70% (setenta por cento) do preço pactuado que, usualmente, acabam sendo objeto de financiamento bancário obtido pelo cliente junto a instituição financeira.

Com maior flexibilidade para pagamento do preço, houve, com a Lei 4.591/1964, um impulso à atividade imobiliária, na medida em que não mais se faz necessário dispor de muitos recursos para que o cliente consiga pagar a parcela de entrada para a aquisição do seu imóvel; essa "parcela de entrada" hoje é diferida, paga no prazo em que a unidade imobiliária é construída.

2. Das obrigações do incorporador

Para que se fizesse possível a venda de unidades autônomas ainda não prontas, com a necessária segurança aos compradores, a Lei 4.591/1964 trouxe uma série de obrigações a serem cumpridas pelo incorporador, antes do início da comercialização dos imóveis, em seus artigos 32 e 33.

Em suma, para iniciar a comercialização das futuras unidades autônomas, o incorporador deve ter aprovado o projeto do empreendimento imobiliário junto aos órgãos públicos competentes e registrado, no Cartório de Registro de Imóveis competente, o Memorial de Incorporação acompanhado de todos os documentos elencados nas letras "a" a "p" do art. 32.

Se, por um lado, a venda de unidades autônomas na planta trouxe aos consumidores a perspectiva de aquisição de um imóvel, sem a necessidade de se poupar uma maior quantia, para o pagamento da entrada do preço, aumentando, assim, a demanda no mercado imobiliário, por outro lado, trouxe ao incorporador o desafio de arcar com o custeio das obras sem que muitos recursos ingressassem no seu caixa, em decorrência da comercialização das unidades autônomas.

Levando-se em conta que, atualmente, o custo de construção tem um peso de cerca de 40% (quarenta por cento) sobre o preço da unidade autônoma[2], temos que, *ainda que o empreendimento imobiliário seja totalmente vendido antes de ficar pronto*, até a entrega das chaves o incorporador não terá recebido, em seu caixa, o montante suficiente para fazer frente à conclusão das obras.

Isso quer dizer que o incorporador deve fazer uso de recursos próprios – ou de terceiros, i.e., de instituições financeiras – para pagar a maior parte dos custos de construção do empreendimento imobiliário.

Trata-se a atividade de incorporação imobiliária de atividade econômica de grande risco, notadamente pelo fato de o ciclo do negócio ser longo – entre a compra do terreno e a entrega das chaves, momento em que o grande volume de recursos adentra no caixa do incorporador, podemos contar, em média, 48 (quarenta e oito) meses – 12 (doze) meses para a aprovação do projeto do empreendimento imobiliário tencionado nos órgãos públicos competentes e registro da incorporação e mais 36 (trinta e seis) meses para a construção e entrega do empreendimento.

Nada é por acaso. Justamente por essa razão, para minimizar os riscos envolvidos na atividade incorporadora de imóveis – aos quais estão suscetíveis, a sua maneira, tanto os adquirentes quanto os incorporadores, é que existe a previsão expressa no art. 34 da Lei 4.591/1964, que permite ao incorporador fixar, para efetivação da incorporação, prazo de carência, dentro do qual lhe é lícito desistir da consecução do empreendimento.

Tal fixação deve ser feita mediante a declaração indicada na letra "n" do art. 32, onde serão delimitadas as condições que autorizarão o incorporador a desistir do empreendimento. Tal prazo de carência não pode ultrapassar o prazo de validade do registro, ou de sua revalidação, se for o caso – ou seja, não poderá ser superior aos 180 (cento e oitenta) dias indicados no art. 33.

Ultrapassado tal prazo de 180 (cento e oitenta) dias, que é improrrogável – conforme § 6º do art. 34, não poderá o incorporador voltar atrás, desistir da incorporação imobiliária; a partir desse momento,

[2] Nos empreendimentos de alto padrão, esse peso é menor; já nos empreendimentos populares, o peso da construção é maior.

a incorporação do empreendimento alça à qualidade de ***irretratável. Isso é, decorrido o prazo de carência fixado pelo incorporador, que não poderá ultrapassar os 180 (cento e oitenta) dias previstos na Lei, não poderá ele, incorporador, voltar atrás, deixar de levar a cabo o empreendimento imobiliário* – a menos, claro, que acorde com todos os adquirentes das unidades autônomas que negociou.**

Foi justamente para manter o equilíbrio entre incorporador e adquirente de unidade autônoma que o legislador, em 2004, incluiu disposição expressa na Lei de Incorporação que garante, também, a irrevogabilidade dos contratos de promessa de compra e venda, promessa de venda, cessão ou promessa de cessão de unidade autônomas:

> Art. 32.
>
> [...]
>
> § 2º Os contratos de compra e venda, promessa de venda, cessão ou promessa de cessão de unidades autônomas são *irretratáveis* e, uma vez registrados, conferem direito real oponível a terceiros, atribuindo direito a adjudicação compulsória perante o incorporador ou a quem o suceder, inclusive na hipótese de insolvência posterior ao término da obra. (Redação dada pela Lei nº 10.931, de 2004) (grifos nossos).

Tal irretratabilidade foi ratificada pela Lei 13.786/2018, sobre a qual mais adiante trataremos, incluindo o parágrafo abaixo no art. 67-A (também introduzido pela Lei 13.786/2018), na Lei 4.591/1964:

> Art. 67-A
>
> [...]
>
> § 12. Transcorrido o prazo de 7 (sete) dias a que se refere o § 10 deste artigo sem que tenha sido exercido o direito de arrependimento, ***será observada a irretratabilidade do contrato de incorporação imobiliária***, conforme disposto no § 2º do art. 32 da Lei nº 4.591, de 16 de dezembro de 1964. (grifos nossos)

Assim é que, ultrapassado o prazo de 7 (sete) dias, dentro do qual é lícito ao adquirente desistir da compra da unidade autônoma, ***o vínculo entre ele e o incorporador também passa a ser irretratável.***

Acerca de tal prazo, assim nos ensina o Professor Melhim Namem Chalhub:

> Trata-se de prazo de carência para reflexão do adquirente sobre sua decisão de adquirir, particularmente sobre sua capacidade para cumprir a obrigação assumida no contrato que acabou de celebrar, correspondente ao pagamento do preço no prazo e nas condições estipuladas. Tem natureza e finalidade semelhantes à carência conferida ao incorporador pelo art. 34, para confirmar a realização da incorporação ou dela desistir. Em ambos os casos, a lei confere aos contratantes prazo para avaliar sua capacidade financeira de cumprir o programa contratual e confirmar a obrigação assumida.
> Ao criar este prazo de carência na fase de formação do contrato, a Lei nº 13.786/2018 confirma seu alinhamento ao princípio geral da obrigatoriedade do contrato.[3]

Nada é por acaso. A decisão do incorporador de seguir ou não com a incorporação do empreendimento passa pela análise quanto ao número de vendas realizado, durante o prazo de carência. Se, por outro lado, os contratos tendo por objeto a comercialização das unidades autônomas, produto da incorporação imobiliária, fossem retratáveis, como teria o incorporador segurança para tomar a decisão de seguir com o empreendimento?

Imaginemos a seguinte situação: Num lançamento a público de determinado empreendimento, por exemplo, o incorporador comercializa 50% (cinquenta por cento) das unidades autônomas do empreendimento, o que lhe confere segurança para seguir com a incorporação, de forma que ele não promova a sua denúncia, dentro do prazo de carência.

No momento seguinte, com obrigações irretratáveis assumidas junto a uma massa de compradores, seria o incorporador surpreendido com a retratação de diversos clientes, pouco importando o motivo, *desistindo* dos negócios outrora firmados – supondo-se aí que metade dos clientes desistam do negócio e a outra metade pretenda manter os contratos firmados.

Ou seja, a decisão que o incorporador tomou de seguir com o empreendimento, com base na comercialização de 50% (cinquenta por cento) das suas unidades autônomas perderia, completamente, a sua base. Certamente, a decisão de seguir ou não com o empreendimento,

[3] Chalhub, Melhim Namem. *Incorporação Imobiliária*. 7. ed. Rio de Janeiro: Forense, 2023. p. 210.

estando este 50% (cinquenta por cento) vendido, é diferente da decisão de seguir com o empreendimento estando este 25% (vinte e cinco por cento) vendido.

Porém, na hipótese em questão, não tem mais o incorporador direito de voltar atrás; ele tem a obrigação de entregar àqueles clientes que ficaram no empreendimento as unidades autônomas que compraram.

Ainda que consideremos serem os citados clientes consumidores finais, não nos parece uma relação paritária, tampouco justa.

E é justamente por isso, para se manter o equilíbrio e não levar à bancarrota as empresas incorporadoras que exercem relevantíssima função social, que existe a bilateral irretratabilidade – ultrapassados os prazos fixados em Lei, nem o incorporador pode desistir da incorporação imobiliária, nem pode o comprador desistir da compra da unidade autônoma.

O desfazimento do contrato de aquisição de unidade autônoma somente pode se dar, como veremos adiante, nos termos da Lei 13.786/2018, que altera dispositivos da Lei 4.591/1964, mediante distrato – ou seja, mediante mútuo acordo entre os contratantes – ou por inadimplemento absoluto de qualquer das partes.

Porém, infelizmente, contrariando o disposto no ordenamento jurídico e toda a lógica acima narrada, vimos, por vezes, decisões judiciais possibilitando o desfazimento de contrato de promessa de venda e compra de unidade autônoma, sem a observância do pactuado entre as partes, determinando a devolução dos valores pagos pelo adquirente, corrigidos monetariamente, aplicando-se um percentual de retenção, em favor da incorporadora, muito inferior ao que fora ajustado contratualmente, observando-se a permissiva legal constante do art. 67-A da Lei 4.591/1964.

3. Dos impactos da recente crise econômica de 2014 no mercado imobiliário

As decisões judiciais, repita-se, autorizando rescisões contratuais (impropriamente chamadas de "distratos" e, por isso, quando mencionadas nesse sentido, seguem entre aspas neste texto), por iniciativa dos clientes, que não mais desejavam manter os negócios imobiliários outrora firmados, aconteceram em grande escala, na recente crise econômica vivida em nosso país, a partir do ano de 2014.

Nessa esteira, há, inclusive, Súmula do Tribunal de Justiça de São Paulo, datada de 2015, expressamente autorizando o desfazimento do contrato de promessa de venda e compra de imóvel, por iniciativa do comprador, mesmo inadimplente:

> Súmula 1: O Compromissário comprador de imóvel, mesmo inadimplente, pode pedir a rescisão do contrato e reaver as quantias pagas, admitida a compensação com gastos próprios de administração e propaganda feitos pelo compromissário vendedor, assim como com o valor que se arbitrar pelo tempo de ocupação do bem.

O contido em tal Súmula, como se verá ao longo deste breve artigo, contraria diametralmente as disposições expressas no nosso ordenamento jurídico.

Importante aqui trazer dados e informações de mercado, para que não restem dúvidas quanto à imperiosa necessidade de respeito ao ditames legais, de forma a se manter o equilíbrio financeiro e social de toda a cadeia produtiva imobiliária.

Com efeito, a relação "distratos"/vendas no ano de 2016 chegou ao patamar de 53% (cinquenta e três por cento) (Fonte: Abrainc-FIPE); ou seja, a cada duas unidades vendidas pela incorporadora, uma era objeto de desfazimento contratual.

Por certo, isso trouxe ***severas*** consequências, não só para os adquirentes das unidades autônomas (que não desistiram da compra, cumpriram a sua parte nos contratos, pagando a totalidade do preço, e não receberam o que compraram) e os incorporadores, como também para a cadeia produtiva como um todo: se uma incorporadora vai à falência, se uma obra é paralisada, há diversos efeitos em cadeia, sendo alguns praticamente imediatos, atingindo desde a construtora e as empreiteiras que a ela fornecem mão de obra, os fornecedores de materiais, etc.

Segundo dados da Abrainc-FIPE, em decorrência do número de "distratos" (denominação imprópria comumente utilizada para definir o desfazimento de contratos de promessa de venda e compra de imóveis) ocorridos entre 2015 e 2018, 25.530 (vinte e cinco mil, quinhentos e trinta) adquirentes adimplentes deixaram de receber as unidades que compraram, 395 (trezentos e noventa e cinco) incorporadoras imobiliárias entraram em recuperação judicial e 1.000.000 (um milhão) de empregos deixaram de existir no setor.

É muito relevante essa visão sistêmica da problemática para que se compreenda que, na tentativa de tutelar direitos individuais, acaba-se causando prejuízos imensuráveis a toda uma coletividade.

E é mais grave ainda se pensarmos que, para a concessão de comandos judiciais autorizando os "distratos", via de regra, sequer era feita uma análise quanto à motivação para os pedidos de desfazimento contratual. Bastava a apresentação pelo comprador de imóvel (consumidor ou investidor, tanto faz) do seu pedido de rescisão contratual, comprovando, apenas, a compra do bem que, por melhores que fossem os argumentos da ré, incorporadora, o pedido do autor seria julgado procedente (parcial ou totalmente), determinando a devolução de algo entre 75% e 90% (noventa por cento) do valor pago (variando o percentual de acordo com o Tribunal onde o pedido estava sendo processado), corrigido monetariamente, sendo certo, ainda, que, até o julgamento, em 2019, do Recurso Repetitivo 1.740.911/DF pelo STJ, o montante total a ser devolvido ao adquirente era acrescido de juros de mora, desde a citação[4].

Nesse cenário, fica fácil entender o porquê dos números retromencionados. Poucas são as empresas que têm fôlego para enfrentar uma crise sistêmica como a que se passou nos anos que se seguiram a 2014.

Naquele momento, em virtude dos muitos "distratos" e da crise que assolava o país, as incorporadoras estavam com um estoque alto de produtos, de forma que foi necessária a prática de vultosos descontos sobre os preços praticados, para que as incorporadoras conseguissem vender os seus imóveis e, assim, pagar as suas dívidas junto às instituições financeiras que haviam financiado as obras.

Os preços mais baixos dos imóveis foram um incentivo a mais para que compradores desistissem da compra, procurando o Poder Judiciário para receber substancial parte do que pagaram, corrigido monetariamente. Dessa forma, o estoque de imóveis, que deveria decrescer, só aumentou – um verdadeiro ciclo vicioso.

[4] Conforme Tema Repetitivo 1002, no Superior Tribunal de Justiça, a tese firmada foi: "Nos compromissos de compra e venda de unidades imobiliárias anteriores à Lei nº 13.786/2018, em que é pleiteada a resolução do contrato por iniciativa do promitente comprador de forma diversa da cláusula penal convencionada, os juros de mora incidem a partir do trânsito em julgado da decisão." Trânsito em julgado em 13/09/2019.

As incorporadoras, então, eram obrigadas a reduzir ainda mais os preços dos imóveis, o que gerava novos distratos, e assim sucessivamente. Foi um verdadeiro caos afetando, obviamente, não só as incorporadoras, mas a totalidade da cadeia produtiva no mercado imobiliário.

O que ficou evidenciado, naquele momento, é que a força vinculante do contrato de promessa de venda e compra de imóvel em construção praticamente não existia; era uma espécie de opção dada ao comprador, que poderia exercê-la ou não: se o preço da unidade subisse, ele seguiria com a aquisição, sem pagar nada a mais por isso; se, por outro lado, o preço do imóvel caísse, ele, comprador, poderia desistir da compra e receber boa parte do dinheiro de volta.

Não foram só as incorporadoras que ficaram no prejuízo – foram também os compradores dos mais de 25.000 (vinte e cinco mil) imóveis, que investiram suas economias na realização do sonho do imóvel próprio, e não receberam pelo que pagaram.

As incorporadoras que sobreviveram, diminuíram de tamanho, gerando desemprego, menores investimentos, o que, repita-se, afetou toda a cadeia que alimenta o setor imobiliário.

Conforme exposto em estudo realizado pela FGV, a pedido da Abrainc, em julho de 2017, quando inúmeros eram os distratos, até por conta da redução dos preços imóveis,

> [...] tudo se passa como se esses compradores, que assumem a postura de investidores, houvessem adquirido não somente um ativo financeiro (o direito sobre um imóvel em construção), mas também um derivativo, mais especificamente uma *opção* ou *put,* ou seja, o direito de desistir da compra, reavendo os valores pagos, parcial ou integralmente;
>
> [...]
>
> Apesar desse paralelo, uma diferença crucial entre o distrato e a opção de *put* seria que no último há um acordo *a priori* entre as partes envolvidas mediante o pagamento de um prêmio para a obtenção desse instrumento. Já no distrato, não só inexiste esse acordo como não há embasamento legal;[5]

[5] ABRAINC/FGV PROJETOS. *Análise dos efeitos econômicos e financeiros dos distratos nas compras de imóveis residenciais na planta sobre as empresas incorporadoras.* Relatório Técnico Final. 2ª Versão. 30 de outubro de 2017. Disponível em: https://www.abrainc.org.br/uploads/2018/05/1932-17-Produto-2.pdf. Acesso em: 22 nov. 2023.

Foi justamente diante dessa situação, que se passou a buscar um regramento específico para os "distratos".

Sem uma norma que coibisse abusos, que desse aos contratos de promessa de venda e compra de unidades imobiliárias a força que eles merecem ter, continuaríamos vivenciando sucessivas crises em toda a cadeia produtiva imobiliária – isso porque, todas as vezes em que houvesse uma crise econômica, que os juros subissem, que houvesse aumento da inflação, do índice nacional da construção civil (INCC) etc., aqueles que haviam assinado contratos de promessa de venda e compra de imóveis poderiam reaver *boa parte dos valores pagos, corrigidos monetariamente, sem grandes esforços.*

Dentre os vários estudos desenvolvidos, na busca de uma construção legislativa para regrar os "distratos", inclusive quanto aos efeitos e reflexos econômicos, financeiros e sociais destes, foram estudados os regramentos adotados por alguns países, o que veremos adiante.

4. Direito comparado: como funciona o distrato em outros países

Um estudo realizado pelo Banco Pactual S.A. e publicado em 29 de janeiro de 2017, trouxe à baila importantes considerações sobre os "distratos" e a comparação entre as regras previstas no Brasil e em outros 10 (dez) mercados na América Latina e mercados desenvolvidos.

Nesses países estudados, os adquirentes começam a pagar pelos imóveis ainda na fase de construção, tal como ocorre aqui.

A retenção de valores, pela incorporadora, em caso de "distrato", alcança a totalidade dos valores pagos pelos adquirentes de imóveis, sem prejuízo de, em alguns países, haver, ainda, a possibilidade de o adquirente ser demandado pelo vendedor para realizar a compra forçada e/ou reembolsá-lo das despesas decorrentes do "cancelamento" da venda e compra.

No México, os pagamentos feitos pelos adquirentes de imóveis até a entrega das chaves variam de 30% (trinta por cento) a 50% (cinquenta por cento) do preço do bem adquirido, sendo que, em caso de rescisão contratual, os compradores perdem 100% (cem por cento) dos valores pagos, além de terem o risco de serem demandados e serem forçados a ficar com o imóvel; nos Estados Unidos, o pagamento até as chaves equivale a 30% (trinta por cento) do preço do imóvel, sendo que, em caso de rescisão do contrato, o adquirente também perde a totalidade dos valores pagos, além de poder ser acionado e compelido a ficar com o imóvel. No Canadá, onde os valores pagos pelos adquirentes até as chaves variam de 25% (vinte e cinco por cento) a 35% (trinta e cinco por cento), o adquirente também perde tudo o que pagou e pode ser acionado para ressarcir as despesas havidas pelo vendedor. No Reino Unido, o pagamento até as chaves é de 20% (vinte por cento) a 25% (vinte e cinco) por cento, perdendo o comprador 100% (cem por cento) do valor pago, além de poder ser acionado para reembolso das despesas decorrentes da venda e de eventual queda de preços. Na Itália e na Espanha, somente os valores pagos até as chaves diferem: na Itália, variam de 15% (quinze por cento) a 40% (quarenta por cento) da totalidade do preço e na Espanha, paga-se 40% (quarenta por cento); a perda, em ambos os países, é de 100% (cem por cento) dos valores pagos, em caso de rescisão, sendo certo que o comprador, tanto na Itália quanto na Espanha, ainda pode ser acionado e forçado a comprar o imóvel. Na Austrália, o comprador paga de 10% (dez por cento) a 20% (vinte por cento) do preço até as chaves e perde a totalidade do valor pago, em caso de rescisão, além de poder ser acionado para compensar as despesas de vendas. Os únicos dois países onde há pagamento até as chaves que podem chegar a 85% (oitenta e cinco por cento) dos preços são França e Portugal (sendo que, na França, este percentual começa em 20% e, em Portugal, em 30%); porém, em ambos os países há a perda da totalidade dos valores pagos, em caso de rescisão, podendo, na França, o adquirente ser compelido a comprar o imóvel e, em Portugal, ser acionado para reembolsar as despesas de vendas e eventual queda nos preços.[6]

Como visto acima, o menor percentual pago até a entrega das chaves ocorre na Austrália – de 10% a 20% do preço; já o maior percentual pago está na França e em Portugal (pode alcançar até 85% do preço total). No Brasil, como dito anteriormente, esse percentual gira em torno de 30% do preço total.

[6] CAMBAÚVA, Gustavo. Cancellation Law? If so, what are the impacts? *Brazilian Homebuilders*, em 29 jan. 2017, sendo citadas as fontes Justlanded.com, Realtor.com, Businessinsider.com.au, Independent.uk e diversos escritórios de advocacia e de corretagem de imóveis. Todos os percentuais mostrados não incluem comissão de corretagem (que são pagas diretamente aos corretores). Em outros países não mencionados, os contratos, via de regra, são feitos sob medida.

A regra, em todos os mercados analisados, é a perda de 100% (cem por cento) dos valores pagos, ainda que o comprador já tenha pagado 85% (oitenta e cinco por cento) do preço do imóvel, como é o caso da França e de Portugal.

Por outro lado, aqui no Brasil, a penalidade convencional máxima em caso de "distrato" equivale à metade dos valores pelos adquirentes pagos – mas, supondo-se que o "distrato" ocorra somente no momento do Habite-se, quando já terá sido adimplido cerca de 30% (trinta por cento) do preço, a retenção prevista no art. 67-A da Lei 13.786/2018, embora seja de 50% (cinquenta por cento) sobre o valor pago, equivalerá a 15% (quinze por cento) do preço do imóvel.

É esse paralelo que precisamos fazer: do quanto o valor da retenção, em caso de "distrato", representa em relação ao preço do imóvel comprado, pois é essa a regra que é comumente aplicada no nosso ordenamento jurídico – a multa é prevista sobre o valor da obrigação contratada.

Para a representação abaixo, refletindo tal paralelo, estamos levando em conta os valores máximos – tanto de pagamento, pelo comprador, até o Habite-se, quanto de retenção, em caso de rescisão do contrato, sendo que o único país onde existe variação de percentual de retenção é o Brasil, a depender da submissão ou não da incorporação ao regime do patrimônio de afetação, conforme veremos adiante.

PAÍSES	PERCENTUAL **MÁXIMO** DO IMÓVEL PAGO ATÉ O HABITE-SE	PERCENTUAL DE RETENÇÃO EM CASO DE DISTRATO	RELAÇÃO PREÇO DO IMÓVEL/VALOR RETIDO EM CASO DE DISTRATO
Brasil	30%	50%	15%
México	50%	100%	50%
Argentina	30%	100%	30%
Estados Unidos	30%	100%	30%
Canada	35%	100%	35%
Reino Unido	25%	100%	25%
França	85%	100%	85%
Itália	40%	100%	40%
Espanha	40%	100%	40%
Portugal	85%	100%	85%
Austrália	20%	100%	20%

Assim sendo, conclui-se que, ainda que levemos em conta o maior percentual pago pelo comprador até o Habite-se, a maior penalidade prevista no art. 67-A da Lei 13.786/2018, ainda é a MENOR, em relação a todos os países estudados.

Trata-se de penalidade que pode variar até 15% (quinze por cento) sobre o preço do imóvel e não pressupõe a perda total dos valores pagos pelo comprador à incorporadora.

Isso evidencia que a penalidade prevista no art. 67-A da Lei 13.786/2018 está totalmente em consonância com a legislação e a jurisprudência pátrias, na medida em que, (i) conforme disposto no art. 412 do Código Civil em vigor, o valor da cominação imposta em cláusula penal não pode exceder o valor da obrigação principal (que, aqui, seria o valor do contrato de promessa de venda e compra); (ii) no artigo 53 do Código de Defesa do Consumidor, há previsão no sentido de que, nos contratos de venda e compra de imóveis, mediante o pagamento em prestações, são nulas as cláusulas que estabeleçam a perda total das prestações pagas em benefício do credor, para o caso de resolução por inadimplemento do comprador; e (iii) a jurisprudência entende como *legal* a penalidade em contratos diversos de até mesmo 20% sobre o valor da obrigação assumida, na medida em que não há afronta ao disposto em Lei[7].

[7] "AGRAVO DE INSTRUMENTO. Exceção de pré-executividade em execução fiscal. [...] **Multa de 20% sobre o valor do imposto que não possui caráter confiscatório. Precedentes do STF que indicam como parâmetro de abusividade a cobrança a partir de 100% do valor da obrigação.** [...]". (TJSP. Acórdão. Processo nº 2039250-50.2016.8.26.0000; Relator: Des. Marcelo Semer; Data do julgamento: 11/04/2016.); "APELAÇÃO CÍVEL. AÇÃO DE OBRIGAÇÃO DE FAZER. CONTRATO DE COMPRA E VENDA DE FUNDO DE COMÉRCIO. PROCEDÊNCIA NA ORIGEM. JUÍZO ADMISSIBILIDADE. [...] **IMPOSIÇÃO DA MULTA DE 20% SOBRE O VALOR DO CONTRATO.** [...] **CLÁUSULA PENAL. IMPOSSIBILIDADE DE REDUÇÃO. QUANTUM LIVREMENTE PACTUADO. NÃO SUPERA O VALOR DA OBRIGAÇÃO. Em respeito ao princípio do livre ajuste de vontades que permeia o contrato entre particulares, a cláusula penal, desde que não rompa com a barreira do valor da obrigação principal, não merece ser reduzida.**" (TJSC. Acórdão. Processo nº 2010.064258-6; Relator: Des. Guilherme Nunes Born; Data do julgamento: 04/04/2013.)

5. Da proteção à coletividade de adquirentes (regras do patrimônio de afetação)

Antes de adentrarmos às regras relativas ao patrimônio de afetação, é de fundamental importância voltarmos no tempo, para relembrarmos o ocorrido com a Construtora e Incorporadora Encol (a "Encol").

A Encol foi uma das maiores empresas brasileiras do setor imobiliário; foi fundada nos idos de 1960, na Cidade de Goiânia.

Em março de 1999, a Encol teve sua falência decretada, deixando de entregar mais de 40.000 (quarenta mil) unidades imobiliárias aos seus clientes, que na empresa haviam investido as suas economias, sonhando com a casa própria.

A Encol deixou mais de 700 (setecentas) obras incompletas pelo Brasil e 23.000 (vinte e três) mil pessoas desempregadas.

Alguns compradores se associaram e investiram ainda mais dinheiro, para a finalização das obras dos empreendimentos onde haviam adquirido as suas unidades. Aqueles que não tiveram condições de realizar mais investimentos, acabaram perdendo todo o investido. Eram duas as saídas: ou se investia mais para a finalização das obras ou se perdia todo o capital investido até então.

Muitas foram as lições trazidas pelo caso Encol e, a partir da sua falência, tiveram início os estudos para criação de ferramentas legislativas capazes de proteger o adquirente de imóveis na planta.

Inicialmente, a respeito da matéria, foi aprovado anteprojeto de lei, pelo Instituto dos Advogados do Brasil – IAB, o qual, encaminhado a diversos parlamentares, foi convertido nos Projetos de Lei da Câmara dos Deputados nº 2.109/1999, 3.455/2000 e 3.751/2000.

Sensibilizados com o assunto e com a possibilidade de se encontrar um mecanismo de proteção aos adquirentes de imóveis – e a toda a cadeia produtiva imobiliária, os setores do Poder Executivo ligados ao sistema financeiro e ao setor imobiliário levaram o então Presidente da República a editar a Medida Provisória nº 2.221/2001.

Contudo, tal Medida Provisória deixava muito a desejar, na medida em que haviam sido acrescentadas disposições diversas ao anteprojeto do IAB, que conflitavam com a própria natureza da afetação.

Permanecia aberta a possibilidade de comunicação do patrimônio do incorporador com o patrimônio de cada incorporação imobiliária, possibilitando desvios dos recursos provenientes da venda de unidades imobiliárias a finalidades outras, que não a construção do empreendimento e entrega das unidades aos seus adquirentes.

Afora isso, nos termos da citada Medida Provisória, os adquirentes tornavam-se solidariamente responsáveis pelas dívidas da incorporadora, em caso de falência – não só as relativas àquele determinado empreendimento, onde haviam adquiridos suas unidades.

Diante de tais fatos, a MP praticamente não teve aplicação prática; a partir de então, os setores do Poder Executivo, vinculados à atividade de incorporação imobiliária, assim como as entidades de classe, passaram a estudar e debater a criação de uma nova norma, que respeitasse os preceitos básicos – sobretudo de separação do patrimônio do incorporador de cada patrimônio de afetação.

Sobreveio, então, o Projeto de Lei nº 3.065, do Poder Executivo; esse Projeto, com as emendas abraçadas pelo seu Relator (Ricardo Izar), foi convertido na Lei 10.931/2004, que revogou a MP 2.221/2001 e acrescentou à Lei de Incorporação os artigos 31-A a 31-F, criando, inclusive, um RET – Regime Especial Tributário, passível de adesão pela incorporadora que submetesse a incorporação ao regime do patrimônio de afetação.

Pois bem. Nos termos do disposto no art. 31-A da Lei 4.591/1964, trazido ao nosso ordenamento jurídico pela já citada Lei 10.931/2004, patrimônio de afetação é o regime pelo qual o "terreno e as acessões objeto de incorporação imobiliária, bem como os demais bens e direitos a ela vinculados, manter-se-ão apartados do patrimônio do incorporador" e, assim, "destinado à consecução da incorporação correspondente e à entrega das unidades imobiliárias aos respectivos adquirentes."

De início, vale ressaltar que a afetação de determinada incorporação imobiliária não é obrigatória: a incorporadora poderá optar por submetê-la ou não ao regime do patrimônio de afetação, nos termos do art. 31-A, *caput*.

Uma vez submetida a incorporação ao regime do patrimônio de afetação, não haverá comunicação entre este patrimônio afetado e os demais bens, direitos e obrigações do patrimônio geral do incorporador ou de outros patrimônios de afetação constituídos pelo incorporador.

Ou seja, cada patrimônio de afetação é único: Somente responde por dívidas e obrigações relativos àquela incorporação imobiliária, sendo que os recursos financeiros integrantes do patrimônio de afetação serão utilizados para pagamento ou reembolso das despesas inerentes àquela determinada incorporação.

Assim, cada incorporação afetada tem administração financeira e contábil autônoma.

Tudo isso como forma de proteger os bens e direitos que compõem aquele certo patrimônio afetado e, via de consequência, os adquirentes dos imóveis.

Conforme disposto no art. 31-A, § 8º, inciso I, excluem-se do patrimônio de afetação os recursos financeiros que excederem a importância necessária à conclusão da obra, considerando-se os valores a receber até a sua conclusão e, bem assim, os recursos necessários à quitação de financiamento para a construção, se houver.

Ou seja, com base no fluxo financeiro estabelecido a partir da comercialização das unidades (envolvendo valores recebidos e a receber) e do valor do financiamento à obra contratado, é possível ao incorporador mensurar qual é o volume de recursos que deve permanecer no patrimônio afetado.

Como exemplo: um empreendimento imobiliário com 200 unidades, ao preço de venda de R$500.000,00 (quinhentos mil reais) cada unidade, já descontadas as despesas de comissão de corretagem e *marketing*. Supondo-se que, até a entrega das chaves, sejam comercializadas 100 (cem) unidades, prevendo-se, assim, um fluxo de recebíveis até as chaves (considerando o percentual de 30% já mencionado) de R$15.000.000,00 (quinze milhões de reais). Considerando-se também que, atualmente, os custos de construção de um empreendimento imobiliário giram em torno de 40% (quarenta por cento) do preço do imóvel, temos que, no caso em questão, os custos **somente com a construção** alcançariam R$40.000.000,00 (quarenta milhões de reais), dos quais 80% (oitenta por cento), ou seja, R$32.000.000,00 (trinta e dois milhões de reais) seriam financiados por uma instituição financeira, contratada pela incorporadora – ressaltando aqui que a liberação do financiamento à incorporadora não acontece de uma só vez e sim na medida em que a obra evolui. Trata-se de financiamento que observa a modalidade de "reembolso" – primeiro, a incorporadora gasta, aí o agente financiador mede o quanto de obra foi feito para, só então, liberar a parcela do financiamento contratado.

Pois bem. Somando-se os recebíveis decorrentes da venda de unidades até o Habite-se – R$15.000.000,00 (quinze milhões de reais) com o valor do financiamento obtido pela incorporadora – R$32.000.000,00 (trinta e dois milhões de reais), a incorporadora conta com uma entrada de caixa, até o Habite-se, no importe de R$47.000.000,00 (quarenta e sete milhões de reais).

Com essa previsão de receitas, a incorporadora, então, vai administrando o fluxo de caixa daquele determinado patrimônio afetado, de forma a conseguir fazer frente a todas as despesas relativas à incorporação – que, frise-se, não estão restritas aos custos com o terreno e com a construção: Englobam despesas administrativas, de *marketing*, emolumentos pagos à Prefeitura para a compra de potencial construtivo, gastos com infraestrutura junto a concessionárias de serviços públicos, tributos, emolumentos, etc. ***É um verdadeiro equilibrar de pratos, que exige muita responsabilidade e experiência.***

Se, contando com o cenário acima, de ingresso de recursos, o caixa da incorporação já fica "apertado", imaginem se a incorporadora é compelida, ainda no curso das obras, a devolver parte do que já recebeu (e gastou) a compradores que venham a *desistir* das compras realizadas...

Mas não é só: para a liberação de cada parcela do financiamento à obra contratado, a incorporadora tem que evidenciar, à instituição financeira, a venda de, ao menos, 30% (trinta por cento) das vendas[8].

Em havendo o desfazimento de contratos de promessa venda e compra de unidades, pode ser que a incorporadora não consiga manter o percentual de vendas exigido pela instituição financeira para a liberação do financiamento à construção.

Ou seja: o "distrato" de imóveis em construção tem 3 (três) efeitos desastrosos para o fluxo de caixa do empreendimento:

- ***a incorporadora deixa de ter os recebíveis provenientes daquela venda que foi distratada***;
- caso não seja observada, pelo Poder Judiciário, a disposição expressa no art. 67-A da Lei 4.591/1964, que determina que as

[8] Esse é o percentual de vendas gatilho, comumente exigido pelas instituições financeiras que trabalham com recursos provenientes do Sistema Financeiro de Habitação (SFH) ou do Sistema Financeiro Imobiliário (SFI), para a liberação de parcelas do financiamento à obra contratado.

devoluções de valores àqueles que tiveram seus contratos de promessa venda e compra rescindidos somente deve se dar 30 (trinta) dias após o Habite-se ou a revenda da unidade distratada, o que primeiro ocorrer, e seja a incorporadora obrigada a restituir ao comprador o valor por ele pago (ainda que não na totalidade), ***terá a incorporadora que retirar dinheiro do caixa do empreendimento***, ou seja, dos recursos que seriam utilizados para a consecução do empreendimento, para pagar àquele que agiu com inobservância das regras do contrato e da própria Lei (que, repita-se, prevê ser o contrato de promessa de venda e compra somente passível de rescisão em caso de inadimplemento de qualquer das partes ou mediante acordo entre elas).

- ***poderá não haver a liberação, pela instituição financeira, de parcelas do financiamento contratado***, pela incorporadora, ***para a construção do empreendimento***, fazendo com que a incorporadora tenha que arcar com o custeio das obras, com o caixa do empreendimento (que pode não ser suficiente à conclusão das obras).

Ora! Na medida em que, com o patrimônio afetado, o caixa do empreendimento não se comunica com os demais bens, direitos e obrigações da incorporadora, as atitudes de um comprador podem afetar toda a coletividade de compradores que seguem, pontualmente, cumprindo as suas obrigações contratadas junto à incorporadora e esperam, na data aprazada, receber os seus imóveis.

Dessa forma, é imprescindível o efeito pedagógico (muito mais do que punitivo) da penalidade prevista no art. 67-A da Lei 4.591/1964 para os "distratos" de contratos de promessa de venda e compra de unidades de empreendimento submetido ao regime do patrimônio de afetação.

Nada é por acaso. A autorização para que, em contratos de promessa de venda e compra de unidades de empreendimento com o patrimônio afetado, a penalidade pelo "distrato" possa alcançar até 50% (cinquenta por cento) dos valores pagos pelo comprador, com a devolução do saldo somente após o Habite-se ou a revenda da unidade, foi uma forma encontrada pelo legislador para proteger aquela coletividade de adquirentes que seria prejudicada pelo comportamento daquele que comprou e não pagou ou que resolveu desistir do negócio firmado, ao arrepio da Lei e do contrato assinado.

E isso está totalmente em linha com o propósito de criação do próprio patrimônio de afetação que, como visto, presta-se a proteger os adquirentes de imóveis ainda não prontos, que investem – muitas vezes a poupança acumulada ao longo de uma vida inteira – na realização de um sonho, consistente na compra de um imóvel.

Como mencionado no item 3, retro, segundo dados da Abrainc-FIPE, em decorrência do número de "distratos" ocorridos entre 2015 e 2018, **25.530 (vinte e cinco mil, quinhentos e trinta) adquirentes adimplentes deixaram de receber as unidades que compraram**.

Ao ignorar as regras para os "distratos", previstas na legislação, o Poder Judiciário, muitas vezes, achando que está protegendo, fazendo valer o direito de hipossuficiente, está, a bem da verdade, criando riscos a uma massa de hipossuficientes, que poderão não receber o que compraram.

6. Das regras para desfazimento de contrato de promessa de venda e compra de unidade autônoma, previstas na lei 13.786/2018

A Lei 13.786, publicada em 27 de dezembro de 2018, alterou as Leis 4.591/1964 e 6.766/1979 (Lei de Parcelamento de Solo), "*para disciplinar a resolução do contrato por inadimplemento do adquirente de unidade imobiliária em incorporação imobiliária e em parcelamento de solo urbano*".[9]

Importante ressaltar que, neste trabalho, estamos estudando, apenas, as regras para desfazimento de contrato de promessa de venda e compra de unidade autônoma, produto de incorporação imobiliária, nos termos da Lei 4.591/1964.

Inicialmente, frise-se que, apesar de o já citado art. 67-A, trazido à Lei de Incorporação Imobiliária pela Lei 13.786/2018, tratar das hipóteses de desfazimento contratual, houve, em seu § 12, a ratificação da irretratabilidade do contrato de promessa de venda e compra tendo por objeto unidade produto de incorporação imobiliária, uma vez decorrido o prazo de sete dias para que o comprador exerça o seu direito de arrependimento – direito este, aliás, que somente pode ser exercido pelo adquirente que assinar o contrato em estande de vendas e fora da sede do incorporador.

[9] Preâmbulo da Lei 13.786/2018.

E o art. 67-A, *caput*, é claro ao regrar que o desfazimento do contrato pode se dar mediante distrato (ou seja, mediante acordo de vontades, formalizado na mesma forma exigida para o contrato – art. 472 do Código Civil) ou resolução por inadimplemento absoluto do adquirente.

Nessas duas hipóteses – e somente nelas – é que é desfeito, rescindido, o contrato tendo por objeto unidade fruto de incorporação imobiliária.

Uma vez operado o desfazimento contratual, fará jus o comprador a restituição de parte dos valores por ele pagos, diretamente, ao incorporador, atualizados monetariamente, com base no índice previsto no contrato para a correção monetária das parcelas do preço do imóvel.

Dos valores pagos pelo comprador, diretamente, à incorporadora, devem ser deduzidos os seguintes valores:

a) a totalidade da comissão de corretagem;

b) a pena convencional prevista em contrato (que poderá chegar a 50% dos valores pagos, conforme veremos adiante, de forma mais detalhada).

Caso ao adquirente já tenho sido *disponibilizada* a unidade imobiliária[10] – observem que a Lei fala em "disponibilização" da unidade e não em imissão na posse do adquirente ou entrega de chaves, ou seja, uma vez estando pronta a unidade e sendo esta disponibilizada ao adquirente do imóvel, será ele o responsável pelas despesas abaixo relacionadas, que serão descontadas dos valores a serem restituídos a ele, adquirente:

c) as quantias relativas aos impostos reais incidentes sobre o imóvel;

d) as cotas condominiais e contribuições devidas a associações de moradores;

e) valor correspondente à fruição do imóvel, fixado em 0,5% (meio por cento) sobre o valor atualizado do contrato, *pro rata die*;

f) demais encargos incidentes sobre o imóvel e despesas previstas no contrato.

[10] A regra, no mercado imobiliário, é no sentido de que as chaves somente sejam entregues ao comprador após a quitação do preço – mediante financiamento bancário ou recursos próprios – ou após a assinatura de financiamento direto com a incorporadora, com pacto adjeto de alienação fiduciária. Mas há exceções, de acordo com as políticas praticadas por cada empresa.

Conforme previsto no § 4º, os descontos acima indicados não poderão ultrapassar os valores pagos pelo comprador, salvo no que tange às despesas relativas à fruição do imóvel.

Com relação especificamente à penalidade indicada na letra b, acima, que está no inciso II do art. 67-A da Lei 4.591/1964, complementado pelo § 5º, do mesmo artigo, essa encontra um limite de 25% (vinte e cinco por cento), quando a incorporação **não** estiver submetida ao patrimônio de afetação, e de 50% (cinquenta por cento), quando houver a submissão da incorporação ao regime do patrimônio de afetação.

Tal penalidade deve estar expressa no Contrato de Promessa de Venda e Compra, sendo os percentuais acima os máximos admitidos em Lei.

A diferença entre os percentuais máximos admitidos nas incorporações imobiliárias submetidas ao regime do patrimônio de afetação e naquelas onde não há patrimônio afetado, é justificada pelas razões expostas no Capítulo anterior. Em apertada síntese, tendo em vista que o patrimônio do incorporador não se comunica com o patrimônio daquele determinado empreendimento imobiliário, a retirada de valores do caixa, para devolução àqueles que saem do negócio, é total e diretamente prejudicial à coletividade dos adquirentes que seguirão com os seus contratos e esperam, na data aprazada, receber os seus imóveis.

Nada é por acaso. Além de existir uma limitação maior para a penalidade convencional estabelecida em contratos de unidades fruto de incorporação imobiliária submetida ao regime do patrimônio de afetação, há, também, nesses casos, um prazo diferente para a restituição de valores ao adquirente, justamente para não comprometer o fluxo de caixa do empreendimento, antes da sua conclusão: Conforme disposto no § 5º, do art. 67-A,

> Quando a incorporação estiver submetida ao regime do patrimônio de afetação de que tratam os arts. 31-A a 31-F desta Lei, o incorporador restituirá os valores pagos pelo adquirente, deduzidos os valores descritos neste artigo e atualizados com base no índice contratualmente estabelecido para a correção monetária das parcelas do preço do imóvel, no prazo máximo de 30 (trinta) dias após o Habite-se ou documento equivalente expedido pelo órgão público municipal competente, admitindo-se, nessa hipótese, que a pena referida no item II do **caput** deste artigo seja estabelecida até o limite de 50% (cinquenta por cento) da quantia paga.

Já o § 6º do mesmo artigo reza que, em não se tratando de incorporação imobiliária submetida ao regime do patrimônio de afetação, a devolução de valores ao adquirente, após feitas as devidas deduções, deverá se dar no prazo de 180 (cento e oitenta) dias, após o desfazimento contratual – pouco importando, nesse caso, se o empreendimento já está pronto ou não.

Uma vez revendida a unidade outrora objeto de rescisão contratual, antes dos prazos fixados no §§ 5º e 6º, a incorporadora tem o prazo de 30 (trinta) dias para a devolução das quantias pagas pelo comprador, também observando-se os descontos retroprevistos.

A única exceção à aplicação da penalidade convencional sobre os valores pagos pelo comprador se dá no caso de o adquirente encontrar comprador substituto, que venha a assumir a sua posição no Contrato de Promessa de Venda e Compra assinado com a incorporadora, devendo tal cessão de direitos e obrigações contar com a anuência da incorporadora, após a aprovação dos cadastros e da capacidade financeira e econômica do comprador substituto (§ 9º do art. 67-A).

Há, ainda, no aqui citado artigo de Lei, ressalva quanto a não aplicação das regras ali estabelecidas, no § 14:

> Nas hipóteses de leilão de imóvel objeto de contrato de compra e venda com pagamento parcelado, com ou sem garantia real, de promessa de compra e venda ou de cessão e de compra e venda com pacto adjeto de alienação fiduciária em garantia, realizado o leilão no contexto de execução judicial ou de procedimento extrajudicial de execução ou de resolução, a restituição far-se-á de acordo com os critérios estabelecidos na respectiva lei especial ou com as normas aplicáveis à execução em geral.

Conclusões: da importância do respeito às regras contidas no art. 67-a da Lei 13.786/2018, que alterou a Lei de Incorporações Imobiliárias (Lei 4.591/1964)

Tal como exposto e demonstrado ao longo deste artigo, ao serem mitigadas as regras previstas no art. 67-A da Lei de Incorporações Imobiliárias, é colocada em risco toda a cadeira produtiva imobiliária, gerando, inclusive, uma crise de confiança no setor.

Os prejuízos, ao contrário do que se pode pensar, não são causados somente às incorporadoras – nesse sentido, aliás, vale frisar que nem sempre o incorporador imobiliário é uma empresa grande, de capital aberto, com grandes investidores por trás; conforme a definição constante da própria Lei de Incorporações (arts. 29 e 30), o incorporador pode ser uma pessoa física ou jurídica, comerciante ou não, enquadrando-se na condição de incorporador, conforme previsto no art. 31 da citada Lei, o proprietário do terreno, o promitente comprador do terreno, o cessionário deste ou o promitente cessionário, que figure em contrato de venda e compra ou de cessão de direitos ou de permuta, registrado no Cartório de Registro de Imóveis competente, do qual conste cláusula autorizando a imissão na posse do imóvel, não haja estipulações que impeçam a sua venda em frações ideais e inclua, ainda, consentimento para demolição e construção.

E ainda que se esteja diante de uma grande incorporadora imobiliária: a rescisão em massa de contratos pode abalar a sua saúde financeira, de tal forma que a empresa não consiga honrar com os seus compromissos, quer seja junto aos seus clientes, quer seja junto aos seus fornecedores, colaboradores, terceiros contratados, etc.

Supondo-se, na melhor das hipóteses, que a incorporadora tenha recursos para cobrir os recebíveis que eram esperados das vendas de unidades realizadas e posteriormente distratadas, esses recursos poderiam ser investidos na consecução de novos empreendimentos, que movimentariam a economia, gerando novos projetos, novos empregos, etc.

Quando não há segurança jurídica, os riscos envolvidos no negócio aumentam exponencialmente. Maiores riscos, significam maiores custos – financeiros, de produção, etc.

No fim, então, será o próprio mercado consumidor das incorporadoras que pagará esta conta, pois os imóveis ficam mais caros.

Num país em que o déficit habitacional está em 5,8 milhões (informação constante de *site* do próprio Governo Federal e divulgada em 2019[11]), não se revela crível criar ainda maiores riscos e entraves à

[11] BRASIL. Ministério da Integração e do Desenvolvimento Regional. Dados revisados do déficit habitacional e inadequação de moradias nortearão políticas públicas. *gov.br*, publicado em 04 mar. 2021, atualizado em 01 nov. 2022. Disponível em: https://www.gov.br/mdr/pt-br/

atividade de incorporação imobiliária, desincentivando, assim, a produção de imóveis e o aumento dos seus preços.

Ao se aplicar, em caso de "distrato", o art. 413 do Código Civil, para a redução de pena convencional – que respeite os limites estabelecidos no art. 67-A – fixada em contrato, há um enfraquecimento do vínculo contratual, formado por livre vontade das partes, deixando a incorporadora em situação de completa vulnerabilidade.

Passa a ser um incentivo, inclusive, à contratação irresponsável – o comprador assina a promessa de venda e compra sem ter a certeza de que quer mesmo adquirir aquele imóvel, sem, por vezes, sequer ler o que está escrito (de forma destacada, aliás, na maioria dos casos), pois sabe que, se quiser desistir da compra, pode buscar guarida no Poder Judiciário.

Nesse sentido, é de extrema importância ressaltar que, ao afastar a aplicação de cláusula contratual válida, livremente pactuada entre as partes, em consonância com o ordenamento jurídico pátrio, o Poder Judiciário está, a bem da verdade, incentivando a atitude irresponsável e oportunista na aquisição de imóveis, prejudicando aqueles que agem com responsabilidade, cumprem suas obrigações pontualmente (mesmo diante das mais adversas situações), acreditam naquela determinada incorporadora, nela depositando as economias por vezes de uma vida inteira, esperando a realização do sonho do imóvel próprio. ***São interesses individuais se sobrepondo a interesses coletivos, contrariando os princípios comezinhos do nosso Direito.***

Sendo assim, o Poder Judiciário precisa agir; se sempre houver a possibilidade de o comprador de imóveis recorrer ao Poder Judiciário para pleitear o desfazimento contratual, sem a aplicação da penalidade prevista no contrato assinado, não haverá segurança jurídica no setor imobiliário que, como sabemos, possui importantíssima função social.

Os percentuais da pena convencional em caso de "distrato" – repita-se, de até 25% (vinte e cinco por cento) sobre o valor pago quando não há submissão da incorporação ao regime do patrimônio de afetação e de até 50% (cinquenta por cento) sobre o valor pago quando a incorporação foi submetida ao regime do patrimônio de afetação, (i) estão previstos em

noticias/dados-revisados-do-deficit-habitacional-e-inadequacao-de-moradias-nortearao-politicas-publicas. Acesso em: 28 nov. 2023.

Lei Federal (Lei 4.591/1964), (ii) comparados aos praticados em vários países, inclusive da América Latina, são os mais baixos, (iii) equivalem, respectivamente, a 7,5% (sete e meio por cento) do valor do contrato e a 15% (quinze por cento) do valor do contrato, estando, pois, entre 10% (dez por cento) e 20% (vinte por cento) do valor da obrigação contratada, percentuais de penalidade totalmente sedimentados no nosso ordenamento jurídico e (iv) se prestam a promover um efeito pedagógico, de forma a coibir atitudes individuais que possam prejudicar toda uma coletividade.

Referências

ABRAINC/FGV PROJETOS. *Análise dos efeitos econômicos e financeiros dos distratos nas compras de imóveis residenciais na planta sobre as empresas incorporadoras*. Relatório Técnico Final. 2ª Versão. 30 de outubro de 2017. Disponível em: https://www.abrainc.org.br/uploads/2018/05/1932-17-Produto-2.pdf. Acesso em: 22 nov. 2023.

ALMEIDA, Washington Carlos de. *Direito Imobiliário*. Rio de Janeiro: Elsevier, 2008.

BRASIL. Ministério da Integração e do Desenvolvimento Regional. Dados revisados do déficit habitacional e inadequação de moradias nortearão políticas públicas. *gov.br*, publicado em 04 mar. 2021, atualizado em 01 nov. 2022. Disponível em: https://www.gov.br/mdr/pt-br/noticias/dados-revisados-do-deficit-habitacional-e-inadequacao-de-moradias-nortearao-politicas-publicas. Acesso em: 28 nov. 2023.

CAMBAÚVA, Gustavo. Cancellation Law? If so, what are the impacts? *Brazilian Homebuilders*, em 29 jan. 2017.

CHALHUB, Melhim Namem. *Incorporação Imobiliária*. 7. ed. Rio de Janeiro: Forense, 2023.

PEREIRA, Caio Mário da Silva. *Condomínio e Incorporações*. 2. ed. e 15. ed. (atualizada por Melhim Chalhub e André Abelha). Rio de Janeiro: Forense, 1969 e 2022.

RIOS, Arthur. *Manual de Direito Imobiliário*. 3. ed. Curitiba-PR: Juruá, 2008.

SCAVONE JÚNIOR, Luiz Antonio. *Direito Imobiliário*. Rio de Janeiro: Forense, 2009.

8. A IMPORTÂNCIA DA AUDITORIA IMOBILIÁRIA NA AQUISIÇÃO DE IMÓVEIS PARA O FUTURO REGISTRO DA INCORPORAÇÃO IMOBILIÁRIA

Maria Flavia Candido Seabra
Daniela de Pontes Andrade

Introdução

Vários setores da economia sofrem com a falta de segurança jurídica no Brasil, incluindo o setor imobiliário. Empreendedores e investidores constantemente refreiam investimentos diante das incertezas do nosso sistema jurídico. Nesse contexto, a auditoria imobiliária é uma ferramenta valiosa para identificação e avaliação dos riscos envolvidos nos negócios imobiliários.

Considerando a relevância econômica e social da atividade de incorporação imobiliária em todo o território nacional, o presente artigo tem o objetivo de trazer à baila a importância da auditoria imobiliária para os principais *stakeholders* dessa atividade, quais sejam, o incorporador imobiliário, o agente financiador e o adquirente final.

Embora não seja o tema central deste artigo, ressaltamos que a auditoria ambiental (técnica e legal) do imóvel não pode ser olvidada por ocasião da compra de imóvel para realização de incorporação imobiliária. Passivos ambientais não identificados e avaliados podem significar limitações de uso do imóvel e aumento de prazos e custos do projeto para fins de remediação, podendo, até mesmo, inviabilizar a implantação do empreendimento.

Antes de iniciarmos os nossos comentários sobre a auditoria imobiliária com foco na incorporação imobiliária, tema central deste artigo, traremos alguns conceitos e reflexões sobre o sistema de aquisição de direitos reais no Brasil, o princípio da boa-fé do adquirente e o princípio da concentração dos atos na matrícula.

1. A aquisição da propriedade imobiliária no Brasil

Em que pese haja diversas formas de aquisição da propriedade imobiliária no Brasil, para os fins deste artigo trataremos apenas da aquisição feita por meio de registro de título translativo, prevista nos artigos 1.245 a 1.247 do Código Civil, na modalidade *inter vivos*. Essa é a modalidade, em geral, pela qual um incorporador adquire imóvel para o desenvolvimento de futuro empreendimento imobiliário e, da qual, surge a necessidade de realização de auditoria imobiliária.

Exemplos de instrumentos translativos adequados podem ser: (i) instrumento particular de venda e compra, desde que o imóvel tenha valor de até trinta salários mínimos, (ii) escritura de compra e venda, ou (iii) documento societário devidamente arquivado sobre a integralização de um determinado imóvel ao capital social da sociedade.

No entanto, a mera celebração do instrumento translativo não é suficiente para a concretização da aquisição de imóvel, já que estabelecerá direitos e obrigações apenas entre as partes. A aquisição da propriedade imobiliária no Brasil somente se torna efetiva mediante o registro do respectivo instrumento de transferência na matrícula do imóvel, junto ao Registro de Imóveis competente, conforme disposto nos artigos 1.227 e 1.245 do Código Civil:

> Art. 1.227. Os direitos reais sobre imóveis constituídos, ou transmitidos por atos entre vivos, só se adquirem com o registro no Cartório de Registro de Imóveis dos referidos títulos (arts. 1.245 a 1.247), salvo os casos expressos neste Código.
> Art. 1.245. Transfere-se entre vivos a propriedade mediante o registro do título translativo no Registro de Imóveis.
> § 1º Enquanto não se registrar o título translativo, o alienante continua a ser havido como dono do imóvel. [...]

Nesse sentido, Orlando Gomes traz que:

> Sem transcrição, não se adquire inter vivos a propriedade de bem imóvel. É seu principal modo de aquisição. Não basta o título translativo. Preciso é que seja registrado. Do contrário, não opera a transferência, a que, simplesmente, serve de causa. [...] Para que a transferência se verifique, isto é, para que o comprador se torne dono da coisa comprada, é preciso que o título de aquisição seja registrado.
> Assim, o negócio jurídico da venda e compra de um bem imóvel é dos que não produzem o efeito desejado com a só e simples declaração de vontade das partes, certo que ninguém compra senão para adquirir a propriedade de uma coisa. É ainda necessária a participação do Estado por intermédio do serventuário que faz o registro sem o qual o domínio não se transfere. (Gomes, 2001, p. 140).

Concluído o registro do título translativo perante o Registro de Imóveis, aquele em nome de quem o registro foi realizado é presumido o proprietário e poderá opor seu direito a quem quer que seja (*erga omnes*).

No entanto, tal presunção é relativa (*juris tantum*), ou seja, admite prova em contrário se não houver veracidade no teor do registro. Isso porque a compra e venda de imóvel é um negócio causal (Gomes, 2001, p. 142). Francisco Eduardo Loureiro explica melhor:

> Além disso, nosso sistema de aquisição da propriedade é causal. O registro constitui a propriedade imobiliária, mas permanece vinculado ao título que lhe deu origem. Ao contrário do sistema alemão, no qual o registro sofre processo de depuração e se torna abstrato, em nosso sistema jurídico o registro não se desliga do título. Daí se extraem as duas marcas fundamentais do registro no nosso sistema jurídico: é constitutivo da propriedade e de outros direitos reais sobre coisas imóveis adquiridas a título inter vivos e derivado e é causal, pois se encontra ligado ao título que lhe deu origem. (Loureiro, 2020, p. 1.213)

A presunção relativa de veracidade do registro imobiliário está positivada no artigo 1.245, parágrafo 2º e artigo 1.247, caput e parágrafo único, do Código Civil e no artigo 216 da Lei de Registros Públicos. De acordo com tais dispositivos legais, o registro imobiliário é passível de retificação ou anulação.

2. A auditoria imobiliária no Brasil

Nesse contexto, a realização de auditoria imobiliária (também chamada, na língua inglesa, de *due diligence*) pelo adquirente do imóvel é de extrema importância à segurança jurídica do negócio. Por meio da auditoria imobiliária, o adquirente busca avaliar se há riscos, em último caso, da aquisição imobiliária ser considerada ineficaz ou anulável e, consequentemente, de haver perda da propriedade.

São analisados documentos e informações que indiquem (i) quem é o atual proprietário do imóvel; (ii) se o imóvel está livre de ônus e gravames; (iii) se há dívidas de natureza *propter rem* relativas ao imóvel; (iv) se a aquisição do imóvel poderá ser considerada ineficaz ou anulável em virtude de caracterizaçao de fraude à execução ou contra credores; e (v) se existem vícios na cadeia dominial, ações de natureza possessória ou reivindicatória que possam resultar na evicção de direitos.

A lista de documentos relativos ao imóvel é limitada. Ela se concentra no título aquisitivo, na matrícula atual (ou, ainda, da transcrição do imóvel se o mesmo ainda estiver transcrito) e registros anteriores e em certidões de débitos que incidem sobre o imóvel (tais como débitos condominiais, IPTU, taxa de lixo, multas administrativas, foro e laudêmio, etc.). Também é recomendável obter certidão de zoneamento e outras que indiquem a existência de restrições urbanísticas e administrativas, dentre outras, e, caso haja intenção de realizar obras no imóvel, indicação de parâmetros construtivos, o que será melhor detalhado adiante.

Dificuldade maior há em relação aos documentos dos vendedores e antecessores na titularidade do imóvel. O primeiro questionamento que surge se refere ao período de análise em relação aos antecessores. Os prazos adotados baseiam-se mais na praxe de mercado do que em fundamento legal ou jurídico. Durante a vigência do Código Civil de 1916 (revogado pelo Código Civil de 2002), a análise dos títulos de transferência e certidões dos antecessores abrangia os últimos vinte anos[1]. Atualmente, embora ainda haja quem observe prazo maior, o

[1] O prazo de 20 anos coincidia com o maior prazo de prescrição aquisitiva prevista no Código Civil de 1916 e com o período de abrangência dos títulos translativos a serem fornecidos para fins de parcelamento do solo urbano, conforme Lei Federal nº 6.766, de 19 de dezembro de 1979.

mercado vem adotando o período compreendido entre os últimos dez e quinze anos para fins de análise de antecessores[2].

Outra dificuldade decorre da impossibilidade de obtenção de certidões de distribuidores e forenses em todas as comarcas do território brasileiro, já que os cartórios judiciais não são centralizados, impedindo, assim, a análise completa da situação de solvência dos vendedores e antecessores.

Nesse sentido, anteriormente à vigência do atual Código de Processo Civil, houve a seguinte manifestação da Ministra Nancy Adrighi, em seu voto vencido proferido por ocasião do julgamento do Recurso Especial REsp 956.943:

> Por outro lado, convém ressalvar que, dada a multiplicidade de comarcas existentes em nosso país, nem sempre ao comprador é possível – nem viável – a identificação de todas as ações ajuizadas contra o devedor. Tomando por base o comportamento do homem médio, zeloso e diligente no trato dos seus negócios, bem como a praxe na celebração de contratos de venda e compra de imóveis, é de se esperar que o adquirente efetue, no mínimo, pesquisa nos distribuidores das comarcas de localização do bem e de residência do alienante.
>
> Esse entendimento é corroborado pelo Instituto Brasileiro de Direito Processual, que acrescenta, ainda, a necessidade de se "levar em conta como ocorreu a fraude de execução" sugerindo a realização de "pesquisas nas comarcas em que o alienante tem domicílio, caso ele tenha diversos domicílios" (fls. 694/695).
>
> Ciente dessa circunstância, não se está aqui sugerindo o estabelecimento de uma presunção absoluta contra o terceiro adquirente, mas de lhe impor o ônus de demonstrar a existência de um cenário fático a partir do qual seja razoável inferir que não havia como ter conhecimento da insolvência do alienante ou da existência de ações contra ele ajuizadas.
>
> O dever de cautela do terceiro adquirente, portanto, deve ficar restrito à obtenção de certidões nas comarcas de localização do bem e de residência do alienante nos últimos 05 anos. Nessa última hipótese, a pesquisa

[2] O prazo de 10 anos é, atualmente, o maior prazo prescricional, com base no artigo 205 do Código Civil e, de acordo com o artigo 1.238 do Código Civil, é de 15 anos o maior prazo exigido para a prescrição aquisitiva.

> deverá abranger tantos quantos forem os domicílios do alienante, já que o art. 71 do CC/02 admite a multiplicidade de residências. (BRASIL, REsp 956.943/PR 2010).

Outro objetivo da auditoria imobiliária é comprovar que o adquirente está realizando o negócio imobiliário em boa-fé, zelando para que a transação não fira direito de terceiros e que os seus direitos sobre a propriedade do imóvel sejam protegidos, conforme determina o artigo 422 do Código Civil. Segundo Daniel Cardoso Gomes:

> Nesse contexto, não basta o agente alegar que julgava agir corretamente, ou então seu grau de consciência. Deve comprovar que, para a prática de determinado ato, adotou todas as cautelas e agiu de acordo com os padrões sociais exigidos para situações daquela natureza. (Gomes, 2016, p. 222)

Sabendo-se de antemão que a auditoria imobiliária nunca será exaustiva, seu objetivo primordial será analisar estritamente os documentos e informações que sejam adequados e suficientes para minimizar os riscos da aquisição imobiliária e para comprovar a boa-fé do adquirente caso haja algum questionamento futuro.

A avaliação do rol de documentos mínimos para atingir tal objetivo deve ser criteriosa na mesma medida da *expertise* do adquirente em negócios imobiliários. Novamente, Daniel Cardoso Gomes traz que:

> É justificável que, dentro do limite da razoabilidade, para que uma empresa do ramo imobiliário seja considerada adquirente de boa-fé, o estudo por ela realizado deverá ser mais amplo e detalhado do que aquele efetuado pelo adquirente que destinará o imóvel para sua residência. E não poderia deixar de ser diferente. No primeiro caso, estamos diante de uma empresa do ramo, com toda a expertise imobiliária e recursos para uma análise detalhada. No segundo caso, estamos tratando de uma pessoa que pode não ter acesso a informações e/ou recursos para uma análise mais pormenorizada, ou seja, pessoa mais vulnerável. (Gomes, 2016, p. 224)

Na esteira do entendimento, as incorporadoras imobiliárias e outros grandes *players* do mercado imobiliário, por muitas vezes, ampliam o escopo da auditoria imobiliária para também verificar empresas controladas e administradas pelo vendedor e/ou pertencentes ao mesmo grupo econômico. Tal cuidado também se justifica em razão do posicionamento dos tribunais quanto a dívidas trabalhistas e fiscais, que são frequentemente objeto de redirecionamento com fundamento em alegação de desconsideração de personalidade jurídica e grupo econômico (empresarial e familiar).

O resultado do processo de auditoria jurídico-imobiliária, nas palavras de Carlos Eduardo Barcellos

> [...] permitirá a identificação, a ponderação de riscos, a adoção de medidas preventivas, corretivas e/ou mitigadoras destes, a escolha dos instrumentos adequados para implementação do empreendimento e, principalmente, o correto provisionamento e alocação de fundos para o desenvolvimento imobiliário. (Barcellos, 2022, p.105).

3. Evicção

A auditoria imobiliária busca identificar riscos de perda do imóvel pelo adquirente em razão de ele pertencer a outro dono (como por exemplo, quando se descobre que o vendedor não era o proprietário do imóvel). A isso se chama evicção. Em geral, a evicção decorre de defeito do título aquisitivo.

De acordo a decisão exarada no julgamento do Recurso Especial REsp 1.342.345:

> Evicção, nos termos dos arts. 447 e segs. do Código Civil, consiste na perda total ou parcial da propriedade de bem adquirido em virtude de contrato oneroso por força de decisão judicial ou ato administrativo praticado por autoridade com poderes para apreensão da coisa (v.g. Delegado de Polícia, Receita Federal etc.) (BRASIL, REsp 1.342.345/SP 2012).

Desde que não haja estipulado contratualmente de maneira diversa, aquele que perdeu o imóvel em razão de evicção terá direito a restituição integral do preço pago, indenização dos frutos que tiver sido obrigado a restituir, indenização pelas despesas dos contratos e demais prejuízos resultantes da evicção.

A boa-fé do adquirente é requisito essencial para que esteja legitimado a propor ação de indenização para reaver do vendedor o valor gasto na aquisição do imóvel.

Nos Estados Unidos e no Canadá é bastante comum que o risco de evicção seja segurado. É o que chamamos de *title insurance*. Tal seguro cobre perdas financeiras decorrentes de defeitos no título de bens imóveis. Tal produto não está disponível no Brasil, já que não é regulado pela Superintendência de Seguros Privados (SUSEP).

4. Fraude na aquisição imobiliária

A análise da situação patrimonial do vendedor é fundamental para a avaliação do eventual risco à aquisição do imóvel, já que seus bens respondem pelo inadimplemento de obrigações, conforme previsto no artigo 391 do Código Civil.

Caso o vendedor do imóvel não possua recursos suficientes para arcar com os seus passivos não garantidos (sejam próprios ou a ele redirecionados em razão de desconsideração de personalidade jurídica ou responsabilidade de grupo econômico ou familiar) e a venda for concretizada, há o risco de que algum dos credores venha a requerer a declaração de ineficácia ou a nulidade da venda com base na alegação de fraude à execução ou a credores, fazendo com que o imóvel continue respondendo pelas dívidas.

Nesse sentido, sempre que as certidões do vendedor apresentem apontamentos, é necessário ter clareza quanto à natureza de tais passivos, aos valores envolvidos e exigir do vendedor a apresentação de evidências de que seu patrimônio é suficiente para satisfazê-los.

Fraude contra credores: A fraude contra credores é regulada pelos artigos 158 a 165 do Código Civil e consiste na diminuição patrimonial provada pelo devedor de modo que seu ativo passe a ser menor do que o seu passivo. A fraude contra credores exige que haja a intenção fraudulenta do devedor. A ação pauliana, proposta pelo credor, busca a anulação do negócio jurídico imobiliário (artigo 171, inciso II, do Código Civil) para que o imóvel volte ao patrimônio do devedor e continue respondendo pelas dívidas (artigo 790, inciso VI, do Código de Processo Civil). Ao nosso estudo importa a hipótese prevista no artigo 159 do Código Civil que dispõe que "*Art. 159. Serão igualmente anuláveis os contratos onerosos do devedor insolvente, quando a insolvência for notória, ou houver motivo para ser conhecida do outro contratante"*.

Quanto à notoriedade e à presunção da insolvência, ensina Bruno Mattos e Silva:

> Por insolvência notória, embora a questão comporte controvérsias, podemos entender aquela que pode ser aferida por meio de certidões, das quais este livro trata, que dão ensejo ao conhecimento público da situação financeira do vendedor do imóvel. Assim, como qualquer pessoa pode solicitar certidões de títulos protestados, de distribuição cível, de execuções fiscais etc., caso tais certidões, quando comparadas com o patrimônio do vendedor, indicarem um estado de insolvência, podemos considerá-la notória. Obviamente, é notória, para efeitos do art. 159 do novo Código Civil, se a má situação financeira houver sido largamente noticiada pela imprensa, se for objeto de comentários da população local etc.
>
> Não obstante as dívidas sejam maiores que o patrimônio, se as indigitadas certidões nada revelarem, os credores que desejarem a anulação de uma venda que julgam fraudulenta terão que provar que o comprador sabia, por algum outro meio, que o vendedor estava insolvente, conforme dispõe o art. 159 supramencionado. (Silva, 2017, p. 115)

Portanto, somente ficará caracterizada a fraude contra credores se ficar presumido ou provado que o adquirente tinha conhecimento da insolvência e, mesmo assim, em má-fé, prosseguiu com a compra do imóvel.

Fraude à Execução. A fraude à execução, por sua vez, é regulada pelo artigo 792 do Código de Processo Civil. Ela exige que o ato de alienação tenha sido praticado quando pendente demanda judicial (que não precisa estar em fase de execução), desde que a pendência tenha sido averbada no respectivo registro público ou que seja capaz de reduzir o devedor à insolvência. A caracterização da fraude à execução independe de prova da má-fé do devedor/alienante.

Uma vez reconhecida em juízo a ocorrência da fraude à execução, a consequência é a declaração de ineficácia do negócio jurídico (artigo 790, inciso V, do Código de Processo Civil). Ou seja, a coisa continuará de propriedade do terceiro adquirente, mas, para a execução, a alienação é ineficaz. Ainda, em outras palavras, a alienação é válida e eficaz contra todos, exceto contra o credor que poderá se valer da coisa alienada em situação de fraude para satisfazer seu crédito. Nas palavras de Bruno Mattos e Silva: "*assim, se o credor desistir da ação, se o vendedor pagar as dívidas, fizer um acordo judicial com o credor, enfim, se houver qualquer ato que encerre a(s) ação(ões) em curso, inexistirá fraude à execução, reatando perfeitamente válida a venda*" (Silva, 2017, p. 119).

Fraude ao credor fiscal ou à execução fiscal: Nos termos do artigo 185 e parágrafo único do Código Tributário Nacional, presume-se fraudulenta a alienação de bem por devedor de crédito tributário regularmente inscrito em dívida ativa, salvo se ele houver reservado bens ou rendas suficientes ao total pagamento da dívida inscrita. Haverá fraude contra credores se a alienação do imóvel ocorrer após o ato administrativo de inscrição da dívida em dívida ativa. Por outro lado, se a alienação do imóvel ocorrer no curso de uma execução fiscal, após a citação do devedor, será caso de fraude à execução.

5. Concentração dos atos na matrícula

Como dissemos anteriormente, pode ser árdua a tarefa do adquirente para comprovar a sua boa-fé. O ônus de tal comprovação sempre foi do adquirente, por meio da apresentação ao juízo do rol de certidões analisadas e dos documentos apresentados pelo vendedor com indicação de que o patrimônio superava as dívidas apontadas nas certidões à época da aquisição.

Diante de tais dificuldades, reconheceu-se a necessidade de adotar o princípio da concentração dos atos na matrícula do imóvel, de modo que a matrícula fosse repositório de informações acerca de circunstâncias que pudessem levar à oneração do bem ou restrição à sua alienação, dispensando diligências complementares. A adoção de tal princípio permite transferir ao credor a responsabilidade de publicizar a adquirentes de boa-fé o risco de o imóvel do devedor ser constrito em garantia do pagamento do seu crédito.

Nesse sentido, o anterior Código de Processo Civil foi alterado pela Lei nº 11.382, de 6 de dezembro de 2006, para prever no artigo 615-A e seu parágrafo terceiro que o credor poderia averbar na matrícula do imóvel do devedor o ajuizamento da execução, presumindo-se em fraude à execução a alienação ou oneração do imóvel após tal ato.

Igualmente, em consonância com o entendimento jurisprudencial majoritário, houve a edição, em 2010, da Súmula nº 375, do Superior Tribunal de Justiça, que estabelece: "*o reconhecimento da fraude de execução depende do registro da penhora do bem alienado ou da prova de má fé do adquirente*".

Os dispositivos relativos à fraude à execução trazidos no Código de Processo Civil também estão alinhados com o princípio da concentração dos atos na matrícula, conforme segue:

> Art. 792. A alienação ou a oneração de bem é considerada fraude à execução:
> I – quando sobre o bem pender ação fundada em direito real ou com pretensão reipersecutória, desde que a pendência do processo tenha sido averbada no respectivo registro público, se houver;
> II – quando tiver sido averbada, no registro do bem, a pendência do processo de execução, na forma do art. 828;
> III – quando tiver sido averbado, no registro do bem, hipoteca judiciária ou outro ato de constrição judicial originário do processo onde foi arguida a fraude;
> IV – quando, ao tempo da alienação ou da oneração, tramitava contra o devedor ação capaz de reduzi-lo à insolvência;
> V – nos demais casos expressos em lei [...].

Finalmente, com o advento da Lei nº 13.097, de 19 de janeiro de 2015 – que, a despeito de tratar também de outros assuntos, chamaremos aqui de Lei de Concentração dos Atos na Matrícula –, alterada pelas Leis nº 14.382, de 27 de junho de 2022, e nº 14.825, de 20 de março de 2024, e com a modificação por ela trazida à Lei nº 7.433, de 18 de dezembro de 1985 (que trata dos requisitos para lavratura de escritura), o princípio da concentração dos atos na matrícula foi positivado, ficando estabelecido que: (i) não poderão ser opostas ao adquirente de boa-fé situações jurídicas não constantes da matrícula no registro de imóveis, inclusive para fins de evicção; e (ii) a validade e a eficácia dos negócios imobiliários dependerá da obtenção apenas dos seguintes documentos: certidão de propriedade e ônus reais do imóvel, certidões fiscais e recibo de pagamento do imposto de transmissão. Ou seja, o adquirente não perderá sua posição de boa-fé se não consultar certidões forenses ou de distribuidores judiciais ou, se de outro modo, ficar provada a sua ciência acerca da pendência que poderá levar à nulidade ou ineficácia da transação.

Para melhor entendimento, destacamos abaixo o artigo 54 da Lei de Concentração dos Atos na Matrícula, conforme alterada pela Lei nº 14.382, de 27 de junho de 2022 (BRASIL, 2022) e pela Lei nº 14.825, de 20 de março de 2024 (BRASIL, 2024):

> Art. 54. Os negócios jurídicos que tenham por fim constituir, transferir ou modificar direitos reais sobre imóveis são eficazes em relação a atos jurídicos precedentes, nas hipóteses em que não tenham sido registradas ou averbadas na matrícula do imóvel as seguintes informações:
> I – registro de citação de ações reais ou pessoais reipersecutórias;
> II – averbação, por solicitação do interessado, de constrição judicial, de que a execução foi admitida pelo juiz ou de fase de cumprimento de sentença, procedendo-se nos termos previstos no art. 828 da Lei nº 13.105, de 16 de março de 2015 (Código de Processo Civil);
> III – averbação de restrição administrativa ou convencional ao gozo de direitos registrados, de indisponibilidade ou de outros ônus quando previstos em lei; e
> IV – averbação, mediante decisão judicial, da existência de outro tipo de ação cujos resultados ou responsabilidade patrimonial possam reduzir seu proprietário à insolvência, nos termos do inciso IV do caput do art. 792 da Lei nº 13.105, de 16 de março de 2015 (Código de Processo Civil).
> V – averbação, mediante decisão judicial, de qualquer tipo de constrição judicial incidente sobre o imóvel ou sobre o patrimônio do titular do imóvel, inclusive a proveniente de ação de improbidade administrativa ou a oriunda de hipoteca judiciária.
> § 1º Não poderão ser opostas situações jurídicas não constantes da matrícula no registro de imóveis, inclusive para fins de evicção, ao terceiro de boa-fé que adquirir ou receber em garantia direitos reais sobre o imóvel, ressalvados o disposto nos arts. 129 e 130 da Lei nº 11.101, de 9 de fevereiro de 2005, e as hipóteses de aquisição e extinção da propriedade que independam de registro de título de imóvel.
> § 2º Para a validade ou eficácia dos negócios jurídicos a que se refere o caput deste artigo ou para a caracterização da boa-fé do terceiro adquirente de imóvel ou beneficiário de direito real, não serão exigidas:

> I – a obtenção prévia de quaisquer documentos ou certidões além daqueles requeridos nos termos do § 2º do art. 1º da Lei nº 7.433, de 18 de dezembro de 1985; e
> II – a apresentação de certidões forenses ou de distribuidores judiciais. [...]

O artigo 54 da Lei de Concentração dos Atos na Matrícula trouxe uma mudança de paradigma. Nas palavras de João Pedro Lamana Paiva:

> Qual foi, então, a evolução implementada neste processo de busca de informações visando a uma contratação imobiliária segura? Aplicar a lógica que proclama Dormientibus non succurrit jus (o Direito não socorre aos que dormem). Ao invés de repassar à sociedade o custo da investigação, passou-se a exigir uma proatividade de quem deseja alcançar a oponibilidade do seu interesse, publicizando-o na matrícula do imóvel. Se alguém tem alguma pretensão envolvendo um imóvel deve lhe conferir publicidade para que esteja protegido. Não o fazendo, terá para si o ônus de provar que um adquirente de imóvel não estava de boa-fé. Toda ação tem uma reação: averbando seu interesse terá a presunção de fraude para alegar, cancelando um registro de transmissão se não houver patrimônio para resguardar a ação; não averbando, terá de provar a fraude na negociação. A consequência, portanto, foi a de inversão do ônus da prova ao conferir ao interessado o dever e a responsabilidade de publicização da existência da demanda judicial. (Paiva, 2022).

Não obstante o acima exposto, apontamos que, conforme a própria previsão legal, existem questões que afetam adversamente o imóvel independentemente de seu registro, tais como: ***(i)*** as dívidas condominiais, que se constituem em obrigações *propter rem* nos termos do artigo 1.345 do Código Civil; ***(ii)*** as dívidas de IPTU consoante disposto no artigo 130 do Código Tributário Nacional; ***(iii)*** as ações de usucapião e desapropriação, formas de aquisição originária que independem do registro para produção dos seus efeitos translativos; ***(iv)*** o dever de reparação do dano ambiental; ***(v)*** dívidas tributárias do vendedor cuja simples inscrição em dívida ativa já faz presumir-se fraudulenta a venda do imóvel, nos termos do artigo 185 do Código Tributário Nacional, entre outras. Exemplo disso é trazido na decisão da 1ª Turma do Superior Tribunal de Justiça, no AgInt no Recurso Especial nº 1.820.873:

TRIBUTÁRIO. AGRAVO INTERNO NO RECURSO ESPECIAL. EMBARGOS DE TERCEIRO. FRAUDE À EXECUÇÃO. NEGÓCIO REALIZADO APÓS A INSCRIÇÃO EM DÍVIDA ATIVA. PRESUNÇÃO ABSOLUTA. BOA-FÉ DE TERCEIRO ADQUIRENTE. IRRELEVÂNCIA. MATÉRIA DECIDIDA EM RECURSO REPETITIVO. EXCEÇÃO DO PARÁGRAFO ÚNICO DO ART. 185 DO CTN. VERIFICAÇÃO. NECESSIDADE. ACÓRDÃO RECORRIDO EM DESCONFORMIDADECOM O ENTENDIMENTO DESTA CORTE.

1. Tendo sido o recurso interposto contra acórdão publicado na vigência do Código de Processo Civil de 2015, devem ser exigidos os requisitos de admissibilidade na forma nele previsto, conforme Enunciado n. 3/2016/STJ.

2. A Primeira Seção, no julgamento do REsp 1.141.990/PR, realizado na sistemática dos recursos repetitivos, decidiu que "a alienação efetivada antes da entrada em vigor da LC nº 118/2005 (09.06.2005) presumia-se em fraude à execução se o negócio jurídico sucedesse a citação válida do devedor; posteriormente a 09.06.2005, consideram-se fraudulentas as alienações efetuadas pelo devedor fiscal após a inscrição do crédito tributário na dívida ativa".

3. Nesse contexto, não há porque se averiguar a eventual boa-fé do adquirente, se ocorrida a hipótese legal caracterizadora da fraude, a qual só pode ser excepcionada no caso de terem sido reservados, pelo devedor, bens ou rendas suficientes ao total pagamento da dívida inscrita.

4. Esse entendimento se aplica também às hipóteses de alienações sucessivas, daí porque "considera-se fraudulenta a alienação, mesmo quando há transferências sucessivas do bem, feita após a inscrição do débito em dívida ativa, sendo desnecessário comprovar a má-fé do terceiro adquirente" (REsp 1.833.644/PB, Rel. Ministro Herman Benjamin, Segunda Turma, DJe 18/10/2019).

5. No caso concreto, o órgão julgador a quo decidiu a controvérsia em desconformidade com a orientação jurisprudencial firmada por este Tribunal Superior, porquanto afastou a hipótese legal caracterizadora de fraude em atenção à boa-fé do terceiro adquirente.

6. Não obstante, remanesce a possibilidade de o negócio realizado não implicar fraude, acaso ocorrida a hipótese do parágrafo único do art. 185 do CTN. Assim, os autos devem retornar ao Tribunal Regional Federal para novo julgamento, afastada a tese de boa-fé do terceiro adquirente.

7. Agravo interno não provido. (BRASIL, AgInt REsp 1.820.873/RS 2019)

Importante notar que a atual redação dos parágrafos primeiro e segundo do artigo 54 da Lei de Concentração dos Atos na Matrícula foi recentemente trazida pela Lei nº 14.382, de 27 de junho de 2022, de modo que sua interpretação nos Tribunais ainda foi pouco testada. Em breve pesquisa, identificamos alguns julgados que estão em linha com as previsões da Lei de Concentração dos Atos na Matrícula, conforme alterada pelas mencionadas leis. Embora recentes as referidas alterações, ousamos comentar que a confirmação jurisprudencial da interpretação do artigo 54 da Lei de Concentração dos Atos na Matrícula é um alento à credibilidade para que a auditoria imobiliária se torne célere e com a efetiva dispensa de tamanha investigação da situação financeira e de eventuais dívidas dos antecessores da propriedade imobiliária objeto da aquisição.

Nesse sentido, destacamos algumas decisões sobre o assunto:

> Agravo de instrumento – Cumprimento de sentença – Decisão interlocutória que indeferiu o pedido de reconhecimento de fraude à execução pela alienação do imóvel – Fraude à execução não caracterizada – Incidência do enunciado da Súmula 375 do Superior Tribunal de Justiça – Inexistência de gravame anotado na margem da matrícula na data da formalização da alienação, ou demonstração de má-fé do adquirente – Aplicação dos princípios da concentração e da inoponibilidade das situações, ou fatos jurígenos, não constantes do registro público em face de terceiros – Insubsistência da penhora – Incidência retilínea do artigo 54, II, § 1º e § 2º, da Lei 13.097/15, combinado com o art. 792, I a III, do Código de Processo Civil – Precedente do Superior Tribunal de Justiça – Decisão mantida – Recurso não provido. (SÃO PAULO, AI 21411722720228260000, 2022).

> Agravo de instrumento. Ação de cobrança em fase de cumprimento de sentença. Decisão agravada que rejeitou a alegação de fraude à execução pela venda de dois imóveis. Correção da medida. Ausência de averbação do ajuizamento desta execução na matrícula do imóvel. Registro das penhoras que, ademais, ocorreu após a aquisição dos imóveis pela terceira interessada. Ônus de provar a má-fé do terceiro adquirente que recai sobre a parte exequente, nos termos da Súmula nº 375/STJ, do qual não se desincumbiu a contento. Inexistência de indícios, ademais, de que a presente ação, ao tempo da alienação, tivesse o condão de levar o

executado à insolvência. Decisão mantida. Recurso improvido. (SÃO PAULO, AI 21680257320228260000, 2022).

Agravo de Instrumento. Ação de Execução. Indeferimento de pedido de reconhecimento de alienação em fraude à execução. Inconformismo da credora. Doação de bem anteriormente à citação. Fraude à execução. Inteligência do art. 792 do CPC. Averbação em registro, para fins publicísticos e conhecimento de terceiros. Art. 828 do CPC/15 e art. 54 da Lei 13.097/15. Inocorrência. Aplicação da Súmula 375 do STJ. Decisão mantida. Recurso não provido, nos termos da fundamentação. (SÃO PAULO, AI 21479943220228260000, 2022)

AGRAVO DE INSTRUMENTO - AÇÃO DECLARATÓRIA DE NULIDADE DE ESCRITURA PÚBLICA DE COMPRA E VENDA, CANCELAMENTO DE REGISTRO E AVERBAÇÕES NO REGISTRO IMOBILIÁRIO C/C INDENIZAÇÃO POR DANOS MORAIS, PERDAS E DANOS C/C REINTEGRAÇÃO DE POSSE - TUTELA DE URGÊNCIA - AVERBAÇÃO DA EXISTÊNCIA DA AÇÃO À MARGEM DA MATRÍCULA - POSSIBILIDADE - CONCENTRAÇÃO DA MATRÍCULA IMOBILIÁRIA - PROTEÇÃO DO TERCEIRO DE BOA-FÉ - DECISÃO MANTIDA.
1. Para a concessão de tutela de urgência, indispensável a comprovação do fumus boni iuris e do periculum in mora.
2. A Lei nº **13.097**/2015, ao instituir o princípio da concentração na matrícula imobiliária, determina que o terceiro de boa-fé será protegido da privação do seu direito em casos de discussão da titularidade do bem fundada em ato jurídico que não conste na matrícula do imóvel.
3. Em se tratando de discussão diretamente afeta à propriedade do bem imóvel, passível de modificação do conteúdo de um direito real, deve a existência da ação constar na margem da matrícula para fins de publicidade e oponibilidade. 4. Recurso não provido. (MINAS GERAIS, AI 24432536720218130000, 2023)

Por fim, mas não menos importante para o nosso estudo, destacamos o artigo 55 da Lei de Concentração dos Atos na Matrícula, cujos impactos serão abordados adiante:

Art. 55. A alienação ou oneração de unidades autônomas integrantes de incorporação imobiliária, parcelamento do solo ou condomínio

> edilício, devidamente registrada, não poderá ser objeto de evicção ou de decretação de ineficácia, mas eventuais credores do alienante ficam sub-rogados no preço ou no eventual crédito imobiliário, sem prejuízo das perdas e danos imputáveis ao incorporador ou empreendedor, decorrentes de seu dolo ou culpa, bem como da aplicação das disposições constantes da Lei nº 8.078, de 11 de setembro de 1990.

6. A auditoria imobiliária sob a ótica do incorporador

Não obstante o acima já exposto, quando houver o interesse no imóvel para a realização de futuro empreendimento imobiliário, colocamos lupa nas questões e temas jurídicos e urbanísticos que merecem ser objeto de avaliação jurídica criteriosa durante o processo de auditoria do imóvel.

Muitas vezes chamado de "vendedor de sonhos", o incorporador é civil e criminalmente responsável por todas as atividades envolvendo o processo de desenvolvimento de um futuro empreendimento, qualquer que seja o seu uso, razão pela qual, para que possa comercializá-lo antes de suas obras concluídas, precisa registrar a incorporação e atender todos os requisitos da Lei nº 4.591, de 16 de dezembro de 1964, conhecida como Lei de Incorporações Imobiliárias, em seu artigo 32 e seguintes. Ou seja, o incorporador, ainda que de forma indireta, planeja, constrói e comercializa e é responsável integralmente por todas as referidas etapas.

E, para tanto, a auditoria imobiliária é parte integrante e fundamental da etapa de planejamento e é nela que, além da análise dos riscos relacionados a débitos do imóvel, sua situação registrária, anteriores proprietários, eventuais riscos de fraude à execução ou contra credores, de perda do imóvel, são verificadas as normas de uso e ocupação do solo, zoneamento, restrições de uso e construção, bem como as normas construtivas que podem, em alguma medida, impactar ou alterar o projeto pretendido e, consequentemente, sua viabilidade técnica e financeira. A depender do que for constatado, a implantação do empreendimento dependerá da adoção de medidas e providências prévias que demandem recursos financeiros e tempo (exemplificando: regularização de área, descontaminação, entre outros), não inicialmente previstos.

A análise da legislação municipal para o imóvel pretendido deve ser feita com os seguintes objetivos: (i) avaliação dos coeficientes de aproveitamento mínimos, básicos e máximos e se há necessidade e possibilidade, pela referida norma, de outorga onerosa; verificação de (ii) taxas de ocupação; (iii) taxas de permeabilidade; (iv) limites para gabaritos de altura; (v) limites de ocupação e recuos, (vi) recuos mínimos exigidos; (vii) larguras e classificação das vias de acesso ao imóvel, dentre outras (Barbaresco, 2013, p. 400).

Outro tema sensível e que merece destaque no processo de auditoria imobiliária de um imóvel a ser destinado para futuro empreendimento imobiliário é a avaliação se o imóvel pertence ao entorno de um bem tombado. O tombamento do imóvel em si é normalmente identificado de forma mais simplificada na auditoria, entretanto, recomenda-se pesquisa aprofundada se o mesmo, ainda que não tombado, enfrenta restrições por estar próximo ou em determinado raio de um bem tombado, destacando que referido tombamento poderá ser de natureza municipal, estadual ou federal. Não raras vezes, as restrições de entorno de bem tombado não são apenas de natureza construtiva/arquitetônica ou impactam em restrição de volume de área construída, mas, como exemplo, podem ser restrições de emissões sonoras ou de destinação.

Ainda dentro do tema urbanístico, chamamos a atenção a potenciais restrições convencionais impostas unilateralmente pelo loteador, de maneira que é essencial a análise se o imóvel objeto da aquisição é fruto de eventual loteamento registrado.

Nas palavras de Fábio Severiano do Nascimento:

> As restrições convencionais ao direito de construir no loteamento podem fixar a natureza das construções admitidas, assim como altura, o recuo, o afastamento, o tipo de edificações e o que mais convier aos confrontantes e ao bairro. Elas podem ser individuais ou gerais. As individuais nascem de vínculo obrigacional de natureza pessoal firmado entre as partes, operando entre os contratantes enquanto apenas vizinhos, cessando seus efeitos com a alienação de qualquer dos imóveis a estranhos ao contrato celebrado.
>
> As restrições convencionais gerais de vizinhança buscam assegurar ao loteamento os requisitos urbanísticos convenientes à sua destinação. Seu conteúdo pode ser um fazer, um não fazer ou um permitir. (Nascimento, 2012, p. 14).

Em diversas regiões, especialmente em áreas gentrificadas nos grandes centros urbanos, deixa-se de lado tal pesquisa e muitas vezes, inclusive após a aprovação do projeto de construção aprovado pela respectiva Municipalidade, verifica-se a existência de restrição imposta pelo loteador original para imóveis integrantes daquele loteamento e que podem gerar questionamento sobre sua efetiva implantação ou, ainda, impor necessidade de adequação do projeto para sua adequação. Ainda que o tema seja controverso na jurisprudência[3], se as limitações mais restritivas impostas pelo loteador se sobrepõem à legislação municipal vigente, recomenda-se atenção especial quando se verifica tal fato.

Não menos relevante são os aspectos de direito de vizinhança. E a análise dos vizinhos não deve ser restrita aos imóveis contíguos, mas também, do entorno. Tal análise é feita, normalmente, no âmbito da análise técnica e mercadológica realizada pelo incorporador, mas recomenda-se também análise criteriosa de ações eventualmente indicadas nas certidões emitidas e que possam sugerir disputa com associação de

[3] LOTEAMENTO. RESTRIÇÕES CONVENCIONAIS AO USO DA PROPRIEDADE IMPOSTAS PELO LOTEADOR. ADMISSIBILIDADE. LEI AUTORIZADORA. LIMITAÇÕES VÁLIDAS. 1. O Decreto-Lei nº 58/37 previa que o loteador deveria estabelecer os requisitos urbanísticos do loteamento. A Lei nº 6.766/79, modificada pela Lei nº 9.785/99, reforçou a obrigação do loteador de estabelecer referidas condições urbanísticas, podendo impor limitações sobre os lotes e as construções. Nulidade das restrições afastada. 2. O autor adquiriu imóvel que está inserido em loteamento registrado. Sabia da situação do bem e das restrições convencionais impostas. 3. Restrições de cunho geral e que incidem sobre o bem. Ausência de ilegalidade. Sentença mantida. Recurso não provido. (SÃO PAULO. Tribunal de Justiça (3ª Câmara de Direito Privado). Apelação 9189163-36.2006.8.26.0000. Rel. Carlos Alberto Garbi. São Paulo, 27 set. 2011); EMENTA: APELAÇÃO CÍVEL – MANDADO DE SEGURANÇA – DIREITO URBANÍSTICO – LOTEAMENTO – EXISTÊNCIA DE RESTRIÇÕES CONVENCIONAIS – LEI MUNICIPAL MAIS BRANDA – PREVALÊNCIA DAS LIMITAÇÕES ERIGIDAS PELO LOTEADOR – INTERESSE NA PRESERVAÇÃO DE UM PADRÃO ARQUITETÔNICO E CONSTRUTIVO – AUSÊNCIA DE DIREITO LÍQUIDO E CERTO – RECURSO NÃO PROVIDO. – As limitações convencionais erigidas pelo loteador vinculam todos os proprietários, sendo, pois, de observância obrigatória, ainda que mais restritivas que a legislação municipal em vigor – Recurso não provido. (MINAS GERAIS. Tribunal de Justiça. Apelação Cível 10000180524415001. Rel. Corrêa Junior. Belo Horizonte, 14 ago. 2018); Ação de nunciação de obra nova. Alegação de irregularidade em construção. Loteamento que conta com cláusula restritiva de construção. Lote que só poderia ser destinado para fim residencial. Lei Municipal posterior que indica o local do lote como corredor de comércio e serviços. Impossibilidade de cláusula restritiva ser oposta a Lei urbanística. Prevalência do interesse público sobre o particular. Sentença de improcedência. Apelo improvido. (SÃO PAULO. Tribunal de Justiça (3ª Câmara Extraordinária de Direito Privado). Apelação 0014649-03.2006.8.26.0602. Rel. Ruy Coppola. São Paulo, 24 abr. 2014)

moradores ou, de alguma forma, envolvendo questões de vizinhança e obrigações de fazer ou não fazer. Embora tais ações não tenham caráter *propter rem*, ou seja, digam respeito a direitos pessoais, podem sugerir a adoção de medidas preventivas e/ou avaliação criteriosa de potenciais dificuldades a serem enfrentadas no processo de venda ou, mesmo, de construção do empreendimento.

Ainda no aspecto do direito de vizinhança há outras situações a serem consideradas no âmbito da auditoria imobiliária tais como, o direito a passagem forçada (em caso de imóvel sem acesso à via pública)[4], direito a passagem de cabos ou tubulações, eventuais servidões constituídas, dentre outros. Tais direitos, se existentes, podem trazer impactos relevantes à implantação do empreendimento pretendido de modo que é recomendada cautela e aprofundamento em seu detalhamento quando existente tal direito.

No início deste artigo, mencionamos a importância da auditoria ambiental do imóvel. Importante destacar, sob a ótica do incorporador, que uma vez indicada contaminação no imóvel, nem sempre as soluções apresentadas para a construção são medidas técnicas a serem adotadas, mas podem ser medidas restritivas, como exemplo, restrição de uso da água subterrânea ou de manipulação de terra e, muitas delas, serão restrições que acompanharão o imóvel inclusive após sua conclusão e entrega aos futuros adquirentes. Sendo assim, tais regras deverão constar dos instrumentos de comercialização de unidades autônomas e das normas condominiais do empreendimento.

Por fim, recomendamos, sempre que possível for, seja feita uma visita *in loco* do imóvel também pelos advogados responsáveis pela auditoria imobiliária. Não é incomum que ao avaliar sua situação fática surjam dúvidas ou, ainda, sejam esclarecidas preocupações iniciais e que podem auxiliar a direcionar a auditoria e sua conclusão.

7. A auditoria imobiliária sob a ótica do agente financeiro

No processo de incorporação imobiliária e implantação do empreendimento o agente financiador tem papel de destaque. A não contratação

[4] Art. 1.285 do Código Civil: "O dono do prédio que não tiver acesso a via pública, nascente ou porto, pode, mediante pagamento de indenização cabal, constranger o vizinho a lhe dar passagem, cujo rumo será judicialmente fixado, se necessário."

de financiamento da obra é, inclusive, uma das principais causas estabelecidas pelo incorporador no processo de registro do memorial de incorporação, para exercício do direito de denúncia durante o período de carência estabelecido[5].

Peça fundamental na engrenagem da incorporação, o agente financeiro concede o financiamento, na maioria das vezes, visando igualmente financiar o adquirente para a aquisição das unidades e, assim, quando da conclusão das obras, é quitada a parcela do empréstimo do incorporador relativo à construção daquela unidade com parte ou todo recurso advindo do financiamento contratado pelo adquirente para a referida aquisição.

Até que isso seja possível, ou seja, até que as obras sejam concluídas e as unidades entregues, o agente financeiro administra o risco de eventual inadimplemento, atraso ou paralisação do empreendimento. Com o objetivo de minimizar tal risco, o agente financiador exige algumas garantias, que variam de acordo com o histórico do incorporador em transações anteriores, volume financeiro contratado, entre outros. E, dentre as garantias mais comuns, destacam-se o penhor de quotas da incorporadora, quando pessoa jurídica, o acompanhamento do fluxo financeiro, ou seja, os recebíveis decorrentes das vendas, normalmente em conta corrente vinculada e sob gestão do mesmo agente e a hipoteca do imóvel e futuras acessões, ou seja, das unidades autônomas.

Muito embora constituída, na maioria das vezes, a hipoteca, é inequívoca a dificuldade de sua execução se e quando inadimplente o incorporador. A prevalência do direito do adquirente consumidor em face do direito do agente financeiro é inquestionável, tendo, inclusive, o Superior Tribunal de Justiça, editado, em abril de 2005, a Súmula 308 nesse sentido.[6]

Reforça-se, entretanto, que a aplicabilidade da Súmula 308 do Superior Tribunal de Justiça é adstrita aos casos de unidade habitacional por pessoa física[7].

[5] Art. 34 da Lei de Incorporações Imobiliárias: "O incorporador poderá fixar, para efetivação da incorporação, prazo de carência, dentro do qual lhe é lícito desistir do empreendimento."

[6] Súmula 308 do Superior Tribunal de Justiça: "A hipoteca firmada entre a construtora e o agente financeiro, anterior ou posterior à celebração da promessa de compra e venda, não tem eficácia perante os adquirentes do imóvel."

[7] AGRAVO INTERNO NO RECURSO ESPECIAL. HIPOTECA. IMÓVEL NÃO RESIDENCIAL. SÚMULA Nº 308/STJ. INAPLICABILIDADE. Recurso especial interposto

contra acórdão publicado na vigência do Código de Processo Civil de 2015 (Enunciados Administrativos nºs 2 e 3/STJ). 2. É inaplicável o teor da Súmula nº 308/STJ nos casos envolvendo contratos de aquisição de imóveis não submetidos ao Sistema Financeiro de Habitação (SFH). Precedentes. 3. Agravo interno não provido. (BRASIL. Superior Tribunal de Justiça. Agravo Interno do Recurso Especial 1894561 DF 2020/0234027-1, Rel. Min. Ricardo Villas Bôas Cueva. Brasília, 30 ago. 2021); AGRAVO INTERNO NO RECURSO ESPECIAL. CIVIL. PROCESSUAL CIVIL. CANCELAMENTO DE HIPOTECA. GARANTIA REAL CONSTITUÍDA PELA INCORPORADORA FALIDA SOBRE IMÓVEL PARA, EM ADITAMENTO, RESGUARDAR CONTRATO DE DAÇÃO EM PAGAMENTO. EXECUÇÃO. IMÓVEL PENHORADO PARA GARANTIA DO JUÍZO. MESMO IMÓVEL OBJETO DE CONTRATO DE COMPRA E VENDA COM TERCEIRO. QUITAÇÃO. BOA-FÉ. AÇÃO DE ADJUDICAÇÃO COMPULSÓRIA JULGADA PROCEDENTE. TRÂNSITO EM JULGADO. APLICAÇÃO DA SÚMULA 308/STJ. AGRAVO INTERNO IMPROVIDO. 1. Decidida integralmente a lide posta em juízo, com expressa e coerente indicação dos fundamentos em que se firmou a formação do livre convencimento motivado, não se cogita violação do art. 535 do CPC/73, ainda que rejeitados os embargos de declaração opostos. 2. "A hipoteca firmada entre a construtora e o agente financeiro, anterior ou posterior à celebração da promessa de compra e venda, não tem eficácia perante os adquirentes do imóvel" (Súmula 308/STJ). 3. O referido enunciado sumular pode ser aplicado ao agente financiador de construção de empreendimentos imobiliários ainda que não seja instituição financeira e não se trate daqueles contratos regidos pelo Sistema Financeiro da Habitação. 4. O terceiro que adquire o imóvel de boa-fé e cumpre o contrato de compra e venda, quitando o preço avençado, não pode ser prejudicado por outra relação jurídica estabelecida entre o financiador, credor hipotecário, e o construtor inadimplente. No caso, deve o financiador tomar todas as cautelas necessárias antes da celebração do contrato ou, em caso de não cumprimento da avença, buscar outros meios judiciais cabíveis para alcançar o adimplemento do negócio jurídico garantido pela hipoteca. 5. Agravo interno a que se nega provimento. (BRASIL. Superior Tribunal de Justiça (Terceira Turma). Agravo Interno no Recurso Especial 1432693 SP 2013/0165651-1. Rel. Marco Aurélio Bellizze. Brasília, 27 set. 2016); CIVIL. FINANCIAMENTO IMOBILIÁRIO. GRAVAME. ALIENAÇÃO FIDUCIÁRIA. CONTRATAÇÃO FEITA EXCLUSIVAMENTE PELA CONSTRUTORA. INEFICÁCIA PERANTE O ADQUIRENTE DO IMÓVEL. APLICAÇÃO DA SÚMULA 308 DO STJ POR ANALOGIA. – A Súmula 308 do STJ tem plena aplicação aos casos de alienação fiduciária incidentes sobre imóveis de uma incorporação imobiliária, cujo empreendimento foi financiado pelo construtor – A aplicação analógica é perfeitamente possível, pois não é a modalidade de garantia do financiamento que importa à discussão, mas sim, a proteção ao princípio da boa-fé objetiva, especificamente quanto aos deveres de lealdade e cooperação, já que a instituição bancária tinha pleno conhecimento de que estava financiando imóveis para alienação, com ela concordando, na expectativa de que a quitação de cada unidade viabilizasse também a quitação do financiamento – Admitida a aplicação do enunciado da Súmula 308 do STJ, deve ser tida como ineficaz perante os adquirentes de imóveis a alienação fiduciária sobre ele gravada, em razão de financiamento

A auditoria jurídica do agente financeiro é extremamente cautelosa e avaliará todo o processo de aquisição imobiliária, registro da incorporação, existência de patrimônio de afetação da incorporação, de modo a evitar assumir riscos adicionais aos inerentes ao empréstimo que será realizado e que o deixariam mais expostos frente às garantias prestadas.

Quando tratamos de recursos para o desenvolvimento do empreendimento imobiliário, abrimos o leque para outras alternativas de operações de crédito imobiliário, tais como a securitização de recebíveis. Para tanto, seja pelo lastro, seja pela garantia da operação, é essencial a avaliação de inexistência de risco de desconsideração de tal alienação, oneração ou construção e/ou prejuízo ao fluxo decorrente do lastro da operação, ou seja, dos contratos imobiliários dos quais decorrem os créditos imobiliários que serão securitizados por meio da emissão de Certificado de Recebíveis Imobiliários (CRI). E a avaliação é feita por criteriosa auditoria, nas palavras de Bruno Novo:

> [...] processo dialético, em que os assessores jurídicos da operação buscam, geralmente em conjunto com as partes envolvidas, levantar o maior número possível de informações acerca do(s) imóvel(is) relacionados à Secutirização, e, a cada informação obtida, buscam mapear todos os riscos jurídicos envolvidos, de forma que as partes, conhecendo tais riscos, poderão definir se estão dispostos a corrê-los ou não. (Novo, 2012, p. 121).

8. A auditoria imobiliária sob a ótica do adquirente de unidade em uma incorporação imobiliária

Não restam dúvidas do caráter protetivo da Lei de Incorporações Imobiliárias ao adquirente, reforçado com as inovações trazidas pela Lei 10.931, de 2 de agosto de 2004 e com a construção de posicionamento da jurisprudência ao longo dos anos.

Nas palavras de Cambler: "*o adquirente da unidade condominial é o consumidor na relação jurídica incorporativa. Ele adquire o produto imobiliário como destinatário final do bem durável e participante da relação jurídica fornecedor*

imobiliário contratado exclusivamente pela construtora. (BRASIL. Tribunal de Justiça de Minas Gerais. Apelação Cível 10024143236842002 MG. Rel. Luiz Carlos Gomes da Mata. Belo Horizonte, 21 mar. 2019).

imobiliário-consumidor" (CAMBLER, 2014, p. 95). Preenche, assim os requisitos do artigo 2 do Código de Defesa do Consumidor.

A proteção ao adquirente é percebida em todas as fases da incorporação imobiliária, ou seja, (i) na fase pré-contratual, com a exigência do arquivamento do memorial de incorporação perante o competente Registro de Imóveis; (ii) na execução das obras, com a exigência de prestar informações sobre seu estado e cronograma físico-financeiro; (iii) na conclusão das obras, com a individualização das unidades autônomas e instalação do condomínio e, (iv) após seu encerramento, pela responsabilidade civil do incorporador perante a construção (BORGES, 2021, p. 399).

Assim, e dada a responsabilidade objetiva do incorporador, a partir do resultado da auditoria realizada, há informações, riscos ou fatos que podem ser sensíveis e trazer impactos aos futuros adquirentes de unidades de modo que, uma vez existentes, devem ser parte integrante do respectivo memorial de incorporação e constar, de forma expressa, dos contratos de aquisição de unidades. Uma eventual dívida de IPTU, ainda que em discussão judicial, pode vir a afetar os futuros adquirentes de unidades se, ao final, restar comprovada ser efetivamente exigida. Eventual contaminação identificada no imóvel que enseje monitoramento por longo período, em especial, pós-entrega do empreendimento, trará custo aos condôminos proprietários de unidades. Tais situações, meramente exemplificativas, necessariamente devem ser de conhecimento do adquirente previamente à sua aquisição, uma vez que podem, inclusive, alterar seu interesse de compra de acordo com sua avaliação individual de riscos e custos que não pretende assumir.

Outra garantia do adquirente, essa durante a fase de construção, é a instituição do patrimônio de afetação pelo incorporador. Embora introduzida na Lei de Incorporações Imobiliárias em 2004, após a emblemática falência da Encol e consequente paralização de obras no Brasil, sua instituição pelos incorporadores passou a ocorrer de forma recorrente alguns anos depois. Além de ter sido admitida possibilidade de adoção de regime especial de tributação (RET) pelo incorporador quando da instituição do patrimônio de afetação, passou a ser igualmente exigida pelos agentes financeiros para a contratação de financiamento à produção.

Ensina Rizzardo que "*é difícil elaborar e implantar um mecanismo de proteção completa aos direitos patrimoniais* [...]" mas com a instituição do patrimônio de afetação, considerável parcela das prestações decorrentes da venda das unidades fica em acervo do patrimônio de afetação, gerido pela comissão de representantes eleita durante a construção do empreendimento, sendo "*uma forma de não sucumbir a obra no caso de falência da empresa incorporadora, ou na hipótese de paralisação por desvio de valores ou simples ausência de empenho*" (Rizzardo, 2017, p. 237). Característica essencial do patrimônio de afetação é o fato de que os recursos de uma determinada obra não podem ser redirecionados para outras incorporações (Chalhub, 2021, p.66).

Como já antecipado no início deste artigo, proteção adicional aos adquirentes foi reforçada em 2015, com o advento da Lei de Concentração dos Atos na Matrícula, em seu artigo 55.

Conclusões

Por todo o acima exposto, resta evidente que o processo de auditoria imobiliária para fins de aquisição de imóvel para desenvolvimento imobiliário traz preocupações específicas além daquelas de uma aquisição entre partes de imóvel pronto. E não poderia ser diferente, uma vez que o desenvolvimento de um novo empreendimento atrai responsabilidades diversas, que envolvem o processo de planejamento, execução e entrega de algo ainda não construído e que será comercializado a terceiros, em sua maioria, quando ainda trata de um projeto em desenvolvimento.

Também restou inquestionável a evolução da jurisprudência e da legislação envolvendo o tema, que vem a reboque do desenvolvimento dos centros urbanos, do aumento exponencial de empreendimentos imobiliários no Brasil, pelo menos nas últimas quatro décadas, de diversificação de produtos envolvendo o financiamento da aquisição de imóveis, do desenvolvimento econômico, do amadurecimento da sociedade e da necessidade de se trazer celeridade ao processo de aquisição imobiliária.

Colocamos cor às recentes alterações legislativas explicitadas neste artigo e que, a nosso ver, trazem um enorme espaço para que o processo de auditoria imobiliária seja simplificado. Fazemos referência, especialmente, à extinção das buscas e investigações documentais de eventual insolvência dos proprietários e antecessores titulares de imóvel previamente à sua aquisição, visando minimizar questionamentos relacionados à fraude a execução e fraude contra credores.

Referências

AVVAD, Pedro Elias. *Direito Imobiliário*: Teoria Geral e Negócios Imobiliários. 2. ed. Rio de Janeiro: Renovar, 2009.

BARBARESCO, M. Da aquisição à implantação dos complexos multiuso: uma visão abrangente. *In*: CASTRO, D. A. (coord.). *Direito Imobiliário Atual*. Rio de Janeiro: Elsevier, 2013.

BARCELLOS, Carlos Eduardo Rugani; SEABRA, Maria Flavia Candido; COSTA, Bruno Eduardo Pereira. *Real Estate Private Equity no Brasil*. São Paulo: Gen | Atlas, 2022.

BORGES, Marcus Vinícius Motter. Incorporação Imobiliária. *In*: BORGES, Marcus Vinícius Motter (coord.). *Curso de Direito Imobiliário*. São Paulo: Revista dos Tribunais, 2021.

BRASIL. Superior Tribunal de Justiça. Agravo Interno do Recurso Especial 1.820.873 RS 2019/0172341-2, Rel. Min. Benedito Gonçalves. Brasília, 25 abr. 2023. Disponível em https://processo.stj.jus.br/processo/revista/documento/mediado/?componente=MON&sequencial=104269938&num_registro=201901723412&data=20200205. Acesso em 28 nov. 2023

BRASIL. Superior Tribunal de Justiça. Agravo Interno do Recurso Especial 1894561 DF 2020/0234027-1, Rel. Min. Ricardo Villas Bôas Cueva. Brasília, 30 ago. 2021. Disponível em https://processo.stj.jus.br/processo/julgamento/eletronico/documento/mediado/?documento_tipo=integra&documento_sequencial=134545674&registro_numero=202002340271&peticao_numero=202000965534&publicacao_data=20210903&formato=PDF. Acesso em 16 abr. 2023.

BRASIL, Superior Tribunal de Justiça (Corte Especial). Recurso Especial 956.943/PR. Rel. Min. Nancy Andrighi. Brasília, 20 ago. 2014. Disponível em https://processo.stj.jus.br/processo/revista/documento/mediado/?componente=ITA&sequencial=959675&num_registro=200701242518&data=20141201&formato=PDF. Acesso em 16 abr. 2023.

BRASIL. Superior Tribunal de Justiça. Agravo Interno no Recurso Especial 1432693 SP 2013/0165651-1. Rel. Min. Marco Aurélio Bellizze. Brasília, 27 set. 2016. Disponível em https://processo.stj.jus.br/processo/revista/documento/mediado/?componente=ITA&sequencial=1542487&num_registro=201301656511&data=20161006&peticao_numero=201600321925&formato=PDF. Acesso em 16 abr. 2023.

BRASIL, Superior Tribunal de Justiça. Recurso Especial 1.342.345/SP. Rel. Min. Paulo de Tarso Sanseverino. Brasília, 17 dez. 2014. Disponível em https://processo.stj.jus.br/processo/revista/documento/mediado/?componente=ATC&sequencial=40566123&num_registro=201201827162&data=20141217&tipo=51&formato=PDF. Acesso em 27 nov. 2023.

BRASIL. Superior Tribunal de Justiça. Súmula nº 308. Disponível em https://www.stj.jus.br/docs_internet/revista/eletronica/stj-revista-sumulas-2011_24_capSumula308.pdf. Acesso em 16 abr. 2023.

BRASIL. Superior Tribunal de Justiça. Súmula nº 375. Disponível em https://www.stj.jus.br/docs_internet/revista/eletronica/stj-revista-sumulas-2013_33_capSumula375.pdf. Acesso em 16 abr. 2023.

CAMBLER, Everaldo Augusto. *Responsabilidade civil na incorporação imobiliária*. 3. ed. São Paulo: Revista dos Tribunais, 2021.

CHALHUB, Melhim Namen. Direito imobiliário contemporâneo. *In*: BORGES, Marcus Vinícius Motter (coord.). *Curso de Direito Imobiliário*. São Paulo: Revista dos Tribunais, 2021.

CHALHUB, Melhim Namen. *Incorporação imobiliária*. 4. ed. Rio de Janeiro: Forense, 2017.

GOMES, Orlando. *Direitos Reais*. 18. ed. Rio de Janeiro: Forense, 2001.

GOMES, Daniel Cardoso. Cautelas na Aquisição de Bens Imóveis. *In*: FARIA, Renato Vilela; CASTRO, Leonardo Freitas de (coord.). *Operações Imobiliárias*: estruturação e tributação. São Paulo: Saraiva, 2016.

LOUREIRO, Francisco Eduardo. Coisas. *In*: PELUSO, Ministro Cezar (coord.). *Código Civil Comentado*: doutrina e jurisprudência. 14. ed. Barueri: Manole, 2020.

MAIA, Roberta Mauro Medina: Perspectivas para as hipotecas após a edição da Súmula 308 do STJ. *In*: GUEDES, Gisela Sampaio da Cruz; MORAES, Maria Celina Bodin de; MEIRELES, Rose Melo Vencelau (coord.). *Direito das Garantias*. São Paulo: Saraiva, 2017.

MINAS GERAIS. Tribunal de Justiça. Apelação Cível 10024143236842002 MG. Rel. Luiz Carlos Gomes da Mata. Belo Horizonte, 21 mar. 2019. Disponível em https://www4.tjmg.jus.br/juridico/sf/relatorioAcordao?numeroVerificador=100241432368420022019328376. Acesso em 16 abr. 2023.

MINAS GERAIS. Tribunal de Justiça. Apelação Cível 10000180524415001. Rel. Corrêa Junior. Belo Horizonte, 14 ago. 2018. Disponível em https://www4.tjmg.jus.br/juridico/sf/relatorioAcordao?numeroVerificador=100001805244150012018919059. Acesso em 16 abr. 2023.

MINAS GERAIS. Tribunal de Justiça (2ª Câmara Cível). Processo 24432536720218130000. Rel. Maria Inês Souza. Belo Horizonte, 21 mar. 2023. Disponível em https://www4.tjmg.jus.br/juridico/sf/relatorioAcordao?numeroVerificador=100002124428420012023383412. Acesso em 16 abr. 2023.

NASCIMENTO, Fábio Severiano do. As restrições convencionais e as Leis Urbanísticas no Loteamento. *Revista de Direito da Cidade*. Vol. o4, n. 01. ISSN 2317-7721, p. 1-35, p.14, 2012.

NOVO, Bruno. *Notas práticas para a estruturação de certificados de recebíveis imobiliários*. São Paulo: Scortecci, 2012.

PAIVA, João Pedro Lamana. A consagração e a racionalidade do princípio da concentração no registro imobiliário. *Migalhas*, 05 dez. 2022. Disponível em https://www.migalhas.com.br/depeso/378027/a-consagracao-e-a-racionalidade-do-principio-no-registro-imobiliario. Acesso em 14 abr. 2023.

RIZZARDO, Arnaldo. *Condomínio edilício e incorporação imobiliária*. 5. ed. Rio de Janeiro: Forense, 2017.

SCAVONE JUNIOR, Luiz Antonio. *Direito Imobiliário*: Teoria e prática. 5. ed. Rio de Janeiro: Forense, 2012.

SÃO PAULO. Tribunal de Justiça (3ª Câmara de Direito Privado). Apelação 9189163-36.2006.8.26.0000. Rel. Carlos Alberto Garbi. São Paulo, 27 set. 2011.

SÃO PAULO. Tribunal de Justiça (3ª Câmara Extraordinária de Direito Privado). Apelação 0014649-03.2006.8.26.0602. Rel. Ruy Coppola. São Paulo, 24 abr. 2014.

SÃO PAULO. Tribunal de Justiça (13ª Câmara de Direito Privado). Processo 21680257320228260000. Rel. Ruy Coppola, 18 nov. 2022.

SÃO PAULO. Tribunal de Justiça (23ª Câmara de Direito Privado). Processo 21479943220228260000. Rel. Hélio Nogueira. São Paulo, 11 ago. 2022.

SÃO PAULO. Tribunal de Justiça. Processo 21411722720228260000. Rel. César Peixoto. São Paulo, 30 set. 2022.

SILVA, Bruno Mattos e. *Compra de Imóveis*: aspectos jurídicos, cautelas devidas e análise de riscos. 11. ed. São Paulo: Atlas, 2017.

9. ASPECTOS ESG[1] NA INCORPORAÇÃO IMOBILIÁRIA E CONSTRUÇÃO CIVIL

MARIANA SENNA SANT'ANNA

Agradeço ao Comitê de Sustentabilidade da Even Construtora e Incorporadora S.A. por toda a jornada que temos trilhado, em especial ao Caio Granja, Juliana Mourão e Alexandre de Oliveira, pelas contribuições e ensinamentos parte do presente capítulo.

Introdução

Vamos iniciar nossa reflexão questionando-nos sobre a razão de ser de uma empresa (incorporadora). A primeira resposta e a mais óbvia que vem à nossa mente seria *construir unidades residenciais ou comerciais para venda e* ***recebimento de lucro***, correto?

Certamente, os investidores de empresas (incorporadoras) quando questionados sobre o motivo de seu investimento oferecerão resposta nesse sentido. Ora, *busco rentabilizar meu capital, ou seja, multiplicá-lo investindo em empresas bem posicionadas no mercado, que tenham os melhores resultados.*

E será que essa resposta está incorreta? Certamente não!

[1] ESG, sigla em inglês, referente aos aspectos primordiais a serem considerados em uma empresa: ambiental (*Envirolmental*), social (*Social*) e governança (*Governance*).

Mas, para chegarmos a uma resposta mais satisfatória para o mundo atual, vamos percorrer a História do surgimento do conceito de *desenvolvimento sustentável* até o nascimento da sigla ESG para compreender que não somente a ***busca de lucro*** atende a essa resposta.

Considerando que o presente artigo compõe uma obra jurídica, mas que, por outro lado, o ESG traz conceitos multidisciplinares, para a construção do presente capítulo passaremos por aspectos históricos e econômicos, mas sempre buscando o que a legislação e normas regulatórias brasileiras dispõem sobre os respectivos itens a serem apresentados sobre os diversos aspectos ESG no cenário das empresas incorporadoras e construtoras.

1. Do conceito de desenvolvimento sustentável até o ESG

Em 1983, foi criada a Comissão Mundial do Meio Ambiente e Desenvolvimento, pela Organização das Nações Unidas – ONU. Essa comissão surgiu para uma avaliação do que havia ocorrido após 10 anos da Conferência de Estocolmo[2], considerada um marco na busca pela preservação do meio ambiente, já que foi a primeira oportunidade em que dirigentes do mundo todo se reuniram para discutir o tema, de forma global.

Como resultado da análise do ocorrido no período, em 1987, foi publicado o relatório denominado *Nosso Futuro Comum* (ou, ainda, *Relatório Brundtland*[3]), que apresentou um novo olhar sobre o conceito de *desenvolvimento*, até então abordado primordialmente pelo viés econômico.

A partir do referido relatório, o desenvolvimento passou a ser entendido como aquele que "*satisfaz as necessidades presentes, sem comprometer a capacidade das gerações futuras de suprir suas próprias necessidades*".

[2] A Conferência de Estocolmo, realizada em junho de 1972, teve como objetivo discutir as consequências da degradação do meio ambiente: (i) mudanças climáticas e a qualidade da água; (ii) debater soluções para reduzir os desastres naturais; (iii) reduzir e encontrar soluções para a modificação da paisagem; (iv) elaborar as bases do desenvolvimento sustentável; (v) limitar a utilização de pesticidas na agricultura; (vi) reduzir a quantidade de metais pesados lançados na natureza. O encontro também abordou as políticas de desenvolvimento humano e a busca por uma visão comum de preservação dos recursos naturais.

[3] Gro Harlem Brundtland, na época primeira-ministra da Noruega, presidiu a Comissão Mundial de Meio Ambiente e Desenvolvimento quando da elaboração do relatório, por isso o relatório também é conhecido pelo seu nome.

Importante ressaltar que o relatório não sugeriu a estagnação econômica como solução, mas sim a composição entre questões ambientais e sociais, ressaltando a incompatibilidade entre o desenvolvimento sustentável e os padrões de produção e consumo então existentes.

As recomendações elaboradas pela Comissão levaram à realização da Conferência das Nações Unidas sobre o Meio Ambiente e o Desenvolvimento, realizada no Rio de Janeiro, em 1992 (Rio-92), há exatos 20 anos da Conferência de Estocolmo. A *Cúpula da Terra*, como ficou conhecida, apresentou a "Agenda 21", um programa elaborado para a busca da proteção do planeta e implementação de seu *desenvolvimento sustentável*. O assunto foi inserido na agenda pública, de uma maneira jamais realizada, sendo firmada por 179 países.

A "Agenda 21" trouxe 17 objetivos que deveriam ser observados para que o *desenvolvimento sustentável* fosse possível e se tornasse efetivo até 2050. Desde então, os países têm como diretriz a busca de implementação dos referidos objetivos. Em 2030, contudo, deverá ser realizada a primeira mediação e andamento dos referidos objetivos.

Mais adiante, em 2004, o termo ESG foi estabelecido em uma publicação feita pelo Pacto Global em parceria com o Banco Mundial, denominada "*Who Cares Wins*" (tradução literal "*quem se importa ganha*"). À época, foi apresentado como um desafio para os 50 presidentes das maiores instituições financeiras mundiais para que passassem a considerar em seus propósitos a integração das vertentes ambientais, sociais e de governança.

Referida publicação contém recomendações a diversos personagens do cenário financeiro, tais como analistas, instituições financeiras, investidores, fundos de pensão e seus consultores, governos e suas agências, consultores e assessores de investimentos, órgãos reguladores. Vejamos a recomendação prevista no relatório especificamente para as empresas:

> As empresas devem assumir um papel de liderança implementando princípios **ambientais, sociais** e de **governança corporativa** e fornecer informações em seus relatórios sobre o desempenho em um formato mais consistente e padronizado. As companhias devem identificar e comunicar os principais desafios e direcionadores de valor e priorizar questões **ambientais, sociais** e de **governança** para que estejam em conformidade. **Estas informações devem ser transmitidas ao mercado**

financeiro (e investidores) por meio de canais de comunicação e estimular, quando pertinente, na divulgação de resultados anuais das empresas.[4]

Em seguimento, quando falamos de empresas de capital aberto (Incorporadoras Imobiliárias listadas na B3, por exemplo), vejamos as recomendações para as bolsas de valores:

> As bolsas de valores são convidadas a incluir questões **ambientais, sociais** e **critérios de governança** para as empresas listadas. Isso garantirá um grau mínimo de divulgação para todas as empresas. Como primeiro passo, as bolsas de valores poderiam comunicar às empresas cotadas a importância crescente das questões ambientais, sociais e de governança. Da mesma forma, outras organizações auto-reguladoras (por exemplo, NASD, FSA), profissionais organizações que concedem credenciais (por exemplo, AIMR, EFFAS), órgãos de definição de padrões contábeis (por exemplo, FASB, IASB), órgãos públicos entidades contábeis e agências de classificação e provedores de índices todos devem estabelecer padrões e estruturas consistentes em relação aos fatores ambientais, sociais e de governança.[5]

No início de 2020, a pandemia – mundialmente reconhecida como uma catástrofe de impactos ambientais e sociais, que causou altos prejuízos econômicos ao mundo todo – colocou mais pressão para mudanças mais profundas na agenda ESG.

Na época, a *BlackRock* – maior gestora de recursos do mundo –, apresentou uma queda em seu valor de quase US$ 1 trilhão de dólares (R$ 5,25 trilhões de reais) nos ativos sob sua gestão. No fim dos três primeiros meses de 2020, a gestora possuía US$6,47 trilhões de dólares sob gestão, enquanto no mesmo período de 2019 detinha US$ 7,43 trilhões de dólares.

[4] FINANCIAL SECTOR Initiative. *Who Care Wins*. Recommendations to better integrate environmental, social and governance issues in financial analysis, asset management and securities brokerage. 2004. Disponível em: https://documents1.worldbank.org/curated/en/280911488968799581/pdf/113237-WP-WhoCaresWins-2004.pdf. Acesso em: 02 out. 2023.

[5] FINANCIAL SECTOR Initiative. *Who Care Wins, cit.*

Por conta disso, o Presidente da *BlackRock* declarou que jamais teria visto algo similar em 44 anos de mercado financeiro. Disse Larry Flink: "*A pandemia tem impactado os mercados financeiros com uma rapidez e ferocidade normalmente vistas apenas em uma crise financeira clássica*". Por conta disso, elaborou uma Carta em que disse ao mercado: "*Acredito que o pensamento de* ***longo prazo*** *nunca foi tão essencial como hoje.* ***Companhias e investidores com um forte senso de propósito*** *e uma* ***abordagem de longo prazo*** *estarão aptos a navegar por esta crise e suas consequência*".[6]

Existem alguns autores que acompanharam e ajudaram a desenvolver os conceitos dessa importante transição da visão pura do lucro para a importância do *propósito* e da *cadeia de valor* (*stakeholders*). Vamos mencionar aqui John Elkington, conhecido por ser uma autoridade mundial em responsabilidade corporativa e capitalismo sustentável. Afirmou em um de seus livros:

> Nosso foco não pode mais ser somente um resultado financeiro. Sucesso futuro – o sucesso duradouro significará muito mais do que divulgar ganhos trimestrais positivos ou aumentar os preços das ações. Em um mundo cada vez mais interligado e interdependente, devemos considerar as **pessoas** e o **planeta** como riqueza, **assim como o lucro**.[7]

No mesmo sentido, Carlos Pereira, diretor-executivo da Rede Brasil do Pacto Global, afirmou que "propósito e lucro são indissociáveis".[8]

Dessa forma, em relação à primeira provocação deste Capítulo sobre a *razão de ser de uma empresa (incorporadora)*, acredito que já temos aqui uma resposta mais adequada para o mundo atual. Uma incorporadora imobiliária deve ter como motivo de sua existência não somente o lucro, mas o atendimento de um *propósito*, que por sua vez, naturalmente resultará em bons resultados (lucro).

[6] LAZARINI, Jader. BlackRock tem queda de quase US$ 1 trilhão nos ativos sob gestão. Suno Notícias, em 16 abr. 2020. Disponível em: https://www.suno.com.br/noticias/blackrock-queda-1-trilhao-ativos-sob-gestao/. Acesso em: 02 out. 2023.

[7] ELKINGTON, John; ZEITZ, Jochen. The Breakthrough Challenge: 10 ways to Connect Today's Profits with Tomorrow's Botton Line. São Francisco, CA: Jossey-Bass, 2014.

[8] COUTINHO, Leandro de Matos. O pacto global da ONU e o desenvolvimento sustentável. *Revista BNDES*, Rio de Janeiro, v. 28 n. 56, p. 501-518, dez. 2021. Disponível em: https://web.bndes.gov.br/bib/jspui/bitstream/1408/22029/1/13-BNDES-Revista56-PactoGlobalONU.pdf. Acesso em: 02 out. 2023.

Em termos regulatórios, podemos dizer que, no Brasil, as instituições financeiras foram as pioneiras a trazerem algum tipo de normativa em relação aos aspectos socioambientais preconizados.[9]

Lembramos que o próprio Pacto Global realizado com o Banco Mundial foi um desafio (com várias recomendações) aos 50 presidentes das maiores instituições financeiras. Essas recomendações diretas ao mercado financeiro feitas pelo Pacto Global e Banco Mundial, tanto as Bolsas de Valores, quanto os órgãos reguladores, bem como investidores, começaram a se atentar para esses itens quando da avaliação dos portfolios das companhias.

Nesse sentido, a própria ONU listou três exemplos de pioneirismo do mercado financeiro no reconhecimento da relevância dos aspectos ESG, tais como: (i) a B3, em 2020, em conjunto com a S&P Dow Jones, lançou o índice S&P/B3 Brasil ESG, direcionado à escolha de empresas comprometidas com as práticas ambientais, sociais e de governança; (ii) o segundo exemplo é do banco BTG Pactual, que também criou um fundo voltado aos aspectos ESG das empresas constituintes; (iii) o último refere-se à *BlackRock*, que desde 2020 passou a contar com métricas ESG em suas análises de risco.[10]

Esse pioneirismo colaborou para o desenvolvimento de toda a cadeia do mercado bancário. Afinal, ao orientar a identificação de aspectos socioambientais nas operações financeiras, as instituições, na relação com as companhias privadas (dentre elas, as incorporadoras), definem um patamar mínimo de diligência a ser observado.

Considerando que as empresas privadas (incorporadoras) necessitam de crédito para a realização de suas atividades, tal pioneirismo das

[9] Em 2014 o Banco Central do Brasil – Bacen na Resolução nº 4.327/2014, trouxe diretrizes a serem observadas na implementação da Política de Responsabilidade Socioambiental (PRSA) pelas instituições financeiras e demais instituições autorizadas. Também em 2014, a Federação Brasileira de Bancos – Febraban, publicou o normativo de autorregulação SARB 014/2014, que indica diretrizes e procedimentos para as práticas socioambientais dos seus signatários nos negócios e nas relações com as partes interessadas. Em setembro de 2020, o Bacen incluiu a dimensão Sustentabilidade como novo fundamento da agenda BC#, visando promover finanças sustentáveis, dando gerenciamento adequado aos riscos socioambientais e climáticos no sistema financeiro nacional, assim como integrando variáveis sustentáveis no seu processo de tomada de decisões.

[10] Coutinho, Leandro de Matos, *cit.*

instituições financeiras colaboram para que a toda a governança corporativa do mercado relacionado (imobiliário do qual estamos tratando) comece a dar relevância para tal agenda.

Agora, cabe-nos questionar: por que razão as instituições financeiras adotaram essa agenda com tal veemência? Ora, ao mercado financeiro importa o valor, a valorização e desvalorização das empresas. Especialmente quando estamos tratando de empresas de capital aberto, em que as ações são negociadas em bolsa, são muito relevantes todos os aspectos da governança corporativa.

É por meio da governança corporativa que as decisões são discutidas e tomadas entre os gestores das empresas; bem como são formalizadas e trazidas a público para que os interessados fiquem cientes e possam avaliar se a empresa está efetivamente seguindo os melhores caminhos e levando em conta os temas relevantes para as partes envolvidas (*stakeholders*).

Por meio das decisões publicadas pela governança corporativa de uma empresa, o mercado e seus agentes têm condições de avaliar e valorar a respectiva companhia.

2. O "G" – a importância da governança corporativa e a responsabilidade corporativa

As decisões de uma empresa são tomadas pelos órgãos de direção da empresa, ou seja, pela sua governança corporativa.

Nas palavras do Instituto Brasileiro de Governança Corporativa – IBGC, governança corporativa:

> [...] é o sistema pelo qual as organizações são dirigidas e monitoradas, com vistas à geração de valor sustentável para a organização, para seus sócios e para a sociedade em geral. Esse sistema baliza a atuação dos agentes de governança e demais indivíduos de uma organização na busca pelo equilíbrio entre os interesses de todas as partes, contribuindo positivamente para a sociedade e para o meio ambiente.[11]

[11] IBGC – Instituto Brasileiro de Governança Corporativa. Quem somos. O que é governança corporativa. Disponível em: https://www.ibgc.org.br/quemsomos. Acesso em: 23 nov. 2023.

Em seguimento, o mesmo IBGC diz que:

> [...] as **boas práticas de governança** convertem princípios básicos em recomendações objetivas, alinhando interesses com a finalidade de **preservar e otimizar o valor econômico de longo prazo da organização**, facilitando seu acesso a recursos e contribuindo para a qualidade da gestão da organização, sua longevidade e o **bem comum**.

Como bem definido pelo IBGC, as boas práticas da governança devem ter como objetivo a valorização econômica da companhia por um longo prazo. Tal valorização econômica não depende apenas de seus resultados financeiros, mas também de seu posicionamento no mercado. Ou seja, é essencial que a companhia atenda a um ***propósito*** que faça sentido a todos aqueles que se relacionam com ela.

Os princípios básicos de governança corporativa devem garantir um clima de confiança tanto internamente nas corporações, quanto nas relações das mesmas corporações com terceiros. Para atuação da governança corporativa, a doutrina reconhece alguns princípios básicos a serem observados. São eles:

Transparência

Consiste na busca por disponibilizar para as partes interessadas e relacionadas com a empresa todas as informações que sejam de seu interesse e não apenas aquelas previstas por leis ou regulamentos. Não se deve observar apenas aquilo que for relacionado ao desempenho econômico-financeiro, mas também os diversos fatores (inclusive intangíveis) que direcionem a ação gerencial e que conduzem à preservação e ou à melhoria do valor da organização.

Equidade

Esse item tem bastante relação com o desenvolvimento do conceito de capitalismo tradicional, para o mais atual conceito de capitalismo dos *stakeholders*. Como já tratado anteriormente, as empresas objetivavam pura e simplesmente o lucro e, naturalmente, o personagem principal cujos interesses deveriam ser observados eram os dos acionistas ou aqueles nomeados como "donos" das empresas.

Ocorre que a partir do momento que começamos a entender a relevância de todos que compõem a cadeia de valor de uma empresa, automaticamente, todos eles passaram a ter a mesma relevância. Por este motivo, todos os interessados (*stakeholders*) devem ter tratamento justo e isonômico, levando em consideração seus direitos, deveres, necessidades, interesses e expectativas.

Prestação de contas (*accountability*)

Os integrantes da governança devem prestar contas de sua atuação de modo claro, conciso, compreensível e sempre dentro dos prazos legais, assumindo integralmente as consequências de seus atos e omissões e agindo com diligência e responsabilidade, conforme seus papéis.

Responsabilidade corporativa

Os agentes de governança devem cuidar da viabilidade econômico-financeira das organizações, reduzir os impactos negativos de seus negócios e suas operações e aumentar os impactos positivos, levando em consideração, no seu modelo de negócios, os diversos capitais (financeiro, manufaturado, intelectual, humano, social, ambiental, reputacional etc.) no curto, médio e longo prazos.

Com base nesse princípio da responsabilidade corporativa vemos o quanto todos os aspectos que envolvem uma corporação devem ser valorizados.

Ora, tanto quanto em outras corporações, na incorporadora esses diversos capitais (financeiro, manufaturado, intelectual, humano, social, ambiental, reputacional etc.) devem ser valorizados de acordo com o propósito ou razão de existência da empresa.

Para as companhias de capital aberto essa tendência ESG ficou ainda mais óbvia a partir das mudanças trazidas pela Resolução CVM 59 em relação às Instruções CVM 480 e 481.

A Resolução CVM 59 foi editada com o objetivo de simplificar as Instruções anteriores. Além de diminuir o número de itens para que o relatório se torne mais suscinto, o objetivo foi trazer temas como ESG, impondo pressão para que as empresas relatem aspectos sociais, ambientais, governança corporativa e também climáticos, já que esses últimos também representam um risco financeiro real.

A CVM agora exige que sejam respondidos os questionamentos na técnica do "pratique ou explique", pressionando das companhias listadas na B3 a implementar ou pelo menos justificar o que não tiver sido ainda implementado até dezembro de 2022.

Nesse sentido, os novos questionamentos do formulário de referência são:

- Por que não divulgou informações ESG e a respectiva metodologia aplicada ou padrão seguido?
- Por que não adotou matriz de materialidade e indicadores-chave de desempenho ESG?
- Por que não realizou auditoria ou revisão sobre as informações ESG para serem divulgadas?
- Por que não observou as considerações dos Objetivos de Desenvolvimento Sustentável (ODS) estabelecidos pela ONU ou não adotou as recomendações relacionadas a questões climáticas?
- Por que não fez inventários de emissões de gases do efeito estufa?

Diante disso, as empresas que não divulgarem em seu Formulário de Referência as informações de ESG exigidas pela CVM terão que apresentar justificativas muito convincentes para tal, correndo o risco de exposição negativa no mercado e na mídia, o que pode afetar diretamente a percepção do negócio pelos seus *stakeholders*.

3. O "E" – impactos ambientais na atividade da incorporação e construção

3.1 Resíduos sólidos/reuso de materiais na construção civil – logística reversa

A construção civil sabidamente é um dos setores que mais gera resíduos, causando muitos impactos negativos ao meio ambiente. Segundo a Abrainc, ao citar dados da Abrelpe, o setor da construção civil no Brasil é o responsável por produzir, anualmente, cerca de 50% dos resíduos sólidos urbanos. Só em 2019, essa geração chegou a 45 milhões de toneladas.

Por outro lado, destacamos que na construção é possível reciclar até 98% dos resíduos. Contudo, essa prática é realizada em apenas 21% deles. Ou seja, em tese, existe um enorme potencial para o reaproveitamento ou reciclagem de materiais da construção civil.

Importante ressaltar que, a despeito da construção civil ser considerada um dos maiores geradores de resíduos sólidos no cenário urbano, a legislação não exige que os incorporadores e construtores realizem a *logística reversa*[12].

Contudo, considerando que muitos dos *stakeholders* e, principalmente, os consumidores estão atentos à questão de sustentabilidade, a construtora e incorporadora que realizar e/ou exigir de seus fornecedores que realizem a logística reversa ganharão vantagem competitiva no mercado, em relação aos concorrentes que não realizarem.

Nos termos da Política Nacional de Resíduos Sólidos (PNRS)[13], os geradores de resíduos deverão ter como objetivo prioritário a não geração e, secundariamente, a redução, a reutilização, a reciclagem, o tratamento dos resíduos sólidos e a disposição final ambientalmente adequada dos rejeitos.

Dessa forma, cabe ao responsável pela construção dar o destino correto aos resíduos para que eles não prejudiquem o ambiente urbano, seja comprometendo o tráfego de pedestres e veículos, seja provocando entupimento de drenagem urbana ou até gerando foco ou multiplicação de vetores de doenças, entre outras consequências.

Ainda, é essencial considerar que os resíduos da construção civil não poderão ser dispostos em aterros de resíduos sólidos urbanos, em áreas de "bota fora", em encostas, corpos d'água, lotes vagos e em áreas protegidas por Lei[14].

Nos termos da PNRS as empresas de construção civil estão sujeitas à elaboração de plano de gerenciamento de resíduos sólidos[15]. O referido plano de gerenciamento deverá conter pelo menos:

a) descrição do empreendimento ou atividade;
b) diagnóstico dos resíduos sólidos gerados ou administrados, contendo a origem, o volume e a caracterização dos resíduos, incluindo os passivos ambientais a eles relacionados;

[12] Nos termos da Lei de Política Nacional de Resíduos Sólidos, Lei 12.305/2010 (art. 33), são obrigados a estruturar e implementar sistemas de logística reversa, mediante retorno dos produtos após o uso pelo consumidor, de forma independente do serviço público de limpeza urbana e de manejo dos resíduos sólidos, os fabricantes, importadores, distribuidores e comerciantes de: I – agrotóxicos, seus resíduos e embalagens; II – pilhas e baterias; III – pneus; IV – óleos lubrificantes, seus resíduos e embalagens; V – lâmpadas fluorescentes, de vapor de sódio e mercúrio e de luz mista; VI – produtos eletroeletrônicos e seus componentes.

[13] Art. 4º, Resolução CONAMA nº 448/2012.

[14] Art. 4º, § 1º, Resolução CONAMA nº 448/2012.

[15] Art. 20, III, Lei 12.305/2010.

c) observadas as normas existentes, e, se houver, o plano municipal de gestão integrada de resíduos sólidos:
   c.1) explicitação dos responsáveis por cada etapa do gerenciamento de resíduos sólidos;
   c.2) definição dos procedimentos operacionais relativos às etapas do gerenciamento de resíduos sólidos sob responsabilidade do gerador;

d) identificação das soluções consorciadas ou compartilhadas com outros geradores;

e) ações preventivas e corretivas a serem executadas em situações de gerenciamento incorreto ou acidentes;

f) metas e procedimentos relacionados à minimização da geração de resíduos sólidos e, observadas as normas existentes, **para reutilização e reciclagem**;

g) se couberem, ações relativas à responsabilidade compartilhada pelo ciclo de vida dos produtos;

h) medidas saneadoras dos passivos ambientais relacionados aos resíduos sólidos;

i) periodicidade de sua revisão, observado, se couber, o prazo de vigência da respectiva licença de operação.

Conforme descrito na legislação, diversos itens que constam do plano a ser elaborado são relacionados à reciclagem, reutilização de materiais e/ou logística reserva.

Nos termos da PNRS por meio da *logística reversa* é possível *viabilizar a coleta e a restituição dos resíduos sólidos ao setor empresarial, para reaproveitamento, em seu ciclo ou em outros ciclos produtivos, ou outra destinação final ambientalmente adequada*.

Como o próprio nome diz, a *logística reversa* consiste em operar os fluxos da logística, para que um material que seja descartado (por qualquer que seja o motivo), percorra o caminho inverso, retornando ao canal de origem, para que seja agregado valor ao mesmo.

Esse valor será agregado de uma das seguintes formas: (i) revenda; (ii) reciclagem ou (iii) descarte, de forma adequada.

Para tanto, é necessário muito planejamento, organização e controle, que deve ocorrer desde a compra, durante todo o caminho natural de utilização do material, bem como em cada uma das fases em que este possa ser eventualmente descartado. É preciso pensar e organizar toda a cadeia para que o retorno daquele material seja garantido e chegue à destinação programada. O planejamento também é essencial para evitar o desperdício e incentivar a separação dos resíduos ao longo do processo da construção.

Considerando que temos uma gama muito grande de materiais utilizados[16] e considerando também que a maioria dos materiais não mantém sua forma e nem funcionalidade originais após o uso, a logística reversa na construção civil se dá, principalmente, pela reciclagem.

A reciclagem, contudo, não é considerada uma solução simples para o setor. Nos termos da Resolução CONAMA 448/2012, para a reciclagem de materiais na construção civil é preciso percorrer as seguintes etapas:

a) **caracterização**: nesta etapa o gerador deverá identificar e quantificar os resíduos;
b) **triagem**: deverá ser realizada, preferencialmente, pelo gerador na origem, ou ser realizada nas áreas de destinação licenciadas para essa finalidade;
c) **acondicionamento**: o gerador deve garantir o confinamento dos resíduos após a geração até a etapa de transporte, assegurando em todos os casos em que seja possível, as condições de reutilização e de reciclagem;
d) **transporte**: deverá ser realizado em conformidade com as etapas anteriores e de acordo com as normas técnicas vigentes para o transporte de resíduos;
e) **destinação**: deverá ser prevista de acordo com o estabelecido no plano de gerenciamento de resíduos sólidos.

[16] A Resolução CONAMA 307/2002 (art. 10) distingue os resíduos da construção civil em quatro classes: Classe A: Materiais que podem ser reciclados ou reutilizados como agregado em obras de infraestrutura, edificações e canteiro de obras. (Tijolos, telhas e revestimentos cerâmicos; blocos e tubos de concreto e argamassa); Classe B: Materiais que podem ser reciclados e ganhar outras destinações. (Vidro, gesso, madeira, plástico, papelão e outros); Classe C: Itens para o qual não existe ou não é viável aplicação econômica para recuperação ou reciclagem. (Estopas, lixas, panos e pincéis desde que não tenham contato com substância que o classifique como D); Classe D: Aqueles compostos ou em contato de materiais/substâncias nocivos à saúde. Solvente e tintas; telhas e materiais de amianto; entulho de reformas em clínicas e instalações industriais que possam estar contaminados.

Importante considerar também que uma das dificuldades da reciclagem é a inexistência de tecnologia para a reciclagem a preços que sejam competitivos, em relação aos preços originais da matéria-prima.[17]

Apesar dos vários fatores que desfavorecem a reciclagem, ela vem ganhando força no setor, pois "a reciclagem, além de agregar valor econômico, ecológico e logístico aos materiais que podem voltar como novas matérias-primas, agrega valor de reutilização ao bem de pós-consumo"[18].

A despeito da quantidade e da qualidade da legislação brasileira, a logística reversa ainda pode ser considerada embrionária na construção civil, que conta com uma mão de obra precária e um canteiro de obras muitas vezes pouco estruturado e não organizado.

Ainda assim, existem inúmeros manuais orientando a implementação da logística reversa, bem como existem incentivos fiscais para que as empresas proporcionem um ambiente mais saudável, com obras limpas e que reduzam os impactos ao meio ambiente.

Para que a logística reversa seja implementada por todos os envolvidos são necessárias algumas providências que, uma vez realizadas, também colaboram para práticas sustentáveis, tais como:

a) utilizar materiais verdes. Esses tipos de materiais, por sua origem e forma de produção já são pensados para serem recicláveis e, por isso, colaboram no processo de reciclagem e reutilização;
b) promover organização e limpeza dos canteiros de obras. Naturalmente, quando o canteiro de obras é organizado e limpo, a separação dos materiais para envio para reciclagem ou até descarte adequado é mais simples;
c) estimular a redução de desperdício. Com a organização e limpeza dos canteiros é natural que haja mais controle e, portanto, menos perda e desperdício de material;

[17] MARCONDES, Fábia Cristina Segatto. *Sistemas logísticos reversos na indústria da construção civil*: estudo da cadeia produtiva de chapas de gesso acartonado. Dissertação (mestrado) – Escola Politécnica da Universidade de São Paulo. São Paulo, 2007. Disponível em: https://www.teses.usp.br/teses/disponiveis/3/3146/tde-08012008-101200/publico/Dissertacao_Fabia_Marcondes_ed_rev.pdf. Acesso em: 02 out. 2023.

[18] LUCHEZZI, Celso; TERENCE, Mauro Cesar. Logística reversa aplicada na construção civil. *Revista Mackenzie de Engenharia e Computação*, v. 13, n.1, p. 144-160, out. 2013. Disponível em: https://editorarevistas.mackenzie.br/index.php/rmec/article/view/6458/5103. Acesso em: 02 out. 2023.

d) otimização das rotas de entrega dos materiais novos para que sejam retirados os materiais eventualmente prontos para serem reutilizados, reciclados ou descartados;
e) estabelecimento de parcerias com fornecedores e cooperativas de reciclagem. Muitas vezes alguns fornecedores já têm oferecido o serviço de retirada dos materiais e embalagens para reciclagem. Dessa forma, é preciso ficar claro que os construtores e incorporadores darão preferência àqueles que oferecerem tal facilidade. Essa prática estimulará todo o setor na realização desse benefício para os compradores de materiais;
f) realização de treinamentos. Para que os colaboradores saibam como a caracterização dos materiais deve ser feita, bem como o acondicionamento e a preparação para reaproveitamento, reciclagem ou descarte, é essencial que sejam treinados. Caso contrário, podem cometer erros que tornem os materiais inutilizáveis.

Devemos considerar a logística reversa como um relevante instrumento na preservação do meio ambiente para a presente e futuras gerações. É também um instrumento que consolida soluções para a grande quantidade de resíduos gerados não só pela construção civil, mas pelos mais diversos setores, bem como pela sociedade em geral que descarta materiais em grande quantidade, todos os dias.

A busca por novas tecnologias que reciclem ou reutilizem os resíduos gerados a fim de reintroduzi-los no mercado produtivo evitando utilizar novas matérias-primas é um grande passo em direção a um planeta sustentável e ecologicamente habitável.

3.2 Inventário de gases de efeito estufa

As mudanças climáticas decorrem do aumento da média de temperatura da Terra, ocasionada pela emissão de Gases de Efeito Estufa ("GEE"), gerados pela queima de combustíveis fósseis (resultantes do uso de veículos, *sprays* com aerossol, fornalhas e máquinas das indústrias, usinas termoelétricas, queimadas, desmatamento, decomposição de lixo, entre outras). As mudanças climáticas que temos assistido de forma mais contundente nas últimas décadas colocam em risco inclusive as condições de vida no planeta.

A preocupação com o aquecimento global começou a ter relevância por volta de 1980, mas somente em 1990 a Assembleia Geral das Nações Unidas respondeu aos apelos estabelecendo o Comitê Intergovernamental de Negociação para a Convenção-Quadro sobre Mudança do Clima.

Em 1992, na cúpula da Terra, no Rio de Janeiro, foi apresentada a redação da Convenção, na época assinada por 154 países e a Comunidade Europeia, que entrou em vigor em 1994.

A Conferência das Partes (conhecida como "COP") – órgão supremo da Convenção – reuniu-se pela primeira vez em Berlim, em 1995. A COP1 adotou 21 decisões.

Somente na COP3, em 1997, em Kioto, no Japão, que foi elaborado o conhecido Protocolo de Kioto, que trouxe medidas e inovações que se mantêm na agenda climática até os dias de hoje.

O Protocolo de Kyoto estabeleceu aos países desenvolvidos metas máximas de emissão de GEE, com o objetivo de diminuir ou pelo menos não aumentar a temperatura na Terra, com o objetivo de mitigar ou exterminar as mudanças climáticas. Os países em desenvolvimento, por sua vez, não possuem, desde então, metas obrigatórias em relação à emissão de GEE.

Na busca do atingimento das metas propostas inicialmente, o Protocolo trouxe o Mecanismo de Desenvolvimento Limpo ("MDL"), por meio do qual é possível reduzir de forma gradual a produção e emissão dos GEE, auxiliando os processos de captura (ou sequestro) de carbono da atmosfera.

Os projetos de MDL podem ser desenvolvidos em diversas áreas. As mais significativas são aquelas de matriz energética (energia limpa e renovável) e também de reflorestamento, de redução ou tratamento de resíduos, entre outras.

O Protocolo de Kioto trouxe o MDL com o objetivo de tornar possível também a cooperação entre os países que possuem metas obrigatórias a serem atingidas e aqueles países que não possuem as metas obrigatórias (países em desenvolvimento), mas que podem ser sedes de projetos de MDL e podem, portanto, negociar os créditos de carbono resultantes de tais projetos.

A partir da possibilidade de cooperação entre Partes – inicialmente trazida por Kioto – para tornar possível o atingimento das metas, surgiu o mercado de créditos de carbono, que foi posteriormente melhor detalhado no Acordo de Paris (COP21), e mais recentemente regulamentado na COP26, em Glasgow, na Suécia.

Por meio do Acordo de Paris, os governos se comprometeram a agir para manter o aumento da temperatura média mundial "bem abaixo" dos 2 °C em relação aos níveis pré-industriais e em envidar esforços para limitar o aumento a 1,5 °C.

Para tanto, os países deveriam apresentar planos de ação nacionais para reduzirem as suas emissões por meio de um plano de sua Contribuição Nacionalmente Determinada (NDC, sigla em inglês).

O Brasil foi signatário do Acordo de Paris (COP21) e também de Glasgow (COP26) tendo se comprometido – de forma voluntária – a reduzir as emissões de gases de efeito estufa em 37% até 2025, com uma contribuição de redução de 50% até 2030, em relação aos níveis de emissões estimados para 2005.

Considerando que desde Kioto o Brasil é considerado um país em desenvolvimento, temos um mercado voluntário de créditos de carbono, onde Governo, empresas e outras entidades nacionais, por não possuírem metas obrigatórias de redução de GEE, fazem-no apenas porque desejam compensar o impacto ambiental das suas próprias atividades. O Brasil, como Parte, país em desenvolvimento, no entanto, tem uma grande oportunidade de negociação dos créditos originados de projetos de MDL, com as Partes países desenvolvidos que tenham a obrigação de atingimento de suas metas, por meio da cooperação recentemente detalhada na COP26.

A despeito de o Brasil ter sido signatário dos Acordos de Paris e Glasgow a Lei 12.187/2010 que instituiu a Política Nacional sobre Mudança do Clima – PNMC, não traz metas obrigatórias ou punição na hipótese de desrespeito à legislação.

Mais recentemente, em maio de 2022, também foi promulgado o Decreto 11.075 que estabelece os procedimentos para a elaboração dos Planos Setoriais de Mitigação das Mudanças Climáticas e institui o Sistema Nacional de Redução de Emissões de Gases de Efeito Estufa. Contudo, esse decreto também não trouxe metas obrigatórias e, portanto, mantém o país como voluntário no cenário internacional no que diz respeito ao atingimento das metas propostas.

O mercado de créditos de carbono está estabelecido e, para seu funcionamento, foram criados alguns métodos de medição da emissão de GEE. No Brasil, as normas técnicas mais difundidas e observadas são as da ISO 14064, baseada no Protocolo GHG ("*Greenhouse Gas Protocol*").

A construção civil brasileira está em fase de medição dos gases de efeito estufa de sua produção, com a finalidade de ter uma padronização quanto às métricas por metro quadrado construído, por exemplo.

De qualquer forma, recente relatório foi publicado às vésperas da COP26, cujas conclusões indicam que a infraestrutura é responsável por 79% das emissões totais de gases de efeito estufa, além de 88% dos custos totais de adaptação. Portanto, o setor é fundamental para o cumprimento do Acordo de Paris e das metas nele estabelecidas.

Para administrar de forma adequada, com a finalidade de reduzir as emissões de GEE, é essencial conhecer com profundidade as origens de emissão da construção civil, não somente da própria produção, mas também de toda a cadeia produtiva de fornecedores da construção civil. O inventário anual de GEE com base na metodologia do GHG Protocol deve incluir os seguintes escopos:

- escopo 1 – emissões diretas da construção civil, lançadas na atmosfera por operação própria, incluindo a queima de combustível dos veículos próprios e energia gerada para alimentar o maquinário para sustentar a sua operação de construção;
- escopo 2 – emissões indiretas, decorrentes do consumo de energia elétrica adquirida pela organização para a indústria da construção;
- escopo 3 – emissões indiretas não incluídas no escopo 2 e que ocorrem na cadeia de valor da organização, como aquisição de matéria-prima, viagens de negócios e deslocamento dos colaboradores, descartes de resíduos da construção, transportes e distribuição dos materiais.

Nos termos do Protocolo GHG os escopos 1 e 2 são aqueles obrigatórios. Já o escopo 3 é mais complexo de ser incorporado em qualquer setor, em especial na construção civil, pois depende do controle e monitoramento da cadeia de fornecedores. Na maioria das vezes, contudo, é nessa etapa que se encontra a maior parcela de emissões, pois além de envolver as matérias-primas como aço, blocos, cerâmicas, cimento, etc., engloba também o impacto logístico das entregas.

Na construção civil, tal como em outros setores, os *players* que neutralizam suas emissões de GEE (ou apresentarem Net Zero[19]), certamente apresentam vantagem competitiva no mercado, não somente perante os consumidores – que estão cada vez mais conhecedores e exigentes em relação às necessidades de neutralização, como também perante os acionistas e investidores, que em face dos órgãos reguladores – tais como B3 e CVM –, também estão sendo levados a atenderem as exigências do mercado.

O Guia Metodológico de GEE do Sinduscon[20] recomenda que a incorporadora e/ou construtora que tiver a intenção de elaborar seu inventário de GEE com a finalidade de neutralização deverá percorrer as seguintes fases:

Início:

- Fase 1: **Identificação dos usos do inventário** – o usuário deverá iniciar sua atividade por identificar quais demandas deverão ser atendidas pelo inventário;

Planejamento:

- Fase 2: **Definição de limites organizacionais** – o usuário deverá definir os limites organizacionais da obra a inventariar;
- Fase 3: **Definição de limites operacionais** – nessa fase serão identificadas as fontes de emissão que serão incluídas no inventário,

[19] Net zero: para atingir o patamar de emissões líquidas zero, uma organização deve reduzir ao mínimo possível as emissões de Gases de Efeito Estufa (GEE) e compensar as emissões residuais, que não puderem ser evitadas, removendo volume equivalente da atmosfera de modo a equilibrar o seu balanço. Essas emissões devem considerar não apenas as emissões das operações próprias (escopos 1 e 2), mas incluir também a cadeia de valor (escopo 3), que envolve o fornecimento dos insumos e a fase de uso dos produtos ou serviços, quando elas forem significativas. Conforme critérios do SBTi – organização que avalia se as metas têm base científica e se estão alinhadas ao Acordo de Paris –, as emissões do escopo 3 devem ser consideradas pelas organizações quando representarem 40% ou mais do balanço de emissões (IBGC – Instituto Brasileiro de Governança Corporativa. *Boas Práticas para uma Agenda ESG nas Organizações*. São Paulo: IBGC, 2022. p. 36. Disponível em: https://conhecimento.ibgc.org.br/Paginas/Publicacao.aspx?PubId=24587. Acesso em: 02 out. 2023).

[20] SINDUSCON-SP. *Guia Metodológico para Inventário de Emissões de Gases de Efeito Estufa na Construção Civil* – Setor Edificações. SindusCon/SP, Comitê de Meio Ambiente – COMASP, São Paulo, 2015. Disponível em: https://sindusconsp.com.br/download/guia-metodologico-para-inventarios-de-emissoes-de-gases-de-efeito-estufa-na-construcao-civil-setor-edificacoes/. Acesso em: 02 out. 2023.

dentro dos limites organizacionais definidos na Fase 2. As fontes deverão ser caracterizadas definindo os dados de atividade a serem monitorados, os fatores de conversão e emissão a aplicar e o grau de detalhamento a ser adotado. Ainda nessa fase deverá ser definida a periodicidade e o calendário de atividades do inventário;

Execução:

- Fase 4: **Monitoramento dos dados de atividades** – nesta fase serão coletados os dados de atividade relativos às fontes de emissão consideradas, que deverão ser registrados conforme o calendário estabelecido. A rastreabilidade das informações deverá sempre ser mantida, nesta e nas demais fases, para apoiar a verificação do inventário por parte independente;
- Fase 5: **Cálculo** – os cálculos serão realizados utilizando os dados de atividade monitorados (Fase 4) e os fatores previamente definidos (Fase 3);
- Fase 6: **Relatório** – O formato do relatório pode variar conforme o uso pretendido para o inventário de GEE, contendo:
  - emissões por gás causador do efeito estufa e respectivos equivalentes em Gás Carbônico;
  - emissões por escopos 1, 2 e 3;
  - emissões por Obra e pelo total da Empresa;
  - emissões de fontes renováveis e não renováveis.

4. O "S" – impactos sociais

4.1 Colaboradores

As leis trabalhistas no Brasil foram influenciadas por uma combinação de experiências nacionais e internacionais, bem como pelas reivindicações e mobilizações dos próprios trabalhadores brasileiros, que na década de 1920, começaram a se organizar para reivindicar melhores condições de trabalho e salários mais justos. Essas mobilizações trabalhistas cresceram na década de 1930, especialmente após a Revolução de 1930, movimento que levou Getúlio Vargas ao poder.

Quando chegou ao poder, Vargas implementou diversas políticas sociais, incluindo a criação do Ministério do Trabalho, Indústria e Comércio em 1930, que tinha como objetivo promover a organização sindical e melhorar as condições de trabalho.

O mesmo governo criou outras leis trabalhistas, como a Lei de Férias de 1934 e a Lei de Sindicalização de 1936, bem como a Consolidação das Leis do Trabalho em 1º de maio de 1943, servindo como marco histórico de proteção dos direitos sociais trabalhistas e cujas normas continuam sendo adaptadas até hoje para a realidade de mercado.

De lá para cá muito se desenvolveu em relação às leis trabalhistas; hoje, um rol enorme legislativo busca proteger os diretos dos trabalhadores[21]. Por outro lado, a recente reforma também trouxe mudanças na busca da flexibilização ante o protecionismo exacerbado que acaba por prejudicar o trabalhador, na medida em que os custos de manutenção dos direitos pesam em demasia sobre os orçamentos das empresas privadas.

Incorporadoras e construtoras dependem essencialmente das pessoas que compõem seus quadros de colaboradores. Tanto a incorporadora, como a construtora, depende das estratégias e do trabalho árduo de cada um daqueles que representam a empresa e tomam decisões dos caminhos a serem trilhados por elas.

Em toda a régua do negócio, desde a avaliação de um terreno para aquisição, elaboração do planejamento financeiro para tomada de decisões,

[21] Alguns exemplos de leis que tratam do tema: Lei nº 12.288/2010 – Estatuto da igualdade racial; Lei nº 14.457/2022 – Lei que emprega mais mulher; Lei nº 13.146/2015 – Estatuto da pessoa com deficiência; Lei nº 10.436/2002 – Língua Brasileira de Sinais, Libras; Lei nº 10.639/2003 – inclusão na rede oficial de ensino da obrigatoriedade da temática "História e Cultura Afro-Brasileira", Lei nº 7.716/1989 – Lei do Racismo; Lei nº 9.029/1995 – proíbe exigência de atestado de gravidez nas relações de trabalho; Lei nº 14.164/2021 – prevenção da violência contra a mulher nos currículos da Educação Básica, e institui a Semana Escolar de Combate à Violência contra a Mulher; Lei Estadual de SP nº 10.948/2001 – pune administrativamente a discriminação em razão de orientação sexual e/ou identidade de gênero LDB; Lei nº 9.394/1996 – Lei de Diretrizes e Bases da Educação Nacional; art. 5º CLT – igualdade de gênero e salário; art. 5º CF – igualdade Convenção Internacional sobre Eliminação de todas as formas de Discriminação Racial (1965) Convenção Internacional sobre Eliminação de todas as formas de Discriminação contra a Mulher (1979) Convenção Interamericana para a Eliminação de todas as formas de discriminação contra as pessoas portadoras de deficiência (1999) artigo 1º da Declaração Universal de Direitos Humanos; Decreto nº 7.611/2011 – ensino especial para pessoas com deficiência; Decreto nº 8.727/2016 – adotar o nome social da pessoa travesti ou transexual em atos e documentos; Resolução CNE/CEB nº 3/1999 – diretrizes nacionais para o funcionamento das escolas indígenas; Resolução CNE/CP nº 1, de 19 de janeiro de 2018 – define o uso do nome social de travestis e transexuais nos registros escolares.

negociação para aquisição do terreno, passando pela elaboração de todo o projeto de acordo com os anseios do consumidor, o protocolo para aprovação do projeto, elaboração dos compromissos de compra e venda, implantação de estandes de vendas, abertura das vendas, elaboração de peças de *marketing* para promoção do produto, efetivas vendas para o consumidor e finalmente a colocação de cada tijolo da obra até a entrega, cada um desses passos e fases dependem de pessoas. Pessoas formam incorporadoras e construtoras.

Incorporadoras e construtoras são feitas de pessoas. Não existem empresas desse tipo sem suas pessoas. Cada uma das decisões e escolhas dessas pessoas no dia a dia das incorporadoras formam a companhia. Direcionam seus caminhos, ditam o seu sucesso ou fracasso.

Por conta disso e para que essas escolhas sejam realizadas da melhor forma possível, devemos olhar para os colaboradores – pessoas formadoras das incorporadoras – com comprometimento e seriedade.

Em primeiro lugar, é essencial que essas pessoas sejam bem selecionadas e escolhidas, com a preservação da diversidade para que os caminhos da companhia sejam sustentáveis.

Em segundo lugar, tratar bem esses colaboradores para que sejam mantidos e se sintam bem e valorizados em seu local de trabalho e na atribuição de seus afazeres.

Em relação aos colaboradores, tanto da empresa, como também em toda a sua cadeira de fornecedores, é extremamente relevante que tenham adequadas condições de trabalho. Os funcionários de uma corporação, quando valorizados e respeitados no seu ambiente de trabalho, sentem-se satisfeitos e, portanto, trabalham mais e melhor.

De acordo com uma pesquisa realizada pelo *Center for Positive Organizational Scholarship*, da Universidade da Califórnia, colaboradores felizes são, em média, 31% mais produtivos, três vezes mais criativos e, quando atuam com vendas, conseguem resultados 37% melhores dos que os profissionais desmotivados. Além disso, quando se sentem satisfeitos com o ofício, os trabalhadores têm desempenho 27% superior aos colegas, 125% menos esgotamento, 32% mais comprometimento e 46% mais satisfação com a função que exercem.[22]

[22] LEITE, Gabriel. Como alcançar a felicidade no trabalho e transformá-la em lucro. *Exame*, em 19 jul. 2022. Disponível em: https://exame.com/bussola/como-alcancar-a-felicidade-no-trabalho-e-transforma-la-em-lucro/. Acesso em: 02 out. 2023.

Além dos indicadores trazidos acima, é extremamente importante considerar que, atualmente, os colaboradores têm muito acesso a informações e cada vez mais buscam trabalhar em organizações que oferecem desenvolvimento profissional. Valorizam ambientes inclusivos e acolhedores para todos os tipos de pessoas.

Hoje em dia, a remuneração é somente um dos aspetos a serem considerados na escolha de um lugar para se trabalhar. O ambiente e os benefícios oferecidos pela companhia são bastante levados em consideração.

Além disso, as pessoas também buscam trabalhar cada vez mais em empresas que tenham propósito, tanto perante o ambiente social, quanto em relação aos seus próprios valores e princípios.

4.1.1 *Diversidade, equidade e inclusão*

Quando apontamos para o aspecto Social ("S" do ESG), esses aspectos têm sido considerados como essenciais para que uma companhia seja sustentável e exista a longo prazo.

Diversidade, equidade e inclusão (DEI) é um conceito que reúne esses termos com o objetivo de incentivar a maior pluralidade de pessoas nos espaços de trabalho. *Diversidade* se refere à variedade de características e identidades das pessoas que compõem um mesmo ambiente. Equidade se refere à busca pela justiça e *igualdade* de oportunidades, eliminando barreiras que prejudicam alguns grupos. *Inclusão* se refere à ação de respeitar e valorizar a diversidade, criando um ambiente acolhedor e participativo, em que a tomada de decisão efetivamente se dê de maneira a considerar o posicionamento de todos os envolvidos.

Ora, contar com a opinião dos mais diversos tipos de pessoas será melhor para a companhia. Decisões sempre na mesma direção são essencialmente arriscadas por correr riscos, pois podem esconder riscos ou vieses que não tenham sido considerados exatamente em razão do olhar enviesado somente para uma direção.

A diversidade auxilia não somente em um bom ambiente de trabalho, mas principalmente na conexão com toda a cadeia de valor, uma vez que acionistas, investidores, fornecedores, clientes, etc. são diversos.

Quando estamos tratando especificamente de gênero – homens e mulheres – dados do IBGE apontam que a diferença de remuneração, que vinha em tendência de queda até 2020, voltou a subir no país e atingiu 22% no fim de 2022. Isso significa que uma brasileira recebe, em média, 78% do que ganha um homem.

No caso de mulheres pretas ou pardas, que seguem na base da desigualdade de renda no Brasil, o cenário é ainda mais grave: elas recebem, em média, menos da metade dos salários dos homens brancos (46%), que ocupam o topo da escala de remuneração no país.

Igualdade salarial alavanca a economia do país. Segundo a Organização Internacional do Trabalho (OIT), uma política de "*trabalho igual, pagamento igual*" pode adicionar 0,2 ponto percentual à taxa de crescimento anual do PIB brasileiro.

Se o Brasil aumentar a inserção das mulheres no mercado de trabalho em um quarto até 2025, poderá expandir sua economia em R$ 382 bilhões — um crescimento acumulado de 3,3% ao PIB, segundo a OIT.

Sobre esse ponto, temos um recente e importante avanço legislativo. Em julho de 2023 foi promulgada a Lei 14.611, que dispõe sobre a igualdade salarial e de critérios remuneratórios entre mulheres e homens.[23]

A lei prevê como mecanismos de garantia da igualdade salarial, os seguintes:

> I – estabelecimento de mecanismos de transparência salarial e de critérios remuneratórios;
> II – incremento da fiscalização contra a discriminação salarial e de critérios remuneratórios entre mulheres e homens;
> III – disponibilização de canais específicos para denúncias de discriminação salarial;
> IV – promoção e implementação de programas de diversidade e inclusão no ambiente de trabalho que abranjam a capacitação de gestores, de lideranças e de empregados a respeito do tema da equidade entre homens e mulheres no mercado de trabalho, com aferição de resultados; e
> V – fomento à capacitação e à formação de mulheres para o ingresso, a permanência e a ascensão no mercado de trabalho em igualdade de condições com os homens.[24]

[23] Art. 2º A igualdade salarial e de critérios remuneratórios entre mulheres e homens para a realização de trabalho de igual valor ou no exercício da mesma função é obrigatória e será garantida nos termos desta Lei.

[24] Art. 4º.

A nova legislação prevê ainda que na hipótese de descumprimento será aplicada multa administrativa cujo valor corresponderá a até 3% (três por cento) da folha de salários do empregador, limitado a 100 (cem) salários-mínimos.

A partir dessa lei, que prevê não somente a obrigatoriedade, bem como as sanções pertinentes, passou a ser mais palpável – do ponto de vista corporativo – a questão da igualdade salarial entre os gêneros.

No mesmo sentido, a Comissão de Valores Mobiliários (CVM) aprovou medidas propostas pela B3 para estimular não somente a diversidade de gênero, mas também a presença de grupos sub-representados em cargos de alta liderança.

Por meio do conhecido "pratique ou explique" – formulário preenchido anualmente e protocolado junto à CVM, as empresas de capital aberto cumprem o objetivo de dar transparência ao mercado sobre as ações adotadas para atender as medidas ou explicar os motivos por não adotá-las.

Pela nova regra, as companhias de capital aberto devem eleger pelo menos uma mulher e um integrante de comunidade sub-representada (pessoas pretas, pardas ou indígenas, integrantes da comunidade LGBTQIA+ ou pessoas com deficiência) para seu conselho de administração ou diretoria estatutária em até dois anos da vigência da regra.

Outra regra a ser considerada é a forma de eleição dos membros do conselho e diretoria estatutária com critérios de diversidade (considerando gênero, orientação sexual, cor ou raça, faixa etária ou inclusão de pessoa com deficiência).

As companhias deverão observar as novas regras até 2025, quando deverão comprovar a eleição do primeiro membro – ou justificar a não adoção da prática – e 2026 para o segundo membro.

No caso das novas regras trazidas pela CVM, por ora, são vistas apenas como incentivo às boas práticas já que, a não adoção –, desde que justificada –, não implica nenhuma sanção. Ou seja, não há imposição de obrigação com multa.

Os números publicados pela B3 após a última entrega dos formulários mostram que das 343 companhias listadas 55% não têm nenhuma mulher entre seus diretores estatutários, e 36% não possuem participação feminina no conselho de administração.

Em relação a dados de raça e etnia, dessas 343 companhias, 304 declararam não ter nenhuma pessoa parda na diretoria estatuária, e 310 não têm nenhuma pessoa parda no conselho. A participação de pessoas pretas na alta liderança é ainda menor: elas não ocupam cargos de diretoria estatutária em 336 companhias e não estão nos conselhos de administração de 327 empresas.

Olhando para a História do país, podemos considerar que recentemente tivemos muitos avanços relevantes, incluindo as leis e regras que impõem novas boas práticas. Por outro lado, olhando os números mais de perto, especialmente quando falamos de alta liderança, ainda temos muitas oportunidades de avanço.

4.3 Cadeia de fornecedores, produção, distribuição – atendimento da responsabilidade ESG dos parceiros

Os fornecedores na construção civil são figuras extremamente relevantes na cadeia de valor, pois são eles que tornam possível a efetiva construção e entrega do produto final; tanto fornecedores de produtos tais como cimento, aço, cerâmicas, entre outros, como fornecedores de mão de obra que efetivamente realizam a construção dos empreendimentos.

Em decorrência disso, o relacionamento das incorporadoras e construtoras com seus fornecedores deve ser bastante próximo e monitorado periodicamente.

Do ponto de vista jurídico e de *compliance*, por exemplo, sabemos que toda a cadeia de fornecimento pode impactar o "dono da obra", no que diz respeito às responsabilidades fiscais, trabalhistas, entre outras, na medida em que – não atendidas na forma devida pelos fornecedores poderão recair sobre a incorporadora/construtora.

Tal como disposto na legislação pátria[25], a contratante é subsidiariamente responsável pelas obrigações trabalhistas referentes ao período em que ocorrer o trabalho temporário, e o recolhimento das contribuições previdenciárias correspondentes. Por conta dessa disposição, todas as obrigações dos fornecedores de mão de obra, em relação aos seus colaboradores, não atendidas por eles deverão ser subsidiariamente atendidas pela contratante incorporadora e construtora, como dona da obra.[26]

[25] Lei nº 13.429, de 31 de março de 2017, art. 10, § 7º.

[26] Reis, Ricardo; Feijó, Carmen. TST define responsabilização do dono da obra por obrigações trabalhistas de empreiteiro. *TST Notícias*, em 17 maio 2017, republicada em 18 maio 2017.

Assim como a organização gerencia sua cadeia de fornecedores para assegurar que aspectos regulatórios, de qualidade e de eficiência financeira são cumpridos, é essencial que também implemente meios para acompanhar como seus parceiros comerciais atuam para reduzir ou mitigar impactos dessas atividades à economia, à sociedade e ao meio ambiente.

Ou seja, os aspectos ESG deverão igualmente ser acompanhados, pois uma vez não atendidos, incorporadora e construtora deverão responder subsidiariamente.

Sobre isso, importante ressaltar que a nova lei de licitações e contratos administrativos trouxe novos conceitos para as contratações públicas do ponto de vista da sustentabilidade, o que demonstra que se iniciou uma nova fase no mercado em relação ao tema. As empresas privadas, por analogia, devem ser impulsionadas a observarem também a nova legislação na busca ideal de autorregulação.

A nova Lei nº 14.133, de 1º de abril de 2021, não somente traz como princípio o desenvolvimento sustentável[27], como incentiva a inovação e o desenvolvimento nacional sustentável[28], bem como quando trata particularmente da construção de obras de engenharia e é específica ao mencionar que a remuneração variável deverá levar em conta critérios de sustentabilidade ambiental[29].

Disponível em: https://www.tst.jus.br/noticias/-/asset_publisher/89Dk/content/tst-define-responsabilizacao-do-dono-da-obra-por-obrigacoes-trabalhistas-de-empreiteiro/pop_up. Acesso em: 02 out. 2023.

27 Art. 5º Na aplicação desta Lei, serão observados os princípios da legalidade, da impessoalidade, da moralidade, da publicidade, da eficiência, do interesse público, da probidade administrativa, da igualdade, do planejamento, da transparência, da eficácia, da segregação de funções, da motivação, da vinculação ao edital, do julgamento objetivo, da segurança jurídica, da razoabilidade, da competitividade, da proporcionalidade, da celeridade, da economicidade e do **desenvolvimento nacional sustentável** [...].

28 Art. 11. O processo licitatório tem por objetivos: I – assegurar a seleção da proposta apta a gerar o resultado de contratação mais vantajoso para a Administração Pública, inclusive no que se refere ao ciclo de vida do objeto; II – assegurar tratamento isonômico entre os licitantes, bem como a justa competição; III – evitar contratações com sobrepreço ou com preços manifestamente inexequíveis e superfaturamento na execução dos contratos; IV – **incentivar a inovação e o desenvolvimento nacional sustentável**.

29 Art. 144. Na contratação de obras, fornecimentos e serviços, inclusive de engenharia, poderá ser estabelecida remuneração variável vinculada ao desempenho do contratado, com base em metas, padrões de qualidade, **critérios de sustentabilidade ambiental** e prazos de entrega definidos no edital de licitação e no contrato.

Sobre o tema, a matéria jornalística é contundente ao ressaltar que

> A hora é oportuna para o Estado, partidos políticos, e cada gestor público repensar sua posição na sociedade. Equidade, desenvolvimento e sustentabilidade são conceitos dinâmicos, multidimensionais e urgentes. A lei, sozinha, não é suficiente. Mas esse novo arcabouço regulatório, que está em desenvolvimento, e a observação das respostas desiguais à pandemia do coronavírus e à crise planetária nos convidam a inovar, diversificar e incluir. É inconcebível que se mude apenas para que tudo continue igual. Articular governos, universidades, ONGs, cidadãos e empresas para erradicar padrões insustentáveis – e ilegais – de consumo é tarefa vital. Não podemos perder o timing.[30]

A partir do momento em que a incorporadora e construtora tomam a decisão de perseguir a necessária diretriz da sustentabilidade, vemos como oportunidade relevante a elaboração da matriz de risco da cadeia de fornecedores. Com isso, será possível a compreensão dos pontos de ajustes ou alterações de fornecedores necessários para que os aspectos ESG realmente passem a ser observados por toda a cadeia e sejam incorporados como princípios de contratação da empresa contratante.[31]

Tais princípios, práticas e políticas da incorporadora e construtora devem ser bem definidas e divulgadas em instrumentos que devem ser encaminhados aos fornecedores e empreiteiros. Esses instrumentos devem estar de acordo com os valores, a cultura e as demais políticas da empresa, com abordagem a todos os temas materiais que dizem respeito aos itens de fornecimento, mão de obra e também os de cunho socioambiental.

[30] BETIOL, Luciana Stocco; BLIACHERIS, Marcos Weiss. O novo marco legal de compras e contratações: um novo espaço para anticorrupção, equidade e inovação em compras sustentáveis. *Estadão*, blog Gestão, Política e Sociedade, em 12 jul. 2021. Disponível em: https://www.estadao.com.br/politica/gestao-politica-e-sociedade/o-novo-marco-legal-de-compras-e-contratacoes-um-novo-espaco-para-anticorrupcao-equidade-e-inovacao-em-compras-sustentaveis/. Acesso em: 02 out. 2023.

[31] Para elaboração da matriz de risco da cadeia de fornecedores e definição dos encaminhamentos a partir da análise de contexto, recomendamos: FGV/EAESP, Centro de Estudos em Sustentabilidade. *Sustentabilidade na gestão de fornecedores*: protocolo de matriz de risco – ciclo 2015. Disponível em: https://eaesp.fgv.br/producao-intelectual/iscv-sustentabilidade-gestao-fornecedores-protocolo-matriz-risco-ciclo-2015. Acesso em: 02 out. 2023.

Idealmente, os fornecedores não só devem receber por escrito as regras e políticas, mas devem também ter treinamentos do material e solicitação de adesão a tais políticas e regras adotadas pela incorporadora/construtora. O Código de Conduta da incorporadora, da mesma forma, deve receber a adesão dos fornecedores.

Importante que isso não ocorra somente no estabelecimento inicial da relação. É extremamente relevante que as políticas e regras bem como o Código de Conduta sejam sempre atualizados e que os fornecedores sejam treinados, monitorados e tenham um bom canal de comunicação para que sejam verdadeiramente acompanhados quanto ao seu comportamento em todos os itens, inclusive naqueles relativos à agenda ESG.

Quando falamos de fornecedores é essencial ter a visão do todo, ou seja, durante toda a fase de construção, incorporadora e construtora são corresponsáveis até o resultado final.

Sendo assim, é fundamental que a incorporadora/construtora faça uma boa gestão da cadeia de fornecimento, de distribuição e dos prestadores terceiros com a definição de papeis e responsabilidades, formalização de processos e normas a serem observadas, estabelecendo inclusive os aspectos definidos pela incorporadora/construtora como os aceitáveis em relação aos aspectos ESG.

Tais aspectos devem ser considerados inclusive para a escolha ou manutenção de um fornecedor. Aqueles que atendem aos aspectos ESG devem ser privilegiados quando da tomada de decisões de contratação e/ou manutenção dos fornecedores.

Por exemplo, considerando que a construtora realize a logística reversa, é essencial quando da compra de um produto que já haja negociação por parte da construtora sobre como será realizada a retirada do material não utilizado que será destinado a descarte ou reúso. Os fornecedores que não colaborarem se dispondo a participar da logística reversa do seu produto deverão ser substituídos por outros que atendam tal demanda.

Da mesma forma, em relação aos aspectos necessários a uma boa governança dos fornecedores e também aos aspectos sociais dos colaboradores dos fornecedores.

O ideal é que a incorporadora/construtora elabore um questionário com todos os requisitos mínimos a serem atendidos por seus fornedores para que seja respondido em formato de autoavaliação. De posse dessas informações, a incorporadora/construtora terá uma base para auditar e acompanhar seus fornecedores.

É preciso ressaltar que as soluções ESG, em especial para tratamento de resíduos das obras, logística, reserva para reúso de materiais, novas formas de utilização de água e energia podem e devem ser repensadas em formato inovador juntamente com os fornecedores para que sejam garantidos por todos.

4.4 Cuidados com o entorno – trato com vizinhos

Todos aqueles que já tiveram a "sorte" de estarem localizados em imóvel próximo a uma grande obra de um empreendimento imobiliário, sabem que um dos *stakeholders* mais impactados diretamente do ponto de vista físico é o vizinho da obra.

Não tem como uma obra de um empreendimento não impactar seus vizinhos, seja pelo trânsito de novos caminhões que depositam todo o material a ser utilizado na obra, seja pela circulação e ocupação dos novos e numerosos empreiteiros pelo bairro, bem como e principalmente pelos novos ruídos, que mesmo dentro dos limites legais[32] quanto a horários e decibéis, acabam impactando a vida de quem antes não convivia com esses elementos.

Para que tais impactos sejam minimizados é essencial que incorporadora e construtora imponham regras a serem observadas por aqueles que cuidam diretamente da obra, no canteiro.

Assim, além do atendimento da legislação que diz respeito ao trânsito de caminhões e equipamentos que atendem a obra[33], bem como leis de ruídos e de descarte de lixo e de resíduos de obras nos bueiros e entorno, é essencial que seja criado um protocolo para acompanhamento do gestor da obra. Isso para mitigar da melhor forma possível os impactos aos vizinhos da obra.

Antes do início da obra é recomendado que o gestor da obra faça o reconhecimento do terreno e de todos os limites com a vizinhança.

[32] No Município de São Paulo, Lei do Psiu, Lei nº 16.402, de 23 de março de 2016, regulamentada pelo Decreto nº 57.443/2016.

[33] Sobre legislação de trânsito de caminhões e equipamentos em São Paulo, consultar http://www.cetsp.com.br/consultas/caminhoes/legislacao.aspx.

Em seguida, recomenda-se que sejam elaborados laudos nos imóveis dos vizinhos com peritos devidamente habilitados e com ART recolhida, com atenção especial para as edificações mais antigas em terrenos limítrofes, com a finalidade de evitar que moradores do entorno sejam prejudicados ou até aleguem de forma injusta impactos inexistentes em suas moradias.

Caso haja impactos, os vizinhos cujas moradias sejam eventualmente danificadas pela fundação da obra, por exemplo, devem ser prontamente atendidos para as obras de reformas e reconstituição necessárias.

Como boa prática, é importante que, durante as fases mais críticas da construção e que trazem maior risco às construções vizinhas (tal como na fase das fundações, por exemplo), as vistorias sejam periodicamente realizadas nas construções vizinhas.

Importante também vistoriar – e manter atualização mensal principalmente durante a fase das fundações – as instalações públicas (galerias, esgoto, adutoras, rede elétrica, etc.), com elaboração de relatório fotográfico datado, constando fotos da rua, calçadas, passeios, "bocas de lobos", etc.

A área de abrangência do laudo e acompanhamento periódico estará diretamente relacionada com o tipo de fundação utilizado. Quanto maior o impacto com as fundações, maior a abrangência a ser considerada.

Uma vez realizado o laudo e identificados os eventuais impactos, é essencial que seja traçado um plano de ação para mitigá-los. É essencial que seja elaborado um plano de comunicação com os vizinhos para uma boa interlocução em relação ao que será realizado.

Um plano de comunicação assertivo e transparente contribui para o estabelecimento de uma relação de confiança com os moradores da região, auxiliando na condução de soluções dos problemas gerados de forma harmônica. O relacionamento com a vizinhança nunca é algo simples, portanto, a manutenção de uma boa relação é item bastante positivo para a boa convivência da obra com seus vizinhos e manutenção da boa imagem da incorporadora e construtora para todo o bairro.

Para tanto, sugerimos o seguinte protocolo a ser observado pelo gestor da obra:

a) mapeamento: mapear o trajeto a ser realizado pelas empresas no transporte dos materiais da obra. Identificar as ruas íngremes, estreitas, a localização de vizinhos especiais tais como escolas, hospitais ou casas de repouso e o trânsito de pedestres para definir os melhores trajetos com o objetivo do menor impacto possível;[34]

b) definição de trajetos: as rotas de transporte de materiais da obra precisam ser as mais eficientes possíveis para que gerem menor impacto à vizinhança. Para tanto, os tipos de transportes e horários das entregas devem ser identificados;[35]

c) planejamento da limpeza e os seus recursos: a cada carregamento e descarregamento de materiais e resíduos da obra, a limpeza e manutenção do entorno é de extrema importância para uma boa relação com os vizinhos;[36]

[34] a) ruas íngremes – deverão ser evitadas para que não haja derramamento de concreto; b) ruas estreitas – deverão ser evitadas para que não haja intensificação do trânsito, considerando que durante o descarregamento dos caminhões atrapalham a circulação de outros veículos; c) vizinhos especiais – locais que exigem baixo nível de ruído tais como escolas, hospitais, casas de repouso, entre outros devem ser mapeados, pois mesmo que a legislação esteja sendo observada, devem ser realizadas escolhas ainda mais restritivas em relação aos horários, etc.; d) trânsito de pedestres – a depender do material que esteja sendo carregado ou descarregado na obra é necessário que o trânsito de pedestres seja bloqueado.

[35] a) Dos caminhões betoneiras: as rotas deverão ser definidas em conjunto com a empresa responsável pelo concreto contratado, para evitar caminhos íngremes e estreitos, prevenindo o derramamento do concreto e a intensificação do trânsito; b) dos caminhões de terra: o percurso deverá seguir as mesmas premissas dos caminhões betoneiras, evitando o derramamento de terra nas ruas; c) dos veículos longos como carretas: esses veículos necessitam de trajetos com ruas largas e com duas faixas por sentido preferencialmente, visto que é necessário espaço para a manobra e realização das curvas; d) para as entregas noturnas: elaborar rotas que evitem locais residenciais, dando preferência por regiões comerciais, considerando que o ruído gerado durante o transporte é alto e intensifica o problema com os vizinhos que residem no trajeto dos caminhões.

[36] a) manutenção da limpeza das ruas: ao término de cada serviço de concretagem e/ou transporte de dejetos e materiais, a limpeza da rua deverá ser realizada, removendo o excesso de concreto derramado e/ou de sujeiras como terra levada pelas rodas dos caminhões; b) cuidar das edificações vizinhas: manter as residências vizinhas, sejam elas comerciais ou residenciais, limpas e protegidas dos materiais da obra, como por exemplo, a limpeza das calçadas dos moradores ao redor e a proteção com tela para evitar a queda de resíduos no interior das edificações; c) planejar os recursos: para que os serviços de limpeza sejam realizados corretamente, é essencial considerar a mão de obra necessária para o trabalho, os equipamentos como lavadora de alta pressão, e outros.

d) planejamento do canteiro de obras: o canteiro de obras deve ser dimensionado com bastante cuidado, para evitar transtornos com a vizinhança;[37]
e) comunicação com a vizinhança: como já mencionado acima, o bom relacionamento com os vizinhos depende muito da boa comunicação nas mais variadas fases da obra, seja em situações difíceis, seja com boas notícias das medidas sustentáveis, de melhoria e benefícios para o entorno. Os canais de comunicação com a incorporadora e construtora devem estar sempre à disposição da vizinhança em locais de fácil acesso na obra;
f) comitê de vizinhos: a incorporadora e construtora deve constituir um comitê de vizinhos para análise e acompanhamento de eventuais casos urgentes a serem tratados, visando as melhores soluções possíveis.

Ao término da obra é extremamente importante que os eventuais danos às ruas e calçadas do entorno sejam recuperados e reformados para que as condições do bairro da obra sejam ainda mais valorizadas, não somente com a implantação do novo empreendimento, mas também com as boas condições do entorno.

Eventuais danos aos imóveis vizinhos também devem ser recuperados no menor prazo possível para que o bom relacionamento com a comunidade seja preservado.

[37] a) portões: é importante considerar o ruído gerado na carga e descarga do material na obra e ao seu redor, evitando que a localização do local de entrega de materiais confronte com residências. Se possível, a melhor escolha do local para implantação de portões é em local próximo ao comércio, evitando ruas estreitas, íngremes e considerando o trânsito nas proximidades; b) portaria: a localização da guarita deve estar distante das construções residenciais dando preferência para divisa com comércios vizinhos, considerando que o horário de início do funcionamento da obra é bastante cedo e ocorre aglomeração de funcionários aguardando o horário para a entrada na obra. Caso não existam divisas comerciais, optar por regiões mais distantes das construções residenciais; c) recuos nos tapumes de fechamento: considerar a possibilidade da locação das caçambas em recuos nos tapumes da obra, evitando a disposição na rua, o que gera sujeira, aumento do trânsito local e diminuição das vagas disponíveis para estacionamento, o que conflita até com os caminhões betoneiras que precisam estacionar nas faixas de tráfego comum durante a concretagem.

4.5 Entrega da obra – consumo consciente dos clientes

Como já mencionado anteriormente, não somente as instituições financeiras têm exigido o atendimento dos aspectos ESG pelas incorporadoras e construtoras, como também e, principalmente, os consumidores têm absorvido muito mais os produtos, unidades imobiliárias, que atendam às novas tendências sustentáveis.

Por conta disso, as instituições financeiras inclusive oferecem a melhoria das taxas de financiamento de uma obra, desde que o produto conte com formas mais adequadas durante a construção e também após a entrega da obra, com implantação de materiais que permitam o consumo sustentável no uso da unidade, produto da incorporação.

O selo Edge, por exemplo, criado por uma instituição financeira bastante tradicional do mercado brasileiro financia a construção de edifícios verdes com melhores taxas. A ideia é recompensar as incorporadoras imobiliárias que adotarem tecnologias capazes de gerar uma economia de pelo menos 20% na energia embutida nos materiais usados e também 20% no consumo de água e energia dos edifícios depois de entregues, tanto comerciais, como residenciais.

A adoção das práticas e a economia decorrente serão verificadas e certificadas de acordo com o selo de construção sustentável, criado pela Internacional Finance Corporation – IFC, braço do Banco Mundial.

O selo LEED (sigla de *Leadership in Energy and Environmental Design*) é uma das certificações mais reconhecidas mundialmente. Foi criada em 1993 pelo *United States Green Building Council*, nos Estados Unidos e funciona com sistema de pontuação, sendo que o empreendimento é avaliado nas seguintes categorias:

a) processo integrativo;
b) localização e transporte;
c) espaço sustentável;
d) uso racional da água;
e) energia e atmosfera;
f) materiais e recursos;
g) qualidade do ambiente construído;
h) inovação;
i) créditos de prioridade regional.

Para a obtenção do selo é preciso que o empreendimento atinja pelo menos 110 pontos nas categorias acima. Algumas das vantagens consideradas pela certificadora são: (i) diminuição de custos operacionais e riscos regulatórios; (ii) menor risco de o imóvel se tornar obsoleto e desvalorizado; (iii) melhoria da segurança e da saúde dos trabalhadores e ocupantes; (iv) aumento da produtividade dos funcionários, recuperação dos pacientes (em hospitais), do desempenho de alunos (nas escolas); aumento do ímpeto de compra dos consumidores (em comércio), por aspectos como maior existência de luz natural, por exemplo.

Para o planeta há redução do consumo de água e energia, a mitigação dos efeitos das mudanças climáticas, o uso de materiais e tecnologias de baixo impacto ambiental, além da redução, tratamento e reúso dos resíduos da construção e operação.

Todos esses aspectos devem ser levados em conta pela incorporadora e construtora, seja pelos benefícios diretos, com o aumento de venda dos produtos pela maior aceitação de seu mercado consumidor, seja pelos indiretos, com o aumento dos índices de reconhecimento de marca e reputação.

O consumidor certamente valoriza os produtos que contam com sistema de economia de energia e água pois isso o auxiliará na economia financeira, como também auxiliará na contribuição para um planeta melhor.

Conclusões

Qual o principal objetivo de uma Incorporadora? Gerar lucro? Sim! Mas essa resposta pura e simples não atende mais aos anseios do mercado atual. Para uma busca mais satisfatória para os dias atuais, aprofundamo-nos no conceito de desenvolvimento sustentável, até chegarmos ao ESG.

O desenvolvimento sustentável é entendido como aquele que "*satisfaz as necessidades presentes, sem comprometer a capacidade das gerações futuras de suprir suas próprias necessidades*"[38], conforme constou do Relatório Brundtland.

[38] Gro Harlem Brundtland, na época primeira-ministra da Noruega, que presidiu a Comissão Mundial de Meio Ambiente e Desenvolvimento.

Com o desenvolvimento desse conceito, entendeu-se que as empresas devem assumir um papel de liderança, implementando princípios **ambientais, sociais** e de **governança corporativa** e fornecer informações em seus relatórios sobre o desempenho em um formato mais consistente e padronizado.

A governança é o sistema pelo qual as empresas e demais organizações são dirigidas, monitoradas e incentivadas, envolvendo os relacionamentos entre **sócios, conselho de administração, diretoria, órgãos de fiscalização** e **controle** e **demais partes interessadas**.

As **boas práticas de governança** convertem princípios básicos em recomendações objetivas, alinhando interesses com a finalidade de **preservar e otimizar o valor econômico de longo prazo da organização**, facilitando seu acesso a recursos e contribuindo para a qualidade da gestão da organização, sua longevidade e o **bem comum**.

Os agentes de governança devem cuidar da viabilidade econômico-financeira das organizações, reduzir os impactos negativos de seus negócios e suas operações e aumentar os impactos positivos, levando em consideração, no seu modelo de negócios, os diversos capitais (financeiro, manufaturado, intelectual, humano, social, ambiental, reputacional etc.) no curto, médio e longo prazos.

O bem comum agora preconizado pelas empresas deve levar em conta todos os envolvidos da cadeia de valores de uma empresa. Por conta disso, o lucro e as altas rentabilidades que as incorporadoras buscam para manter sua atividade não é a única resposta para o atendimento da longevidade da empresa.

Atualmente, empresas tais como incorporadoras e construtoras devem atender a um propósito perante o mercado, a sociedade, clientes, colaboradores, fornecedores e órgão reguladores, entre outros.

Considerando o alto impacto ambiental trazido pela construção civil, não somente para o ambiente urbano, mas para todo o planeta, é essencial e urgente que novas formas de consumo de água e energia sejam buscadas pelas incorporadoras.

Os resíduos produzidos na produção da obra devem ser reinseridos na cadeia de produção para reúso, reciclagem ou descarte em locais adequados. Não há mais como incorporadoras e construtoras que realizem suas obras desconsiderando a logística permaneçam existindo no mercado.

Também considerando os altos impactos na produção dos empreendimentos imobiliários é essencial que sejam realizados os inventários de gases de efeito estufa, na busca da neutralização dos GEE dos empreendimentos construídos.

Por fim, considerando que incorporadoras e construtoras são feitas de pessoas, é bastante relevante que seus ambientes contem com a diversidade, igualdade e inclusão de seus colaboradores. Quanto melhor o ambiente e mais respeitado o colaborador se sinta, melhor trabalha, trazendo inclusive maiores resultados para a corporação.

A construção civil conta com os fornecedores de matéria-prima e de mão de obra. Por conta disso, a cadeia de valor das incorporadoras deve ser muito bem monitorada e treinada para que os princípios definidos como mínimos a serem atingidos sejam buscados e respeitados.

A incorporadora e construtora deve ter muito cuidado com os vizinhos e o entorno da obra, quando da sua implantação e durante todo o prazo de realização. Os impactos negativos devem ser evitados por meio de planos de ação identificados como necessários antes e durante a obra. A comunicação entre vizinhos e obra deve ser bastante assertiva e cautelosa para evitar desgastes desnecessários. Os canais de comunicação devem estar sempre acessíveis.

Os produtos imobiliários não somente devem considerar matérias-primas sustentáveis durante a sua produção, como os consumidores já consideram para sua decisão de compra produtos que apresentem menos níveis de consumo de água e energia. Por conta disso, as incorporadoras e construtoras devem considerar em seus projetos produtos construídos com materiais sustentáveis e que contenham formas de consumo também sustentáveis.

Por enquanto, percebemos ao longo deste trabalho que tanto a legislação brasileira, assim como órgãos reguladores ainda não dispõem de forma contundente de exigência em relação aos aspectos ESG.

Contudo, atualmente sabemos que não basta atender exigências legais. Uma boa reputação traz maior chance de manutenção no mercado por longos anos.

O entendimento dos preceitos do ESG tem demonstrado uma enorme tendência de autorregulação das empresas, tais como incorporadoras e construtoras. Ainda mais quando estamos tratando de um mercado com tanto impacto como o da construção civil.

De qualquer forma, importante ressaltar que não levará muito tempo para que as leis e regulamentos passem a apresentar exigências mais restritivas e então, aquelas que já estiverem adequadas em relação às novas tendências, certamente estarão à frente e poderão atender com maior celeridade às demandas.

Referências

BETIOL, Luciana Stocco; BLIACHERIS, Marcos Weiss. O novo marco legal de compras e contratações: um novo espaço para anticorrupção, equidade e inovação em compras sustentáveis. *Estadão*, blog Gestão, Política e Sociedade, em 12 jul. 2021. Disponível em: https://www.estadao.com.br/politica/gestao-politica-e-sociedade/o-novo-marco-legal-de-compras-e-contratacoes-um-novo-espaco-para-anticorrupcao-equidade-e-inovacao-em-compras-sustentaveis/. Acesso em: 02 out. 2023.

COUTINHO, Leandro de Matos. O pacto global da ONU e o desenvolvimento sustentável. *Revista BNDES*, Rio de Janeiro, v. 28 n. 56, p. 501-518, dez. 2021. Disponível em: https://web.bndes.gov.br/bib/jspui/bitstream/1408/22029/1/13-BNDES-Revista56-PactoGlobalONU.pdf. Acesso em: 02 out. 2023.

CVM aprova nova regra de diversidade em conselhos e diretorias; veja o que muda. *InvestNews*, em 21 jul. 2023. Disponível em: https://investnews.com.br/financas/cvm-aprova-nova-regra-de-diversidade-em-conselhos-e-diretorias-veja-o-que-muda/. Acesso em: 02 out. 2023.

D'ANGELO, M. J. *Desenvolvimento de competências para a sustentabilidade*: um estudo sobre a gestão de projetos societais sob a perspectiva de grupos. Dissertação (mestrado) – Programa de Pós-Graduação em Administração de empresas, Centro de Ciências Sociais e Aplicadas, Universidade Presbiteriana Mackenzie. São Paulo, 2009.

ELKINGTON, John; ZEITZ, Jochen. *The Breakthrough Challenge*: 10 ways to Connect Today's Profits with Tomorrow's Botton Line. São Francisco, CA: Jossey-Bass, 2014.

ESG na sua empresa. Prepare sua empresa para uma nova realidade mundial com o CTE, empresa especializada no setor da construção. *Centro de Tecnologia de Edificações*, São Paulo. Disponível em: https://cte.com.br/esg/. Acesso em: 02 out. 2023.

FINANCIAL SECTOR Initiative. *Who Care Wins*. Recommendations to better integrate environmental, social and governance issues in financial analysis, asset management and securities brokerage. 2004. Disponível em: https://documents1.worldbank.org/curated/en/280911488968799581/pdf/113237-WP-WhoCaresWins-2004.pdf. Acesso em: 02 out. 2023.

FGV/EAESP, Centro de Estudos em Sustentabilidade. *Sustentabilidade na gestão de fornecedores*: protocolo de matriz de risco – ciclo 2015. Disponível em: https://eaesp.fgv.br/producao-intelectual/iscv-sustentabilidade-gestao-fornecedores-protocolo-matriz-risco-ciclo-2015. Acesso em: 02 out. 2023.

IBGC – Instituto Brasileiro de Governança Corporativa. *Boas Práticas para uma Agenda ESG nas Organizações*. São Paulo: IBGC, 2022. Disponível em: https://conhecimento.ibgc.org.br/Paginas/Publicacao.aspx?PubId=24587. Acesso em: 02 out. 2023.

Lazarini, Jader. BlackRock tem queda de quase US$ 1 trilhão nos ativos sob gestão. *Suno Notícias*, em 16 abr. 2020. Disponível em: https://www.suno.com.br/noticias/blackrock-queda-1-trilhao-ativos-sob-gestao/. Acesso em: 02 out. 2023.

Leite, Gabriel. Como alcançar a felicidade no trabalho e transformá-la em lucro. *Exame*, em 19 jul. 2022. Disponível em: https://exame.com/bussola/como-alcancar-a-felicidade-no-trabalho-e-transforma-la-em-lucro/. Acesso em: 02 out. 2023.

Luchezzi, Celso; Terence, Mauro Cesar. Logística reversa aplicada na construção civil. *Revista Mackenzie de Engenharia e Computação*, v. 13, n.1, p. 144-160, out. 2013. Disponível em: https://editorarevistas.mackenzie.br/index.php/rmec/article/view/6458/5103. Acesso em: 02 out. 2023.

Marcondes, Fábia Cristina Segatto. *Sistemas logísticos reversos na indústria da construção civil*: estudo da cadeia produtiva de chapas de gesso acartonado. Dissertação (mestrado) – Escola Politécnica da Universidade de São Paulo. São Paulo, 2007. Disponível em: https://www.teses.usp.br/teses/disponiveis/3/3146/tde-08012008-101200/publico/Dissertacao_Fabia_Marcondes_ed_rev.pdf. Acesso em: 02 out. 2023.

Reis, Ricardo; Feijó, Carmen. TST define responsabilização do dono da obra por obrigações trabalhistas de empreiteiro. *TST Notícias*, em 17 maio 2017, republicada em 18 maio 2017. Disponível em: https://www.tst.jus.br/noticias/-/asset_publisher/89Dk/content/tst-define-responsabilizacao-do-dono-da-obra-por-obrigacoes-trabalhistas-de-empreiteiro/pop_up. Acesso em: 02 out. 2023.

SINDUSCON-SP. *Guia Metodológico para Inventário de Emissões de Gases de Efeito Estufa na Construção Civil* – Setor Edificações. SindusCon/SP, Comitê de Meio Ambiente – COMASP, São Paulo, 2015. Disponível em: https://sindusconsp.com.br/download/guia-metodologico-para-inventarios-de-emissoes-de-gases-de-efeito-estufa-na-construcao-civil-setor-edificacoes/. Acesso em: 02 out. 2023.

10. A ADJUDICAÇÃO COMPULSÓRIA NA INCORPORAÇÃO IMOBILIÁRIA: REGIME JURÍDICO E CONSIDERAÇÕES SOBRE A VIA ADMINISTRATIVA

Marina Monteiro Chierighini Lacaz

Introdução

Há décadas, a *desjudicialização* tem sido a tônica de importantes modificações nos direitos notarial, registral e processual[1], sobrelevando-se, nesse meandro: (i) a execução administrativa para leilão extrajudicial de imóveis adquiridos com garantia hipotecária[2], (ii) a execução extra-

[1] Sobre a tendência de desjudicialização, é digna de primeira nota a assertiva de Nancy Andrighi: "[a] desjudicialização dos conflitos, e a promoção do sistema multiportas de acesso à justiça, deve ser francamente incentivada, estimulando-se a adoção da solução consensual, dos métodos autocompositivos e do uso dos mecanismos adequados de solução das controvérsias [...]" (BRASIL. Superior Tribunal de Justiça. 3ª Turma. REsp 1.623.475/PR. Rel. Min. Nancy Andrighi. j. 17/04/2018, *DJe* 20/04/2018). Além de desjudicializar, a Lei 14.382/2022 vem *desburocratizar*, buscando o acesso da população aos sistemas notariais e de registro, à semelhança do art.4º da Lei nº 8.935, de 18/11/1994 ("Lei dos Cartórios"), que regulamentou o art. 236 da Constituição Federal de 1988.

[2] Ao teor do recém-revogado art. 29 do Decreto-lei nº 70, de 21/11/1966, permitindo ao credor se valer de procedimento extrajudicial para execução da dívida hipotecária (atualmente regulamentado pela Lei nº 14.711, de 30 de outubro de 2023).

judicial de alienação fiduciária em garantia de imóveis[3], (iii) a retificação administrativa do registro[4], (iv) o divórcio, a separação e o inventário extrajudiciais[5], e (v) a usucapião extrajudicial, estipulada no art. 216-A da LRP[6].

Nesse rumo, o art. 11 da Lei 14.382/2022 acrescentou dois novos procedimentos perante o Cartório de Registro de Imóveis ("CRI"), facultativos e alternativos à *sempre acessível* via judicial[7]: (i) pelo art. 251-A da LRP, o *cancelamento administrativo do registro* de compromissos em geral, viabilizando, enfim, a efetividade (leia-se: o resultado almejado) da resolução extrajudicial dos compromissos de imóveis *não loteados*, inclusive sob o regime da incorporação[8] e (ii) pelo art. 216-B da LRP, a *adjudicação*

[3] Sob o regime da Lei nº 9.514/1997, que instituiu a alienação fiduciária de imóveis, estipulando procedimento extrajudicial para interpelação do devedor fiduciante para purga da mora, sob pena de consolidação da propriedade em nome do credor fiduciário e leilão extrajudicial para pagamento da dívida (arts. 26 e ss.).

[4] Em função da Lei nº 10.931/2004, que dispôs sobre o patrimônio de afetação nas incorporações e acresceu à LRP os arts. 212 e 213, regulando e ampliando as hipóteses de retificação administrativa do registro imobiliário.

[5] Instituídos pela Lei nº 11.441/2007, que alterou o CPC/1973, acrescendo-lhe os arts. 982, 983, 1.031 e 1.124-A, correspondentes aos arts. 610, 611, 659 e 733 do CPC/2015.

[6] Introduzida à LRP por meio do art. 1.071 do CPC/2015.

[7] Consoante a expressão "[s]em prejuízo da via jurisdicional", constante do *caput* do art. 216-B da LRP.

[8] A resolução extrajudicial das promessas de venda e compra, seguida do cancelamento de seu registro em cartório, já era admitida para os imóveis *loteados,* ao teor do art. 14 do Decreto-lei nº 58/1937, que dispôs sobre o loteamento e a venda de terrenos para pagamento em prestações, reforçado (i) pelo art. 14 do Decreto-lei nº 3.079/1938, que regulamentou o DL 58/1937 e (ii) pelo art. 32 da Lei nº 6.766/1979, Lei de Parcelamento do Solo Urbano, ambos combinados com o art. 250 da LRP. No que tange aos imóveis *não loteados,* inclusive em regime de incorporação, não havia previsão legal *específica* de procedimento via cartório para atestar o inadimplemento, embora a resolução extrajudicial fosse admitida, desde que *presente cláusula resolutiva expressa,* com base no art. 14 do DL 58/1937, cumulado com [a] o art. 1º, par. ún., do Decreto-lei nº 745/1969 – que tratou dos contratos referidos no art. 22 do DL 58/1937 –, alterado pela Lei nº 13.097/2015 para admitir a interpelação *via Cartório de Registro de Títulos e Documentos* ("RTD") do promissário comprador inadimplente para purga da mora, sob pena de caracterização do inadimplemento absoluto, [b] o art. 63 da Lei 4.591/1964, Lei de Incorporações, admitindo a estipulação contratual de *resolução de pleno direito* após interpelado o devedor inadimplente e não purgada a mora, seguida de sub-rogação da comissão de representantes do condomínio para posterior leilão extrajudicial, [c] o art. 1º, VI, da Lei nº 4.864/1965, que criou medidas de estímulo à construção civil, também aplicável aos *imóveis*

compulsória extrajudicial, emergindo como nova ferramenta de acesso ao registro e conferindo *eficiência e celeridade* aos negócios imobiliários.

Adentrando-se os contornos do tema proposto, tem-se que a nova via consiste, em termos práticos, no mecanismo que permite à parte *adimplente* de uma *promessa de aquisição de imóvel*[9] (ou, ainda, de *cessão* ou *promessa de cessão* de direitos aquisitivos), ante a *inércia* da pessoa a quem incumbam medidas necessárias à assinatura do contrato definitivo, solicitar o ato translativo *diretamente no CRI*, evitando a habitual morosidade do Judiciário e o sofisticado contraditório ínsito aos processos de conhecimento.

sob regime de incorporação, prevendo a possibilidade de resolução por inadimplemento após atraso mínimo de três meses de qualquer obrigação contratual e purga da mora em até 90 dias do primeiro descumprimento e [d] o art. 474 do CC/2002, dando nova redação ao par. ún. do DL 745/1969, conjugado com o art. 410 do CC/2002 (i.e., a execução das parcelas inadimplidas, em substituição à cláusula penal). Contudo, antes da Lei nº 14.382/2022, não havia para os imóveis *não loteados* título hábil que permitisse o cancelamento extrajudicial do registro, cfr. art. 250, III, da LRP (veja-se que para os imóveis loteados urbanos, o título registrável era a certidão atestando o não pagamento, cfr. § 3º do art. 32 da Lei 6.766/1979), razão pela qual os compromissários desses imóveis precisavam acionar o Judiciário para obter a resolução do contrato com a consequência do cancelamento. Embora sujeito a críticas, o novo art. 251-A da LRP buscou suprir essa lacuna legal, inaugurando um mecanismo amplo de cancelamento extrajudicial, aplicável tanto a imóveis loteados quanto não loteados, *submetidos ou não ao regime de incorporação*, configurando título hábil a certidão mencionada no seu § 6º (v. Bresolin, Umberto Bara. Alterações na Lei 6.015/1973 (art. 11): art. 251-A da Lei 6.015/1973. *In*: Abelha. André; Chalhub, Melhim; Vitale, Olivar (org.). *Sistema Eletrônico de Registros Públicos*: Lei 14.382, de 27 de junho de 2022 comentada e comparada. Rio de Janeiro: Forense, 2023. p. 421-436).

[9] Contrato firmado em caráter preliminar (também denominado "compromisso", termo empregado como *sinônimo de promessa*, mas guardando algumas diferenças conceituais – vide nota 3), tendo por objeto uma *futura compra e venda* pelo qual o "promitente", "compromitente" ou "promitente vendedor" se obriga a vender bem imóvel ao "promissário", "compromissário" ou "promitente comprador". Para que se caracterize o *contrato preliminar*, devem estar presentes os elementos essenciais do contrato definitivo (ao menos a *coisa bem identificada*, *preço* e o *consenso*), exceto a forma. Tal espécie de pacto obriga as partes a firmar *contrato definitivo* (em geral, uma escritura pública, cfr. art. 108 do CC/2002), o qual poderá ser levado a registro para a transmissão da propriedade. A promessa antecipa, por demais, alguns efeitos do contrato futuro: "... o incorporador transmite ao adquirente os direitos aquisitivos sobre o imóvel, os *iura utendi e fruendi*, e conserva consigo o domínio, que só transmitirá quando o adquirente complementar o pagamento do preço, fazendo-o mediante novo contrato, o de compra e venda." (Pereira, Caio Mário da Silva. *Condomínio e Incorporações*. 15. ed., rev. e ref. Atual. Melhim Chalhub e André Abelha. Rio de Janeiro: Forense, 2022. p. 311).

Da simples previsão legal do original procedimento – e, a bem da verdade, do espírito de toda a Lei 14.382/2022 –, constata-se, ademais, a preocupação do legislador em imprimir maior equilíbrio e estabilidade às relações de cunho aquisitivo, fundamentais à *segurança jurídica* dos negócios imobiliários[10].

Com efeito, em vislumbre dos benefícios trazidos à *incorporação imobiliária* – atividade na qual são muito frequentes as promessas de compra e venda[11] –, destaca-se: (i) sob a perspectiva do *promitente comprador* (seja ele o incorporador que pretende desenvolver empreendimento[12]

[10] Embora haja quem coloque fundada dúvida no papel do sistema registral (v. SILVA, Alexandre Barbosa da. *Propriedade sem registro:* contrato e aquisição da propriedade imóvel. Curitiba: Juruá, 2018), a segurança jurídica é reconhecida como uma das principais contribuições do registro, na medida em que esse estabiliza a titularidade e o desfrute de direitos reais sobre imóveis (BRANDELLI, Leonardo. *Registro de imóveis:* eficácia material. Rio de Janeiro: Forense, 2016. p. 7).

[11] A promessa de compra e venda é dos contratos mais presentes na incorporação imobiliária, podendo anteceder, acompanhar ou suceder o ato de incorporação por excelência. Em caráter antecedente, pode ocorrer como etapa da aquisição do terreno pelo incorporador que se tornará proprietário (qualidade em que alienará as frações ideais ou futuras unidades aos adquirentes, também via *promessas*), etapa essa que também se dá via *promessa de permuta* (embasando adjudicação compulsória, como se verá adiante) ou escritura pública com confissão de dívida. Antes do registro, não é incomum que ocorram alienações, via promessas, de frações ideais (em afronta ao art. 32 da Lei 4.591/1964). Antes ou simultaneamente ao registro da incorporação, é ainda usual que o incorporador se afigure promitente comprador, cessionário ou promitente cessionário de direitos sobre o terreno (vide nota 13 abaixo), caso em que a alienação das frações ideais ou unidades aos adquirentes se dará via *promessas de cessão* ou de "... *cessão de direitos* da fração ideal do terreno e *promessa de venda* das acessões..." (CHALHUB, Melhim Namem. *Incorporação Imobiliária.* 7. ed. Rio de Janeiro: Forense, 2023. p. 230, *d.n.*). Após o ato de incorporação, as promessas estarão presentes desde a fase de vendas, até muitos anos após a conclusão do empreendimento, instrumentalizando, por ex., negócios entre o incorporador e os adquirentes – ou meramente entre particulares – sobre as unidades integrantes da edificação. De modo mais frequente, a promessa firmada com adquirente se dá sobre a *unidade como "coisa futura"*, a preço fechado, assumindo o incorporador o risco total da construção. De modo menos usual, firma-se *promessas sobre fração ideal*, acompanhadas de contrato de construção (por empreitada ou administração), hipótese em que os adquirentes assumem o risco de flutuação do preço, cfr. o custo da obra.

[12] À luz do art. 32, *caput*, *"a"*, da Lei 4.591/1964, o incorporador pode ser tanto o proprietário como o promitente comprador, o cessionário deste ou o promitente cessionário de direitos sobre o terreno (desde que dotado de instrumento irretratável e registrado), devendo, nesses casos, estar imitido na posse e ter expressa autorização para demolir edificações, dividir o

ou o adquirente de fração ideal ou unidade), a *facilitação do alcance do domínio*, para fins de plena disposição do bem e (ii) sob a perspectiva do *promitente vendedor* (seja ele mero proprietário do terreno a ser incorporado[13] ou o incorporador que tenha prometido à venda frações ideais ou unidades), mais rápida extinção de responsabilidades cíveis e fiscais[14].

A despeito dos nobres objetivos da inovação legislativa em mira, a superficialidade e a tautologia do art. 216-B da LRP fizeram-no alvo de críticas, calcadas nas dificuldades antevistas para o seu implemento e efetiva utilização, as quais parecem ter sido superadas, *em parte*, com o novíssimo Prov. CNJ 150/2023[15].

À vista disso – e a par da concepção da adjudicação extrajudicial como *ferramenta* à concretização de um instituto *já existente* e *único*[16], bem como de sua finalidade precípua (i.e., *facilitar o acesso à Justiça*) –, traça-se, de proêmio, o panorama normativo e jurisprudencial que

terreno e alienar frações ideais (Chalhub, 2023, *op cit.*, p. 30). Ostentam a qualidade de incorporador, ainda: (i) o construtor e o corretor de imóveis (art. 31, *caput*, "*b*") munidos do mandato descrito no § 1º do art. 31 e (ii) o ente da federação imitido na posse a partir de decisão proferida em processo desapropriação ("*c*").

13 Afastando-se do conceito, ao teor do art. 30 da Lei 4.594/1964, os proprietários que "...contratem a construção de edifícios que se destinem a constituição em condomínio, sempre que iniciarem as alienações antes da conclusão das obras", os quais se equiparam, nesse cenário, ao incorporador.

14 Para além das despesas *propter rem* (condomínio, IPTU e ITR), o proprietário está sujeito a responder, por ex., por danos causados pela falta de manutenção do imóvel (art. 937 do CC/2002). O novo procedimento busca permitir, assim, que o promitente vendedor rapidamente se desonere de uma série de responsabilidades legais, embora algumas transcendam a regularização do registro (como a responsabilidade ambiental). Na perspectiva das incorporadoras na posição de promitente *vendedoras*, nota-se, ademais, as vantagens de: (i) mais ágil liquidação dos estoques de unidades e (ii) quando constituída uma sociedade de propósito específico, mais rápida dissolução dessa empresa.

15 O normativo, publicado em 15/09/2023, uniformiza enfim as regras aplicáveis ao procedimento de adjudicação compulsória extrajudicial em todo o território nacional, acrescentando o cap. V (arts. 440-A e ss) ao igualmente recente Código Nacional de Normas do Foro Extrajudicial, instituído pelo Prov. CNJ nº 149, de 30/08/2023.

16 Compartilha-se do entendimento de que a adjudicação compulsória extrajudicial se lança apenas como um novo *mecanismo*, alternativo e facultativo, voltado ao alcance de um *instituto jurídico único e já disciplinado*, vez que o art. 216-B não traz novas hipóteses de cabimento do direito à adjudicação compulsória (Borges, Marcus Vinícius Motter. Alterações na Lei 6.015/1973 [art. 11]: art. 216-B da Lei 6.015/1973. *In*: Abelha. André; Chalhub, Melhim; Vitale, Olivar (org.), *op. cit.*, p. 376-377).

culminou no art. 216-B da LRP, a fim de bem delimitar o regime aplicável à adjudicação compulsória, tanto em sua faceta *material*[17] como *instrumental*[18]. Nesse passo, e sob o enfoque desta obra, serão tangenciados aspectos basilares da disciplina, de modo a amparar as considerações do capítulo subsequente e as notas conclusivas[19].

Ao sobredito panorama seguirá uma abordagem pragmática sobre aspectos introdutórios do novo procedimento, situados, quando possível, à luz da legislação, do Prov. CNJ 150/2023 e da jurisprudência já edificada sobre a adjudicação compulsória[20].

[17] I.e., pretensão jurídica, do promissário comprador de imóvel dotado de instrumento com aptidão para lhe conferir direito real à aquisição, a uma tutela apta à aquisição [derivada] da propriedade.

[18] I.e., medida processual ou procedimental, conferida ao compromissário, deduzida perante juízo ou *titular de poder público delegado* competente, visando à substituição da declaração de vontade necessária ao contrato definitivo e à criação de título hábil ao registro. Observe-se que a expressão "*titular de poder público delegado*" parece abarcar os notários e registradores, a quem são atribuídas, em caráter privado e por delegação, funções eminentemente públicas (art. 236 da CF/88), sujeitas à fiscalização do Judiciário (art. 236, § 1º, com o art. 103-B, § 4º, I e III, da CF/88, este introduzido pela Emenda Constitucional nº 45, de 2004). Nesse sentido, chegaram a ser referidos no direito positivo como "serventuários auxiliares da Justiça" (art. 5º, *caput*, do Decreto-lei nº 6.887/1944), embora, após a CF/88 e respectivas emendas, sejam considerados particulares investidos de função pública e equiparados aos agentes públicos para certos efeitos, como os da Lei 8.429/1992.

[19] Nem sempre abordadas de maneira didática pela literatura existente, dificultando, nesse propósito, a convivência de diferentes normas para cada regime de aquisição, assim como as diversas alterações legislativas.

[20] Assim se faz, porque, à míngua de previsão legal detalhada, a construção pretoriana oferece preleções importantes sobre regras direta ou indiretamente aplicáveis. De um lado, inegável a aplicação, na via extrajudicial, de normas do CC/2002 e demais leis que enunciam os pressupostos do direito à adjudicação compulsória (direito único). Considerando então que a construção pretoriana se assenta sobre esses dispositivos, impõe-se aos notários e registradores, a despeito da independência que lhes assegura o art. 28 da Lei dos Cartórios, observar a jurisprudência em tudo aquilo que se referir ao direito material. De outro lado, a hermenêutica dos tribunais sobre os temas processuais concernentes à ação de adjudicação (como legitimidade, possibilidade jurídica etc.) também se mostra útil à superação de dificuldades no âmbito extrajudicial. Por oportuno, e conquanto o tema não seja aqui esmiuçado, consigne-se o entendimento de que certas regras de processo civil poderiam ser invocadas, desde que compatíveis com o art. 216-B e não implicando atividade judicante, a fim de ultrapassar impasses *procedimentais*, mormente por se entender defensável a tese de aplicação supletiva e subsidiária do CPC/2015 aos procedimentos extrajudiciais. Tal aplicação – entende-se – *não*

Enfim, espera-se que este estudo possa fornecer subsídios à utilização da adjudicação compulsória no contexto da incorporação imobiliária, auxiliando, ademais, na análise sobre o cabimento e a conveniência da adoção da via extrajudicial, seja na fase de aquisição e regularização de imóveis para fins de edificação, seja em decorrência da compra e venda de frações ideais do terreno ou unidades do empreendimento.

1. O regime jurídico da adjudicação compulsória: panorama normativo e jurisprudencial

Revolvendo-se o contexto legislativo em que se insere a adjudicação compulsória, vale rememorar a intensa urbanização na década de 1930, fazendo assomar uma miríade de novos negócios imobiliários e o oportunismo de muitos empreendedores, que distratavam ajustes prévios de compra e venda, para depois alienar os imóveis a terceiros por preço mais elevado, locupletando-se às custas dos adquirentes originais[21].

Em vista desse cenário, e a partir do DL 58/1937 – regulamentado pelo DL 3.079/1938 – foi se delineando no país uma peculiar *promessa de compra e venda* (ou *compromisso*[22]): em essência, um contrato preliminar

se dá em virtude de *analogia*, mas de (i) interpretação teleológica e lógico-sistemática por *subordinação* (sobre o tema, vide Ascenção, José de Oliveira. *Introdução à Ciência do Direito.* 3. ed. ver. e atual. São Paulo: Renovar, 2005. p. 390) ou *conformação* (art. 2º do Decreto-lei nº 4.647/1942 ou LINDB), tendo em vista a função *auxiliar* do rito de adjudicação extrajudicial e a *não criação* de um novo instituto (sendo o CPC/2015, sob qualquer ótica, norma *fundante*), ou de (ii) interpretação meramente literal, com base no art. 15 do CPC/2015 (o que é, porém, discutível, incitando despropositado debate para os fins desse estudo). Sobre o tema, vale ainda notar que o processo civil não é estranho ao âmbito extrajudicial, aplicando-se, por ex., em etapas do rito da usucapião (inciso I e § 15 do art. 216-A), na contagem de prazos dos registros públicos (cfr. novo § 3ºdo art. 9 da LRP) e no cancelamento do registro (cfr. o também novo art. 251-A, § 3º, da LRP), nesses casos em função de expressa previsão legal, mas, ainda assim, transparecendo a adequação de normas processuais aos ritos extrajudiciais.

21 Afinal, antes da introdução do regime de irretratabilidade no país, admitia-se o arrependimento do ajuste particular se exigida a forma pública para a "prova do contrato", ao teor do art. 1.088 do Código Civil de 1916. O art. 1.095 do CC/1916 também permitia o arrependimento, mesmo em caso de sinal ou arras. Como a maior parte das aquisições de imóvel exigia escritura pública (art. 134, II, do CC/1916), o arrependimento de negócios imobiliários era bastante frequente.

22 Denominação que, segundo Orlando Gomes, melhor designa o contrato pelo qual o compromitente se obriga a vender bem imóvel ao compromissário por preço, condições e modo pré-determinados, podendo ser substituído por sentença constitutiva, e não mero pacto

tendo por objeto a futura aquisição de imóvel[23], via instrumento público ou particular (arts. 11) que, uma vez *registrado* (art. 23), atribuiria ao promitente comprador *direito real à aquisição*[24] (art. 5º) – e seu inerente poder de sequela, oponível *erga omnes*[25].

definitivo, enquanto a *"promessa"* teria o simples efeito de atribuir *inter partes* a obrigação de firmar contrato definitivo (Gomes, Orlando. *Direitos Reais*. 21. ed., rev. e atual. Por Luiz Edson Fachin. Rio de Janeiro: Forense, 2012. p. 331-332). Em que pese a diferenciação, para os fins deste estudo, os termos serão, em regra, utilizados como sinônimos, vez que são assim tratados pelo direito positivo (é o que pondera Ribeiro, Moacyr Petrocelli de Ávila. *Registro de Imóveis:* anotações à Lei 14.382/2022. Rio de Janeiro: Forense, 2023. p. 108).

[23] Na lição de Darcy Bessone, referindo-se à conceituação de von Thur, "[s]e define o contrato preliminar, ou a promessa de contratar como o *contrato pelo qual ambas as partes, ou uma delas, se comprometem a celebrar, mais tarde, outro contrato, considerado principal ou definitivo*". (Bessone, Darcy. *Da Compra e Venda*: promessa & reserva de domínio. 3. ed. rev. e ampl. São Paulo: Saraiva, 1988. p. 62). De modo geral, e a despeito das diversas teorias existentes sobre o contrato preliminar, visualiza-se tal natureza desde que o instrumento: "... ultrapasse a simples negociação ou a manifestação de intenções, alcançando a vontade das partes, um acordo quanto aos elementos essenciais do contrato a ser efetivado..." (Avvad, Pedro Elias. *Direito Imobiliário*: teoria geral e negócios imobiliários. 4. ed. rev. atual e ampl. Rio de Janeiro: Forense, 2014. p. 369). De rigor se mencionar, sobre o tema, a visão de Antonio dos Reis Junior no sentido de que "[n]ão obstante a conveniência de qualificar a promessa de compra e venda de imóvel como um contrato preliminar *impróprio,* [...] é cada vez mais notória a sua proximidade com um contrato típico e definitivo, *sui generis*" (Reis Júnior, Antonio dos. *A promessa de compra e venda de Imóveis*: os efeitos do inadimplemento em perspectiva civil-constitucional. São Paulo: Almedina, 2018. p. 275). Não obstante, para fins de adjudicação compulsória, suficiente a compreensão de que o regime dos contratos preliminares "...se unificou em torno da possibilidade de [sua] execução específica [...] pela substituição da vontade da parte inadimplente mediante sentença constitutiva [...]" (Reis Júnior, *op. cit*, p. 46-57).

[24] Cfr. apontamentos de Luiz Edson Fachin à obra de Orlando Gomes, "...não é substancialmente um direito absoluto como todo direito real, visto que se dirige, ao ser constituído, contra a pessoa do compromitente ou promitente vendedor. Adquire, porém, eficácia real a partir do momento em que é inscrito no registro imobiliário e trancada, por efeito dessa inscrição, a possibilidade de qualquer disposição sobre o imóvel que implique ou prejudique a pretensão" (Gomes, Orlando. *Direitos Reais*, 2007, *op cit*., p. 366-367).

[25] Na simplificação de Sílvio Venosa, "[o] compromisso registrado confere ao adquirente direito de sequela, permitindo-lhe reivindicar a propriedade ao cumprir o compromisso, exigindo a outorga de escritura pela adjudicação compulsória". (Venosa, Sílvio. *Direitos Civil:* direitos reais. vol. 5. 13. ed. São Paulo: Atlas, 2013. p. 523). Não obstante, a eficácia do compromisso – se *real* (alcançada pelo registro) ou *pessoal* (entre as partes signatárias) – é que delimitará a extensão do direito de sequela, nele compreendido a adjudicação compulsória. Vale dizer: admite-se tranquilamente a medida contra a parte oposta da relação contratual

Ainda no afã de proteção do adquirente, concedeu o DL 58/1937, ao promitente comprador com compromisso registrado[26] e *adimplente* com suas obrigações pecuniárias, o direito de exigir do promitente vendedor a *outorga da escritura definitiva* (art. 15) e, em caso de *recusa*, pretensão à adjudicação do lote (art. 16), i.e., "...um meio de execução da obrigação de prestar declaração de vontade"[27]. A medida, posteriormente denominada *adjudicação compulsória*[28], logo teve seu rito reproduzido no art. 346 do Código de Processo Civil de 1939 ("CPC/1939"), com poucas modificações[29].

que se afigure titular do domínio, em razão da eficácia obrigacional, ao passo que a atribuição de efeitos contra terceiros (assim como a inclusão no polo passivo), pressupõe, a rigor, prévio registro do compromisso e consequente eficácia *erga omnes* (nesse sentido: BR. STJ. 4ª T. REsp nº 9.945/SP. Rel. Min. Athos Carneiro. j. 21/08/1991, *DJ* 30/09/1991, p. 13.491), muito embora haja cediça mitigação do requisito registral pelos tribunais. Note-se, por demais, que o registro do compromisso confere, ao compromissário, aptidão para receber a posse, uso, gozo e fruição, assim como para ceder direitos sobre o imóvel (Avvad, *op cit.*, p. 473).

26 Embora atualmente se reconheça no DL 58/1937 o caráter de norma geral, no contexto da introdução do normativo no ordenamento, a eficácia real estava circunscrita aos compromissos de imóveis *loteados* (urbanos e rurais), desde que "averbados" no CRI (ao teor do art. 4º, *caput*, alínea "*b*", com o art. 23).

27 CREDIE, Ricardo Arcoverde. *Adjudicação Compulsória*. 2. ed. rev. e ampl. São Paulo: RT, 1983. p. 38. Assegurou ainda o DL 58/1937, ao promitente *vendedor* de imóvel loteado, na hipótese de total pagamento do preço, execução forçada da obrigação de receber a escritura, com possibilidade de consignação do imóvel em juízo (cfr. art. 17, par. ún., ainda em vigor), ação essa que foi recepcionada pelo CPC/1939 (pelo art. 347, o qual permaneceu em vigor sob a égide do CPC/1973, ao teor do art. 1.218, I, do CPC/1973). Com a chegada do CPC/2015, os procedimentos do CPC/1939 não abarcados por lei especial restaram submetidos ao procedimento comum (ao teor do art. 1.046, § 3º). Dessa feita, segue vigente a pretensão do compromitente a que se refere o art. 17, par. ún., do DL 58/1937, porém sob as regras do procedimento comum.

28 O termo "adjudicação compulsória" surgiu no direito posto com a Lei nº 649/1949 e passou a constar do *caput* do art. 16 do DL 58/1937 a partir de sua alteração pelo art. 1º da Lei nº 6.014/1973, que adaptou a redação do normativo às mudanças advindas com o CPC/1973.

29 O art. 346 do CPC/1939 previa um rito semelhante ao do DL 58/1937, facultando instrução em caráter sumário por referência ao art. 685 do CPC/1939 e estabelecendo prazo de cinco dias (e não mais de 10), para recebimento da escritura após intimação do compromitente. Em que pese a manutenção do rito, o CPC/1939 foi responsável pela distinção entre a execução de sentença e a ação executiva (SILVA, Luiz T. Barbosa. Da Ação de Adjudicação Compulsória resultante do Contrato Preliminar e do Contrato de Compromisso de Venda e Compra.

Conquanto a pretensão do art. 16 nascesse com o descumprimento de uma *obrigação de contratar*, a ação não objetivava, *em concreto*, compelir o promitente vendedor a firmar o contrato definitivo, eis que resultava em *sentença constitutiva de título hábil* à transferência da propriedade (sendo o ato translativo o registro desse título no fólio real)[30]. Com efeito, já se deduzia da redação original do DL 58/1937 a superação material da declaração da vontade, porquanto, proposta a ação e silente o demandado, lograva-se diretamente uma sentença expropriatória do lote, constituindo *carta de adjudicação* que, tão logo emitida, poderia ser levada a registro para o fim aquisitivo (art. 16, *caput* e § 1º)[31].

Tamanha abrangência da adjudicação compulsória se passou a inferir, com maior evidência, da conjugação do art. 16 do DL 58/1937 com dispositivos dos códigos processuais de 1939 e 1973 que atribuíram, de maneira expressa, um *efeito substitutivo da declaração negocial*[32] às sentenças

São Paulo: *RT vol. 845*, mar./2006, p. 8-9) e, ao recepcionar a adjudicação compulsória no art. 346, também por estender a prerrogativa aos imóveis em geral (loteados e não loteados).

[30] Cfr. o art. 530, I, do CC/1916, que já estampava a regra basilar da transferência da propriedade imobiliária pelo registro do título aquisitivo. A partir do CC/2002, a aquisição da propriedade pelo registro foi disciplinada nos arts. 1.245 e ss.

[31] A repercussão *real* dessa medida (i.e., sua aptidão para o alcance de seu objetivo *mediato*, qual seja: de *transferência da propriedade imobiliária*) se alicerçava, *ab initio*, nos arts. 16, § 2º, do DL 58/1937 e 530, I, do CC/1916. Não obstante se reconhecesse, desde sempre, o potencial da adjudicação compulsória para projeção de efeitos na esfera real, é clássica a lição de que a medida possui caráter eminentemente *pessoal*, porquanto se volta, *imediatamente*, à modificação de situação jurídica pautada em relação puramente obrigacional (conforme explica CREDIE, *op cit.*, p. 26-29).

[32] O denominado "efeito substitutivo" era extraído da combinação do art. 16 do DL 58/1937 com os arts. 346 e 1.006 do CPC/1939, que abordavam, respectivamente: (i) o rito especial da medida (à época cabível apenas contra o *compromitente vendedor* de imóvel *loteado*) e (ii) o efeito "enunciativo" [da vontade negocial] da sentença em ação para execução da obrigação de declarar vontade. Após a revogação do CPC/1939 pelo CPC/1973, o efeito substitutivo passou a resultar: (i) do art. 16 do DL 58/1937 alterado pelo art. 1º da Lei 6.014/1973 (que adaptou o DL 58/1937 ao novo diploma processual, atribuiu rito sumaríssimo à então nomeada adjudicação compulsória e reconheceu o *decisum* passado em julgado, dela resultante, como "título para a transcrição"), cumulado com (ii) os arts. 639 e 641 do CPC/1973 (que previram, respectivamente, o efeito substitutivo das sentenças de obrigações de fazer consistentes em *celebrar contrato* e *declarar vontade*). Em virtude da aptidão para suprir um ato de declaração de vontade e gerar um título hábil à transmissão da propriedade se levado a registro (que passou a ser, nos termos do art. 641, a sentença transitada em julgado), já se pregava ter a adjudicação compulsória "[...] uma direção real, porque o direito que emana de sua procedência, superado

de ações de obrigação de fazer consistentes em *declarar vontade* (art. 1.006 do CPC/1939 e 641 do CPC/1973) e *celebrar contrato* (art. 639 do CPC/1973), efeito esse que se acha sintetizado, hoje, no art. 501 do CPC/2015.

Destarte, passou a adjudicação compulsória a servir como prerrogativa dos compromissários, inicialmente conferida ao adquirente de imóvel *loteado* e, pouco depois, estendida ao adimplente adquirente de imóvel *não loteado* (art. 22 do DL 58/1937, após alteração pela Lei 649/1949)[33], munido de compromisso que, além de registrado "a qualquer tempo" – alcançando, assim, *eficácia real* –, não estipulasse cláusula de arrependimento[34] (ou seja, desde que ostentasse o adquirente promessa dita *irretratável*[35]).

Na esteira da *irretratabilidade* das promessas, nos idos de 1964, as Súmulas 166 e 167 do Supremo Tribunal Federal ("STF") *inadmitiram o arrependimento* em todos os compromissos sob o regime do DL 58/1937, reforçando a necessidade de *registro* dos instrumentos para conformação ao decreto-lei, embora se excepcionasse da exigência os contratos que atribuíssem o registro a cargo do vendedor[36].

o obstáculo da transcrição, pode transferir a propriedade" (CREDIE, *op cit.*, p. 82). Muitas décadas depois, a Lei nº 11.232/2005 revogou os arts. 639, 640 e 641 do CPC/1973 para realocá-los no cap. sobre os efeitos da sentença, respectivamente, nos arts. 466-B, art. 466-C e 466-A, depois substituídos pelo art. 501 do CPC/2015.

33 A alteração do art. 22 do DL 58/1937 pela Lei 649/1949 estendeu o direito à adjudicação compulsória (art. 16), de maneira expressa, aos compromissários de imóveis *não loteados*. Relembre-se, todavia, que medida muito semelhante (conferida aos promitentes compradores de imóveis sob qualquer regime de aquisição) já constava do art. 346 do CPC/1939 (vide nota 29). Depois disso, o art. 22 do DL 58/1937 apenas foi modificado pela Lei 6.014/1973 para estender o direito ali regrado aos *cessionários* de direitos aquisitivos e se adaptar ao revogado CPC/1973, não tendo sido alterado, porém, após o CPC/2015.

34 Tal restrição legal se deu, à evidência, no intento de equilibrar as relações jurídicas entre promitentes compradores e vendedores, evitando-se demasiada rigidez e consequente desestímulo dos negócios aquisitivos.

35 "[I]rretratabilidade significa impossibilidade de arrependimento unilateral" (AVVAD, *op cit.*, p. 349).

36 Confira-se: STF. *Súmula 166* ("[é] inadmissível o arrependimento no compromisso de compra e venda sujeito ao regime do Decreto-Lei 58, de 10-12-1937) e *Súmula 167* ("[n]ão se aplica o regime do Dl. 58, de 10.12.37, ao compromisso de compra e venda não inscrito no registro imobiliário, salvo se o promitente vendedor se obrigou a efetuar o registro"). Brasília/DF: Imprensa Nacional [IN], 1964. p. 89. No mesmo ano, outras súmulas do STF descortinaram

No mesmo ano, o direito à adjudicação compulsória alcançou o *promitente cessionário* de imóveis *não loteados,* com compromisso registrado, irretratável e *com cláusula de imissão na posse*[37] e, especificamente no *regime de incorporação*[38], (i) os *promitentes compradores, cessionários ou promitentes cessionários* de unidades autônomas (art. 32, § 2º, da Lei 4.591/1964)[39] e (ii) o *candidato à aquisição* de fração ideal (imbuído de "carta-proposta" ou "ajuste preliminar" - cfr. art. 35, § 4º[40]).

importantes aspectos dos direitos do promitente comprador. À luz da expressão "desde que inscritos a qualquer tempo" do art. 22 do DL 58/1937, a Súmula 168 passou a admitir que o registro do compromisso se desse no curso da ação (STF. *Súmula 168*. Brasília/DF: IN, 1964. p. 90). De seu turno, as Súmulas 176 e 177, também do STF, ampliaram os direitos dos promitentes compradores e seus cessionários, confirmando a possibilidade de retomada do imóvel, com fulcro no art. 15, IX, da antiga lei do inquilinato (STF. *Súmula 176* e *Súmula 177*. Brasília/DF: IN, 1964. p. 92). Por fim, no mesmo ano, a Súmula 413 do STF veio confirmar a amplitude do art. 22 do DL, após alteração pela Lei 649/1949 (STF. *Súmula 413*. O compromisso de compra e venda de imóveis, ainda que não loteados, dá direito à execução compulsória, quando reunidos os requisitos legais. Brasília/DF: IN, 1964. p. 1.182, 2.198 e 2.238).

[37] Nos termos do art. 69 da Lei nº 4.380/1964, que, entre outras providências, instituiu o sistema financeiro para aquisição da casa própria e o Serviço Federal de Habitação e Urbanismo.

[38] A já citada Lei 4.591/1964 inaugurou disciplina específica sobre o condomínio em edificações e as incorporações imobiliárias, a última regrada no Título II, arts. 28 e ss, dispositivos que foram posteriormente alterados, derrogados e/ou incrementados: (i) pela Lei 4.864/1965, de estímulo à construção civil; (ii) pela Lei 10.931/2004, que, entre outras providências: [a] introduziu à Lei de Incorporações a atual disciplina sobre o patrimônio de afetação (cap. I-A) e [b] por meio de seu art. 54, alterou o § 2º do art. 32 da Lei 4.591/1964 para prever expressamente a irretratabilidade dos contratos de compra e venda, promessa de venda, cessão ou promessa de cessão de unidades autônomas e o direito à adjudicação compulsória com base nesses instrumentos.

[39] O § 2º do art. 32, na redação inaugural, admitia, de maneira econômica, a "averbação" dos contratos de compra e venda, promessa de venda, cessão ou promessa de cessão de unidades autônomas no Registro de Imóveis. Não havia, na Lei de Incorporações, previsão expressa de adjudicação compulsória fundada nesses instrumentos, a qual se extraía da combinação do dispositivo com os arts. 22 do DL 58/1937 e 69 da Lei 4.380/1964. Tal prerrogativa restou expressa com a alteração do § 2º pela Lei 10.931/2004 (adiante retratada).

[40] Elucida Caio Mário da Silva Pereira que o art. 35 surgiu para atender situações anteriores à lei nas quais "...inaugurada uma incorporação pelo anúncio, exposição à venda, exibição de *maquetes*, plantas, projetos, oferecimento de vantagens, o incorporador (ou seu corretor, pois na maioria das vezes ele não aparecia) entregava ao interessado uma proposta logo por este firmada, à qual não apunha o incorporador sua assinatura nem lhe respondia. [...] [d] e uma parte o adquirente deixava sua firma em um instrumento que lhe recordava as obrigações

Com efeito, assegurou o aludido § 4º do art. 35 da Lei 4.591/1964[41]

assumidas, de outra parte não era portador do título formal das do incorporador" (Pereira, *op cit.*, p. 297-299).

[41] A despeito da explicação de Caio Mário sobre a expressão "*cartas propostas e ajustes preliminares*", cujo intento foi abarcar os contratos provisórios e informais, em especial as propostas não subscritas pelo incorporador (vide nota supra), a completa exegese do § 4º do art. 35 (que atribuiu eficácia real a esses instrumentos mediante sua "averbação" no CRI, com o consequente direito à "*obtenção compulsória do contrato relativo à fração ideal de terreno*") demanda a leitura do texto original dos arts. 29, 31, *caput* e § 1º; 32 (depois alterado pela Lei 14.382/2022), *caput* e respectivas alíneas, pars. 2º e 12º, 33 (também modificado pela Lei 14.382/2022) e 34 da Lei, dos quais se compreende que a hipótese em lume se aplica às incorporações na modalidade em que o adquirente assume parte do risco da construção, firmando com o incorporador *promessas sobre fração ideal,* acompanhadas de contrato de construção. Da leitura dos demais dispositivos, compreende-se, ainda, que, somente a partir do registro do memorial, o incorporador pode negociar sobre frações ideais, firmando o chamado "contrato de incorporação" com os adquirentes (i.e., instrumento de alienação das frações ideais do terreno já vinculadas a unidades da construção, contratos esses *registráveis,* adquirindo eficácia real). *Antes* do registro do memorial, em que pese o intenso debate sobre o tema, o incorporador não pode alienar frações ideais ou unidades futuras, sob pena de violação ao art. 32 e sujeição a penalidades. Embora o art. 35 tenha sido concebido à luz dos pré-contratos firmados *sem efetiva vinculação das frações ideais a unidades da construção* (situação que se vislumbra, em regra, *antes do registro do memorial*), nem sempre a assinatura desses instrumentos provisórios configurará infração ao art. 32 (entendendo-se majoritariamente, de maneira análoga, que a mera *reserva de unidades,* sujeita a confirmação futura, *não* configuraria violação ao art. 32). É também possível se cogitar de situação em que propostas ou ajustes incompletos sejam outorgados aos adquirentes mesmo *após o registro* da incorporação, em *stand* de vendas, ou, como relembra Melhim Chalhub, na situação em que, a despeito de ainda não registrado o memorial, já houver projeto de construção aprovado ou pendente de aprovação, ao teor do par. ún. do art. 29 (Chalhub, Melhim, *op. cit.*, p. 33). Em qualquer cenário, findo o prazo de tolerância (art. 33), deve o incorporador revalidar a eficácia (ou, para alguns, a *validade*) do registro por mais 180 dias ou *concretizar a incorporação* (neste caso, *imediatamente* ou, no máximo, em eventual prazo de carência reservado pelo incorporador, também de no máximo 180 dias, cfr. art. 34, § 2º). Transcorrido o prazo de tolerância já revalidado, acrescido de eventual prazo de carência (ou, se ausente prazo de carência, daquele eventualmente estipulado com os adquirentes – v. § 1º do art. 35), o incorporador em atraso na efetivação da incorporação terá 60 dias para outorgar aos adquirentes munidos desses ajustes prévios o "contrato relativo à fração ideal de terreno" (ou seja, o chamado *contrato de incorporação,* na forma de compromisso ou escritura definitiva de compra e venda, cfr. as exigências do art. 32), devendo, também nesse interregno, firmar o contrato de construção e a convenção de condomínio (art. 35, *caput*). Acaso não outorgado o contrato formal ao final dos 60 dias, assegura a lei, no § 4º do art. 35, que os adquirentes podem registrar seus documentos prévios, alcançando direito real e promovendo a "obtenção compulsória do contrato

(ainda em vigor) que as pessoas dotadas de *propostas, reserva de unidades* e documentos afins (i.e., não assinados pelo incorporador ou incompletos), que não tivessem recebido o "contrato sobre a fração ideal" (i.e., o *contrato da incorporação*, consistente na promessa de compra e venda) em até 60 (sessenta) dias após o término de eventual prazo de carência para efetivação da incorporação – ou, se ausente prazo de carência, após

correspondente". Conquanto o dispositivo não tenha empregado a expressão "*adjudicação compulsória*", estavam presentes seus requisitos e suficiente arcabouço legal para a medida (se não pela literalidade do art. 35, § 4º, por sua combinação com os arts. 15, 16 e 22 do DL 58/1937, e, atualmente, com os dispositivos pertinentes do CC/2002 e do CPC/2015). Veja-se que o Tribunal de Justiça de São Paulo já admitiu a adjudicação compulsória à luz do § 4º do art. 35, cfr. TJSP. 1ª Câmara de Direito Privado. Apelação Cível 1031255-47.2017.8.26.0071. Rel. Des. Enéas Costa Garcia. j. 15/09/2020, *DJe* 16/09/2020 e, embora sem menção ao art. 35, com base em *proposta* de aquisição de fração ideal de imóvel incorporado após a distribuição da ação (TJSP. 6ª CDP. AC 0015631-40.2009.8.26.0625. Rel. Des. Costabile e Solimene. j. 31/03/2011, *DJe* 07/04/2011). Em casos análogos, apesar de se admitir em tese a adjudicação compulsória com base em reservas de unidades, rechaçou-se a medida por *ausência de registro* do instrumento (TJSP.5ª CDP. AC 0013023-30.2010.8.26.0562, Rel. Des. A.C. Mathias Coltro. j. 06/07/2011, *DJe* 15/07/2011 e 6ª CDP. AC 1031396-66.2018.8.26.0577. Rel. Des. Enéas Costa Garcia. j. 17/03/2022, *DJe* 17/03/22). Ainda, reconhecendo uma nomeada "declaração" como contrato preliminar, porém inadmitindo a adjudicação por ausência de prova de quitação, v. TJSP. 6ª CDP. AC 0128941-42.2012.8.26.0100; Rel. Des. Francisco Loureiro. j. 14/08/2014, *DJe* 16/08/2014. Em qualquer cenário de atraso na outorga dos contratos (estando ou não a incorporação registrada), estará o incorporador sujeito a multa em prol dos adquirentes, no valor de 50% do montante recebido (§ 5º do art. 35), devida não em razão da afronta ao art. 32 (cuja penalidade se encontra no art. 66), mas do *descumprimento de entrega do contrato ao adquirente* (vide: TJSP. 6ª CDP. AC 1002265-78.2017.8.26.0319. Rel. Des. Rodolfo Pellizari. j. 11/08/2020, *DJe* 11/08/2020). Aplicando a referida multa: STJ. 4ª T. REsp 192.182/MG. Rel. Min. Sálvio de Figueiredo Teixeira. j. 20/11/2001, *DJ* 18/02/2002, p. 447; 3ª T. REsp 678.498/PB. Rel. Min. Nancy Andrighi. j. 25/09/2006, *DJ* 09/10/2006, p. 286 e REsp 1.694.401/MG. Rel. Min. Paulo de Tarso Sanseverino. j. 14/09/2017, *DJe* 22/09/2017. No sentido de que a penalidade independe do registro do ajuste provisório, v. STJ. 4ª T. REsp 147.826/DF. Rel. Min. Barros Monteiro. j. 02/12/2003, *DJ* 29/03/2004, p. 244; 4ª T. Ag em REsp 294.089/RS, Rel. Min. Ricardo Villas Bôas Cueva. j. 30/04/2015, *DJe* de 07/05/2015 e REsp 1.372.046/RS, Rel. Min. Sidnei Beneti, 14/04/2013, *DJ* 26/04/2013. Pela inaplicabilidade da multa se não registrada a incorporação e ausente estipulação contratual: STJ, Ag. em REsp nº 1.170.288, Rel. Min. Marco Buzzi. Public. 03/04/2018; TJRS. 18º Câmara Cível. AC 70062487640. Rel. Des. Pedro Celso Dal Pra. j. 16/04/2015, *DJ* 20/04/2015. Por fim, confira-se julgado do TJSP extinguindo execução da multa por ausência de liquidez e certeza do título, mas admitindo sua exequibilidade, em tese, com base em *proposta de aquisição*: SP. 14ª CDP. TJ. AC 9128238-79.2003.8.26.0000. Rel. Des. Thiago de Siqueira. j. 15/06/2011; *DJe* 29/06/2011.

transcorrido o termo estipulado em "qualquer documento de ajuste preliminar" (cfr. art. 35, § 1º) –, pudessem registrar esses documentos e pleitear adjudicação compulsória (somente viável, nesses casos, se devidamente registrada e efetivada a incorporação[42]).

A Lei de Incorporações prevê, ainda, desde a redação original: (i) nos arts. 14 e 15, uma ação para *adjudicação de frações condominiais* em caso de dissidência de condôminos quanto à reconstrução de edifício e (ii) no art. 63, § 3º, uma hipótese de *adjudicação de direitos sobre fração ideal* do terreno e *parte construída adicionada,* titulados por contratantes que tenham tido seus direitos leiloados em função de inadimplência. Tais situações *não* se coadunam, contudo, com a clássica acepção de adjudicação compulsória, mais se aproximando, a primeira hipótese, da noção de adjudicação como *medida processual expropriatória*[43] e, a segunda, a uma *sequela adjudicatória* decorrente de direito de preferência[44].

[42] À luz da jurisprudência atual, a adjudicação compulsória será considerada juridicamente possível se, no momento de sua apreciação, a incorporação já estiver registrada e efetivada (STJ. Ag. em REsp 1.170.288. Min. Marco Buzzi. j. 16/03/18, *DJe* 03/04/2018). Acerca da *individualização do imóvel* como requisito essencial da medida, ver: STJ. 4ª T. REsp 51.064/CE, Rel. Min. Barros Monteiro. j. 28/05/1996, *DJ* 19/08/1996, p. 28.485. Em sentido análogo: STJ. 3ª T. REsp 1.770.095/DF. Rel. Min. Ministro Marco Aurélio Bellizze. j. 10/05/2022, *DJe* de 17/05/2022, objeto do Informativo 736 do STJ, *in verbis* "[n]ão é cabível a adjudicação compulsória de imóvel pelos promitentes compradores de unidades autônomas adquiridas de incorporadora não titular do domínio do terreno e sem o devido registro do memorial de incorporação no Registro de Imóveis. Em que pese o entendimento supra, "[m]esmo que o promitente-vendedor não outorgue a escritura definitiva, não tem mais ele o poder de dispor do bem prometido em alienação." (STJ. 3ª T. REsp 1.490.802/DF. Rel. Min. Moura Ribeiro. j. 17/04/2018, *DJe* 24/04/2018). Em arremate, o fato de a jurisprudência atrelar a adjudicação compulsória com fulcro no art. 35 ao registro e efetivação da incorporação parece demonstrar que os tribunais seguem admitindo apenas a adjudicação compulsória com base em *contrato preliminar.* Isso porque, com o registro do memorial e o habitual arquivamento do *contrato padrão* (ao teor do art. 67 da Lei 4.591/1964, embora não o exija o art. 32), é possível visualizar todas as cláusulas e termos ausentes no documento firmado pelo adquirente em caráter provisório (ver Pereira, *op cit.*, p. 299), sendo possível então se inferir, da combinação das disposições do ajuste prévio e do *contrato padrão,* a completude da relação jurídica com o adquirente (i.e., um *contrato preliminar*).

[43] Extrai-se do art. 14 da Lei que a medida é cabível por iniciativa da maioria de condôminos que tenha deliberado em favor da reconstrução do edifício, contra a minoria dissidente, na particularíssima situação de total ou parcial destruição ou incêndio. De seu turno, o art. 15 condiciona a pretensão ao depósito do valor da avaliação das frações ideais, precedido de vistoria, prevendo a possibilidade de adjudicação liminar. Trata-se, à evidência, de ação de

Nesse ponto, faz-se mister efetuar breve corte na linha cronológica que se adota, a fim de segregar as ações que, de maneira similar às supracitadas, tenham por objeto o cumprimento de um *direito à adjudicação* de imóvel, *não* atrelado, porém, a um contrato preliminar de promessa de aquisição[45], eis que essas demandas têm sido atecnicamente rotuladas de adjudicação "*compulsória*". É o caso de algumas medidas expropriatórias para satisfação de obrigação (ex.: art. 1.358-S do CC/2002), mas, principalmente, de pedidos de adjudicação de bem imóvel decorrentes de *direitos de preferência*, os quais exprimem, em verdade, *sequela adjudicatória* (não coincidente com a sequela da adjudicação *compulsória*, embora a essa se assemelhe)[46].

expropriação de bem imóvel, não coincidente com a medida de adjudicação compulsória. Explica Ricardo Arcoverde Credie que "[o] vocábulo "adjudicação" significa ato processual tendente à transferência de um bem..." (Credie, *op. cit.*, p. 81 – vide, por ex. o sentido de adjudicação dos art. 825, I, e art. 861, § 2º, do CPC/2015). Já sobre a diferença entre a adjudicação *típica* e a *compulsória*, "[...] vamos encontrar o vocábulo de forma típica para designar o pedido coativo que faz o exequente, para que o juízo lhe transfira bens do patrimônio do devedor, em pagamento da obrigação" (Silva, Luiz T. Barbosa, *op. cit.*, p. 8). A título exemplificativo, uma medida adjudicatória típica (i.e., expropriatória para fins de satisfação de obrigação) parece ser a descrita no art. 1358-S do CC/2002 (introduzido pela Lei 13.777/2018, que alterou o CC/2002 e a LRP para "dispor sobre o regime jurídico da multipropriedade e seu registro"), atribuindo ao condomínio edilício de multipropriedade o direito de adjudicação sobre a *fração de tempo* titulada pelo multiproprietário inadimplente. Pelo exposto, os arts. 14 e 15 da Lei 4.591/1964 parecem contemplar adjudicação em sentido genérico (expropriatório de um bem), porém *atípico* (vez que *não* se volta à satisfação de uma obrigação) e tampouco coincidente com a [também *atípica*] adjudicação *compulsória* (visto que não decorre de promessa de compra e venda com aptidão para conferir direito real à aquisição (aspecto material da adjudicação compulsória), nem se destina a substituir obrigação de contratar (aspecto processual da adjudicação compulsória).

44 Vide menção ao art. 63 na nota de rodapé 9, "[b]". Dispõe o § 3º do dispositivo que: "[n]o prazo de 24 horas após a realização do leilão final, o condomínio, por decisão unânime de Assembleia Geral em condições de igualdade com terceiros, terá preferência na aquisição dos bens, caso em que serão adjudicados ao condomínio".

45 Conferido somente aos promitentes compradores de imóveis, na forma dos arts. 1.225 e 1.417 do CC/2002.

46 Nessa esteira, tem-se que: "[...] a compreensão de que os direitos de preferência acompanhados de direito à adjudicação são direitos reais não merece ser esposada, sendo de rigor a compreensão de que tais direitos são meramente pessoais" (Serpa, Pedro Ricardo e. *A Preferência Legal e Voluntária no Direito Brasileiro*. Tese deDoutorado) – Programa de Pós-graduação da Faculdade de Direito da Universidade de São Paulo. São Paulo-SP, 2016. p. 54). Entre as

O equívoco é compreensível porque, tal como nas adjudicações compulsórias, o fundamento processual para o exercício da sequela é o art. 501 do CPC/2015, em razão de se reconhecer, nos direitos de preferência, uma obrigação do vinculado de declarar vontade[47]. No entanto, não se verifica, nesse tipo de sequela adjudicatória, o principal pressuposto material do direito à adjudicação compulsória, qual seja: a existência de *promessa de compra e venda* de imóvel com aptidão para conferir *direito real de aquisição.*

Em que pese o princípio da instrumentalidade processual, fato é que o emprego do termo "compulsória" sem rigor formal tem potencial de suscitar dúvidas sobre a amplitude do novel procedimento do art. 216-B da LRP, o qual se volta, à evidência, somente à concretização da adjudicação compulsória *por definição*[48].

Adiante, o revogado CPC/1973, em dispositivos originalmente alocados no regramento das execuções e obrigações de fazer (arts. 639 e 641), alçou a *sentença transitada em julgado* proveniente da ação de adju-

sequelas adjudicatórias objeto da ilustrada confusão, encontram-se: (i) a adjudicação de imóvel pelo arrendatário rural, no caso de alienação sem a devida notificação do arrendatário para exercício de preempção (art. 92, §§ 3º e 4º da Lei 4.504/1964, o Estatuto da Terra), como em STJ. 4ª T. REsp 1.175.438/PR. Rel. Min. Luis Felipe Salomão. j. 25/03/2014, *DJe* 05/05/2014 e AgInt no REsp 1.319.234/MG. Rel. Min. Maria Isabel Gallotti. j. 14/03/2017, *DJe* 20/03/2017; (ii) a expropriação do imóvel locado por inquilino, com contrato averbado na matrícula, que tenha sido preterido na oportunidade de adquirir o imóvel (cfr. art. 33 da Lei 8.245/1991), como se nota dos julgados STJ. 3ª T. REsp 1.554.437/SP. Rel. Min. João Otávio de Noronha. j. 02/06/2016, *DJe* 07/06/2016 e AgInt no REsp 1.780.197/CE. Rel. Min. Moura Ribeiro. j. 19/08/2019, *DJe* 21/08/2019; (iii) a adjudicação de quinhão de condomínio indivisível pelo condômino que não tenha sido comunicado da intenção de sua venda a terceiro (art. 504 do CC/02), vide STJ. 3ª T. AgInt. no REsp 1.672.849/SP. Rel. Min. Nancy Andrighi. j. 09/09/2019 *DJe* 11/09/2019; e (iv) o direito a que refere o art. 1.795 do CC/2002 (atribuído ao coerdeiro que não tenha sido cientificado de intenção de cessão de direitos sucessórios), como se verifica do *decisum* STJ. 3ª T. REsp 1.870.836/RS. Rel. Min. Nancy Andrighi. j. 13/10/2020, *DJe* 19/10/2020.

[47] A esse respeito, confira-se Serpa, *op. cit.*, p. 271.

[48] Discorda-se respeitosamente, nesse sentido, da posição de que haveria omissão legislativa, no art. 216-B da LRP, quanto às hipóteses de adjudicação contempladas nos arts. 14 e 15 da Lei 4.591/1964 e 1.358-S do CC/2002 (ver BORGES, 2023, *op. cit.*, p. 382-383), pois as medidas em tela, entre tantas outras hipóteses de adjudicação de bem imóvel tuteladas pelo direito civil, não parecem traduzir a peculiar sequela de adjudicação compulsória.

dicação compulsória a *título hábil ao registro*[49], ensejando ademais a atual redação dos arts. 16 e 22 do DL 58/1937[50].

Em seguida, com a regulação dos imóveis *loteados urbanos* pela Lei 6.766/1979, a adjudicação compulsória em prol dos compromissários desses lotes passou a ser regida pela referida lei especial[51], o que tornou o DL 58/1937 norma de caráter geral, mantida a aplicação do art. 22 aos compromissários de imóveis *não loteados*[52].

Em 2000, na senda da jurisprudência já majoritária sobre a prescindibilidade do registro da promessa para fins de adjudicação com-

[49] Entre as principais alterações na disciplina da adjudicação compulsória, o CPC/1973 equiparou o cumprimento de sentença à execução, com tratamento equânime aos títulos executivos judicial e extrajudicial. Contudo, já se pregava, sob a égide do CPC/1973, que a adjudicação compulsória deveria estar alocada entre as ações de conhecimento (v. Silva, Luiz T. Barbosa, *op. cit.*, p. 11). O regramento foi orginalmente inserido no cap. III, destinado às execuções e obrigações de fazer, o que só se modificou com a Lei 11.323/2005, que transferiu a disciplina dos cumprimentos de sentença para o Título VIII ("Do Procedimento Ordinário"), realocando, como visto, a previsão do efeito substitutivo da sentença de ações de obrigação de declarar vontade e celebrar contrato para o cap. VIII ("Da Sentença e da Coisa Julgada"), nos arts. 466-A e ss.

[50] Por força da Lei 6.014/1973, que (i) adaptou os citados dispositivos ao CPC/1973, (ii) assegurou eficácia real às cessões registradas de direitos aquisitivos sobre imóveis não loteados e (iii) conferiu aos respectivos cessionários o direito à adjudicação compulsória.

[51] A Lei de Parcelamento do Solo Urbano consolidou a irretratabilidade dos compromissos sob tal regime (art. 25), previu para o caso de recusa na outorga da escritura, procedimento para notificação do devedor, seguido de registro do ajuste preliminar visando à substituição deste pelo contrato padrão (na prática, atribuição à promessa dos mesmos efeitos do contrato definitivo) e, em caso de impugnação do devedor, ação de adjudicação compulsória do lote (art. 27). Note-se, ainda, que a Lei 9.785/1999 acrescentou à lei em comento o importante § 6º do art. 26, prevendo que a promessa e instrumentos equiparados "valerão como título para o registro da propriedade do lote adquirido, quando acompanhados da respectiva prova de quitação". Malgrado se cuide de previsão longeva e em vigor, tal espécie de solicitação registral não chegou a se tornar prática comum nos cartórios extrajudiciais (cfr. observa Provin, Alan Felipe. Inquietações Preliminares sobre a Adjudicação Compulsória Extrajudicial de Bem imóvel. *Revista de Direito Imobiliário*. São Paulo: IBRADIM. vol. 8, nº 8, jul. 2022. p. 10).

[52] Com efeito, o DL 58/1937 continuou servindo de regra geral para os contratos sob todos os regimes de aquisição (inclusive o de loteamento rural), entendendo-se, contudo, que o art. 22, em função de previsão legal *expressa e não revogada*, permaneceu restrito ao regime de imóveis *não loteados*.

pulsória[53], consignou o STJ, na Súmula 239, que "[o] direito [...] não se condiciona ao registro do compromisso..."[54].

Pouco depois, trouxe o CC/2002 previsão expressa e *ampla*: (i) do *direito real à aquisição* (art. 1.225, VII)[55], titulado pelo compromissário com instrumento público ou particular (art. 108)[56], *sem cláusula de arrependimento* e *registrado* (art. 1.417), e (ii) do *direito à adjudicação compulsória* em prol do compromissário *titular de direito real*, oponível tanto em face do promitente vendedor como de seus *cessionários* (art. 1.418). Ademais, o novo diploma disciplinou o *contrato preliminar* (arts. 462 a 466)[57], facultou a estipulação contratual de *arrependimento* (art. 420)[58] e atri-

[53] Ver, por ex. STJ. 3ª T. REsp 30/DF. Rel. Min. Eduardo Ribeiro. j. 15/08/1989, *DJ* 18/09/1989, p. 14.663 e STJ. 3ª T. REsp 19.414/MG. Rel. Min. Valdemar Sveiter. j. 12/05/1992, *DJ* 08/06/1992, p. 8617, entre muitos outros na mesma esteira (a despeito de maior controvérsia envolvendo imóveis *não loteados*, como estampa o acórdão STF. RE 68.732/MG. Rel. Min. Thompson Flores. j. 25/05/1970, *DJ* 14/08/1970, p. 3501). Já se exigia, ademais, o registro do compromisso para as ações movidas *em face de terceiros* (vide STJ, REsp 9.945/SP, *cit.*).

[54] STJ. Súmula 239. Brasília/DF: *DJ* 30/08/2000, p. 118. Observe-se que a Súmula 84 do STJ já admitia, desde 1993, "a oposição de embargos de terceiro fundados em alegação de posse advinda do compromisso de compra e venda de imóvel, ainda que desprovido de registro" (STJ. Brasília/DF: *DJ* 02/07/1993 p. 13.283).

[55] Com efeito, o CC/2002 inseriu no rol de direitos reais (art. 1.225) o *direito do promitente comprador do imóvel* (inciso VII). A regra basilar de transmissão da propriedade imobiliária pelo registro do título aquisitivo se encontra reproduzida no art. 1.227, que enuncia: "[o]s direitos reais sobre imóveis constituídos, ou transmitidos por atos entre vivos, só se adquirem com o registro no Cartório de Registro de Imóveis dos referidos títulos (arts. 1.245 a 1.247), salvo os casos expressos neste Código".

[56] Exige-se a escritura pública para validade da transferência de direito real sobre imóvel, ao teor do art. 108 do CC/2002, nos negócios imobiliários cujo valor supere 30 vezes o maior salário-mínimo vigente no País, "*não dispondo a lei em contrário*".

[57] Disciplina genericamente aplicável aos compromissos sobre imóveis, sobrelevando-se: (i) o art. 462 (segundo o qual o contrato preliminar deve observar, exceto quanto à forma, todos os requisitos essenciais do contrato definitivo), (ii) o art. 463 (atribuindo direito da parte de exigir a celebração do contrato definitivo, desde que ausente cláusula de arrependimento e registrado o contrato, nos termos do par. ún.) e (iii) o art. 464 (atribuindo o direito de pleitear o suprimento da declaração de vontade da parte inadimplente, em medida apta a conferir caráter definitivo ao contrato preliminar – "salvo se a isto se opuser a natureza da obrigação" – após decorrido o prazo estipulado para outorga do contrato definitivo).

[58] Previu o art. 420 do CC/2002 (correspondente, em parte, ao antigo art. 1.095 do CC/1916), a possibilidade de estipulação contratual do "direito de arrependimento para qualquer das

buiu, salvo disposição em contrário, as despesas de escritura e registro a cargo do comprador e, as de tradição, a cargo do vendedor (art. 490)[59].

Não obstante o teor da Súmula 239 do STJ, o CC/2002 ensejou *renovado debate* sobre a exigência de *prévio registro* do compromisso nas aquisições de imóveis *não loteados*[60], pacificando-se enfim o entendimento do STJ no sentido de se *dispensar o registro* para a adjudicação compulsória em face do *promitente vendedor que seja titular do domínio*[61] e, a

partes", hipótese em que "as arras ou sinal terão função unicamente indenizatória. [...]", superando, por conseguinte, as antigas súmulas 166 e 167 do STF.

[59] Repetindo o que já dispunha o art. 1.129 do CC/1916, regra que contribuiu para consolidar a prática, nas incorporações imobiliárias, de se imputar ao adquirente a obrigação de providenciar e arcar com a escritura definitiva (em prazo contratual iniciado após a devida quitação do preço e, em geral, depois de notificação específica por parte do incorporador). Antes do CC/2002, o STJ já corroborava com a regra de que "[a]s despesas com a tradição solene, ou seja, com a transcrição [*rectius*: com o registro], não [eram] do vendedor" (STJ. 3ª T. REsp 2.223/RS. Rel. Min. Gueiros Leite. j. 14/08/1990, *DJ* 01/10/1990, p. 10.444). O entendimento se manteve sob a égide do CC/2002 (ex.: TJSP.6ª CDP. AC 9156653-43.2001.8.26.0000. Rel. Des. Vito Guglielmi. j. 15/12/2005, *DJe* 15/02/2006), atribuindo-se também ao comprador, em regra, a obrigação de pagar os tributos e encargos da transmissão da propriedade (TJSP. 10ª CDP. AC 1035919-48.2015.8.26.0506. Rel. Des. Carlos Alberto Garbi. j. 26/09/2017, *DJe* 27/09/2017). Os encargos não alcançam, entretanto, "as despesas com o cancelamento de hipoteca constituída pela incorporadora em favor de instituição financeira antes da promessa" (TJSP. 1ª CDP. AC 1033645-27.2017.8.26.0576; Rel. Des. Francisco Loureiro. j. 02/02/2018, *DJe* 02/02/2018).

[60] Quanto aos imóveis *loteados*, a questão restou relativamente superada com o § 6º do art. 26 da Lei 6.766/1979, que transformou a promessa de venda e compra de lotes quitada em título hábil ao ato translativo. Sobre o tema, veja-se o Enunciado 87 da I Jornada de direito civil, de set. 2002: "Considera-se também título translativo, para fins do art. 1.245 do novo Código Civil, a promessa de compra e venda devidamente quitada (arts. 1.417 e 1.418 do Código Civil e § 6º do art. 26 da Lei n. 6.766/79)". JDC I, III, IV e V: enunciados aprovados (Coord.: Aguiar Júnior, Ruy Rosado), 2012. Já no que se refere aos imóveis *não loteados*, observou-se maior divergência, especialmente ante a necessidade de registro trazida pelos arts 1.417 e 463, par. ún. do CC/2002. Nesse sentido, deflagrou-se receio de que a inovação teria tornado inaplicável a Súmula 239 do STJ (Silva, Luiz T. Barbosa, *op. cit.*, p. 12). Como exemplos de acórdãos da época reputando o registro essencial para fins de adjudicação compulsória, tem-se: STJ. 3ª T. AgRg no Agravo de Instrumento 1.120.674/RJ. Rel. Min. Sidnei Beneti. j. 28/04/2009, *DJe* 13/05/2009; e TJSP. 9ª CDP. AC 1020701-64.2014.8.26.0554. Rel. Des. Mariella Ferraz de Arruda Pollice Nogueira. j. 28/08/2018, *DJe* 30/08/2018.

[61] Nesse sentido, o entendimento anotado no Enunciado 95 da I JDC, de set. 2002: "[o] direito à adjudicação compulsória [art. 1.418 do novo Código Civil], quando exercido em face do promitente vendedor, não se condiciona ao registro da promessa de compra e venda

contrario sensu, reputá-lo *necessário* para a produção de efeitos da sentença *perante terceiros*[62].

Em 2004, o art. 54 da Lei 10.931/2004[63] alterou o § 2º do art. 32 da Lei 4.591/1964 para: (i) reforçar a *irretratabilidade* dos *contratos, promessas, cessões e promessas de cessão* de compra e venda de unidades autônomas e sua eficácia *erga omnes* a partir do *registro*[64], e (ii) prever expressamente

no cartório de registro imobiliário [Súmula n. 239 do STJ]". A posição ventilada pauta-se na clássica conceituação da adjudicação compulsória como pretensão jurídica de caráter *pessoal* (vide notas 29 e 34) e com a jurisprudência atual – *bastante majoritária* – do STJ (vide, entre outros, STJ. 2ª T. REsp 1.698.807. Rel. Min. Herman Benjamin. j. 21/11/2017, *DJe* 19/12/2022. 4ª T. AgInt no REsp 1.546.262/MT. Rel. Min. Raul Araújo. j. 22/08/2022, *DJe* 26/08/2022 e 3ª T. REsp 2.036.558/DF. Rel. Min. Nancy Andrighi. j. 21/03/2023, *DJe* 23/03/2023). Ainda quanto à desnecessidade de registro, há precedente do STJ considerando a prevalência de promessa quitada *não registrada* sobre adjudicação em hasta pública levada a registro (STJ. 3ª T. REsp 1.221.369/RS. Rel. Min. Nancy Andrighi. j. 20/08/2013, *DJe* 30/08/2013). Sob a ótica da dispensabilidade do ato registral, por fim, note-se que o registro não tem o condão de obstar a constrição de direitos aquisitivos objeto de compromissos (STJ. 3ª T REsp 2.015.453/MG. Rel. Min. Nancy Andrighi. j. 28/02/2023, *DJe* 02/03/2023).

62 Confiram-se as notas 27 e 55, bem como os seguintes julgados: STJ. 4ª T. REsp 40.665/SP. Rel. Min. Dias Trindade, j. 08/02/1994, *DJ* 04/04/1994, p. 6686; REsp 64.457/RJ. Rel. Min. Sálvio de Figueiredo Teixeira. j. 08/10/1997, *DJ* 09/12/1997 e REsp 195.236/SP. Rel. Min. Cesar Asfor Rocha. j. 23/10/2001, *DJ* 15/04/2002, p. 221. Mais recentemente: STJ. 3ª T. REsp 1.490.802/DF. *DJe* 24/04/2018, *op. cit.* Na mesma linha (i.e., da adjudicação compulsória como demanda de caráter pessoal), entende-se que a coisa julgada não atinge terceiros de boa-fé (STJ AgInt no REsp 1.852.345/ES. Rel. Min. Paulo de Tarso Sanseverino. j. em 25/05/2021, *DJe* 08/06/2021). Por derradeiro, ilustra uma das motivações para o registro da promessa o Enunciado 253 da III JDC, de dez. 2004, *in verbis*: "[o] promitente comprador, titular de direito real (art. 1.417), tem a faculdade de reivindicar de terceiro o imóvel prometido a venda".

63 Mencionada nas notas 5 e 40, supra.

64 Nesse tocante, note-se que a Medida Provisória nº 1.085, de 27/12/2021, convertida na Lei 14.382/2022, suspendeu temporariamente a vigência da redação do dispositivo dada pela Medida Provisória nº 2.221/2021, equivalente à redação atual (i.e., prevendo a irretratabilidade das promessas e instrumentos equiparados no contexto da incorporação). A Lei 14.382/2022 *não revogou* o art. 32, § 2º, da Lei 4.591/1964, de modo que o dispositivo voltou a vigorar com a redação dada pela MP 2.221/2001. Em função da temporária suspensão de vigência, no ínterim entre a MP 1.085/2021 e sua conversão na Lei 14.382/2022, chegou-se a defender que teria se efetivado "o fim da irretratabilidade compulsória dos contratos de alienação das unidades autônomas" (Oliveira, Carlos Elias, 2022, *apud* Gomide, Alexandre. A irretratabilidade da promessa de venda e compra e a Lei 14.382/2022. *Revista de Direito Imobiliário*. São Paulo: IBRADIM. v. 8, ano 4, jul. 2022. p. 79). Compartilha-se do entendimento, contudo, de que *não* se modificou o regime de irretratabilidade, porque (i) a uma, não houve

a *adjudicação compulsória* com base nos aludidos instrumentos contratuais, em face do *incorporador e seus sucessores.*

Na década seguinte, notou-se vívido debate jurisprudencial sobre a disciplina em estudo, passando-se, ilustrativamente, a: (i) considerar a adjudicação compulsória medida *imprescritível*, por se tratar de *direito potestativo*[65], (ii) afastar a ação como causa interruptiva da pretensão à

revogação do dispositivo, mas simples suspensão de sua vigência, voltando o texto a vigorar com a conversão da MP 1.085/2021 em lei (não havendo que se falar sequer em repristinação) e (ii) a duas, jamais foi revogado o art. 67-A, § 12º, da Lei 4.591/1964, que determina que uma vez transcorrido o prazo para o direito de arrependimento, o contrato se torna irretratável (v. Gomide, 2022, *op. cit.*, p. 79).

[65] Ainda na vigência do CC/1916, a jurisprudência se inclinava pela aplicação do prazo prescricional de 20 anos, cfr. art. 177 do CC/1916 (ex.: STJ. 4ª T. REsp 16.391/RJ, Rel. Min. Sálvio de Figueiredo Teixeira. j. 04/05/1993, *DJ* 21/06/1993, p. 12.370 e TJSP. 2ª CDP. Proc. 0079190-23.1997.8.26.0000. Rel. Des. Francisco de Assis V. Pereira. *DJ* 03/04/2001), considerado o *dies a quo* a data de pagamento da última prestação ou da integralização do preço (STJ. 4ª T. REsp 219538/SP. Rel. Min. Ruy Rosado de Aguiar. j. 25/04/2000, *DJ* 19/06/2000). Sob a égide do CC/2002, firmou-se corrente, *muito majoritária*, pela imprescritibilidade da pretensão à adjudicação compulsória, somente atingida pela prescrição aquisitiva. Nesse sentido: STJ. 4ª T. REsp 369206/MG. Rel. Min. Cesar Asfor Rocha. j. 11/03/2003, *DJ* 30/06/2003; 4ª T. REsp 1.216.568/MG, Rel. Min. Luis Felipe Salomão. j. 03/09/2015, *DJe* 29/09/2015 e 3ª T. AgInt no REsp 1.584.461/GO. Rel. Min. Ricardo Villas Bôas Cueva. j. 13/05/2019, *DJe* 21/05/2019. Confira-se, ainda: TJSP .4ª CC. AC 363.775.4/9-00 (proc. 9100659-25.2004.8.26.0000). Rel. Des. Francisco Loureiro. j. 19/03/2009, *DJe* 07/04/2009 e 3ª CDP. AC 1026287-87.2016.8.26.0562. Rel. Des. João Pazine Neto. j. 17/07/2020, *DJe* 17/07/2020. Em recentíssimo posicionamento, ver: STJ. 3ª T. AgInt no Ag. em REsp 2.237.459/TO. Rel. Min. Paulo de Tarso Sanseverino. j. 03/04/23, *DJe* 27/04/2023 e TJSP. 8ª CDP. AC 1006221-37.2014.8.26.0019. Rel. Des. Theodureto Camargo. j. 21/07/2023, *DJe* 21/07/2023. Confira-se, também, os Informativos do STJ 165 e 570. Em corrente minoritária (i.e., pelo prazo prescricional de 10 anos, aplicável às ações cominatórias, cfr. art. 205 do CC/2002), vide TJSP. 31ª CDP. AC 992.09.085202-7. Rel. Des. Paulo Ayrosa. j. 09/03/2010, *DJe* 24/03/2010; 2ª CDP. AC 0006149-06.2009.8.26.0581. Rel. Des. Fábio Tabosa. j. 30/04/2013, *DJe* 30/04/2013 e AC 1014324-12.2016.8.26.0068. Rel. Des. Álvaro Passos. j. 26/11/2019. Desafiando a posição majoritária, há também o entendimento doutrinário pela incidência do prazo quinquenal (à luz do art. 206, § 5º, I, do CC/2002) para as medidas fundadas em *promessas não registradas*, entendendo-se que a ação se torna imprescritível *a partir do registro do compromisso* (Tepedino, Gustavo, *et al. Código Civil interpretado conforme a Constituição da República*. vol. III. Rio de Janeiro: Renovar, 2001. p. 852). Não se olvida, por fim, a existência de críticas à abordagem do tema à luz da prescrição (e não da decadência), problemática que não será, contudo, objeto desta análise.

cobrança do pagamento do preço[66], (iii) admitir o registro das *promessas de permuta* e a adjudicação compulsória com fulcro nesses instrumentos[67] e (iv) permitir a chamada "*adjudicação compulsória inversa*" (i.e., aquela promovida *em face do promitente comprador*), com fulcro no art. 463 do CC/2002[68].

[66] Ver TJSP. 4ª CDP. AC 0011667-82.2011.8.26.0006. Rel. Des. Teixeira Leite. j. 04/09/2014, *DJe* 05/09/2014. Quanto ao prazo prescricional da ação de cobrança das parcelas do preço, havia divergência, sob a égide do CC/1916 (10 ou 20 anos). Com o advento do CC/2002, fixou-se o entendimento jurisprudencial majoritário pela aplicação do prazo quinquenal, com base no art. 206, § 5º, I (exs.: TJSP. 3ª CDP. AC 0000860-06.2013.8.26.0338. Rel. Des. Carlos Alberto de Salles. j. 09/09/2014, *DJe* 10/09/2014; 2ª CDP. Proc. 1007510-77.2018.8.26.0564. Rel. Des. Hertha Helena de Oliveira, j. 23/03/2021, *DJe* 24/03/2021; e 8ª CDP. AC 1065886-64.2016.8.26.0002. Rel. Des. Mônica de Carvalho. j. 19/07/2021, *DJe* 19/07/2021), considerando o *dies a quo* a data de vencimento da última prestação (TJSP. 2ª CDP. AC 1075101-88.2021.8.26.0002. Rel. Des. José Joaquim dos Santos. j. 27/03/2023, *DJe* 27/03/2023).

[67] Nesse tocante, já se tinha como referência o entendimento do STF pela aplicabilidade às permutas das regras pertinentes às promessas de compra e venda (STF. RE 89.501-RJ. Rel. Min. Rafael Mayer. j. 13/11/1979, *DJ* 07.12.79). Vide ainda o *Enunciado 435*, da *V JDC*, de maio/2012: "[a]rt. 462: O contrato de promessa de permuta de bens imóveis é título passível de registro na matrícula imobiliária". A Lei 14.382/2022 vem, então, consolidar a registrabilidade das permutas e promessas de permuta, por meio da manutenção dos itens "18" e "30" no inciso I do art. 167 da LRP (já assim modificados, em caráter temporário, desde a MP 1.085/2021, precursora da nova lei). Confira-se, por fim, ex. de acórdão acolhendo a adjudicação compulsória com base em promessa de permuta: TJSP. 4ª CDP. AC 9125699-04.2007.8.26.0000. Rel. Des. Francisco Loureiro. j. 29/05/2008, *DJe* 09/06/2008.

[68] Como visto (nota 29), o art. 17 do DL 58/1937 já assegurava ao promitente vendedor uma ação para cumprimento forçado do recebimento da escritura pelo adquirente adimplente, medida que, se persistida a inércia, resultava em *consignação judicial do lote pelo compromitente*. A pretensão descrita no art. 17 segue em vigor, embora se concretize, atualmente, sob as regras do *procedimento comum*, via ação de obrigação de fazer – v., por ex., TJSP. 8ª CDP. AC 1002225-97.2022.8.26.0068. j. 16/08/2023, *DJe* 16/08/2023). Embora permitisse a liberação quanto às despesas sobre o imóvel, referida demanda não tinha repercussão no folio real. Ainda sobre o tema, relembre-se o do art. 463 do CC/2002 (vide nota61) e do art. 490 do CC/2002 (vide nota 61), pautando o entendimento [ainda atual] de que o comprador é a parte responsável pela lavratura e registro da escritura, cfr. se vê em TJSP. 4ª CDP. AC 480.798-4/7. Rel. Des. Ênio Zuliani. j. 29/01/2009, *DJe* 06/03/2009; 3ª CDP. AC 9232212-35.2003.8.26.0000. Rel. Des. Carlos Alberto Garbi. j. 13/09/2011, *DJe* 15/09/2011; 4ª CDP. AC 0022826-03.2012.8.26.0001. Rel. Des. Carlos Henrique Miguel Trevisan; j. 18/04/2013, *DJe* 22/04/2013 e 8ª CDP. AC 0008575.09.2013.8.26.0077. Rel. Des. Alexandre Coelho. j. 07/10/2015, *DJe* 08/10/2015. À vista disso, natural que se passasse a admitir a adjudicação compulsória *inversa*, consoante sistematicamente o fez a jurisprudência, em anos recentes.

Sobreveio, enfim, o CPC/2015, que, como já mencionado, condensou no art. 501 a previsão do *efeito substitutivo* das sentenças provenientes de ações visando a uma *declaração de vontade*, mantendo o artigo inserto no regramento do *procedimento comum* (art. 318 e ss)[69], dessa feita, porém, em seção própria aos julgamentos de ações de prestação de fazer[70].

Em caráter mais recente, a Lei nº 13.786, de 27.12.2018 (Lei dos Distratos) modificou aspectos da resolução dos compromissos, alterando a Lei de Incorporações para prever, notadamente, a *possibilidade de arrependimento* pelo adquirente que tenha assinado contrato em *stand* de vendas ou fora da sede do incorporador, exercível no interregno máximo de sete dias (art. 67-A, § 10º), após o qual o contrato se torna *irretratável* (§ 12º)[71], inclusive para efeitos de adjudicação compulsória. Mantém-se, destarte, o regime legal de *irretratabilidade* dos compromissos de imóveis

Confira-se: STJ. REsp 1.767.964. Rel. Min. Paulo de Tarso Sanseverino. j. 05/02/2020, *DJe* 07/02/2020; TJSP. AC 1008315-16.2018.8.26.0019. Rel. Des. Vito Guglielmi. j. 14/04/2020, *DJe* abr. 2020, 10ª CDP. AC 1000297-54.2019.8.26.0412. Rel. Des. Jair de Souza, j.12/05/2020, 3ª CDP. AgIn 2279211-04.2022.8.26.0000. Rel. Des. Carlos Alberto de Salles. j. 09/05/2023, *DJe* 09/05/2023 e 8ª CDP. AC 1002210-24.2022.8.26.0038. Rel. Des. Salles Rossi j. 30/05/2023, *DJe* 30/05/2023. Por derradeiro, interessante que, apesar de consistir a prova de quitação um dos pressupostos da adjudicação inversa, já se tenha rechaçado a alegação de falta de pagamento por parte do promitente comprador, por configurar a conduta *venire contra factum proprium* (TJSP. 33ª CDP. AgIn 2041069-12.2022.8.26.0000. Rel. Des. Sá Moreira de Oliveira. j. 04/04/2022, *DJe* 05/04/2022).

[69] Nesse tocante, a visão de que tratar da disciplina no capítulo das execuções "...não fazia sentido, se se considerar que obrigações de prestar declarações de vontade não constituem títulos judiciais ou extrajudiciais, de forma a justificar o uso da ação executiva propriamente dita" (SANCHES, Sydney, 1978 *apud* NERY JÚNIOR, Nelson; NERY, Rosa Maria de Andrade. *Código de Processo Civil Comentado*. 17. ed. ver. atual. e ampl. São Paulo: Thomson Reuters RT, Brasil, 2018. p. 1358).

[70] O dispositivo foi alocado em capítulo destinado à sentença e à coisa julgada (cap. XIII), não mais entre os efeitos da sentença, mas na seção IV, "[d]o julgamento das ações relativas às prestações de fazer [...]".

[71] As mudanças na disciplina de resolução dos compromissos surgiram em contexto de excessiva permissividade dos "distratos" em sede jurisprudencial, deflagrando a necessidade de parâmetros mais firmes para extinção das promessas e instrumentos equiparados. No que tange à possibilidade de arrependimento, a inovação se deu tanto no regime da Lei de Incorporações, quanto da Lei de Parcelamento do Solo Urbano (cfr., respectivamente, os arts. 35-A, VIII, e 67-A, pars. 10º a 12º, da Lei 4.591/1964 e o art. 26-A da Lei 6.766/1979 – em consonância, aliás, com o art. 49 do Código de Defesa do Consumidor).

abarcados pela Lei nº 4.591/1964, tanto sob a ótica do incorporador[72], quanto do adquirente[73].

Inserta nesse vasto e arrevesado ambiente normativo, a adjudicação compulsória no âmbito da incorporação se encontra alicerçada, atualmente: (i) em caráter genérico, no CC/2002 (arts. 1.225, VII, 1.277, 1.417, 1.418 e dispositivos relativos ao contrato preliminar), (ii) também genericamente, no DL 58/1937 (arts. 15, 16 e 22, especialmente quanto ao requisito de quitação do preço), (iii) de modo especial, na Lei 4.591/1964, delimitando as hipóteses admitidas (§ 2º do art. 32 e § 4º do art. 35) e estabelecendo o regime de *irretratabilidade* do compromisso de venda e compra (arts. 32, *caput*, "a", art. 34, art. 32, § 2º e art. 67-A, § 12º) e (iv) por fim, na Súmula 239 do STJ, dispensando em geral o registro dos compromissos para o manejo da ação.

Sob a perspectiva processual, a medida se concretiza na forma do art. 501 do CPC/2015[74], em obrigação de fazer que, em vez de ensejar perdas e danos em caso de descumprimento, dá azo a uma sentença que, após o trânsito em julgado, serve como ato translativo[75]. Em paralelo, convivem com a ação de adjudicação compulsória demandas visando ao cumprimento *concreto* de prestações *correlatas*, como a efetiva outorga da

[72] Seja na aquisição de direitos sobre imóvel a ser incorporado (cfr. art. 32, *caput*, alínea "a" da Lei 4.591/1964) ou na promessa de venda de unidades, facultando-se o arrependimento desses contratos, por iniciativa do incorporador, em eventual prazo reservado de carência (nos termos do art. 34 da Lei 4.591/1964).

[73] Cfr. arts. 32, § 2º e 67-A, § 12º, da Lei 4.591/1964.

[74] Aplicam-se, como visto, as regras do procedimento comum (art. 318 e ss do CPC/2015), amoldando-se, ainda, às ações de adjudicação compulsória, as normas dos arts. 139, IV, 497, 536 e 537 do CPC/2015, de modo a admitir cumulação de multa cominatória (cfr. STJ. 4ª T. AgInt no REsp 1.559.178/SP. Rel. Min. Marco Buzzi. j. 27/05/2019, *DJe* 03/06/2019). Tratando-se de ação de natureza pessoal, a competência será a do foro eleito contratualmente, seguida pelo foro do domicílio do réu (art. 46 do CPC/2015). No Estado de São Paulo, entretanto, será competente o foro do local do imóvel, por força do art. 4º, I, "b", da Lei Estadual 3.947, de 08/12/1983 (que modificou parcialmente a Organização Judiciária da Comarca de São Paulo/SP).

[75] Configura a adjudicação compulsória exceção à regra, nas ações de obrigação de fazer em que se tenha a recusa do devedor que pode cumprir a obrigação em caráter exclusivo (arts. 247 e 499 do CPC/2015). Desse modo, "o título a ser registrado deixa de ser o contrato definitivo (art. 221, I e II, Lei 6.015/1973) e passa a ser a respectiva carta de sentença, mandado ou documento equivalente (art. 221, IV, Lei 6.015/1973)" (Provin, *op. cit.*, p. 11).

escritura e outras providências exigíveis pela parte adimplente de um contrato preliminar para futura aquisição imobiliária[76].

Do ponto de vista de cabimento material, tem-se buscado perquirir sobre a *essência* e o *conteúdo* do ajuste, acolhendo-se o pedido se vislumbrada a promessa de aquisição (ainda que se cuide de avença acessória ao objeto do contrato)[77], desde que atendidos os demais requisitos legais e os elencados pela jurisprudência[78].

Dispõem de *legitimidade ativa* para a adjudicação compulsória *tradicional*, em regra, os promitentes compradores, seus cessionários e sucessores e, para adjudicação *inversa*, os promitentes vendedores (assim como seus cessionários e sucessores)[79].

[76] A esse respeito, confira-se TJSP. 1ª CDP. AC 1000567-43.2020.8.26.0477. Rel. Des. Enéas Costa Garcia. j. 11/08/2023; *DJe* 11/08/2023: "[o] fato de o legislador ter conferido ao compromissário-comprador instrumento mais poderoso para dar eficácia ao contrato preliminar, [...] não é óbice à utilização das regras gerais relativas ao cumprimento da obrigação de fazer [...] quando, por conta de óbices do registro imobiliário, não for possível obter a adjudicação compulsória".

[77] Observa-se, exemplificativamente, o acolhimento de adjudicação compulsória fundada em (i) opção de compra de imóvel (ex.: TJSP. 5ª CDP. AC 1119509-98.2020.8.26.0100. Rel. Rodolfo Pellizari. j. 03/09/2021, *DJe* 03/09/2021), (ii) acordo homologado judicialmente, caso em que o pedido pode ser deduzido em cumprimento de sentença (ver MG. TJ. 12ª CC. AC 1.0625.03.025953-9/001. Rel. Des. Domingos Coelho. j. 12/02/2021, *DJe* 22/02/2021 e TJSP. 3ª CDP. AI 2279211-04.2022.8.26.0000. Rel. Des. Carlos Alberto de Salles. j. 09/05/2023, *DJe* 09/05/2023) e, até mesmo, (iii) compromisso verbal (ver BA. TJ. AC 0535820-20.2014.8.05.0001. Rel. Des. Márcia Borges Faria, *DJe* 23/01/2020 e TJSP. 6ª CDP. AC 1008488-78.2021.8.26.0037. Rel. Des. Maria do Carmo Honorio. j. 25/02/2023, *DJe* 25/02/2023).

[78] A respeito dos requisitos consolidados na jurisprudência do TJSP, confira-se: "além da regularidade do imóvel, para que o compromisso de compra e venda gere direito à adjudicação compulsória, deve preencher determinados requisitos, a saber: a) que o contrato preliminar tenha sido celebrado com observância do disposto no art. 462 do Código Civil, ou seja, que contenha todos os requisitos essenciais do contrato a ser celebrado, com exceção da forma; b) que do contrato preliminar não conste cláusula de arrependimento. [...]. Lembre-se, porém, [...] que a lei e a jurisprudência colocam diversos limites à cláusula de arrependimento e ao momento em que pode ser alegada; c) que o promitente vendedor esteja em mora; d) que haja adimplemento da contraprestação devida pelo promitente comprador, se exigível" (TJSP. 4ª CDP. AC 0119138-88.2005.8.26.0000, Rel. Des. Francisco Loureiro, j. 25/08/2011, *DJe* 31/18/2011).

[79] A propósito, note-se não se entender necessária a vênia conjugal se o promitente comprador casado firmou sozinho o contrato preliminar, embora essa seja exigida no que se refere ao

Já quanto à *legitimidade passiva*, não há dúvidas sobre ser parte necessária o *promitente vendedor* que se afigure *titular do domínio*, posicionando-se o STJ, reiteradamente, pela ausência de litisconsórcio necessário dos cedentes e necessária inclusão, na lide, do promitente vendedor[80]. À luz dessa orientação geral e do teor da Súmula 239 do STJ, em diversas situações, tem-se admitido a medida em face de *terceiros*, mesmo que o contrato preliminar não se encontre registrado[81].

promitente vendedor, quando demandado, à luz do art. 1.647, I, do CC/2002 (Costa Junior. Francisco José de Almeida Prado Ferraz. Adjudicação compulsória extrajudicial: primeiras ideias. *Revista de Direito Imobiliário*. São Paulo: RT, *vol.* 93, ano 45. jul.-dez. 2022. p. 4-5). Por demais, cumpre trazer à baila o entendimento firme de que, na sucessão *mortis causa*, antes da partilha, é legitimado apenas o espólio, representado pelo inventariante (v. STJ. 3ª T. REsp 1.622.544/PE, Rel. Min. Nancy Andrighi, j. 22/09/2016, *DJe* 04/10/2016 e REsp 1.743.886. Min. Manoel Erhardt. *DJe* 03/08/2021), somente se admitindo o ingresso dos herdeiros, em nome próprio, *após a partilha* (TJSP. 10ª CDP. AI 2092363-69.2023.8.26.0000. Rel. Des. Angela M. P. de Rezende Lopes. j. 17/07/2023, *DJe* 17/07/2023).

80 Posicionamento que se dá à luz do art. 348 do CC/2002. Nesse sentido: STJ. 3ª T. REsp 648.468/SP. Rel. Min. Carlos Alberto Menezes. j. 14/12/2006, *DJ* 23/04/2007, p. 255 e AgRg no Ag 1.120.674/RJ, Rel. Ministro Sidnei Beneti. j. 28/04/2009, *DJe* 13/05/2009; 3ª T. AgInt no AREsp 1.442.859/RJ. Rel. Min. Marco Aurélio Bellizze. j.09/09/2019, *DJe* 12/09/2019, bem como 4ª T. AgInt no AREsp 1.623.806/RS. Rel. Min. Marco Buzzi. j. 28/09/2020, *DJe* 01/10/2020 e REsp 1.825.467. Min. Nancy Andrighi. j. 01/07/2020, *DJe* 03/08/2020. Na mesma linha, reputa-se parte ilegítima o cessionário que não é titular do domínio (TJSP. 9ª CDP. AC 0024285-97.1999.8.26.0000. Rel. Des. Ruiter Oliva. *DJe* 24/02/2000). Em sentido contrário (em caso contemplando promessas registradas), vide julgado do TJSP pela necessidade de inclusão dos cessionários no polo passivo, em atenção ao princípio da continuidade registral: TJSP. 6ª CDP. AC 1028231-92.2015.8.26.0002. Rel. Des. Costa Netto. j 30/07/2021, *DJe* 30/07/2021.

81 A legitimação passiva na adjudicação compulsória *em face de terceiros* (i.e., sem relação contratual com o demandante) é questão que, dogmaticamente, guarda pertinência com o *registro* das promessas, pois é por meio da inscrição no fólio real que se alcança o direito real à aquisição com sequela *erga omnes* (sobre o tema: Moura, Mário Aguiar. Adjudicação compulsória com fundamento em promessa de compra e venda não registrada. *Revista de Processo*, São Paulo: RT, *vol.* 44, dez. 1986. p. 264-272). Daí decorre a aptidão da adjudicação compulsória para, não só suprir a declaração de vontade do contratante, como alcançar "a incorporação do bem objeto do contrato ao patrimônio do adquirente [contra qualquer pessoa que o titule]" (Tepedino, *op. cit.*, p. 851-852, referindo-se à obra de Silvio Rodrigues). A despeito da clareza conceitual quanto à configuração e os efeitos do direito real à aquisição (e da expressa exigência legal do registro para eficácia da medida *erga omnes* – à luz, por ex., dos arts. 1.225, VII, 1.227, 1.417 e 1.418 do CC/2002 e do art. 32, § 2º, da Lei 4.591/1964), a celeuma atinge zona espinhosa quando em contraste com o entendimento consolidado acerca da prescindibilidade

A orientação geral não resolve, porém, todos os casos de legitimação passiva envolvendo terceiros à relação contratual. Trazida a questão para o âmbito da incorporação, visualiza-se, para além da falta de precisão técnica no que tange à prescindibilidade do registro, ausência de parâmetros jurisprudenciais claros nas situações em que o *incorporador não ostenta a posição de promitente vendedor* e/ou *não é* ou *deixou de ser* proprietário do terreno[82].

do registro (pautado na Súmula 239 do STJ – vide notas 53, 60e 1), aplicada, hoje, de maneira *irrestrita*. Com efeito, visível a tentativa dos tribunais de amoldar a disciplina à realidade dos negócios imobiliários (permeados por grande *informalidade* e, no contexto da incorporação, desconhecimento dos adquirentes quanto às próprias atribuições contratuais e prerrogativas legais, e até quanto à necessidade do ato translativo). Sob esse aparente viés, i.e., de estimular a regularização registral, bem como para proteger o compromissário adimplente (cujo instrumento muito se aproxima ao contrato definitivo – vide nota 4), passa-se muitas vezes *ao largo* da exigência do registro da promessa na adjudicação em face de terceiros, especialmente quando a ausência dessas pessoas na lide possa implicar a inviabilidade do registro. Nessa senda, há acórdãos considerando correta a propositura da adjudicação compulsória contra o promitente vendedor proprietário, ainda que totalmente estranho à relação contratual, mas reputando expressamente *desnecessário* o registro (ex.: STJ. 3ª T. REsp 96.372/RJ. Rel. Min. Nilson Naves, j. 03/11/1998, *DJ* 29/03/1999, p. 160). Em outros acórdãos, apesar de por vezes se extinguir a ação por ilegitimidade passiva (se ausente, em geral, o proprietário do imóvel ou promitente vendedor), admite-se em tese a inclusão do proprietário no polo passivo *sem se perquirir sobre o prévio registro do contrato preliminar* (vide, por ex., TJSP.3ª CDP. AC 1011985-82.2019.8.26.0001. Rel. Des. Beretta da Silveira. j 13/11/2020, *DJe* 13/11/2020).

[82] São corriqueiros ou podem ocorrer, nesse contexto, uma multiplicidade de cenários, todos eles ensejando dúvidas sobre a legitimação passiva (à luz do caráter eminentemente pessoal da ação de adjudicação compulsória, em cotejo com a orientação geral do STJ, aparentemente insuficiente para abarcar grande parte das situações fáticas presentes na incorporação). Seguem ilustrados alguns deles: (i) o incorporador prometeu vender unidades aos adquirentes na qualidade de *promitente comprador, cessionário ou promitente cessionário* do imóvel e permaneceu nessa posição, caso em que as adjudicações compulsórias promovidas pelos adquirentes (com fulcro em instrumentos de cessão ou promessas de cessão) deverão contemplar a presença do proprietário (terceiro estranho à relação contratual), havendo divergência, contudo, sobre a *legitimidade ou não do incorporador* (contratante que não é proprietário, tampouco promitente vendedor); (ii) o incorporador firmou contratos com os adquirentes na qualidade de *promitente comprador, cessionário ou promitente cessionário*, mas depois *cedeu seus direitos a terceiros*, casos em que as adjudicações compulsórias (pautadas nos mesmos instrumentos contratuais supra referidos) terão como legitimado necessário o titular do domínio (podendo ser ele, nesse caso, tanto o promitente vendedor, como o cedente, o próprio incorporador ou o promitente cessionário etc. – tudo a depender da situação registral). Nesse cenário, na contramão da orientação geral do STJ, poderia se afigurar parte legítima necessária um dos

Ainda, quanto aos requisitos materiais da adjudicação compulsória, exige-se, essencialmente: (i) a *comprovação integral do pagamento do preço*[83] (por meios de prova diversos), exigência que é *pontualmente mitigada*

cedentes, se titular do domínio (e não necessariamente o promitente vendedor), remanescendo a dúvida, aqui, quanto à participação do incorporador que não ostenta posição de promitente vendedor, tampouco é proprietário; (iii) o incorporador alienou frações e unidades na qualidade de proprietário (promitente-vendedor), mas após do negócio, ocorreu [a] sucessão civil *inter vivos*, com a transferência da propriedade do imóvel a terceiro, em decorrência de negócio jurídico de cunho aquisitivo (doação, venda, etc.) ou *expropriação* do bem (por ex., para satisfação de dívida de credor hipotecário ou do condomínio); [b] *sucessão civil mortis causa* (em decorrência de falecimento do incorporador ou pessoa física a ele equiparada) ou [c] *sucessão comercial*, em razão de extinção do incorporador pessoa jurídica (por dissolução, liquidação, incorporação, cisão etc.). Em todos os casos de sucessão, é clara a legitimidade do sucessor (pessoa estranha à relação contratual), persistindo dúvidas, porém, quanto à legitimidade do ex-proprietário/ promitente vendedor; e (iv) o incorporador foi *sucedido* nessa qualidade, por *mandatário*, no contexto do art. 31, § 1º da Lei 4.591/1964 (vide nota 14) ou no caso de *falência* ou *destituição do incorporador por paralisação da obra* (art. 43, VI e VII, c/c o art. 31-F da Lei 4.591/1964). Nessas situações, se o incorporador é proprietário, parece natural que se reconheça a sua legitimidade, assim como a legitimação passiva do mandatário (que poderá ser, por ex., o corretor de imóveis ou a Comissão de Representantes, nos termos dos pars. 5º e 7º do art. 31-F). Fato é que não se extrai da jurisprudência parâmetros muito claros acerca da legitimação passiva na adjudicação compulsória envolvendo terceiros (exceção feita à já mencionada orientação do STJ). Nesse sentido e, à míngua de conclusões contundentes, registra-se aqui a visão de que a inclusão no polo passivo, como regra (i) do proprietário tabular (promitente vendedor ou não), juntamente com (ii) a parte que contratou com o autor da demanda (dada a sua pertinência subjetiva em relação à causa de pedir) solucionaria boa parte das situações fáticas supra aludidas, além de se conformar à exigência legal de inclusão do incorporador, que se infere do art. 32, § 2º, e do art. 35, § 4º, da Lei 4.591/1964. Converge Eduardo Talamini quanto ao litisconsórcio passivo necessário de todos os contratantes (Talamini, Eduardo. Adjudicação compulsória extrajudicial: pressupostos, natureza e limites. *Revista de Processo* vol. 336, ano 48, fev. 2023, p. 321). Ainda sobre o tema, há que se registrar o posicionamento de Luiz Antonio Scavone Junior, no sentido de não ser a adjudicação compulsória ação adequada "[...] para obter a propriedade quanto o promitente vendedor não é titular do domínio do imóvel [...]" (Scavone Junior, Luiz Antônio. *Direito Imobiliário*: teoria e prática. 18 ed. Rio de Janeiro: Forense, 2022. p. 384), vez que a sentença seria inócua, à luz do princípio da continuidade dos registros públicos, cabendo nesses casos indenização por perdas e danos ou a usucapião.

83 Alguns julgados situam a prova da quitação do preço como condição da ação: TJSP.2ª CDP. AC 0024906-45.2012.8.26.0451. Rel. Des. José Carlos Ferreira Alves. j. 24/09/2013, *DJe* 25/09/2013 e 10ª CDP. AC 1013484-85.2020.8.26.0577. Rel. Des. Jair de Souza, j. 19/08/2022, *DJe* 19/08/2022), enquanto outros aduzem se tratar de questão atinente ao mérito: TJSP, AC 0000860-06.2013.8.26.0338, *op cit.*

pela jurisprudência, à luz da teoria do adimplemento substancial, da ausência de interpelação em mora por parte do promitente vendedor[84] e da *prescrição do direito de cobrar* o preço (tema este permeado por *grande controvérsia*[85])[86], e (ii) *prova da pretensão resistida*, i.e. da recusa ou inércia à outorga ou recebimento da escritura.

[84] O tema da interpelação em mora (objeto de muitos debates doutrinários e jurisprudenciais), dadas as limitações espaciais deste artigo, não será propriamente retratado, focando-se aqui na compreensão de que o requisito de comprovação de quitação plena do preço é por vezes relativizado, na jurisprudência, quando o promitente comprador em atraso com parcelas do preço não foi interpelado em mora por parte do promitente vendedor, à luz do entendimento [majoritário] pela necessidade de interpelação para conversão do inadimplemento relativo em absoluto (STJ. 4ª T. AgRg no REsp 1.092.018, Rel. Des. Maria Isabel Diniz Gallotti Rodrigues j. 03/02/2015, *DJe* 09/02/2015), bem como do DL 745/1969 e da *Súmula 76 do STJ, in verbis:* "[a] falta de registro do compromisso de compra e venda de imóvel não dispensa a prévia interpelação para constituir em mora o devedor", havendo, contudo, entendimento em sentido contrário (vide STJ. 3ª T. REsp 813.736/ES. Rel. Min. Sidnei Beneti. j. 18/05/2010, *DJe* 07/06/2010). Por outro lado, de modo geral, não está o promitente comprador obrigado a interpelar em mora o promitente vendedor (v. TJSP.6ª CDP. AC 9193155-44.2002.8.26.0000. Rel. Des. Sebastião Carlos Garcia. j. 20/08/2009, *DJe* 14.09.09 e AC 1010372-78.2016.8.26.0309. Rel. Des. Ana Maria Baldy. j. 12/03/2018, *DJe* 12/03/2018).

[85] É patente o embate jurisprudencial, arrastando-se por décadas a fio, acerca da viabilidade da adjudicação compulsória na situação em que, não havendo prova de quitação do preço, esteja *prescrita* a pretensão do promitente vendedor à sua cobrança. Parte da jurisprudência defere o pedido, considerando que a prescrição operaria os mesmos efeitos da prova de quitação (v., a título ilustrativo, STJ. 3ª T. AgInt. no REsp 1.975.113. Rel. Min. Moura Ribeiro. J. 13/03/2023, *DJe* 15/03/2033, SP. TJ; 1ª CDP. AC 1000994-83.2017.8.26.0529. Rel. Des. Luiz Antonio de Godoy. j. 09/08/2022, *DJe* 09/08/2022; 7ª CDP. AC 1001145-50.2020.8.26.0624. Rel. Des. Pastorelo Kfouri. j. 05/07/2023, *DJe* 05/07/2023 e 10ª CDP. AC 1003906-42.2021.8.26.0358. Rel. Des. Coelho Mendes. j. 07/08/2023, *DJe* 07/08/2023). Corrente oposta afasta a adjudicação compulsória nesse cenário, reputando essencial a comprovação do pagamento e irrelevante a prescrição da pretensão [alheia] à cobrança das parcelas (v. STJ. 3ª T. REsp 1.601.575/PR. Rel. Min. João Otávio de Noronha. *DJe* de 23/08/2016 e 4ª T. AgInt no AREsp 1.816.356 ES. Rel. Min. Raul Araújo. j. 12/09/2022, *DJe* 20/09/2022. No TJSP, confira-se, entre outros: TJSP.AC 1004456-04.2022.8.26.0002. Rel. Des. Silvério da Silva. j. 19/07/2023, *DJe* 19/07/2023; 1ª CDP. AC 1000071-41.2022.8.26.0025. Rel. Des. Francisco Loureiro. j. 05/06/2023, *DJe* 05/06/2023 e 6ª CDP. AC 1042688-40.2018.8.26.0224. Rel. Des. Maria do Carmo Honório; j. 27/04/2023, *DJe* 27/04/2023). Assenta-se a última corrente, em suma, na visão de que a prescrição *não* implica "inexistência da dívida e quitação do saldo devedor" (entendimento esposado em STJ. 3ª T. REsp 1.694.322/SP. Rel. Min. Nancy Andrighi. *DJe* de 13/11/2017), para a qual parece ligeiramente se inclinar o STJ.

É no contexto legislativo e jurisprudencial acima delineado que se insere o recente art. 216-B da LRP, trazido pelo art. 11 da Lei 14.382/2022, inaugurando, de maneira ampla[87], um rito *extrajudicial* e *administrativo* para a consecução da adjudicação compulsória[88].

Sem prejuízo dos aspectos a seguir abordados, deve-se compreender que a nova via *não foi* concebida sob a premissa de atribuir função jurisdicional aos registradores[89], mas de evitar o acionamento da máquina judiciária nas situações em que atos judicantes se mostrem dispensáveis[90].

[86] Em atenção à primeira vertente citada (ou seja, diante do risco de rechaço da adjudicação compulsória movida pelo adquirente sem prova de quitação e que não mais esteja obrigado a pagar o preço, em razão do decurso do tempo), entendem alguns que a via mais adequada, nesse caso, seria a usucapião (PROVIN, *op. cit.*, p. 22). Quanto ao ponto, admite-se largamente a promessa de compra e venda como justo título à usucapião, cfr. STJ. 4ª T. REsp 941464/SC. Rel. Min. Luis Felipe Salomão. j. 24/04/2012, *DJe* 29/06/2012 e Ag. em REsp 2.261.113. Rel. Min. Moura Ribeiro. j. 24/02/2023 *DJe* 28/0/2023 (entendendo-se desnecessário o registro do instrumento para esse fim, cfr. STJ. 3ª T. REsp 1.584.447/MS. Rel. Min. Ricardo Villas Bôas Cueva. j. 09/03/2021, *DJe* 12/03/2021). Considerando-se a divergência jurisprudencial, bem ainda o postulado da instrumentalidade processual, parece sensato que, no cenário descrito, o compromissário possa deduzir ambos os pedidos em caráter alternativo, e que, deixando de formular um dos pleitos, possa o juiz comutar a ação de adjudicação compulsória em usucapião ou vice-versa, com base em sua própria convicção sobre a possibilidade de adjudicação compulsória na situação em testilha.

[87] Aplicável tanto aos compromissos de imóveis *loteados*, quanto *não loteados*, submetidos ou não ao regime de incorporação. Registre-se, por oportuno, o entendimento de que não se cuida propriamente de novidade legislativa, haja vista a prerrogativa já assegurada aos compromissários de lote urbano pelo art. 26, § 6º da Lei 6.766/1979, que já podiam levar suas promessas a registro perante o CRI, desde que acompanhadas de prova de quitação (RIBEIRO, *op. cit.*, p. 108).

[88] "Mais do que extrajudicial, a adjudicação instituída pela Lei 14.382/2022 (LGL\2022\7470) é também administrativa, não jurisdicional. Afinal, pode haver adjudicação compulsória "extrajudicial" (i.e., feita fora do Poder Judiciário), mas jurisdicional. É o que se terá quando for empregada a arbitragem para tal fim, naqueles casos em que o compromisso de compra e venda contempla cláusula arbitral ou em que se celebrou um compromisso arbitral específico para tanto". (TALAMINI, *op. cit.*, 326).

[89] Sob o mesmo entendimento, v. TALAMINI (*op. cit.*, p. 330), para quem inexiste autotutela na via administrativa.

[90] A ação de adjudicação compulsória é demanda muito frequente no Judiciário: em consulta específica aos *sites* dos tribunais de justiça mais acionados do país (ex.: TJSP), é possível se constatar o julgamento, por dia, de dezenas de ações dessa natureza, de modo que o processamento extrajudicial da adjudicação compulsória tem potencial de desafogar o ente

Nessa linha, tem-se pregado não ser papel do CRI decidir conflitos, mas administrar procedimento que permita alcançar segurança jurídica *tal* [quanto aos elementos autorizadores da adjudicação compulsória], que permita ao registrador proceder ao ato translativo[91].

Conquanto recebido com entusiasmo, o sucinto art. 216-B da LRP trouxe, a princípio, *mais dúvidas do que soluções*, ensejando inclusive consulta ao CNJ sobre a sua imediata aplicabilidade[92]. Em função desse cenário irresoluto, mostrou-se *escasso* o recurso ao procedimento nos primeiros meses de vigência da Lei 14.382/2022, tendo-se notícia até o momento (set. 2023) de número *ínfimo* de requerimentos[93].

estatal. Em contrapartida, é inerente aos novos ritos a possibilidade de demandas anulatórias e/ou para controle jurisdicional, o que poderá, num primeiro momento, protrair o almejado resultado prático de desafogamento do Judiciário.

[91] Nesse sentido, aduz-se que, com o resultado positivo da medida extrajudicial, opera-se a *inversão do ônus de demandar*, na medida em que se relega a eventuais legitimados o ônus de impugnar judicialmente o mérito da adjudicação compulsória deferida, tal como se observa no cancelamento administrativo do registro de compromisso, previsto no art. 251-A da LRP (Bresolin, Umberto Bara. Cancelamento do registro da Promessa de Compra e Venda [art. 251-A]. Apresentação em *ppt* dos Blocos 3 e 4 da Aula 4 – Unidade 4, do *Curso de atualização sobre a Lei 14.382/22*. São Paulo: IBRADIM. 2023). Ainda que não se esteja diante de prestação jurisdicional, deve-se reconhecer a aplicação do devido processo legal (art. 5º, LIV, da CF/88) e, por conseguinte, a necessidade de observância de [um mínimo] de contraditório ao mecanismo do art. 216-B, vez que se está diante de um rito, entre partes com interesses opostos, sob o crivo de uma autoridade administrativa. Acerca da necessidade de assegurar contraditório ao procedimento em tela, ver COSTA JUNIOR, *op. cit.*, p. 3-4.

[92] CNJ. Consulta nº 0001711-64.2023.2.00.0000. Rel. Giovanni Olsson, j. 02/06/2023 *DJ* 05/06/2023, assim ementada: "CONSULTA. LEI DOS REGISTROS PÚBLICOS. ARTIGO 216-B DA LEI FEDERAL N. 6.015/193. AUTOAPLICABILIDADE. CONSULTA CONHECIDA E RESPONDIDA. I – De acordo com a Lei de Introdução às Normas do Direito Brasileiro, o novo art. 216-B da Lei de Registros Públicos está em plena vigência não podendo ter sua eficácia diferida por decisão do CNJ, sendo, portanto, norma autoaplicável. II – Consulta conhecida e respondida. A despeito do resultado da consulta ao CNJ, desde a edição da Lei 14.382/22, muito se opinou pela necessidade de regulamentação do procedimento de adjudicação compulsória extrajudicial pelo CNJ."

[93] Entre os requerimentos que ensejaram pronunciamento judicial, confira-se (i) decisão que manteve tutela de urgência para suspender adjudicação compulsória extrajudicial iniciada pela ré, em razão de litígio envolvendo a quitação do preço (TJSP.13ª CDP. AI 2255163-78.2022.8.26.0000. Rel. Des. Francisco Giaquinto. j. 14/12/2022, *DJe* 15/12/2022) e (ii) decisão que julgou procedente dúvida suscitada pelo 12º CRI de São Paulo/SP, originária de adjudicação compulsória extrajudicial pretendida com base em escrituras de compra e venda não

A par das dificuldades na implantação do novel dispositivo, notou-se grande esforço das corregedorias estaduais no intuito de contornar as visíveis inconsistências do art. 216-B e nortear sua aplicação. Tais normas deverão ser, contudo, objeto de revisão nos próximos meses, para adequação ao recente Prov. CNJ 150/2023, que vem disciplinar e uniformizar as regras para utilização da adjudicação compulsória extrajudicial.

2. Aspectos introdutórios acerca da adjudicação compulsória extrajudicial

Para melhor didática, as questões selecionadas serão abordadas conforme a ordem de providências prévias e atos pertinentes ao procedimento extrajudicial que se entende estrategicamente adequada, com base no rito desenhado pelo art. 216-B da LRP (complementado pelo Prov. CNJ 150/2023).

2.1 Fase preparatória (análise e seleção de documentos, tratativas/notificação, consulta ao tabelião e obtenção de certidões)

Como *primeira providência prévia*, incumbe ao interessado *avaliar* a natureza jurídica do *instrumento contratual* para aferir se a via extrajudicial é cabível e se possui legitimidade para o requerimento. De saída, o art. 216-B da LRP enseja dúvida quanto às hipóteses de cabimento da via extrajudicial (vez que o simplório *caput* do art. 216-B menciona somente a "promessa de venda ou de cessão de promessa", embora se extraia, do § 1º, a admissibilidade da medida também para as promessas de cessão, cessão e sucessão dos direitos aquisitivos[94]).

registradas, em função da necessidade de sua retificação, esposando-se ali o entendimento de inviabilidade do pedido ante à ausência de compromisso, bem como de prova de inadimplemento da obrigação, também não restando comprovada a impossibilidade de cumprimento da exigência administrativa para registro das escrituras (SP. 1ª Vara de Registros Públicos de São Paulo/SP. Proc. de dúvida nº 1044960-15.2023.8.26.0100. Rel. Luciana Carone Nucci Eugênio Mahuad, j. 04/05/2023, *DJe* 08/05/2023). Nos termos do r. *decisum*, "[...] a parte não poderia usar a adjudicação compulsória extrajudicial para deixar de cumprir eventual exigência necessária ao registro da escritura".

[94] Na medida em que confere expressa legitimidade aos cessionários e sucessores dos compromissários, além do *promitente vendedor* (sendo os respectivos instrumentos também mencionados no inciso I do § 1º e no § 3º do mesmo artigo).

Nesse tocante, o Prov. CNJ 150/2023 vem não só iluminar, como *alargar* a previsão legal[95], admitindo o cabimento do rito ante "...*quaisquer atos ou negócios* que impliquem promessa de compra e venda *ou promessa de permuta*, bem como as *relativas cessões ou promessas de cessão* [...]" (art. 440-B, *d.n.*).

Nota-se que, além de expressamente admitir o pedido calcado em *promessas de permuta, cessão e promessas de cessão*, o *caput* do art. 440-B reforça a ampla autonomia dos registradores na análise do título, o que, idealmente, deverá contribuir para o deferimento da adjudicação compulsória em todas as hipóteses já admitidas por lei e pela jurisprudência, mesmo em casos *não tão evidentes*[96].

[95] Dito alargamento (que se refere ao *caput* do art. 216-B, e não às hipóteses de adjudicação compulsória de maneira geral, vez que a medida judicial já era admitida para tais espécies de instrumento – vide p. 15, nota 69) poderia dar margem ao argumento de que o art. 440-B extrapolaria a competência normativa do CNJ, por admitir hipótese de cabimento da via extrajudicial não prevista em lei. Compartilha-se, entretanto, da visão de que a finalidade precípua do art. 216-B foi a de criar um mecanismo alternativo à adjudicação compulsória de maneira *ampla* (o que explica até mesmo a economia redacional do art. 216-B), de modo a admitir complementações pelo CNJ, em conformidade ao seu poder de fiscalização e normatização (arts. 103-B, § 4ª, incisos I, II e II, e art. 236, § 1º, da CF/88), assim como às competências normativas e de aperfeiçoamento das atividades notariais e registrais atribuídos ao Judiciário (art. 8º, X, do Regimento Interno do CNJ). Repise-se, por demais, que o dito "alargamento" não é produto de discricionária inovação do CNJ, mas de mero reconhecimento de prática registraria e entendimento jurisprudencial *consolidados*.

[96] Como no caso de acordos homologados judicialmente, opções de compra, dações em pagamento e contratos verbais (vide p. 17, nota 78). Quanto ao ponto, vale rememorar também o que se expôs na introdução deste artigo (nota 22), sobre a necessidade de observância da construção pretoriana pelos notários e registradores, considerando precipuamente que a via extrajudicial tem caráter auxiliar no alcance da Justiça, buscando facilitar o processamento da adjudicação compulsória (instituto único) e conferindo celeridade à regularização da propriedade imobiliária, de modo a assegurar *eficiência jurídica* (princípio que deve ser sempre sopesado com o da legalidade registral). A respeito da observância da jurisprudência dos tribunais pelas serventias extrajudiciais, confira-se: Costa Junior, *op. cit.*, p. 12. Ainda, deve-se ter em mente que os procedimentos extrajudiciais deflagram atividade *atípica* do registrador – distante, pois, das hipóteses legais que ensejam legalidade estrita –, sendo admissível que possa o registrador, nesse âmbito de atividade, promover interpretação sistemática do ordenamento (v. SP. Conselho Superior da Magistratura. AC 20.322-0-6/SP. Rel. Antônio Carlos Alves Braga. j. 14/04/1994, *DJ* 18/05/1994). Sob tais premissas, devem ser evitados e coibidos entraves ao procedimento do art. 216-B arrimados na literalidade da lei ou em análise superficial de instrumentos contratuais. Por fim, note-se que o Prov. CNJ 150/2023, como um todo,

Ainda sob a ótica do cabimento da medida, vê-se que: (i) o art. 440-B deixa clara a exigência de que os compromissos sejam *irretratáveis* (i.e., deve estar ausente "arrependimento exercitável"), ressalvando as promessas sobre imóveis loteados e os submetidos à incorporação se *decorrido o prazo de carência* (casos em que será viável a adjudicação compulsória, a despeito de eventual estipulação de arrependimento)[97] e (ii) ao teor do art. 216-B, § 2º (em nada complementado ou detalhado pelo CNJ), resta *dispensado o registro* dos compromissos.

No que se refere à *legitimidade* para o requerimento, há se que elogiar o art. 440-C, *caput*, do Prov. CNJ 150/2023[98] – transcendendo a já elogiosa referência ao promitente *vendedor* constante do § 1º do art. 216-B –, que abarca tanto os legitimados tradicionais ("adquirente" ou promitente comprador, seus cessionários e sucessores), quanto todos os legitimados

corrobora o viés do procedimento extrajudicial em prol de eficiência jurídica, sobrelevando-se, nesse contexto, os arts. 440-D (admitindo a cumulação de pedidos, se todos os imóveis forem da mesma circunscrição e em que haja coincidência de interessados e legitimados, desde que não resulte prejuízo ao procedimento) e 440-E, § 2º (admitindo a adjudicação compulsória "ainda que ausentes alguns elementos de especialidade objetiva ou subjetiva", desde que haja suficiente segurança quanto à identificação do imóvel e dos proprietários).

97 [*d.n.*]. A despeito da redação criticável, a exceção do dispositivo parece reforçar a regra geral de irretratabilidade das promessas, cessões e promessas de aquisição de imóveis em regime de incorporação (à luz dos arts. 32, *caput*, "*a*", art. 34, art. 32, § 2º e art. 67-A, § 12º), especialmente na perspectiva do incorporador, que não poderá mais desistir da incorporação se transcorrido eventual prazo de carência (art. 34 da Lei 4.591/1964), devendo, nesse cenário, concretizar a incorporação e outorgar os contratos aos adquirentes no prazo máximo de 60 dias (art. 33, *caput* c/c art. 34 e art. 35, *caput*). Não há dúvidas de que, na situação em tela, estaria o incorporador sujeito a pedidos de adjudicação compulsória. Contudo, nem sempre tais pedidos serão viáveis após transcorrido o prazo de carência, mesmo ante à irretratabilidade das promessas, porquanto a sua possibilidade jurídica dependerá do registro e da efetivação da incorporação (vide p. 10, nota 44), sendo possível que o incorporador não a leve a cabo (estando sujeito, nesse cenário, entre outras, às consequências do art. 35 e art. 66 da Lei de Incorporações).

98 Dispõe o *caput* do art. 440-C, na linha da legislação e da jurisprudência aplicáveis, que "[p]ossui legitimidade para a adjudicação compulsória qualquer adquirente ou transmitente nos atos e negócios jurídicos referidos no art. 440-B, bem como quaisquer cedentes, cessionários ou sucessores". Note-se, por oportuno, que o mesmo dispositivo, em seu par. ún., reforça a necessidade de representação por advogado (já prevista no *caput* do § 1º do art. 216-B da LRP), acrescentando ainda a possibilidade de representação por *defensor público*, ambos constituídos mediante procuração específica. Considera-se benéfica a referência expressa ao defensor público, que se volta ao alcance do procedimento pela população de baixa renda.

em adjudicação *inversa* ("transmitente" ou promitente vendedor, seus cessionários e sucessores), a qual não se extraía com clareza da legislação até então existente[99]. No mais, caso haja *pluralidade de legitimados* (ex.: diversos promitentes compradores), o novo art. 440-D do Prov. CNJ 150/2023 prevê a possibilidade de *cumulação dos pedidos* de adjudicação compulsória[100].

Após essa análise inicial, incumbirá ao interessado *selecionar a documentação* a ser apresentada para confecção da ata notarial (na forma dos arts. 216-B da LRP e 440-G do Prov. CNJ 150/2023), que contempla, entre outros elementos[101], meios de prova: (i) da *total quitação do preço do*

[99] Decorria a legitimação inversa de construção pretoriana, com base no genérico art. 463 do CC/2002 (sobre o tema, confira-se p. 15 e notas 59 e 70 do cap. antecedente). Observe-se, ademais, a ponderação de Eduardo Talamini sobre a ausência de menção do art. 216-B da LRP aos cessionários e sucessores do promitente-vendedor: "[a] lei aludiu expressamente à legitimidade dos sucessores a título singular ou universal do promitente comprador [...]. Não o fez em relação ao promitente vendedor. No entanto, não há o que exclua a legitimidade também dos seus sucessores. Ainda que o dispositivo silencie, valem as regras gerais". (Talamini, *op. cit.*, p. 321).

[100] O art. 440-D, II, do Prov. CNJ 150/2023 faculta a cumulação de pedidos quando houver coincidência de interessados ou legitimados, "ativa e passivamente", desde que os imóveis sejam da mesma circunscrição e que a reunião de procedimentos não cause prejuízo ao andamento do procedimento. Trata-se de *faculdade* dos interessados, assegurada a legitimidade individual (ao teor do art. 260 do CC/2002), caso em que, como pondera Eduardo Talamini "caberá ao requerente também comunicar os seus cocontratantes, os demais promitentes compradores, para que fiquem cientificados da perspectiva de aperfeiçoamento do contrato principal e da transferência da propriedade". (Talamini, *op. cit.*, p. 321).

[101] O inciso III do art. 216-B lista como elementos de constatação pelo notário, além da prova de quitação e do inadimplemento da obrigação de outorga da escritura: (i) a identificação do imóvel e (ii) o nome e a qualificação do promitente comprador ou de seus sucessores constantes do contrato de promessa. De seu turno, o art. 440-G, *caput*, do Prov. CNJ 150/2023: (i) no inciso I, detalha o que deve constar da descrição do imóvel (explicitando a necessidade, por ex., de referência aos ônus e gravames do imóvel), (ii) no inciso II, detalha a exigência legal de "qualificação do promitente comprador", exigindo, em acréscimo, "a identificação dos atos e negócios jurídicos que dão fundamento à adjudicação compulsória, incluído o *histórico de todas as cessões e sucessões, bem como a relação de todos os que figurem nos respectivos instrumentos contratuais*"; (iii) no inciso III, à exigência legal de "prova do pagamento do preço", acrescenta a expressão "ou do cumprimento da contraprestação à transferência do imóvel adjudicando" (adaptando o requisito às modalidades contratuais abarcadas pelo amplo art. 440-B, *caput*), (iv) no inciso IV, quanto ao requisito legal de "caracterização do inadimplemento da obrigação de outorgar ou receber o título" exige o provimento "a identificação das providências que

imóvel e (ii) do *inadimplemento da obrigação de outorgar ou receber a escritura definitiva*, sendo esses os principais requisitos previstos no art. 216-B, III, da LRP, a serem constatados via *ata notarial* (sem a qual não será possível o procedimento extrajudicial).

Concomitantemente à análise prévia, recomenda-se sejam promovidas *tratativas* com a parte a quem incumba a tomada de medidas necessárias à lavratura da escritura (por *e-mail*, correio ou outros meios idôneos), registrando-se inequívoca solicitação para que ela tome as referidas providências, em prazo *não exíguo*, tudo delimitado de maneira clara e específica nas missivas[102]. Adicionalmente, embora busque a nova regulamentação afastar a ideia de que seria imprescindível uma notificação prévia (como se abordará a seguir), não se descarta a promoção de *notificação extrajudicial via RTD* nessa etapa, para fins de prova cabal do inadimplemento (mormente quando ainda não se tenha suficiente comprovação da recusa ou inércia da parte na outorga ou recebimento da escritura).

Após a análise até aqui descrita, caso se vislumbre insuficiente a documentação já reunida – ou havendo dúvidas sobre o preenchimento dos requisitos necessários à ata notarial –, é possível que se faça *consulta prévia ao tabelião* da confiança do interessado, a fim de reunir documentação complementar, se o caso[103].

Como *terceira providência prévia*, embora não se trate de elemento notarial obrigatório (mas sim pertinente à instauração do procedimento perante o CRI, cfr. inciso IV do art. 216-B), convém ao interessado *obter certidões de distribuição forense*, a fim de assegurar a inexistência de demandas

deveriam ter sido adotadas pelo requerido para a transmissão de propriedade e *a verificação de seu inadimplemento*"); e (v) no inciso V, exige informação sobre o valor venal do imóvel.

102 De um lado, a medida permitirá que a parte oposta cumpra a prestação devida, de modo a alcançar a transferência da propriedade sem qualquer providência adicional (além dos atos necessários à lavratura da escritura). De outro lado, se houver inércia ou recusa, a adequada documentação dessas tratativas servirá à ilustração da pretensão resistida (ao teor do art. 216-B, II, da LRP c/c o art. 440-G, IV e § 5º, do Prov. CNJ 150/2023).

103 Como resultado dessa consulta, à luz do art. 440-G, § 1º, do Prov. CNJ 150/2023, entende-se que o tabelião deve orientar o requerente, desde logo, sobre a inviabilidade da adjudicação compulsória (hipótese em que, pela lógica, não se procederá à lavratura da ata notarial). Caso se verifique que o interessado não reúne todos os elementos necessários (mas dispõe de documentação suficiente para a ação judicial), poderá o requerente já optar pela prestação jurisdicional ou, na falta de pressuposto essencial da adjudicação compulsória, focar a análise no eventual preenchimento dos requisitos para a usucapião (extrajudicial ou judicial).

com potencial de inviabilizar a adjudicação compulsória[104], já que a antecipação dessa providência poderá prevenir o dispêndio de recursos.

Sobre as consequências da providência em comento, denota-se do Prov. CNJ 150/2023 que eventual processo – de adjudicação compulsória ou outra natureza, efetivamente apto a obstar o registro – não impedirá a continuidade do procedimento se o interessado demonstrar que a ação se encontra [e restará] sobrestada pelo prazo mínimo de 90 (noventa) dias úteis ou que já foi extinta (arts. 440-H e 440-L, IV)[105].

A análise, porém, sobre a aptidão de eventual ação para impedir o registro, ao que tudo indica, ficará por conta e risco do interessado, seja porque não consta entre os elementos a serem constatados pelo notário, seja porque o regramento do CNJ substitui a exigência legal das certidões

[104] O art. 216-B da LRP fala em certidões de "distribuidores forenses da comarca da situação do imóvel e do domicílio do requerente que demonstrem a inexistência de litígio envolvendo o contrato de promessa de compra e venda do imóvel objeto da adjudicação". Do texto legal, extraem-se duas premissas, quais sejam: (i) a de que as certidões se restringem à comarca de situação do imóvel e à do requerente e (ii) a de que o litígio por ventura apto a impedir, desde logo, o início do procedimento extrajudicial tem necessariamente de envolver o contrato de promessa de compra e venda, não bastando que tenha como objeto, por ex., outro instrumento contratual firmado entre as partes e/ou que decorra de conflito entre elas sobre questão não relacionada ao compromisso. A respeito das ações que poderiam obstar, de plano, o procedimento extrajudicial (sem necessidade de tutela jurisdicional para tanto), menciona-se, na literatura, além da própria ação de adjudicação compulsória, "ações que impugnem a existência, validade ou eficácia do compromisso de compra e venda ou a exigibilidade do direito de transferência do bem (p. ex., questionando o efetivo pagamento integral do preço, posto como condição para a transferência)" (Talamini, *op. cit.*, p. 329). Ressalta-se, ainda, a inviabilidade do procedimento em face de "[...] sentenças que tenham declarado a nulidade ou decretado a anulação ou resolução do título, as quais, tendo transitado em julgado, inviabilizam um posterior pedido adjudicatório" (Costa Junior, *op. cit.*, p. 10).

[105] Veja-se que, no art. 440-H (constante das disposições gerais do Prov. CNJ 150/2023), menciona-se que o "processo de adjudicação compulsória" não obstará a via extrajudicial se comprovada sua suspensão por no mínimo 90 dias úteis [que se infere sejam contados a partir do protocolo do requerimento]. Mais à frente, ao listar os documentos necessários à instauração do procedimento, o art. 440-L, IV, exige uma declaração do requerente no sentido de que não pende "processo judicial que possa impedir o registro [...]" ou de que tenha sido extinto. Os arts. 440-G e 400-L combinados ensejam, destarte, dúvida sobre qual será a postura do registrado se, após decorridos 90 dias do sobrestamento de eventual processo que possa comprometer o registro, ainda não esteja finalizado o procedimento extrajudicial de adjudicação compulsória.

forenses pela apresentação de uma declaração do requerente no sentido de que não existe litígio obstativo de sua pretensão.

Ademais, considerando-se a inviabilidade de tramitação simultânea das vias judicial e administrativa[106], deduz-se dos referidos dispositivos que o sobrestamento do processo judicial deve ser pleiteado previamente ao requerimento de instauração da via extrajudicial (com base na ata notarial confeccionada), para que, no momento do protocolo do requerimento perante o CRI, o processo já se encontre suspenso. Ademais, se o procedimento de adjudicação compulsória perdurar por mais de 90 (noventa) dias, o pleito de suspensão haverá de ser renovado tantas vezes quanto necessárias até a conclusão do procedimento extrajudicial.

Considerados esses fatores, assim como o risco de não se lograr, adiante, a suspensão do processo judicial, caberá ao interessado, antes de requerer a confecção da ata notarial, *analisar as chances de insucesso* da via administrativa (diante de eventual processo existente), ponderando ademais sobre o custo e o tempo envolvidos na fase que ora se denomina "notarial".

2.2 Fase notarial (instrução complementar e confecção da ata notarial)

Dispondo de instrumento apto à adjudicação compulsória, de legitimidade para o requerimento e da documentação reunida à luz do inciso III do art. 216-B da LRP c/c o art. 440-G, *caput*, do Prov. CNJ 150/2023, o *interessado requererá a confecção da ata notarial* perante Tabelionato de Notas de sua escolha ou da situação do imóvel[107] – cujos atos poderão ser praticados por meio eletrônico (cfr. o art. 440-F do novo provimento)[108].

[106] Diz-se inviável a tramitação simultânea de processo extrajudicial e judicial "[...] não só pelo risco de decisões contraditórias mas, principalmente, pelo fato de que, existindo procedimento judicial em curso, deverá prevalecer a solução adotada em juízo, revestida dos poderes da coisa julgada, e não o pronunciamento do Registrador." (Costa Junior, *op. cit.*, p. 10)

[107] Veja-se que o art. 440-F do Prov. CNJ 150/2023 traz exceções à discricionariedade do interessado na escolha do tabelião, qual seja: (i) na hipótese em que houver necessidade de se efetuar diligências no local do imóvel, o Cartório de Notas terá de ser o da circunscrição do imóvel (arts. 8º e 9º da Lei 8.935/1994); e (ii) na hipótese de ata notarial eletrônica, observando-se as regras de competência do novo CNNE. Embora não se visualize como algo corriqueiro a vistoria no imóvel para fins de adjudicação compulsória (medida em que não se discute posse, como ocorre na usucapião extrajudicial), a ressalva do dispositivo quanto parece pertinente para o fim do § 4º do art. 440-G do provimento (i.e., incumbência do

Acerca dos documentos elencados pelo art. 440-G, *caput*, do Prov. CNJ 150/2023, sobreleva-se a exigência acrescentada pelo inciso II (i.e., "*histórico de todas as cessões e sucessões, bem como a relação de todos os que figurem nos respectivos instrumentos contratuais*"), reiterada, com acréscimos, no art. 440-L, III[109]. Trata-se de regra em consonância ao *princípio da continuidade registral*, para permitir que, no curso do procedimento perante o CRI, sejam notificados eventuais titulares tabulares estranhos à relação contratual, assegurando-se, assim, a eficácia do procedimento[110].

Quanto aos já citados elementos essenciais da ata notarial, observe-se, inicialmente, que foi sobre o requisito da *prova do inadimplemento* que se situaram as maiores críticas à redação do art. 216-B da LRP (assim como as principais dificuldades relacionadas à sua implementação). De fato, a *redundância* dos incisos II e III do § 1º do art. 216-B na referência

tabelião de fazer constar, na ata, informações que se prestem a aperfeiçoar ou complementar a especialidade do imóvel). A hipótese parece inaplicável, contudo, aos imóveis urbanos matriculados (para os quais, ao teor do § 3º do art. 440-G, basta a identificação do bem e seu endereço).

108 Nesse caso sob as regras do novo CNNE (notadamente os arts. 264 e ss, art. 284 e ss, art. 290 e art. 299).

109 Entre os elementos necessários ao requerimento de instauração do procedimento perante o CRI.

110 A possibilidade de notificação dessas pessoas decorre da parte final do inciso II do art. 440-L ("[...] indicação específica de quem deverá constar como requerido"). Sobre o tema, retome-se o que se observou a respeito do entendimento jurisprudencial genérico quanto à legitimidade passiva na ação de adjudicação compulsória e das dificuldades aplicáveis ao âmbito da incorporação imobiliária. Dada a insegurança ainda existente no âmbito judicial no que tange à adjudicação compulsória em face de terceiros não contratantes (tema cuja complexidade justificaria um estudo próprio), bem como da necessidade de adaptação do rito extrajudicial às normas registrárias, entende-se realmente necessária a providência de listagem detalhada de cessões e sucessões (assim como de todas as pessoas envolvidas nessas operações), seguida da notificação de eventuais proprietários tabulares [ainda que estranhos à relação contratual], juntamente com a parte contratante, sob pena de ineficácia da medida extrajudicial. Sobre o tema, confira-se: "Adjudicação compulsória. Necessidade de observância da continuidade. Titular tabular não participou da ação. Para que haja guarida no registro a pretensão de adjudicação compulsória tem que contar com a participação no processo dos titulares tabulares (...). [s]e a ação for movida contra eventuais cedentes extra-tabulares, mas o imóvel se encontra na titularidade de pessoas diversas será necessária a participação desses titulares no processo, sob pena de violação do trato consecutivo." (CNJ. AC 1001281-67.2020.8.26.0100. Rel. Des. Ricardo Mair Anafe. j. 20/08/2020, *apud* RIBEIRO, *op. cit.*, 120).

a esse requisito resultava em *dúvidas insuperáveis* quanto: (i) à correta sequência do procedimento (i.e., onde deveria se iniciar), (ii) o momento da notificação via CRI (se antes ou depois da instauração do procedimento – ou, de outro modo, se necessária mais de uma notificação com intermédio do registrador) (iii) o objeto da ata notarial (se pressuporia ou não uma prévia notificação) e, ainda, (iv) a amplitude da função do tabelião nessa etapa (se lhe incumbiria, por ex., intermediar a notificação do devedor)[111].

Nesse particular, é patente o esforço normativo no intuito de superar a tautologia do texto legal[112]. Embora ainda sejam possíveis interpretações dúbias da leitura combinada do Prov. CNJ 150/2023 com o art. 216-B da LRP (cujo efetivo conserto – entende-se – somente seria possível por revogação ou alteração legislativa), decorre da interpretação *solitária* do Prov. CNJ 150/2023, que: (i) a ata notarial precede o requerimento de instauração do "processo de adjudicação compulsória" perante o CRI, (ii) a ata notarial não tem como objeto *obrigatório* a prévia notificação do devedor (podendo o inadimplemento ser verificado por *outros meios de prova* – cfr. art. 440-G, § 5º[113]) e que (iii) o pedido de instaura-

[111] Isso porque, à luz do *caput* c/c os incisos I e II do § 1º do art. 216-B, tanto "a prova do inadimplemento" (caracterizada pela notificação do devedor via CRI – cfr. inciso II), quanto a ata notarial tendo por objeto "a caracterização do inadimplemento" (inciso III) foram elencados como documentos a serem apresentados ao CRI para início do procedimento de adjudicação compulsória (cfr. § 1º, *caput*).

[112] Visível notadamente pela leitura do art. 440-G, incisos IV do *caput* e § 5º, dos títulos da Seção II (Do Procedimento) e Subseção I (Do requerimento inicial), seguidos pelo art. 440-K, do art. 440-L, V, do art. 440-M e do título da Subseção II (Da Notificação), seguido pelos arts. 440-R e ss.

[113] Outra das grandes questões que se colocava a respeito do procedimento extrajudicial de adjudicação compulsória era se seria a notificação do devedor meio único para realização da prova de quitação do preço ou se seriam admissíveis outros meios. Caso admissíveis, questionava-se como poderiam ser produzidos alguns tipos de prova (como a testemunhal e a pericial), considerando-se o completo silêncio do art. 216-B sobre a possibilidade de dilação probatória. Nessa senda, a redação do § 5º do art. 440-G do Prov. CNJ 150/2023 (aplicável, não somente à "prova de inadimplemento", mas a todos os fatos que a serem constatados via ata notarial) dispõe que: "[p]oderão constar da ata notarial imagens, documentos, gravações de sons, depoimentos de testemunhas e declarações do requerente [....]". O dispositivo parece, em grande medida, solucionar essas questões, prevendo amplos meios de prova para constatação das circunstâncias fáticas necessárias à adjudicação compulsória, inclusive *depoimento de testemunhas*. Nesse tocante, retome-se, uma vez mais, o que se aduziu na introdução deste

ção do procedimento será necessariamente instruído com a ata notarial e requerimento para que a parte inerte seja notificada (i.e., notificação a que se refere o art. 216-B, § 1º, II), a qual será portanto realizada *no curso do procedimento já instaurado e 1 (uma) única vez.*

Superada essa questão procedimental, mas ainda em atenção ao requisito da *plena quitação do preço*, exsurge questionamento sobre a admissibilidade da adjudicação compulsória extrajudicial diante, por ex., do *pagamento substancial* ou da *prescrição do direito à cobrança* (hipóteses de pontual mitigação do requisito, cfr. retratado alhures).

Ante essas hipóteses, dada a ausência de ressalva normativa e a existência de controvérsia jurisprudencial, parece sensato que não seja viável, por ora, a adjudicação compulsória via cartório[114] (o que deverá ser apontado pelo tabelião, à luz art. 440-G, § 1º, do Prov. CNJ 150/2023), restando assim ao interessado: (i) se assim desejar, efetuar o pagamento do valor remanescente da dívida *ou* consignar em juízo o valor que entende devido (mormente em caso de divergência das partes quanto ao montante do débito), na forma do art. 539, § 1º, do CPC/2015, para

artigo, a respeito da defensável aplicação supletiva e subsidiária do CPC/2015 aos cartórios extrajudiciais, podendo os notários e os registradores, nesse contexto, se socorrer de regras do diploma processual (vide p. 5, nota 22). No contexto ora retratado, entende-se perfeitamente aplicáveis as regras processuais atinentes aos procedimentos de produção antecipada de provas (arts. 381e ss. do CPC/2015) e oitiva de testemunhas (arts. 450 e ss. do CPC/2015).

[114] Orientação que se estende, também, a todas as situações análogas (i.e., aquelas em que esteja ausente previsão normativa específica, mas sobre a qual paire divergência jurisprudencial). Elenca algumas dessas situações o autor Francisco José de Almeida Prado Ferraz Costa Junior (*op. cit.*, p. 6-8), mencionando, nesse tocante, além da questão da *prescrição*, as controvérsias ainda existentes em sede jurisprudencial sobre: (i) a necessidade ou não de procuração por escritura pública em caso de *contratante analfabeto* e (ii) a *imprescritibilidade* da ação de adjudicação (aduzindo, neste particular, a dificuldade adicional relacionada ao entendimento jurisprudencial corrente quanto à inviabilidade de reconhecimento de prescrição na via administrativa – p. 8). Refere ademais, o autor, à não pacificação da jurisprudência quanto à adjudicação compulsória nas hipóteses de *dação em pagamento* e *contrato verbal*, do que decorreria a sua inaplicabilidade à via extrajudicial, ao menos enquanto não houvesse alargamento normativo do rol de títulos abarcados pela medida (*op. cit.*, p. 7). Ocorre que tais considerações foram tecidas *antes* da edição do Prov. CNJ 150/2023, o qual não só estendeu a aplicação do art. 216-B da LRP às promessas de permutas e instrumentos afins, como concedeu ampla autonomia ao registrador na análise e classificação dos instrumentos a ele submetidos para fins de adjudicação compulsória (art. 440-B, *caput*), o que autorizaria, em nosso sentir, a via extrajudicial nessas duas hipóteses.

depois intentar a via extrajudicial[115] ou (ii) ingressar com ação judicial de adjudicação compulsória[116].

Em mitigação ao requisito da *prova de quitação integral*, observe-se que o Prov. CNJ 150/2023 faz a única e importante ressalva de que "[p]ara as unidades autônomas em condomínios edilícios não é necessária a prévia prova de pagamento das cotas de despesas comuns" (art. 440-AJ).

Apesar de não se prestar às situações em que *não* haja prova *plena* de pagamento do preço, o procedimento extrajudicial desenhado pelo novo provimento do CNJ é deveras amplo no que toca à possibilidade de produção probatória. Com efeito, aplica-se à comprovação da prova de pagamento tanto o já citado § 5º do art. 440-G, quanto o § 6º do art. 440-G do Prov. CNJ 150/2023 (este precisamente voltado à comprovação da quitação do preço), trazendo rol ainda mais amplo – e *não exaustivo* – de meios de prova[117].

Em vista do amplo espectro probatório contemplado nessa fase (que é eminentemente *unilateral* e *instrutória* do futuro procedimento extraju-

[115] Note-se que a consignação em juízo do débito restou expressamente prevista no inciso I do art. 440-G do Prov. CNJ 150/2023 como meio de prova da quitação a ser constatado pelo tabelião na confecção da ata notarial. Além de salutar, a previsão normativa supera questão que se levantou, após a edição da Lei 14.382/2022, quanto à possibilidade de consignação do valor da dívida na via administrativa. A esse respeito, acertado se mostrou o preliminar posicionamento no sentido de ser "[...] inviável a cumulação, perante o registrador imobiliário, dos pedidos consignatório e adjudicatório, uma vez que não se reconhece ao registro de imóveis a atribuição para processar consignação em pagamento extrajudicial" (Costa Junior, *op. cit.*, p. 6).

[116] Na situação retratada (e em todos os casos em que se visualize de antemão a inviabilidade da adjudicação compulsória), caso já tenha sido requerida a confecção da ata notarial (precedida ou não da instauração do procedimento perante o CRI), incumbirá ao tabelião apontar, desde logo, a inviabilidade da adjudicação compulsória, tal como prevê o § 1º art. 440-G do Prov. CNJ 150/2023, *in verbis*: "§ 1º O tabelião de notas orientará o requerente acerca de eventual inviabilidade da adjudicação compulsória pela via extrajudicial".

[117] *In verbis*: "§ 6º Para fins de prova de quitação, na ata notarial, poderão ser objeto de constatação, além de outros fatos ou documentos: I – ação de consignação em pagamento com valores depositados; II – mensagens, inclusive eletrônicas, em que se declare quitação ou se reconheça que o pagamento foi efetuado; III – comprovantes de operações bancárias; IV – informações prestadas em declaração de imposto de renda; V – recibos cuja autoria seja passível de confirmação; VI – averbação ou apresentação do termo de quitação de que trata a alínea 32 do inciso II do art. 167 da Lei n. 6.015, de 31 de dezembro de 1973; ou VII – notificação extrajudicial destinada à constituição em mora".

dicial[118]), visualiza-se atuação *colaborativa* – e até *proativa*[119] – do tabelião na constituição de prova em favor do interessado, na medida em que: (i) analisará a documentação disponível e, entendendo viável o pedido de adjudicação compulsória, apontará os elementos faltantes e (ii) sendo ele próprio o primeiro destinatário dessa "prova complementar" (na condição de notário), atuará em conjunto com o interessado, ambos sob a meta de produzir documento efetivamente apto a atestar o preenchimento dos requisitos fáticos necessários à adjudicação compulsória.

Em acréscimo, na esteira da desjudicialização e mediante o chamado *sistema multiportas da Justiça*, o Prov. CNJ 150/2023 traz a possibilidade de mediação ou conciliação, a ser promovida pelo tabelião, com a concordância do interessado (art. 440-G, § 8º)[120].

Ao final do que aqui se denomina "fase notarial", o tabelião poderá (i) concluir pela inviabilidade da adjudicação compulsória, (ii) atestar acordo entre as partes (e lavrar eventual instrumento dele decorrente) ou (iii) confeccionar a ata notarial com vistas à adjudicação compulsória extrajudicial, atendendo aos requisitos legais e arts. 440-F e seguintes do Provimento CNJ 150/2023.

2.3 Procedimento no CRI: prenotação, notificação do(s) requerido(s), anuência ou impugnação, contraditório, decisão sobre a impugnação, recurso e decisão judicial

Imbuído da ata notarial e do "instrumento do ato ou negócio jurídico em que se funda a adjudicação compulsória" (art. 440-M, *caput*, do Prov.

[118] O propósito instrutório da ata notarial se encontra estampado no § 2º do art. 440-G do Prov. CNJ 150/2023: "[o] tabelião de notas fará constar que a ata não tem valor de título de propriedade, que se presta à instrução de pedido de adjudicação compulsória perante o cartório de registro de imóveis, e que poderá ser aproveitada em processo judicial".

[119] Infere-se a proatividade do notário, ilustrativamente, do § 4º do art. 440-G, *in verbis:* § 4º [c]aberá ao tabelião de notas fazer constar informações que se prestem a aperfeiçoar ou a complementar a especialidade do imóvel, se houver.

[120] Conquanto a previsão seja salutar, parece que ela se limitaria aos casos em que se tenha promovido notificação do devedor já na fase notarial ou em que, no contexto de produção probatório complementar, o devedor tenha sido cientificado sobre atos instrutórios mediados pelo tabelião. Caso contrário, não se vislumbra possibilidade de conciliação ou mediação nessa fase, mormente porque se trata de uma etapa preparatória e unilateral (i.e., sem instauração de contraditório).

CNJ 150/2023), assim como dos demais documentos listados nos incisos do art. 440-L do provimento[121], o interessado *apresentará*, perante o CRI da situação do imóvel (cfr. art. 216-B, *caput*, da LRP), para prenotação[122], *requerimento de instauração do procedimento de adjudicação compulsória* (art. 440-K).

Os efeitos da prenotação serão prorrogados até o deferimento ou rejeição do pedido de adjudicação compulsória (ao teor do par. ún. do art. 440-K), ressalvando-se, contudo, que a inércia do requerente quanto a qualquer prazo fixado pelo oficial de registro acarretará a extinção do processo (art. 440-J)[123].

O requerimento – que pode ser encaminhado por meio físico (art. 440-N) ou por intermédio do tabelião de notas, preferencialmente via Sistema Eletrônico dos Registros Públicos – SERP (art. 440-M, § 4º) – observará no que couber o art. 319 do CPC/2015 e deverá conter pedidos expressos para que: (i) o CRI promova *notificação de todos os requeridos*[124], (ii) *defira a adjudicação compulsória* e (ii) *lavre o registro necessário para a transferência da propriedade* (cfr. art. 440-L V e VI).

[121] Entre os quais, (i) a *descrição completa do imóvel* (com menção da matrícula ou transcrição e eventual qualificação adicional), (ii) se o caso, "*histórico de atos e negócios jurídicos que levaram à cessão ou à sucessão de titularidades*, com menção circunstanciada dos instrumentos, valores, natureza das estipulações, existência ou não de direito de arrependimento e indicação específica de quem haverá de constar como requerido" (inciso III); e (iii) *declaração do requerente de que não pende processo judicial que possa impedir o registro*. Em relação ao último ponto, veja-se que o Prov. CNJ 150/2023 parece transpor a exigência legal constante do inciso IV do art. 216-B. De todo modo, para que não se crie desnecessário empecilho ao sucesso do procedimento extrajudicial, recomenda-se que o requerente apresente ambos os elementos em seu requerimento, i.e., tanto seja a declaração a que se refere o provimento, quanto as certidões de distribuição previamente obtidas.

[122] Acerca do efeito da prenotação, confira-se: "[u]ma vez protocolado, dever-se-á reconhecer ao procedimento as prerrogativas de prioridade diante de títulos contraditórios que ingressem em cartório posteriormente. Por esse motivo, ordens de penhora e indisponibilidade genérica posteriores à apresentação do pedido ficam sobrestadas, somente ingressando na hipótese de indeferimento do pedido". (Costa Junior, *op. cit.*, p. 4).

[123] Nesse tocante, anote-se o entendimento de Francisco José de Almeida Prado Ferraz Costa Junior de que, cancelada a prenotação, restaria inviável a reabertura do procedimento, por não se aplicar no âmbito extrajudicial o art. 486, § 3º, do CPC/2015, "sendo sempre a repetição de pedido arquivado por razão estritamente formal" (Costa Junior, *op. cit.*, p. 4).

[124] A despeito de não se encontrar no art. 216-B da LRP ou no regramento do CNJ referência objetiva sobre quem seriam os requeridos necessários (a qual também não se extrai, de ime-

Em seguida, o oficial do registro avaliará se o requerimento preenche todos os requisitos, eventualmente notificando o requerente para que emende o pedido (art. 440-Q). Após eventual emenda e estando o pedido em termos, o oficial do CRI promoverá a *notificação dos requeridos*[125].

Tal providência, ao que se infere do detalhamento contido no Prov. CNJ 150/2023 (art. 440-R), *não tem* meramente o propósito de constituir *mais uma prova do inadimplemento* (leitura que se podia fazer do lacônico inciso II do art. 216-B da LRP) – elemento fático que, à essa altura, já estará muito bem ilustrado na ata notarial –, mas também de (i) instaurar contraditório, oportunizando impugnação por parte dos requeridos e (ii) assegurar a higidez do procedimento extrajudicial, assim como do ato translativo[126].

No que tange a notificação via CRI, o CNJ previu uma série de regras visando à validade e à efetividade da comunicação (art. 440-Y e ss do provimento do CNJ)[127] e, para o que importa ao objeto deste estudo, prevendo: (i) que a notificação contenha "advertência de que o silêncio do requerido poderá implicar a *presunção de que é verdadeira a alegação de inadimplemento*" (art. 440-S, IV, *d.n.*) e (ii) a possibilidade de *anuência* ou

diato, da legislação civil e processual civil), conclui-se, a partir dos dispositivos aplicáveis à disciplina, da jurisprudência sobre a legitimidade passiva na ação de adjudicação compulsória e de dispositivos do Prov. CNJ 150/2023 (em especial, arts. 440-B, 440-G, 440-L, V, e 440-P), que a plena eficácia e estabilidade do procedimento extrajudicial (i.e., com máxima mitigação do risco de posterior anulação) demanda notificação: (i) de todos aqueles que integram o instrumento contratual em que se funda o pedido; (ii) do proprietário e coproprietário tabular (ostentando ou não relação obrigacional com o requerente); (iii) no caso de adjudicação por adquirente de imóvel em regime de incorporação, do incorporador, seus sucessores ou pessoas a ele equiparadas, a qualquer título, por força da Lei 4.591/1964 e (iv) do cônjuge ou o companheiro das pessoas acima listadas, nos casos em que a lei exija o seu consentimento para a validade ou eficácia do ato ou negócio jurídico.

125 Veja-se que o normativo não reitera ou detalha a previsão (constante do inciso II, do art. 216-B da LRP) de que a notificação possa ser delegada ao RTD.

126 Razões pelas quais se entende *não ser possível*, como cogitaram alguns após a edição da Lei 14.382/2022, *superar essa etapa de notificação pelo CRI*, ainda que já se tenha prova cabal do inadimplemento e/ou que se tenha promovido notificações extrajudiciais prévias.

127 Com as novas regras e procedimentos aplicáveis à notificação pelo CRI – sobre as quais não se discorrerá nesse artigo –, resta superada a cogitação da doutrina que pregava a aplicação analógica das normas relativas à usucapião extrajudicial (Talamini, *op. cit.*, p. 322), da qual se discordava, nesse ponto, ao entendimento de que haveria, antes, aplicação supletiva e subsidiária das regras do CPC/2015.

impugnação por parte do requerido, elementos esses que deflagram verdadeira instauração de contraditório.

No cenário em que o *requerido anuir* com o pedido de adjudicação compulsória (o que pode se dar "a qualquer momento"), dispõe o art. 440-Y, § 2º, do Prov. CNJ 150/2023, que ele deve, concomitantemente, tomar providências para a lavratura da escritura, sob pena de ineficácia da manifestação e continuidade do procedimento.

Já no cenário de *impugnação*[128] (que deverá ser por escrito e devidamente fundamentada, ao teor do art. 440-Z[129]), será oportunizada ao requerente uma *manifestação sobre a impugnação* (art. 440-AA), em igual prazo, após o qual o *registrador decidirá sobre a impugnação* no interregno de 10 (dez) dias – podendo, antes da decisão, *promover conciliação ou mediação* das partes, "se entender viável" (art. 440-AA, par. ún.).

[128] Ao prever a faculdade de impugnação fundamentada por parte do requerido, seguida de um procedimento detalhado, com diversas manifestações de parte a parte e possibilidade de recurso contra as decisões administrativas (sujeitas a controle jurisdicional), o Prov. CNJ 150/2023 torna obsoleto o receio por alguns manifestado acerca da ausência de previsão no art. 216-B da LRP de um mínimo de contraditório, o qual seria necessário à garantia constitucional do processo justo (nesse sentido, ver Costa Junior, *op. cit.*, p. 12). Por outro lado, também parecem inaplicáveis as considerações prefaciais da doutrina, no sentido de que a adjudicação compulsória extrajudicial pressuporia a não objeção, i.e., a *aquiescência tácita* da parte notificada (a esse respeito, ver Talamini, *op. cit.*, p. 327), uma vez que o procedimento de adjudicação compulsória extrajudicial delineado pelo novo Prov. CNJ 150/2023 *não prevê* imediata frustração da via administração em face de impugnação minimamente fundamentada por parte do requerido. Do contrário, as novas regras preveem decisão, pelo oficial de registro, sobre a impugnação do requerido, mediante prévio contraditório (art. 440-AA) – o que, em verdade, deverá provocar debate quanto aos contornos da função jurisdicional e a possibilidade de delegação de função judicante (ainda que limitada) às serventias extrajudiciais.

[129] O provimento do CNJ não especifica, nesse ponto, se há necessidade de representação do requerido por advogado ou defensor público. Entretanto, à luz do princípio do contraditório e da ampla defesa, para que não se incorra em disparidade de armas, entende-se evidente a necessidade da presença de advogado para esse ato. Em entendimento contrário: "[...] razão não há condicionar a oferta de impugnação à constituição de advogado. Com efeito, verificada a litigiosidade, a prudência recomenda a absolvição da instância extrajudicial. A única peculiaridade que assinalamos no caso do oferecimento de impugnação sem a representação de advogado está na impossibilidade de designação da audiência de conciliação, em razão do quanto disposto no art. 10, parágrafo único, da Lei 13.140/2015" (Costa Junior, *op. cit.*, p. 12).

Se o oficial acolher a impugnação, haverá ainda possibilidade de *insurgência* do requerente contra essa decisão (art. 440-AD). Ausente insurgência por parte do requerente, será o procedimento extinto, cancelando-se a prenotação (art. 440-AD, par. ún.).

Se o *oficial indeferir a impugnação* – o que deverá fazer à luz das hipóteses *não exaustivas* do art. 440-AB[130] – o *requerido poderá recorrer* da decisão e o requerente será instado a se manifestar sobre o recurso (art. 440-AC).

Havendo recurso do requerido ou insurgência do requerente, nos termos acima, os autos serão encaminhados ao *juízo competente* para exame da impugnação do requerido (art. 440-AE), esgotando-se, por conseguinte, a instância administrativa (§ 3º). Acolhendo o juiz a impugnação, extingue-se o procedimento extrajudicial, cancelando-se a prenotação.

2.4 Qualificação e Registro (CRI): nota devolutiva, decisão sobre o pedido, processo de dúvida, pagamento do ITBI e ato translativo

A etapa de qualificação e registro (pelo CRI) se iniciará *se*: (i) o requerido houver anuído com o pedido de maneira eficaz (ou seja, tomando providências para a celebração do ato translativo, nos termos do art. 440-Y), (ii) o requerido não tiver apresentado impugnação (quedando-se silente)[131] ou (iii) quando a impugnação houver sido desacolhida,

[130] *In verbis*: "[a]rt. 440-AB. O oficial de registro de imóveis indeferirá a impugnação, indicando as razões que o levaram a tanto, dentre outras hipóteses, quando: I – a matéria já houver sido examinada e refutada em casos semelhantes pelo juízo competente; II – não contiver a exposição, ainda que sumária, das razões da discordância; III – versar matéria estranha à adjudicação compulsória; IV – for de caráter manifestamente protelatório".

[131] Nesse tocante, discussão já existente – e que possivelmente seguirá após a regulamentação pelo CNJ – é se a consequência da anuência pelo silêncio, prevista na notificação, estaria em consonância com o art. 11 do CC/2002 ("[o] silêncio importa anuência, quando as circunstâncias ou os usos o autorizarem, e não for necessária a declaração de vontade expressa"). Quanto ao ponto, registre-se ainda a ponderação de Eduardo Talamini quanto às consequências da não objeção do devedor: "[n]a hipótese em que a parte foi regularmente notificada e silenciou, permitindo a adjudicação extrajudicial, surgem limites para sua impugnação judicial. A não oposição no prazo de 15 dias implica, em alguma medida, a decadência do direito de discutir a adjudicação extrajudicial. O silêncio da parte regularmente notificada constitui aquiescência tácita à adjudicação" (Talamini, *op. cit.*, p. 328), embora, em seguida, pondere que a decisão na via administrativa não faz coisa julgada, de modo que o requerido poderia eventualmente anular ou impugnar o ato translativo com base em *error in procedendo*,

após a observância do contraditório acima retratado (art. 440-AF do Prov. CNJ 150/2023).

Em qualquer dos cenários supra, o oficial do CRI, em 10 (dez) dias úteis, poderá expedir nota devolutiva para suprimento de exigências ou, em *nota fundamentada, deferir ou rejeitar o pedido* de adjudicação compulsória (art. 440-AF, inciso II). Em qualquer dos casos, caberá *processo de dúvida*, na forma do art. 198 da LRP.

Se, após instaurado processo de dúvida, houver *sentença de procedência*, o oficial do registro será notificado, para que a informe ao requerente e cancele a prenotação. Se julgada *improcedente a dúvida*, impõe-se ao requerente que apresente, novamente, os documentos que embasam o pedido de adjudicação compulsória, "com o respectivo mandado, ou certidão da sentença, que ficarão arquivados, para que, desde logo, se proceda ao registro, declarando o oficial o fato na coluna de anotações do Protocolo" (art. 203, II, da LRP).

Antes de proceder ao registro, o oficial do CRI deverá *notificar o requerente*, nos termos do art. 440-AL do Prov. CNJ 150/2023, para, em 5 (cinco) dias úteis, *comprovar o recolhimento do Imposto sobre a Transmissão de Bens Imóveis* ("ITBI"), prazo esse que poderá ser sobrestado se comprovado "justo impedimento" (§ 1). Não quitado o imposto, o processo será extinto, cancelando-se a prenotação (arts. 440-J). Nesse tocante, veja-se que o regramento do CNJ não só aperfeiçoa, como *altera* o comando do art. 216-B, V, da LRP, do qual decorria a necessidade de pagamento do imposto previamente ao requerimento de instauração do procedimento extrajudicial[132].

Em acréscimo, observe-se que o Prov. CNJ 150/2023 buscou elencar algumas situações que ensejariam a (i) não confecção da ata notarial (i.e., a negativação da qualificação notarial, com a consequente declaração de inviabilidade da adjudicação compulsória pelo tabelião de notas) (ii) a extinção do procedimento extrajudicial, se já instaurado, e/ou (iii) a negativação da qualificação registral pelo registrador. Entre as

mas não *error in judicando*, restando limitada, por ex., a possibilidade de rediscutir questões como o pagamento do preço e a caracterização do inadimplemento.

[132] A esse respeito, acertada a doutrina: "[t]rata-se de mais uma atecnia da lei. Não faz sentido exigir desde logo o pagamento do imposto de transmissão se não se sabe se o pedido será ou não deferido. [...] Certamente a prática deverá ser a de exigir o recolhimento o imposto de transmissão somente ao final, após o deferimento do pedido". (COSTA JUNIOR, *op. cit.*, p. 11).

hipóteses que ensejariam qualificações negativas, em qualquer etapa, tem-se a verificação de "ilicitude, fraude à lei ou simulação" (art. 440-I) e a falência ou recuperação judicial do proprietário, se o negócio jurídico que embasa o pedido de adjudicação compulsória for posterior ao reconhecimento judicial da falência ou recuperação (art. 440-AK)[133].

Por fim, não estando diante de hipótese obstativa do registro, o *registrador procederá ao ato translativo*, alcançando-se o objetivo precípuo da medida de adjudicação compulsória[134].

Conclusões

1) Como premissas para o desenvolvimento desse estudo, verificou-se que: A *promessa de compra venda* de imóvel – contrato preliminar apto a conferir direito real à aquisição [a partir do registro] e que embasa

[133] A indisponibilidade do imóvel é também apontada como hipótese a obstar o deferimento do pedido de adjudicação extrajudicial se não houver sido cancelada até a decisão final do CRI (art. 440-AH). Em contrapartida, o provimento do CNJ elenca as seguintes hipóteses como não obstativas do direito à adjudicação compulsória: "Art. 440-AG. Os direitos reais, ônus e gravames que não impeçam atos de disposição voluntária da propriedade não obstarão a adjudicação compulsória. Art. 440-AH. A indisponibilidade não impede o processo de adjudicação compulsória, mas o pedido será indeferido, caso não seja cancelada até o momento da decisão final do oficial de registro de imóveis. Art. 440-AI. Não é condição para o deferimento e registro da adjudicação compulsória extrajudicial a comprovação da regularidade fiscal do transmitente, a qualquer título".

[134] A respeito do título hábil ao ato translativo, nota-se que o regramento do CNJ não resolve a controvérsia dogmática que se travou à luz do § 3º do art. 216-B da LRP, a respeito da possível mudança de natureza jurídica no regime do compromisso de compra e venda. De um lado, argumenta-se que o dispositivo em comento teria conferido eficácia translativa à promessa, à semelhança do que fez o art. 26, § 6º, da Lei 6.766/1979, de modo que, dentro de certas condições, o compromisso de compra e venda configurar-se-ia como o próprio título da transferência de propriedade (nesse sentido: Talamini, *op. cit.*, p. 325). De outro lado (ao qual nos alinhamos), posicionam-se os que reconhecem na adjudicação compulsória uma faceta processual inafastável, mesmo em âmbito extrajudicial, consistente na aptidão da medida para substituir uma declaração de vontade e constituir um título hábil ao ato translativo (nos moldes do art. 501 do CPC/2015), do que se inferiria que o título registrável não seria a promessa, mas sim o termo de qualificação do registrador (a esse respeito, vide Costa Junior, *op. cit.* p. 13-14.). Em nota paralela, e em arremate, ressalte-se que o provimento do CNJ é silente, por demais, quanto à possibilidade de *convolação do procedimento de adjudicação compulsória em usucapião extrajudicial*, possibilidade que foi sustentada – e recomendada – pela doutrina especializada após a edição da Lei 14.382/2022 (v. Ribeiro, *op. cit.*, p. 114).

o direito à adjudicação compulsória – é modalidade negocial *muito presente na incorporação imobiliária.*

2) Por meio da *adjudicação compulsória*, a parte adimplente, sem arrependimento exercitável (situação mais comum na incorporação, pois aplicável o regime da irretratabilidade), pode, ante à resistência alheia na outorga ou recebimento da escritura, superar a declaração negocial omitida, alcançando *título hábil à transferência da propriedade.*
3) Na tendência de *desjudicialização*, a Lei 14.382/2022 inaugurou rito administrativo para a adjudicação compulsória (art. 216-B da LRP), reavivando assim as celeumas sobre esse instituto, que já era pouco remansoso, pois permeado por peculiaridades e oscilações legislativas e jurisprudenciais.
4) Embora elogiável como marco legislativo, a tautologia e a economia redacional do art. 216-B, num primeiro momento, resultaram em muitas dúvidas, dificultando sobremaneira a implementação do procedimento extrajudicial de adjudicação compulsória.

À vista disso, optou-se por traçar um panorama normativo e jurisprudencial, a fim de bem delimitar o regime jurídico aplicável à adjudicação compulsória, fixando-se seus principais pressupostos, arcabouço legislativo e hipóteses admitidas por lei (em tudo aplicáveis ao novo procedimento), para, em seguida, tratar-se de aspectos introdutórios da via extrajudicial.

Com base no referido estudo, restam enfim esboçadas as as seguintes notas conclusivas:

1) O instituto da adjudicação compulsória permanece *único*, sendo a via extrajudicial mera *ferramenta* (facultativa, alternativa e auxiliar), concebida sob a premissa de evitar o acionamento da máquina judiciária nas situações em que atos judicantes se mostrem dispensáveis.
2) A propósito, defendeu-se neste artigo a observância, também no âmbito extrajudicial, da jurisprudência *já pacificada* sobre a adjudicação compulsória. Desconsiderá-la significaria, não só reconhecer autonomia jurídica ao novo rito, como descartar as contribuições alcançadas por *décadas de construção pretoriana* (premissas que parecem indefensáveis e notoriamente contrárias aos objetivos do art. 216-B da LRP e da Lei 14.382/2022).

3) Aplicam-se à adjudicação compulsória, no contexto da incorporação: (i) em caráter geral, o CC/2002 (arts. 1.225, VII, 1.277, 1.417, 1.418 e dispositivos relativos à disciplina dos contratos preliminares) e o DL 58/1937 (arts. 15, 16 e 22), (ii) em caráter especial, a Lei 4.591/1964 (notadamente, os arts. 32, *caput*, "a" e § 2º, 35, § 4º, 34 e 67-A, § 12º), (iii) sob a ótica processual, o art. 501 do CPC/2015 e demais dispositivos pertinentes às ações de obrigações de fazer; e (iv) praticamente com força de lei, a Súmula 239 do STJ.
4) A Lei de Incorporações prevê duas hipóteses de adjudicação compulsória de iniciativa dos adquirentes: (i) à luz do art. 32, § 2º, da Lei 4.591/1964, medida calcada em *promessas de venda e compra, cessão ou promessa de cessão de unidades* (contra o incorporador e seus sucessores) e (ii) à luz do art. 35, § 4º, medida [menos usual] de iniciativa dos *candidatos à aquisição*, dotados de *carta proposta* ou *ajuste preliminar* sobre *fração ideal* (contra o incorporador ou terceiros).
5) As demais variações da adjudicação compulsória presentes na atividade incorporativa e admitidas por lei, assim como os possíveis cenários de cessão e sucessão dessas modalidades, encontram-se abarcadas no regramento genérico do CC/2002 e do DL 58/1937.
6) Para além das hipóteses legais, a jurisprudência já admitia: (i) a adjudicação compulsória com base em *promessa de permuta*, suas cessões e promessas de cessão, além de outras espécies de contrato preliminar, deflagradas a partir de análise da essência e conteúdo do instrumento, e (ii) em exegese do art. 463 do CC/2002, a *adjudicação compulsória inversa.*
7) Contudo, é certo que a medida *não se presta* a concretizar *outros direitos a "adjudicação"* que não decorram de promessa com aptidão para conferir direito real à aquisição (exs.: medidas expropriatórias dos arts. 14 da Lei 4.591/1964 e 1.358-S do CC/2002 e *sequelas adjudicatórias de direito de preferência* dos arts. 63, § 3º, da Lei 4.591/1964 e 504 do CC/2002).
8) O art. 216-B da LRP, iluminado e aperfeiçoado pelo recente Prov. CNJ 150/2023, não altera a disciplina jurídica da adjudicação compulsória, nem cria novas hipóteses, mas positiva hipóteses

já admitidas por lei e pela jurisprudência (como as pautadas em promessas de permuta e a adjudicação inversa, listando-se todos os seus legitimados).

9) O *caput* do art. 440-B reforça, ainda, a ampla autonomia dos registradores na análise do título, o que, idealmente, deverá contribuir para o deferimento da adjudicação compulsória em todas as hipóteses já admitidas por lei e pela jurisprudência, mesmo em casos *não tão evidentes.*

10) No mais, o regramento do CNJ vem solucionar boa parte das dificuldades que se antevia na utilização do procedimento extrajudicial, afastando, na medida do possível, a interpretação redundante do art. 216-B e detalhando, em minúcia: (i) as fases preparatórias do procedimento; (ii) a ordem dos atos concernentes a cada fase; (iii) as competências do notário e do registrador.

11) No tocante à "fase notarial" prévia à instauração do procedimento, o CNJ atribui função colaborativa ao notário, com ampla possibilidade de instrução probatória complementar.

12) No tocante ao procedimento perante o CRI, traz o provimento um procedimento detalhado, com instauração de um sofisticado contraditório, o que poderá ensejar críticas relacionadas à duração do procedimento e aos limites da função do registrador (cogitando-se se não se estaria diante de atividade jurisdicional).

13) Ademais, o normativo efetivamente corrige o texto legal no que diz respeito ao momento da notificação via CRI (após a instauração do procedimento) e do pagamento do ITBI (após a qualificação registral e dias antes do ato translativo).

14) Em contrapartida, mantêm-se em aberto as dúvidas quanto ao título registrável (i.e., se seria a promessa ou ato do oficial após qualificação registral) e a possibilidade ou não de convolação da medida em usucapião extrajudicial.

Referências

Ascenção, José de Oliveira. *Introdução à Ciência do Direito*. 3. ed. rev. e atual. São Paulo: Renovar, 2005.

Avvad, Pedro Elias. *Direito Imobiliário:* teoria geral e negócios imobiliários. 4. ed., rev., atual e amp. Rio de Janeiro: Forense, 2014.

BESSONE, Darcy. *Da Compra e Venda*: promessa & reserva de domínio. 3. ed. rev. e ampl. São Paulo: Saraiva, 1988.

BRANDELLI, Leonardo. *Registro de imóveis:* eficácia material. Rio de Janeiro: Forense, 2016.

BRESOLIN, Umberto Bara. Cancelamento do registro da Promessa de Compra e Venda (art. 251-A). Apresentação em *ppt* dos Blocos 3 e 4 da Aula 4 – Unidade 4 do *Curso de atualização sobre a Lei 14.382/22*. São Paulo: IBRADIM, 2023. Disponível em: https://ava. unibradim.org.br/ pluginfile.php/18473/mod_resource/content/0/UNI04%20-%20Aula04%20-Umberto%20Bresolin.pdf [restrito a alunos]. Acesso em: 01 abr. 2023.

BRESOLIN, Umberto Bara. Alterações na Lei 6.015/1973 (art. 11): art. 251-A da Lei 6.015/1973. *In*: ABELHA. André; HALHUB, Melhim; VITALE, Olivar (org.). *Sistema Eletrônico de Registros Públicos*: Lei 14.382, de 27 de junho de 2022 comentada e comparada. Rio de Janeiro: Forense, 2023. p. 421-436.

BORGES, Marcus Vinícius Motter. Alterações na Lei 6.015/1973 (art. 11): art. 216-B da Lei 6.015/1973. *In*: ABELHA. André; HALHUB, Melhim; VITALE, Olivar (org.). *Sistema Eletrônico de Registros Públicos*: Lei 14.382, de 27 de junho de 2022 comentada e comparada. Rio de Janeiro: Forense, 2023. p. 372-399.

CHALHUB, Melhim Namem. *Incorporação Imobiliária*. 7. ed. Rio de Janeiro: Forense, 2023.

COSTA JUNIOR, Francisco José de Almeida Prado Ferraz. Adjudicação compulsória extrajudicial: primeiras ideias. *Revista de Direito Imobiliário*. vol. 93, ano 45. jul.-dez. 2022. p. 113-139/p. 1-26 (v. online). Disponível em: http://revistadostribunais.com.br/maf/app/document?stid=st-rql&marg=DTR-2022-17537. Acesso em: 15 jul. 2023.

CREDIE, Ricardo Arcoverde. *Adjudicação Compulsória*. 2. ed. rev. e ampl. São Paulo: RT, 1983.

GOMES, Orlando. *Direitos Reais*. 19. ed., rev. e atual (atual. Luiz Edson Fachin). Rio de Janeiro: Forense, 2007.

GOMES, Orlando. *Direitos Reais*. 21. ed., rev. e atual por Luiz Edson Fachin. Rio de Janeiro: Forense, 2012.

GOMIDE, Alexandre Junqueira. A irretratabilidade da promessa de venda e compra e a Lei 14.382/2022. *Revista Direito Imobiliário*. São Paulo: IBRADIM, v. 8, ano 4, jul./2022. p. 77-92.

LOUREIRO, Francisco. Alterações à Lei 13.097/2015 (art. 16). *In*: ABELHA. André; CHALHUB, Melhim; VITALE, Olivar (org.). *Sistema Eletrônico de Registros Públicos*: Lei 14.382, de 27 de junho de 2022 comentada e comparada. Rio de Janeiro: Forense, 2023. p. 511-523.

MOURA, Mário Aguiar. Adjudicação compulsória com fundamento em promessa de compra e venda não registrada. *Revista de Processo,* vol. 11, n. 44, out./dez.1986. p. 264-272.

NERY JÚNIOR, Nelson e NERY, Rosa Maria de Andrade. *Código de Processo Civil Comentado*. 17. ed. rev. atual. e ampl. São Paulo: Revista dos Tribunais, 2018.

PEREIRA, Caio Mário da Silva. *Condomínio e Incorporações*. 15. ed., rev. e ref. (atual. Melhim Chalhub e André Abelha). Rio de Janeiro: Forense, 2022.

PROVIN, Alan Felipe. Inquietações Preliminares sobre a Adjudicação Compulsória Extrajudicial de Bem imóvel. *Revista de Direito Imobiliário*. vol. 8, nº 8. São Paulo: IBRADIM, jul./2022. p. 7-42.

REIS JÚNIOR, Antonio dos. *A promessa de compra e venda de Imóveis*: os efeitos do inadimplemento em perspectiva civil-constitucional. São Paulo: Almedina, 2018.

RIBEIRO, Moacyr Petrocelli de Ávila. *Registro de Imóveis*: anotações à Lei 14.382/2022. Rio de Janeiro: Forense, 2023.

SCAVONE JUNIOR, Luiz Antônio. *Direito Imobiliário*: teoria e prática. 18. ed. Rio de Janeiro: Forense, 2022.

SERPA, Pedro Ricardo e. *A Preferência Legal e Voluntária no Direito Brasileiro*. Tese (Doutorado) – Programa de Pós-graduação em Direito da Faculdade de Direito da Universidade de São Paulo. São Paulo-/SP, defendida em mar./2016.

SILVA, Alexandre Barbosa da. *Propriedade sem registro:* contrato e aquisição da propriedade imóvel. Curitiba: Juruá, 2018.

SILVA, Giovana Rasia da; MONTE, Luiza Brasil do. A adjudicação compulsória inversa. *In*: SANTOS, Lourdes Helena Rocha dos; CASTRO, Fabio Caprio Leite de (org.). *Temas Atuais em Direito Imobiliário*. Porto Alegre: 2022. *E-book*. Disponível em: https://santossilveiro.com.br/programacao/ebook/6b058bd4-41e7-4100-a000-9281f301d1b1.pdf. Acesso em: 04 abr. 2023.

SILVA, Luiz T. Barbosa. Da Ação de Adjudicação Compulsória resultante do Contrato Preliminar e do Contrato de Compromisso de Venda e Compra. *RT vol. 845*, mar./2006. p. 50-64/ p. 1-14 (v. *online*).

TALAMINI, Eduardo. Adjudicação compulsória extrajudicial: pressupostos, natureza e limites. *Revista de Processo*, vol. 336, ano 48, fev. 2023. p. 319-339.

TEPEDINO, Gustavo *et al*. *Código Civil interpretado conforme a Constituição da República*. vol. III. Rio de Janeiro: Renovar, 2001.

VENOSA, Sílvio. *Direitos Civil*: direitos reais. vol. 5. 13. ed. São Paulo: Atlas, 2013.

11. INCORPORAÇÃO IMOBILIÁRIA COMO FORMA DE INSTITUIÇÃO DE CONDOMÍNIO

Natalie Collet Feitosa Lange
Débora Lúcia Tiemy Sato de Moura

Introdução

Há muito tempo a doutrina e a jurisprudência majoritariamente andam no sentido de que o condomínio edilício e, consequentemente, as unidades autônomas integrantes de uma edificação somente nascem após a averbação da construção e subsequente registro da instituição e especificação de condomínio na matrícula do imóvel e registro da convenção de condomínio perante o Registro de Imóveis, independentemente da prévia existência de registro de incorporação imobiliária regida pela Lei Federal 4.591, de 16/12/1964 (Lei de Incorporação Imobiliária).

Em linhas gerais, tal entendimento tem por base a previsão do então art. 7º da Lei Federal 4.591/1964, sucedido pelo art. 1.332, do Código Civil, que assim reza:

> Art. 1.332. Institui-se o condomínio edilício por ato entre vivos ou testamento, registrado no Cartório de Registro de Imóveis, devendo constar daquele ato, além do disposto em lei especial:
>
> I – a discriminação e individualização das unidades de propriedade exclusiva, estremadas uma das outras e das partes comuns;

II – a determinação da fração ideal atribuída a cada unidade, relativamente ao terreno e partes comuns;
III – o fim a que as unidades se destinam.

E também os seguintes fundamentos, entre outros:

a) a individualização das unidades autônomas somente é possível com a conclusão da obra e respectiva averbação na matrícula do terreno, pois, aos olhos de alguns doutrinadores, é assim que deveria ser interpretado o antigo art. 44, da Lei Federal 4.591/1964[1]:

> Após a concessão do "habite-se" pela autoridade administrativa, o incorporador deverá requerer a averbação da construção das edificações para efeito de individualização e discriminação das unidades, respondendo perante os adquirentes pelas perdas e danos que resultem da demora no cumprimento dessa obrigação. (nossos grifos);

b) o registro da incorporação é transitório e provisório criando o condomínio especial de frações de terreno encerrando seus efeitos com a averbação da obra e registro da instituição de condomínio, quando, daí, nasce o condomínio edilício;
c) o registro da incorporação gera uma pré-horizontalidade com a consequente pré-atribuição e pré-instituição, passando a ser definitivo com a conclusão da obra e registro da instituição de condomínio.

Há, por outro lado, alguns doutrinadores que defendem, muito antes da vigência da Lei do Sistema Eletrônico de Registros Públicos (SERP) (conforme a seguir mencionada), que a incorporação imobiliária tem efeito de instituir o condomínio edilício, como Maria Teresa Pereira de Castro Ascensão e José Oliveira Ascensão[2,3]

[1] Nova redação do art. 44 após Lei do SERP: "Após a concessão do habite-se pela autoridade administrativa, incumbe ao incorporador a averbação da construção em correspondência às frações ideais discriminadas na matrícula do terreno, respondendo perante os adquirentes pelas perdas e danos que resultem da demora no cumprimento dessa obrigação." (nossos grifos)

[2] Ascensão, Maria Teresa Pereira de Castro; Ascensão, José de Oliveira Ascensão. Instituição, Incorporação e Convenção de Condomínio. *Revista de Direito Civil* 10/143. p. 148 e 149.

[3] Caio Mario da Silva Pereira também tinha tal entendimento, conforme citado ao longo deste artigo.

> Havendo incorporação, será necessário realizar também a instituição de condomínio? Isso seria absurdo, pois a incorporação contém todos os elementos exigidos pela instituição de condomínio (cfr. Art. 7º e art. 32/al i) e implica necessariamente a declaração de vontade de instituir a propriedade horizontal.

Conforme veremos mais adiante, as corregedorias estaduais também não possuem uniformidade de entendimento sobre o tema.

A Lei Federal 14.382, de 27/06/2022, também chamada Lei do SERP, fruto da Medida Provisória 1.085 de 27/12/2022, trouxe inúmeras alterações legislativas, criando o Sistema Eletrônico de Registros Públicos – SERP, alterando de forma expressiva, entre outras leis, as Leis Federais 4.591/1964, 6.015/1973 (Lei de Registros Públicos), 10.406/2002 (Código Civil), 13.097/2015, e também revogou algumas outras leis.

Pode-se afirmar que a criação da Lei do SERP teve como objetivos desburocratizar e simplificar nosso sistema registrário, trazer maior segurança aos negócios baseados nas informações registrais, inclusive na aquisição de imóveis, reduzindo custos e prazos, aumentando a transparência das informações e conferindo maior segurança a negócios baseados nas informações registrárias.

Para o que aqui nos interessa, a Lei do SERP inovou com a inclusão do § 15 do art. 32, da Lei Federal 4.591/1964: § 15. "O registro do memorial de incorporação e da instituição do condomínio sobre as frações ideais constitui ato registral único".

Também incluiu no art. 32, da Lei Federal 4.591/1964, o § 1º-A, alterou a alínea "j" do art. 32 e o art. 44 do mesmo diploma legal, além de deixar expressa a possibilidade de abertura de matrícula antes da conclusão da obra (art. 237-A, da Lei de 6.015/1973).

Não podemos negar que o tema é repleto de complexidades, mas com tais inovações trazidas pela Lei do SERP, será possível agora afirmar que o condomínio edilício nasce com o registro da incorporação, frente ao previsto no § 15, do art. 32, da Lei de Incorporação Imobiliária, ou apenas nasce o condomínio especial de frações de terreno?

1. A incorporação imobiliária

Em sentido geral, incorporação significa inclusão, união, introdução ou ligação de uma coisa no corpo de outra a que ficará pertencendo ou agremiação, congregação, agrupamento promovido entre pessoas para a formação de um só corpo (do latim, *incorporatio*, de *incorporare*: dar corpo, juntar, unir)[4].

No ordenamento jurídico brasileiro encontramos o conceito da incorporação imobiliária na Lei Federal 4.591/1964, preceituada em seu artigo 28, parágrafo único, que "considera-se incorporação imobiliária a atividade exercida com o intuito de promover e realizar a construção, para alienação total ou parcial, de edificações ou conjunto de edificações compostas de unidades autônomas".

Melhim Namem Chalub definiu a incorporação imobiliária como

> No campo dos negócios imobiliários, a expressão incorporação imobiliária tem o significado de mobilizar fatores de produção para construir e vender, durante a construção, unidades imobiliárias em edificações coletivas, envolvendo uma série de medidas no sentido de levar a cabo a construção até sua conclusão com a individualização e discriminação das unidades imobiliárias no Registro de Imóveis[5].

A incorporação imobiliária envolve a alienação a terceiros de coisa futura, ou seja, de unidades a construir ou em fase de construção, visando o lucro. Nesse sentido, a incorporação imobiliária ficou caracterizada pela circunstância de as unidades autônomas serem colocadas à venda antes mesmo da conclusão de suas obras[6], de modo a permitir, pelo viés econômico, a captação de recursos para que seja desenvolvido e concluído o empreendimento imobiliário pretendido.

No âmbito jurisdicional, nos termos do entendimento da 3ª Turma do Superior Tribunal de Justiça – STJ, incorporação tem a finalidade de "permitir a venda antecipada de unidades imobiliárias visando a obtenção de recursos para construção e entrega das unidades habitacionais no futuro constituindo um pacto complexo sustentado essencialmente pela confiança e pela boa-fé contratual"[7].

[4] Chalhub, Melhim. *Incorporação Imobiliária*. 2. ed. Rio de Janeiro: Forense, 2019. p. 9.

[5] Chalhub, Melhim. *Incorporação Imobiliária*. 2. ed. Rio de Janeiro: Forense, 2019. p. 10.

[6] Ghezzi, Leandro Leal. A incorporação Imobiliária à luz do Código de Defesa do Consumidor e do Código Civil. São Paulo: RT, 2007. p. 63.

[7] STJ, REsp 1.537.012/RJ, Terceira Turma, Rel. Min. Paulo de Tarso Sanseverino. j. 26/06/2017.

É certo que a incorporação imobiliária afeta o terreno à propriedade horizontal, ou seja, ao condomínio especial ou condomínio edilício. Como bem referido por Melhim Namem Chalhub, a atividade da incorporação imobiliária tem como objeto a produção de unidades imobiliárias autônomas, indissoluvelmente vinculadas, sendo a causa de tal negócio jurídico a produção de um novo bem imóvel e a constituição de direito de propriedade sobre ele: desdobra-se o terreno e se converte um direito real de propriedade que sobre ele incidia em vários direitos reais de propriedade incidentes sobre unidades imobiliárias autônomas assentadas em planos horizontais sobre esse terreno; para tal fim, as frações ideais em que foi dividido o terreno vinculam-se às unidades imobiliárias e incidem sobre as partes de propriedade e uso comuns da edificação[8].

Portanto, tantos novos imóveis surgem quantas são as frações ideais destacadas.

Assim, com a permissão pela legislação de alienar algo futuro que será construído ou terá sua construção ainda a concluir, ela, por meio da Lei Federal 4.591/1964, delimitou uma série de condições, obrigações e responsabilidades civis e penais para aquele que vier a realizar a incorporação imobiliária, ou seja, o incorporador com o objetivo de trazer proteção ao terceiro adquirente das unidades autônomas.

Mas, afinal, quem pode ser incorporador? A resposta está no artigo 29, da Lei Federal 4.591/1964, que conceituou o incorporador como:

> [...] a pessoa física ou jurídica, comerciante ou não, que embora não efetuando a construção, compromisse ou efetive a venda de frações ideais de terreno objetivando a vinculação de tais frações a unidades autônomas, em edificações a serem construídas ou em construção sob regime condominial, ou que meramente aceite propostas para efetivação de tais transações, coordenando e levando a têrmo a incorporação e responsabilizando-se, conforme o caso, pela entrega, a certo prazo, preço e determinadas condições, das obras concluídas.

O referido artigo 29, juntamente com o disposto no artigo 31 da mesma lei, que determinam quem pode exercer essa função:

[8] Chalhub, Melhim. *Incorporação Imobiliária*. 2. ed. Rio de Janeiro: Forense, 2019. p. 139.

a) o proprietário do terreno, o promitente comprador, o cessionário deste ou promitente cessionário com título devidamente registrado, que seja irrevogável e irretratável, do qual conste cláusula de imissão na posse do imóvel não haja estipulação impeditiva de usa alienação em frações ideais e inclua consentimento para demolição e construção (art. 32, "a", da Lei 4.591/1964);
b) o construtor ou corretor de imóveis;
c) o ente da Federação imitido na posse a partir de decisão proferida em processo judicial de desapropriação em curso ou o cessionário deste conforme comprovado mediante registro no registro de imóveis competente.

Segundo Caio Mário da Silva Pereira, o incorporador é algo além de um corretor, sendo a "chave do negócio", agindo de modo a visar a um benefício e com o objetivo de lucro, competindo a ele[9]

> [...] planejar a obra, redigir propostas e os contratos, obter o projeto arquitetônico, fazê-lo aprovar pela autoridade, tudo em termos tais que o edifício se constrói segundo o plano do incorporador, e o condomínio se constitui na forma da minuta por ele redigida.

Considerando que a atividade de incorporação imobiliária é uma atividade mercantil e que visa o lucro, aquele que constrói exclusivamente para si, ainda que apartamentos, não é um incorporador, porém, será nele convertido quando colocar à venda, antes da conclusão das obras, as unidades vinculadas à fração ideal[10].

Podemos então sucintamente afirmar que o incorporador é aquele que coordena os meios para viabilizar a construção de edifícios compostos por unidades autônomas e assim a constituição da propriedade condominial especial, denominada como condomínio edilício pelo Código Civil[11].

[9] PEREIRA, Caio Mário da Silva. *Condomínio e Incorporações*. São Paulo: Grupo GEN, 2021. p. 255. *E-book*. ISBN 9788530994075. Disponível em: https://integrada.minhabiblioteca.com.br/#/books/9788530994075/. Acesso em: 01. mar. 2023.

[10] PEREIRA, Caio Mário da Silva. Condomínio e Incorporações. São Paulo: Grupo GEN, 2021. p. 258. E-book. ISBN 9788530994075. Disponível em: https://integrada.minhabiblioteca.com.br/#/books/9788530994075/. Acesso em: 01. mar. 2023.

[11] CHALHUB, Melhim. *Incorporação Imobiliária*. 2. ed. Rio de Janeiro: Forense, 2019. p. 17.

Como já comentado, a Lei Federal 4.591/1964 delimitou uma série de condições, obrigações e responsabilidades civis e penais ao incorporador buscando a proteção do adquirente das unidades futuras, uma vez que, anteriormente à publicação da referida lei, a atividade do incorporador não possuía respaldo jurídico, o que ocasionou variados e graves prejuízos aos adquirentes de unidades, sendo que o mercado imobiliário possui na memória emblemáticos casos de não concretização das obras de construção do empreendimento, além de danos (financeiros e, por vezes, psicológicos e sociais) em razão de desvio de valores, desaparecimento do incorporador, enfim, ocorrências responsáveis por gerar uma grande insegurança para o mercado imobiliário e para o cumprimento dos negócios entabulados.

Com a Lei Federal 4.591/1964 tivemos inovações que fomentam o amparo e proteção do adquirente de unidades imobiliárias a construir ou em fase de construção. Nesse sentido, por força do artigo 32, o incorporador apenas poderá alienar ou onerar as frações ideais de terrenos e acessões que corresponderão às futuras unidades autônomas após o registro do memorial de incorporação no respectivo registro de imóveis.

O memorial de incorporação será composto por uma série de documentos, de modo a conferir segurança jurídica ao negócio, documentos esses que cumprem a função de organizar o negócio, além de demonstrarem que o incorporador possui direito real sobre o terreno, que não recaem ônus sobre o terreno da incorporação, bem como a viabilidade financeira do incorporador.

Dentre os documentos necessários para fins de registro da incorporação imobiliária, encontra-se, na alínea "i", do referido artigo 32, alterado pela Lei do SERP, a previsão de apresentação de instrumento de divisão do terreno em frações ideais autônomas que contenha a sua discriminação e descrição, além das características e destinação das unidades autônomas a serem construídas e das partes comuns que a elas acederão, ou seja, já traz os requisitos da instituição de condomínio (subdivisão da propriedade em partes exclusivas e partes comuns), mais adiante comentada.

Assim, conforme já referido, a incorporação imobiliária afeta o terreno à propriedade horizontal, ou seja, ao condomínio edilício, uma vez que já traz as frações ideais em que foi dividido o terreno e sua vinculação às unidades imobiliárias, bem como sobre as partes de propriedade e uso comuns da edificação, sendo portanto, em nosso entendimento, o registro da incorporação imobiliária o momento de nascimento do condomínio edilício, independentemente da existência da construção das unidades autônomas.

Nesse sentido foi a inclusão do § 15, do art. 32, da Lei de Incorporação Imobiliária, pela Lei do SERP, ao prever que o registro do memorial de incorporação e a instituição de condomínio constitui ato registral único, o que será explorado especificamente mais à frente neste trabalho.

Além da proteção ao adquirente da unidade autônoma, o registro do memorial de incorporação traz a possibilidade de o incorporador desistir unilateralmente do projeto a ser desenvolvido, nos termos do artigo 34, da Lei Federal 4.591/1964, por meio do denominado "prazo de carência". Em até 180 dias contados do registro do memorial de incorporação, o incorporador poderá licitamente desistir do desenvolvimento do empreendimento, sem necessidade de qualquer indenização ao adquirente da futura unidade autônoma.

A possibilidade de desistência da incorporação imobiliária dentro do prazo de carência é um dos pontos levantados pela corrente doutrinária que entende que o condomínio edilício somente será efetivado após a conclusão das construções, entendendo que, na hipótese de conceber que o condomínio edilício surge com a incorporação imobiliária, poderia ser prevalente a tese da necessidade do quórum de 2/3 dos votos dos condôminos para proceder com a desistência da incorporação, em virtude do previsto no artigo 1.351, do Código Civil. Tal entendimento seria contrário ao objetivo do artigo 34, da Lei de Incorporação Imobiliária, que visa trazer uma proteção ao próprio incorporador de forma a resguardar a possibilidade de desistir (unilateralmente) da incorporação imobiliária durante um certo prazo.

Nesse ponto, como será abordado posteriormente, já há estado possibilitando que o registro da instituição de condomínio ocorra imediatamente após o decurso do prazo de carência, afastando o risco apontado por parte da doutrina, e antes mesmo da conclusão das obras do empreendimento incorporado.

Transcorrido o prazo de carência, inicia-se a construção do empreendimento e sua conclusão estará caracterizada com a emissão do habite-se e respectiva averbação junto ao competente registro de imóveis, nos termos que preceitua o artigo 44, da Lei de Incorporação Imobiliária, com a redação dada pela Lei do SERP:

> Após a concessão do habite-se pela autoridade administrativa, incumbe ao incorporador a averbação da construção em correspondência às frações ideais discriminadas na matrícula do terreno, respondendo perante os adquirentes pelas perdas e danos que resultem da demora no cumprimento dessa obrigação.

A alteração da redação do artigo 44 pela Lei do SERP trouxe a supressão do trecho "*para efeito de individualização e discriminação das unidades*" exigindo apenas a "*averbação da construção em correspondência às frações ideais discriminadas na matrícula do terreno*". Ou seja, trata-se apenas de averbação da construção, sendo, portanto, uma averbação informativa, sem qualquer alteração do negócio jurídico e afastada a necessidade de um novo registro do condomínio. Nesse sentido é o entendimento exposto por Marcus Vinicius Motter Borges[12]: "[...] a averbação da construção é apenas ato informativo acerca da conclusão das obras do empreendimento e não se confunde com a instituição de condomínio edilício".

Assim, em suma, a incorporação imobiliária é negócio jurídico de alienação de frações ideais de terreno vinculadas às futuras unidades imobiliárias autônomas havendo a exigência legal de prévio registro do memorial de incorporação para possibilitar a referida alienação. Ou seja, é o registro da incorporação imobiliária que confere existência legal às frações de terreno e respectivas acessões sob regime condominial especial e viabiliza sua alienação[13], afetando assim o imóvel à propriedade horizontal.

Como foi possível notar, a atividade de incorporação imobiliária é detalhada e complexa, sendo certo que não temos como pretensão neste capítulo o esgotamento do tema da incorporação imobiliária, mas tão somente delimitar os seus principais e introdutórios aspectos para fins de entendimento do tema deste artigo.

[12] BORGES, Marcus Vinicius Motter (coord.). *Curso de Direito Imobiliário Brasileiro*. São Paulo: Revista dos Tribunais, 2 ed. 2022. p. 481.

[13] CHALHUB, Melhim Namem. A instituição do condomínio edilício pelo registro da incorporação. *Migalhas*, em 27 jan. 2023. Disponível em: https://www.migalhas.com.br/coluna/migalhas-edilicias/380677/a-instituicao-do-condominio-edilicio-pelo-registro-da-incorporacao. Acesso em: 24 fev. 2023.

2. Breves considerações sobre condomínio geral, condomínio edilício e instituição de condomínio

2.1 Condomínio geral

O Código Civil (Lei Federal 10.406 de 10/01/2002) trata do condomínio geral e do condomínio edilício.

O condomínio geral classifica-se em voluntário ou convencional (arts. 1.314 a 1.326) e necessário (arts. 1.327 a 1.330, do Código Civil).[14]

Segundo Arnaldo Rizzardo[15], "A expressão condomínio expressa a comunhão de direitos entre duas ou mais pessoas sobre um bem ou um conjunto de bens [...]".

O bem é titulado por várias pessoas que exercem seu direito de dono conforme sua parte ideal ou fração ideal sobre o todo, que podemos denominar como copropriedade. Diferentemente do condomínio edilício, o condomínio geral confere ao seu titular o direito sobre a parte ideal do todo e não de parte certa e localizada da coisa, sendo a posse indeterminada. Assim, não se trata de uma porção determinada, mas de uma quota ideologicamente fixada na qual incide a propriedade individual, cabendo ao seu titular o direito de uso em conjunto com os demais, conforme definição entre os coproprietários.

Podemos dizer que o condomínio voluntário é aquele que tem como característica ser finito ou possível de se extinguir quer pela alienação ou venda forçada ou pela divisão do bem.

O condomínio necessário ou forçado é aquele que nasce da própria natureza da coisa: meação de paredes, valas, cercas ou muros.

O art. 1.314 do Código Civil estabelece:

> Art. 1.314. Cada condômino pode usar da coisa conforme sua destinação, sobre ela exercer todos os direitos compatíveis com a indivisão, reivindicá-la de terceiro, defender a sua posse e alhear a respectiva parte ideal, ou gravá-la.

[14] Conforme Hamilton Quirino Câmara "Para efeitos didáticos, a doutrina divide o condomínio em várias modalidades: legal, voluntário, tradicional e, de fato e especial". (Câmara, Hamilton Quirino. *Condomínio Edilício*: Manual Prático com Perguntas e Respostas. Rio de Janeiro: Lumen Juris, 2004. p. 1).

[15] Rizzardo, Arnaldo. *Condomínio Edilício e Incorporação Imobiliária*. 6. ed. revista, atual. e ampl. Rio de Janeiro: Forense, 2018. p. 3.

> Parágrafo único. Nenhum dos condôminos pode alterar a destinação da coisa comum, nem dar posse, uso ou gozo dela a estranhos, sem o consenso dos outros.

Além disso, nos termos do art. 504 do Código Civil, quando a coisa é indivisível, deve o coproprietário oferecer a preferência ao outro antes de aliená-la a terceiros, diferentemente do condomínio edilício, cuja alienação ou oneração das unidades autônomas independe de qualquer anuência ou oferta de preferência.

2.2 Condomínio edilício

Já o condomínio edilício, foco deste nosso trabalho, também conhecido como condomínio especial ou condomínio horizontal ou propriedade horizontal, está previsto nos arts. 1.331 a 1.358, do Código Civil, o qual consiste em uma pluralidade de unidades autônomas vinculadas à fração ideal de terreno e às partes comuns. É uma propriedade autônoma e de uso comum, ambas necessariamente coexistindo.

Confere ao seu titular o direito exclusivo de parte certa e localizada da coisa (unidade autônoma) e estabelece partes de uso comum ou fração sobre as partes comuns. Dá ao seu titular o direito de livremente dispor da parte exclusiva alienando-a ou gravando-a sem necessidade de autorização dos demais condôminos ou oferta de preferência, sendo inalienáveis as partes comuns que são ligadas à parte exclusiva; há, por outro lado, a responsabilidade dos condôminos de arcar com as despesas das áreas comuns como limpeza, seguro obrigatório contra incêndio, taxa e impostos, etc.

Nas palavras de Flauzilino Araújo dos Santos[16],

> [...] cada condômino exerce, concomitantemente, duas formas de direitos condominiais: a) *pleno*, sobre sua propriedade exclusiva ou unidade autônoma e de utilização independente, tais como apartamentos, escritórios, salas, lojas, sobrelojas ou abrigo para veículos, podendo o titular de domínio livremente ceder, alienar e gravar de ônus real cada unidade (CC, art. 1.331, §1º); b) *limitado*, sobre as partes não utilizadas privativamente, porém, por todos os que compõem a coletividade condominial

[16] SANTOS, Flauzilino Araújo dos. *Condomínios e Incorporações no Registro de Imóveis*: teoria e prática. São Paulo: Mirante, 2012. p. 45 e 46.

> e que são propriedades comuns dos condôminos, ou de uso comum, como terreno em que se levanta a edificação ou o conjunto de edificações e suas instalações, bem como as fundações, paredes externas, casa do zelador, o telhado, as áreas internas de ventilação, a rede geral de distribuição de água, esgoto, gás e eletricidade, a calefação e refrigeração centrais, jardins, *playgrounds*, piscina [...].

O condomínio edilício não foi contemplado no Código Civil 1916, tendo aparecido positivado em nosso ordenamento jurídico quando da vigência do Decreto-Lei Federal 5.481 de 25/06/1928, posteriormente alterado pelo Decreto-Lei Federal 5.234 de 08/021943 (alterou o art. 1º do Decreto 5.481) e pela Lei Federal 285/1948.

O art. 1º do Decreto 5.481 previa a possibilidade de unidades exclusivas para prédios de cinco andares:

> Os edificios de mais de cinco andares, construidos de cimento armado ou materia similar incombustivel, sob a fórma de apartamentos isolados, entre si, contendo cada um, pelo menos, tres peças, e destinados a escriptorios ou residencia particular, poderão ser alienados no todo ou em parte objectivamente considerada, constituindo cada apartamento uma propriedade autonoma, sujeita ás limitações estabelecidas nesta lei. Paragrapho unico. Cada apartamento será assignalado por uma designação numerica, averbada no Registro de Immoveis, para os effeitos de identidade e discriminação.

O condomínio edilício apareceu de forma mais específica quando da vigência da Lei Federal 4.591/1964, mas com a denominação de condomínio especial ou propriedade horizontal ou condomínio em unidades autônomas ou em edificações, sendo que, a parte que prevê condomínio (art. 1º ao 27, com exceção do 8º e que trata de voto do locatário) foi parcialmente derrogada por força da vigência da Lei Federal 10.406 de 10/01/2002 (Código Civil) por meio dos arts. 1.331 a 1.358. A denominação condomínio edilício apareceu apenas no Código Civil de 2002.[17]

[17] A escolha da denominação condomínio edilício não foi tranquila durante a tramitação no Congresso Nacional do Código Civil de 2002, por força de seu significado jurídico e origem italiana. (Avvad, Pedro Elias. *Condomínio em edificações no novo Código Civil.* Rio de Janeiro: Renovar, 2004. p. 16).

Nos termos do art. 1.331, do Código Civil:

> Art. 1.331. Pode haver, em edificações, partes que são propriedade exclusiva, e partes que são propriedade comum dos condôminos.
> §1º As partes suscetíveis de utilização independente, tais como apartamentos, escritórios, salas, lojas e sobrelojas, com as respectivas frações ideais no solo e nas outras partes comuns, sujeitam-se a propriedade exclusiva, podendo ser alienadas e gravadas livremente por seus proprietários, exceto os abrigos para veículos, que não poderão ser alienados ou alugados a pessoas estranhas ao condomínio, salvo autorização expressa na convenção de condomínio.
> §2º O solo, a estrutura do prédio, o telhado, a rede geral de distribuição de água, esgoto, gás e eletricidade, a calefação e refrigeração centrais, e as demais partes comuns, inclusive o acesso ao logradouro público, são utilizados em comum pelos condôminos, não podendo ser alienados separadamente, ou divididos.
> §3º A cada unidade imobiliária caberá, como parte inseparável, uma fração ideal no solo e nas outras partes comuns, que será identificada em forma decimal ou ordinária no instrumento de instituição do condomínio. (Redação dada pela Lei nº 10.931, de 2004)
> §4º Nenhuma unidade imobiliária pode ser privada do acesso ao logradouro público.
> §5º O terraço de cobertura é parte comum, salvo disposição contrária da escritura de constituição do condomínio.

Há também algumas outras modalidades de condomínio que podemos citar como o **condomínio de lotes** (art. 1.358-A, do Código Civil, introduzido pela Lei Federal 13.465 de 11/07/2017), semelhante ao condomínio edilício, mas com a diferença de que a unidade autônoma consiste em um lote servido por infraestrutura básica construída pelo empreendedor e a construção da edificação no lote não será de responsabilidade do empreendedor. O condomínio de lote aparece como uma subespécie do condomínio edilício previsto no Capítulo VII, Seção IV, Parte Especial, Livro III, Título III, do Código Civil.

Também temos o **condomínio urbano** simples nos termos do art. 31 a 36 da Lei Federal 13.465/2017, que trata da regularização fundiária, e o **condomínio em multipropriedade**, nos termos do art. 1.358-B até 1.358-U, introduzido pela Lei Federal 13.777/2018.

Na doutrina e em algumas leis há diferentes denominações para tratar o condomínio edilício: propriedade horizontal, condomínio especial, condomínio em edificação, condomínio horizontal, condomínio de frações ideais, condomínio por unidades autônomas, mas como bem tratou Orlando Gomes[18]:

> A terminologia não é uniforme. Insiste-se em qualificá-la, acentuando um de seus aspectos, como condomínio, acrescentando, para distingui-lo do ordinário e geral, as seguintes expressões: relativo, sui generis, por andares ou apartamentos de edifícios com apartamentos autônomos, condomínio em edificações, ou condomínio especial em edifícios. Qualquer dessas denominações pode ser aceita.

A Lei do SERP trouxe algumas denominações quando se trata de condomínio edilício como: condomínio especial (§ 1º-A do art. 32 da Lei de Incorporação Imobiliária), condomínio sobre frações ideais (§ 15 do art. 32 do referido diploma legal), condomínio por frações autônomas (inciso II do § 10 do art. 213, da Lei Federal 6.015/1973). Tais denominações não devem ser tratadas, a nosso ver, como criação de uma nova modalidade de condomínio quando referido no âmbito da incorporação imobiliária (condomínio especial ou condomínio por frações autônomas).

Independentemente da denominação, o que deve prevalecer para que se caracterize o condomínio edilício é a existência de uma parte exclusiva e outra parte comum de todos os condôminos. O caput do art. 1.331 traz uma imprecisão na redação quando em seu início menciona "Pode haver, em edificações, partes que são propriedade exclusiva, e partes que são propriedade comum dos condôminos" (nossos grifos).

Referida redação pode levar a uma interpretação incorreta de que a parte comum poderia deixar de existir, o que fica totalmente afastada com a leitura do seu § 3º ("A cada unidade imobiliária caberá, como parte inseparável, uma fração ideal no solo e nas outras partes comuns"), lembrando que a unidade autônoma possui fração ideal que representa sua participação em partes comuns. Além disso, não seria um condomínio edilício se não houvesse partes de propriedade comuns.

[18] Gomes, Orlando. *Direitos Reais*. 21. ed. Atualiz. Edson Fachin. Rio de Janeiro: GEN/Forense, 2009. p. 236.

2.3 Instituição de condomínio

Na letra fria da lei (art. 1.332, do Código Civil), a constituição do condomínio edilício ocorre mediante registro perante o Registro de Imóveis da instituição de condomínio que se dá por testamento ou por ato entre vivos. Apesar da lei não especificar, a instituição pode ser requerida por instrumento particular[19] ou escritura pública.

A instituição de condomínio altera a realidade da propriedade uma vez que consiste na subdivisão da propriedade em partes exclusivas e partes comuns. Não cria direito real, pois não há transmissão ou oneração de propriedade. O que ocorre é a mudança do regime jurídico, uma vez que a propriedade passa a estar espelhada nas matrículas das respectivas unidades autônomas.

Nas palavras de Mario Pazutti Mezzari[20]:

> A instituição do condomínio especial, registrada no Registro de Imóveis, tem o efeito de identificar a unidade autônoma e estabelecer sua autonomia em relação às outras. É o registro da instituição de condomínio que cria as unidades autônomas, e não a existência física destas. [...]

Subsequente à instituição de condomínio é registrada a convenção de condomínio no livro 3, passando os condôminos a submeterem-se às regras lá descritas.

A convenção de condomínio é o conjunto de regras as quais os condôminos, usuários e locatários devem observar nos termos do art. 1.333, do Código Civil. É a lei interna do condomínio, que visa organizar sua vida quanto aos direitos e deveres, rateio de despesa, uso das partes comuns, etc. Uma vez averbada a construção da edificação (ou casas), registrada a instituição e especificação de condomínio, é também registrada a convenção de condomínio.

Uma vez concluída a construção é feita a assembleia de instalação, momento que marca a vida do condomínio edilício de tal forma que cessam as responsabilidades do incorporador (se precedida de incorporação imobiliária) ou do grupo construtor (se a construção foi promovida

19 A opinião dominante da jurisprudência e da doutrina é pela aceitação do instrumento particular.

20 MEZZARI, Mario Pazutti. *Condomínio e incorporação no Registro de Imóveis*. 2. ed. Porto Alegre: Norton, 2002. p. 69.

por um grupo em interesse próprio), constituindo-se a sua primeira administração e aprovando-se a convenção de condomínio. Importante a ressalva de que a instalação do condomínio não deve ser confundida com a instituição do condomínio e nem com o momento da constituição do condomínio edilício.

Algumas são as causas para o surgimento do condomínio edilício (originalmente denominado condomínio especial ou propriedade horizontal), conforme menciona Caio Mario da Silva Pereira[21], entre outros:

a) associação de vários indivíduos para a compra de um edifício de apartamentos;
b) divisão de um imóvel comum;
c) alienação que o proprietário exclusivo faça de uma unidade autônoma em edifício;
d) por construção, quando vários indivíduos proprietários do solo resolvem edificar um prédio de apartamentos;
e) incorporação de um prédio;
f) por testamento;
g) construção pelo poder público.

A formação do condomínio edilício sempre dependerá de uma declaração volitiva ou de um acordo.

Ainda conforme lições de Caio Mario da Silva Pereira,[22]

> 53. Em todas elas há uma intenção manifestada, que a lei perpetua, ao mandar que o ato translativo seja transcrito no registro imobiliário, compreendendo o edifício, no todo ou em parte, com a referência individuada a cada apartamento pela sua descrição numérica (Antiga Lei dos Registros Públicos, art. 249; Decreto n. 55.815, de 8 de março de 1965, art. 7º; Lei n. 6.015, de 31 de dezembro de 1973, art. 167). Com esta providência, a lei organiza a publicidade dos atos, oponibilidade erga omnes e constituição da divisão do prédio por andares ou apartamentos.

É comum o entendimento de que o condomínio edilício somente é constituído ou instituído após a averbação da obra mesmo que exista

[21] PEREIRA, Caio Mario da Silva. *Condomínio e Incorporações*. 14. ed. Atualiz. Sylvio Capanema de Souza e Melhim Namem Chalhub. Rio de Janeiro: Forense, 2021. p 101.

[22] PEREIRA, Caio Mario da Silva. *Condomínio e Incorporações*, *cit.*, p 109.

prévia incorporação imobiliária registrada. Inclusive, há quem defenda que com o registro da incorporação nasce o condomínio especial de frações de terrenos ou por frações autônomas[23].

No tocante ao momento do nascimento do condomínio edilício, a obra do referido professor Caio Mario da Silva Pereira, atualizada por Sylvio Capanema Souza e Melhim Namem Chalhub, com quem concordamos, tão bem tratou o tema que aqui transcrevemos:[24]

> 54-A. Questão desafiadora é a de definir o momento em que é criado o condomínio edilício.
> Quanto a este aspecto, é bastante comum o entendimento segundo o qual o condomínio edilício é criado ou instituído por ocasião da averbação do "habite-se" do empreendimento. Há também os que afirmam, de maneira inteiramente equivocada, que só se institui o condomínio edilício quando se faz o registro da convenção, no cartório imobiliário.
> Tal entendimento é fortalecido pelo fato de, concluída a incorporação e averbado o "habite-se", realizar-se a chamada "assembleia de instalação do condomínio", constituindo-se a sua primeira administração e aprovando-se a convenção.
> Sobre o tema, pouco compreendido e enfrentado pela doutrina, tratou o excelente advogado André Abelha, em artigo de sua autoria, com significativo título de "Incorporação Imobiliária: em que momento, afinal, nasce o condomínio edilício?".
> Sustenta ele, com toda a razão, que, "registrado o memorial (ou para ser mais técnico, registrada a incorporação), surge, neste momento, o direito real de condomínio edilício, e com ele, nascem as unidades autônomas a serem construídas (mas não a serem criadas)".
> Se assim não fosse, nenhum efeito teria o art. 1.332 do Código Civil, que reproduziu o que dispunha o art. 7º da Lei n. 4.591/1964.

[23] Carlos Eduardo Elias de Oliveira e Flávio Tartuce defendem que com o "registro da incorporação imobiliária nasce o condomínio protoedilício (§ 15 do art. 32 da lei 4.591/1964)"; (OLIVEIRA, Carlos Eduardo Elias de; TARTUCE, Flávio. Condomínio protoedilício e condomínio edilício: distinções à luz da lei 14.382/22 (Lei do SERP). *Migalhas*, em 23 jan. 2023. Disponível em: https://www.migalhas.com.br/coluna/migalhas-notariais-e-registrais/380353/condominio-protoedilicio-e-edilicio-distincoes-da-lei-14-382-22. Acesso em: 24 jan. 2023).
[24] PEREIRA, Caio Mario da Silva. *Condomínio e Incorporações*, *cit.*, p 113.

> Não estamos tratando, agora, do meio de criação do condomínio, e sim do momento em que ele nasce.
> Assim sendo, podemos afirmar que o condomínio edilício, sob o ponto de vista jurídico, nasce com o registro do memorial de incorporação, que antecede, como é óbvio, a construção das unidades ou o seu "habite-se".

Em suma, entendemos que por meio do registro da incorporação imobiliária é instituído o condomínio edilício e também nascem as unidades autônomas independentemente da existência da construção.

Como tratado anteriormente, o registro da incorporação afeta o imóvel à propriedade horizontal, ou seja, ao condomínio especial ou condomínio edilício.

Conforme já mencionado, a Lei do SERP trouxe importantes dispositivos que alteram a Lei de Incorporação Imobiliária e que, a nosso ver, não deixam dúvida desse posicionamento antes mencionado (alínea "j", § 1-A, § 15, do art. 32 e art. 44 da Lei de Incorporação Imobiliária).

3. Alterações da Lei do SERP para a incorporação imobiliária

Conforme tratado ao longo deste trabalho, a Lei do SERP trouxe importantes alterações para a Lei de Incorporações (Lei 4.591/1964) e para a Lei de Registros Públicos (Lei 6.015/1973).

Destacam-se as alterações adiante referidas: da alínea "j" do art. 32: "minuta de convenção de condomínio que disciplinará o uso das futuras unidades e partes comuns do conjunto imobiliário;" com a supressão da palavra "futura" convenção de condomínio; a inclusão do § 1-A: "O registro do memorial de incorporação sujeita as frações do terreno e as respectivas acessões a regime condominial especial, investe o incorporador e os futuros adquirentes na faculdade de sua livre disposição ou oneração e independe de anuência dos demais condôminos."; o ajuste do § 6º quanto ao prazo para o Oficial de Registro de Imóveis registrar a incorporação; a modificação do art. 33 sobre prazo de carência; a inclusão do § 15, do art. 32, quanto ao ato único de registro; alteração do § 1º do art. 43 sobre destituição do incorporador; ajuste do art. 44 quanto à averbação da obra; também do art. 50 relativo ao momento de constituição da comissão de representantes; modificação do art. 68 que detalha a incorporação imobiliária de casas isoladas ou geminadas decorrentes de alienação de lotes de loteamentos ou desmembramentos quando vinculados a construção.

Importante alteração também foi feita no art. 237-A, da Lei de Registros Públicos, que deixa mais clara a forma de cobrança de emolumentos para atos de registros até a conclusão da obra e deixa expressa a possibilidade de abertura de matrículas antes da conclusão das obras:

> Após o registro do parcelamento do solo, na modalidade loteamento ou na modalidade desmembramento, e da incorporação imobiliária, de condomínio edilício ou de condomínio de lotes, até que tenha sido averbada a conclusão das obras de infraestrutura ou da construção, as averbações e os registros relativos à pessoa do loteador ou do incorporador ou referentes a quaisquer direitos reais, inclusive de garantias, cessões ou demais negócios jurídicos que envolvam o empreendimento e suas unidades, bem como a própria averbação da conclusão do empreendimento, serão realizados na matrícula de origem do imóvel a ele destinado e replicados, sem custo adicional, em cada uma das matrículas recipiendárias dos lotes ou das unidades autônomas eventualmente abertas.
>
> §1º Para efeito de cobrança de custas e emolumentos, as averbações e os registros relativos ao mesmo ato jurídico ou negócio jurídico e realizados com base no **caput** deste artigo serão considerados ato de registro único, não importando a quantidade de lotes ou de unidades autônomas envolvidas ou de atos intermediários existentes.
>
> [...]
>
> §4º É facultada a abertura de matrícula para cada lote ou fração ideal que corresponderá a determinada unidade autônoma, após o registro do loteamento ou da incorporação imobiliária (nossos grifos).
>
> §5º Na hipótese do §4º deste artigo, se a abertura da matrícula ocorrer no interesse do serviço, fica vedado o repasse das despesas dela decorrentes ao interessado, mas se a abertura da matrícula ocorrer por requerimento do interessado, o emolumento pelo ato praticado será devido por ele. (NR)

A possibilidade de abertura da matrícula pacificou tema que antes também não era pacífico. No estado de São Paulo, por exemplo, somente se admitia abertura de matrícula após a averbação da conclusão da obra; antes disso, admitia-se apenas a abertura de ficha auxiliar.

Tal alteração da Lei de Registros Públicos deverá trazer importantes benefícios, especialmente para somar ao argumento de que com o registro da incorporação já se tem a instituição de condomínio; proporcionará também facilidade para a efetivação dos atos nas matrículas de grandes empreendimentos, bem como para a leitura pelo público, que poderá examinar apenas a matrícula de determinada unidade de interesse e não da matrícula-mãe na íntegra, que muitas vezes pode chegar a ter por volta de 100 páginas.

4. Panorama dos códigos de normas extrajudiciais

A diversidade de entendimentos acerca do tema também produz reflexos nos entendimentos expostos pelos estados em seus Códigos de Normas Extrajudiciais das Corregedorias Gerais da Justiça.

Dessa forma, é possível observar que, assim como a doutrina, não há um entendimento uniforme sobre em qual momento surge o condomínio edilício nos Códigos de Normas Extrajudiciais dos Estados.

O Estado do Rio de Janeiro, a nosso ver, de forma bastante acertada, traz em seu art. 1.351, do Código de Normas da Corregedoria Geral da Justiça, a previsão de que o condomínio edilício restará instituído com o registro da incorporação imobiliária:

> Art. 1.351. O registro da incorporação imobiliária institui o condomínio edilício, ensejando a cobrança de emolumentos por um único ato (art. 32, §§1º-A e 15º, da Lei nº 4.591/1964). Parágrafo único. Exigir-se-á o registro da convenção de condomínio concomitantemente ao da averbação da construção, caso ainda não tenha sido registrada (grifos nossos).

As Normas da Corregedoria Geral do Estado da Bahia, do mesmo modo que o Estado do Rio de Janeiro, incluiu em sua última atualização o art. 1.136 que traz a previsão expressa de que o registro da incorporação imobiliária institui o condomínio edilício[25].

Tangenciando o tema, vem o texto do Código de Normas da Corregedoria Geral do Estado do Pará, o qual prevê expressamente que a

[25] Art. 1.136: O registro da incorporação imobiliária institui o condomínio edilício, ensejando a cobrança de emolumentos por um único ato, conforme art. 32, §§ 1º-A e 15º, da Lei nº 4.591/1964.

instituição de condomínio prescinde a averbação da construção, ou seja, ocorrerá antes da conclusão das obras das unidades autônomas e deverá ser registrada até a data da consolidação da incorporação imobiliária[26].

Não obstante já existir o registro da incorporação imobiliária, as normas do estado do Pará exigem também o ato de registro da instituição de condomínio que deverá ocorrer, todavia, antes da conclusão das obras do empreendimento e decorrido o prazo da denúncia da incorporação (artigo 34, da Lei de Incorporação Imobiliária), passando a existir as frações de terrenos e acessões afetadas ao regime do condomínio edilício. A previsão feita pelo estado do Pará no sentido de o registro de instituição de condomínio ser possível somente após a consolidação da incorporação imobiliária afasta o risco (que já apontamos) de eventualmente vir a ser concebido o entendimento pela necessidade do quórum de 2/3 dos votos dos condôminos para a denúncia da incorporação imobiliária.

Ainda, nesse mesmo caminho, são as Normas da Corregedoria Geral do Estado de Minas Gerais. Nos termos do art. 1.038, *"a instituição do condomínio prescinde da averbação da construção"*. Demonstrando, assim, a desnecessidade da conclusão da construção para instituição do condomínio.

Para a corrente representada pelo entendimento acima, o condomínio juridicamente falando nasce com o registro da incorporação, bem antes, portanto, da construção das unidades imobiliárias[27].

Apesar dos entendimentos acima expostos, ainda há corrente de entendimento pela necessidade de averbação da construção e registro da instituição de condomínio edilício perante o Registro de Imóveis mesmo com a incorporação imobiliária previamente registrada, como é o caso da Corregedoria Geral da Justiça do Estado de São Paulo, que, nos termos do item 217.2, do Capítulo XX, dispõe que "O registro único da incorporação e da instituição do condomínio especial sobre frações

[26] Art. 1.072: a instituição do condomínio prescinde da averbação da construção e deverá ser registrada até a data da consolidação da incorporação imobiliária, que se dará em caso de venda ou promessa de venda de ao menos uma das unidades autônomas, contratação da construção ou decorrência de prazo no registro do empreendimento sem que a incorporação tenha sido denunciada pelo incorporador.

[27] ABELHA, André. Incorporação imobiliária: em que momento, afinal, nasce o condomínio edilício? *Migalhas*, publicado em 13 abr. 2017. Disponível em: https://www.migalhas.com.br/depeso/257284/incorporacao-imobiliaria--em-que-momento--afinal--nasce-o-condominio-edilicio. Acesso em 26 fev. 2023.

ideais não se confunde com o registro da instituição e da especificação do condomínio edilício"[28], não obstante constar no item 217.1, do Capítulo XX, que "o registro da incorporação e da instituição do condomínio especial sobre as frações ideais constitui ato registral único".

A corte paulista entende que o registro da incorporação imobiliária não dispensa o registro da instituição e especificação do condomínio edilício por entender que "este último registro é, afinal, aquele que dá existência jurídica às unidades autônomas construídas. Sem ele, pois, não se terá mais que uma realidade física, se muito, representada pela edificação, mas não levada ao registro"[29].

Necessário ressaltar que a corte paulista não está isolada com esse entendimento, sendo acompanhada, exemplificativamente, pela corte do Paraná, que prevê em suas Normas da Corregedoria Geral:

> Art. 607-K. Finalizada a construção do empreendimento, são atos concomitantes e obrigatórios a averbação da construção, o registro da instituição do condomínio e registro da convenção do condomínio no Livro 3 de Registro Auxiliar; e
> Art. 607-L. Para o registro da instituição do condomínio com incorporação prévia, cujo plano inicial não tenha sido modificado, será suficiente requerimento que faça remissão ao registro da incorporação.

Segundo esse entendimento, o registro da instituição de condomínio ocorre necessariamente após a conclusão das obras do empreendimento.

Conforme exposto ao longo deste trabalho, ainda não é uniforme nem na doutrina e nem perante as Corregedorias estaduais o entendimento sobre qual o momento de nascimento do condomínio edilício. Todavia, apesar disso, argumentamos que todos os requisitos da instituição de condomínio estão previstos no registro da incorporação imobiliária (art. 32, da Lei de Incorporações), de modo que a incorporação imobiliária já traz as frações ideais em que foi dividido o terreno,

[28] Alteração feita por meio do Provimento CG nº 07/2023, disponibilizado em 02 fev. 2023.

[29] Ribeiro, Moacyr Petrocelli de Ávila. O regime jurídico-registral da incorporação imobiliária à luz da Lei 14.382/22. *Migalhas*, em 18 ago. 2022. Disponível em: https://www.migalhas.com.br/coluna/migalhas-notariais-e-registrais/371876/o-regime-juridico-registral-da-incorporacao-imobiliaria. Acesso em 24 jan. 2023.

vinculam-se às unidades imobiliárias e incidem sobre as partes de propriedade e uso comuns da edificação[30].

Conclusões

Após muita reflexão, sem afastar a complexidade e profundidade que rodeia o tema, entendemos que a interpretação adequada das alterações introduzidas pela Lei do SERP, especificamente alínea "j", do § 1º-A, § 15, do art. 32 e art. 44 da Lei de Incorporação Imobiliária, é no sentido de que o condomínio edilício ou condomínio especial já nasce com o registro da incorporação imobiliária perante o Registro de Imóveis, sendo desnecessário um novo ato de registro para ainda instituir e especificar o condomínio edilício. Bastaria a averbação da obra, uma vez expedido o respectivo certificado de conclusão e registro da convenção de condomínio no livro 3 (apresentada como minuta no dossiê da incorporação imobiliária).

Conforme antes tratado, o registro da incorporação afeta o imóvel à propriedade horizontal ou condomínio especial chamado pelo Código Civil de 2002 como condomínio edilício, já especificando as frações ideais e futuras acessões que a elas ficam vinculadas, investindo o incorporador e os futuros adquirentes da liberdade de dispor das futuras unidades autônomas, sem anuência dos demais condôminos (§ 1º-A, do art. 32, do antes referido diploma legal). Ou seja, mesmo antes da conclusão da obra, com o registro da incorporação passam a existir as frações de terrenos e acessões afetadas ao regime do condomínio especial, que podemos chamar de condomínio edilício.

Todos os requisitos exigidos no art. 1.332 do Código Civil estão presentes no art. 32 da Lei de Incorporação imobiliária (discriminação e individualização das unidades e das partes comuns, indicação da fração ideal atribuída a cada unidade e finalidade das unidades).

As diferentes denominações previstas na Lei de Incorporação Imobiliária, conforme alterada, podem levar, a nosso ver, a uma interpretação equivocada de que a Lei do SERP teria criado uma modalidade de propriedade condominial (condomínio sobre frações ideais ou condomínio por frações autônomas), chamado por alguns como proto-

[30] CHALHUB, Melhim. *Incorporação Imobiliária*. 2. ed. Rio de Janeiro: Forense, 2019. p. 139.

edilício, pois dependeria da existência de construção para assim nascer o condomínio edilício.[31]

A alteração legislativa nada mais faz do que compatibilizar os institutos que já vigoravam em nosso ordenamento jurídico e com o espírito de facilitar atos registrais e reduzir custos.

Vale lembrar que tal entendimento já está em prática e espelhado no provimento CGJ nº 87, de 16/12/2022, que aprovou o novo Código de Normas da Corregedoria Geral da Justiça do Estado do Rio de Janeiro, e trouxe o art. 1.351:

> O registro da incorporação imobiliária institui o condomínio edilício, ensejando a cobrança de emolumentos por um único ato (art. 32, §§ 1º-A e 15º, da Lei nº 4.591/1964). Parágrafo único. Exigir-se-á o registro da convenção de condomínio concomitantemente ao da averbação da construção, caso ainda não tenha sido registrada.

Mas, ainda há intepretações diversas que entendem pela necessidade de registro da instituição e especificação de condomínio edilício mesmo com prévio registro da incorporação imobiliária, estampado, por exemplo, no provimento CG nº 07/2022 da Corregedoria Geral da Justiça do Estado de São Paulo, que confere nova redação ao capítulo que trata da incorporação e da instituição de condomínio, (art. 217.2 "O registro único da incorporação e da instituição do condomínio especial sobre frações ideais não se confunde com o registro da instituição e da especificação do condomínio edilício").

Referências

Abelha, André. Incorporação imobiliária e condomínio edilício antes do habite-se: unidade futura, condomínio de construção e suas perplexidades tonitruantes. *Migalhas*, publicado em 16 dez. 2021. Disponível em: https://www.migalhas.

[31] Conforme já exposto, Carlos Eduardo Elias de Oliveira e Flávio Tartuce defendem que com o "registro da incorporação imobiliária nasce o condomínio protoedilício (§ 15 do art. 32 da lei 4.591/1964)". Oliveira, Carlos Eduardo Elias de; Tartuce, Flávio. Condomínio protoedilício e condomínio edilício: distinções à luz da lei 14.382/22 (Lei do SERP). *Migalhas*, em 23 jan. 2023. Disponível em: https://www.migalhas.com.br/coluna/migalhas-notariais-e-registrais/380353/condominio-protoedilicio-e-edilicio-distincoes-da-lei-14-382-22. Acesso em: 24 jan. 2023.

com.br/coluna/migalhas-edilicias/356674/incorporacao-imobiliaria-e-condominio-edilicio-antes-do-habite-se. Acesso em 25 jan. 2023.

ABELHA, André. Incorporação imobiliária: em que momento, afinal, nasce o condomínio edilício? *Migalhas*, publicado em 13 abr. 2017. Disponível em: https://www.migalhas.com.br/depeso/257284/incorporacao-imobiliaria--em-que-momento--afinal--nasce-o-condominio-edilicio. Acesso em 26 fev. 2023.

ASCENSÃO, Maria Teresa Pereira de Castro; ASCENSÃO, José de Oliveira Ascensão. Instituição, Incorporação e Convenção de Condomínio. *Revista de Direito Civil* 10/143. p. 148 e seguintes.

AVVAD, Pedro Elias. *Condomínio em edificações no novo Código Civil*. Rio de Janeiro: Renovar, 2004.

BAHIA. Corregedoria-Geral de Justiça. *Código de Normas Extrajudiciais*. Provimento Conjunto CGJ/CCI nº 14/2023. Disponível em: https://diario.tjba.jus.br/diario/internet/download.wsp. Acesso em: 28 nov. 2023.

BORGES, Marcus Vinicius Motter (coord.). *Curso de Direito Imobiliário Brasileiro*. 2. ed. São Paulo: Revista dos Tribunais, 2022.

CÂMARA, Hamilton Quirino. *Condomínio Edilício:* Manual Prático com Perguntas e Respostas. Rio de Janeiro: Lumen Juris, 2004.

CHALHUB, Melhim Namem; ROSA, Daniella. A instituição do condomínio edilício pelo registro da incorporação. *Migalhas*, publicado em 27 jan. 2023. Disponível em: https://www.migalhas.com.br/coluna/migalhas-edilicias/380677/a-instituicao-do-condominio-edilicio-pelo-registro-da-incorporacao Acesso em: 24 fev. 2023.

CHALHUB, Melhim Namem. *Da incorporação imobiliária*. 2 ed. ver. e atual. Rio de Janeiro: Renovar, 2005.

CAMBLER, Everaldo. *Incorporação Imobiliária*. Ensaio de Uma Teoria Geral. São Paulo: Revista dos Tribunais, 1993.

CAMBLER, Everaldo. *Responsabilidade Civil na Incorporação Imobiliária*. São Paulo: Revista dos Tribunais, 2022.

FILHO, Elvino Silva. Da obrigatoriedade do registro da incorporação do condomínio. *Revista de Direito Imobiliário*, n. 21, jan.-jun. 1988. Disponível para assinantes em: https://academia.irib.org.br/xmlui/handle/123456789/433. Acesso em: 02 mar. 2023.

FIORANELLI, Ademar. *Direito Registral Imobiliário*. Porto Alegre: Instituto de Registro Imobiliário do Brasil, 2001.

FIORANELLI, Ademar; SILVA, Jersé Rodrigues da. *Das Incorporações, Especificação, Instituição e Convenção de Condomínio*. Aspectos Práticos no Registro de Imóveis. Considerações e Comentários. Contribuição aos Estudos do 2º Encontro Regional. Ponta Porã, 1985.

GERMANOS, Luis Paulo. *Condomínio de Terrenos*. São Paulo: Quartier Latin, 2018.

GOMES, Orlando. *Direitos Reais*. 21. ed. Atualiz. Edson Fachin. Rio de Janeiro: GEN/Forense, 2009.

GHEZZI, Leandro Leal. *A incorporação imobiliária à luz do Código de Defesa do Consumidor e do Código Civil*. São Paulo: Revista dos Tribunais, 2007.

LIMA, Frederico Henrique Viegas de Lima. A instituição de condomínio em edifício (uma análise do art. 7º, da Lei 4.591/1964). *Revista de Direito Imobiliário*, vol. 35/1995. p. 72-82.

MEZZARI, Mario Pazutti. *Condomínio e incorporação no Registro de Imóveis*. 2. ed. Porto Alegre: Norton, 2002.

MINAS GERAIS. Corregedoria-Geral de Justiça e Poder Judiciário. Provimento Conjunto nº 93/2020. *Código de Normas da Corregedoria-Geral de Justiça*. Disponível em: https://www8.tjmg.jus.br/institucional/at/pdf/vc00932020.pdf. Acesso em: 02 out. 2023.

MOTA, Júlia Cláudia Rodrigues da Cunha. A importância da Instituição de Condomínio nas Relações Jurídicas Privadas. *Revista de Direito Imobiliário*, vol. 77/2014. p. 251-270.

MAZITELI NETO, Celso; GARCIA, Enéas Costa; SILVA, José Marcelo Tossi; BRANDELLI, Leonardo. *Condomínio e Incorporação Imobiliária*. Vol. VII. São Paulo: Revista dos Tribunais, 2022.

OLIVEIRA, Carlos Eduardo Elias de; TARTUCE, Flávio. Condomínio protoedilício e condomínio edilício: distinções à luz da lei 14.382/22 (Lei do SERP). *Migalhas*, em 23 jan. 2023. Disponível em: https://www.migalhas.com.br/coluna/migalhas-notariais-e-registrais/380353/condominio-protoedilicio-e-edilicio-distincoes-da-lei-14-382-22. Acesso em: 24 jan. 2023.

PARÁ. Corregedoria-Geral de Justiça. *Código de Normas dos Serviços Notariais e de Registro do Estado do Pará*. Disponível em: https://www.tjpa.jus.br//CMSPortal/VisualizarArquivo?idArquivo=1250586. Acesso em: 02 out. 2023.

PARANÁ. Corregedoria-Geral de Justiça. *Código de Normas. Foro Extrajudicial*. Provimento 249/2013. Disponível em: https://www.anoregpr.org.br/wp-content/uploads/2023/03/C%C3%B3digo-de-Normas-do-Foro-Extrajudicial-COMPILADO-atualizado-at%C3%A9-o-provimento-318.2023_compressed.pdf. Acesso em: 02 out. 2023.

PELUSO, Cézar (coord.). *Código Civil Comentado*: doutrina e jurisprudência Lei 10.406, de 10.01.2002. 16. ed. ver. e atual. Barueri-SP: Manole, 2022.

PEREIRA, Caio Mario da Silva. *Condomínio e Incorporações*. 14. ed. Atualiz. Sylvio Capanema de Souza e Melhim Namem Chalhub. Rio de Janeiro: Forense, 2021.

PEREIRA, Caio Mário da Silva. *Condomínio e Incorporações*. São Paulo: Grupo GEN, 2021. *E-book*. ISBN 9788530994075. Disponível em: https://integrada.minhabiblioteca.com.br/#/books/9788530994075/. Acesso em: 01. mar. 2023.

RIBEIRO, Moacyr Petrocelli de Ávila. O regime jurídico-registral da incorporação imobiliária à luz da Lei 14.382/22. *Migalhas*, em 18 ago. 2022. Disponível em: https://www.migalhas.com.br/coluna/migalhas-notariais-e-registrais/371876/o-regime-juridico-registral-da-incorporacao-imobiliaria. Acesso em 24 jan. 2023.

RIZZARDO, Arnaldo. *Condomínio Edilício e Incorporação Imobiliária*. 6. ed. revista, atual. e ampl. Rio de Janeiro: Forense, 2018.

RIO DE JANEIRO. Corregedoria-Geral de Justiça. *Código de Normas*. Parte Extrajudicial. Disponível em: https://portaltj.tjrj.jus.br/documents/1017893/205753249/CODIGO-DE-NORMAS-EXTRAJUDICIAL-ANOTADO-COMPILADO-autalizado-em-21.11.2023-com-Sumario.pdf. Acesso em: 02 out. 2023.

SANTOS, Flauzilino Araújo dos. *Condomínios e Incorporações no Registro de Imóveis*: teoria e prática. São Paulo: Mirante, 2012.

SÃO PAULO. Corregedoria Geral da Justiça. *Provimento n. 58/89*, com as alterações do Provimento CG 07/2022. *Normas de Serviço. Cartórios Extrajudiciais*. Tomo II. Disponível em: https://extrajudicial.tjsp.jus.br/pexPtl/visualizarDetalhesPublicacao.do?cdTipopublicacao=3&nuSeqpublicacao=293. Acesso em: 02 out. 2023.

12. NATUREZA JURÍDICA DO COEFICIENTE DE APROVEITAMENTO MÁXIMO E SUA RELAÇÃO COM A INCORPORAÇÃO IMOBILIÁRIA

NATHALIA LIMA FEITOSA LOPES

Introdução

Na Era da Quarta Revolução Industrial, são nas cidades que a imensa maioria da população habita e trabalha. As grandes metrópoles precisam direcionar o seu crescimento, de modo organizado e sustentável. Se, antes, o crescimento de alguns locais na cidade era determinado basicamente pela sua localização, que representa um menor deslocamento da população para viver e trabalhar, atualmente outro fator pode ser determinante para o crescimento de certos locais na cidade: o potencial construtivo (o qual optou-se por denominar no presente artigo como coeficiente de aproveitamento).

É o potencial construtivo que determina o quanto pode ser edificado em um determinado terreno. O valor dos imóveis e aquilo que nele pode ser construído passou a variar em função de normas urbanísticas aplicáveis. Desse modo, um terreno pode ser mais ou menos atrativo para o mercado imobiliário se novas normas urbanísticas lhe atribuírem um potencial construtivo maior ou menor. O valor da terra passa a ser determinado pelo que se pode construir no local.

Essa lógica surgiu com o conceito de solo criado, o qual, basicamente, atribuiu uma separação entre o direito de propriedade e o direito de construir, sendo que o primeiro cabe indistintamente ao proprietário de determinado terreno, ao passo que o segundo é estabelecido pela lei e tem a função de conformar a propriedade urbana, por meio do estabelecimento de índices urbanísticos.

Com base no conceito de solo criado, a legislação urbanística municipal pode atribuir o adensamento de determinadas regiões e isso decorre da aplicação de instrumentos jurídicos previstos no Estatuto das Cidades, sendo um deles a alienação do chamado coeficiente de aproveitamento máximo.

A partir da explicação de tais institutos e de sua natureza jurídica, o presente estudo procurou demonstrar o porquê da atual classificação dada pela lei ao coeficiente de aproveitamento máximo, para ao final apresentar a importância do coeficiente de aproveitamento máximo nas incorporações imobiliárias.

1. O coeficiente de aproveitamento

O conceito de coeficiente de aproveitamento decorre do surgimento do solo criado, mecanismo que ganhou força no Brasil na década de 1970 para fazer frente à verticalização desordenada das cidades. A lógica que fundamenta sua aplicação é semelhante à doação de áreas para aprovação de loteamentos: se o loteador tem que doar áreas no loteamento para criar ou melhorar a infraestrutura do local, o incorporador, ao verticalizar determinada região, deverá ofertar meios (geralmente recursos financeiros) para melhorar a infraestrutura da cidade.

Para isso, passou-se a entender que no território de uma cidade, determinadas regiões são mais favoráveis ao desenvolvimento de diferentes modalidades de uso (basicamente, residencial e não residencial), podendo ser dividido o território em diferentes zonas, a partir da legislação urbanística.

Ocorre que regiões mais centralizadas e bem servidas de infraestrutura urbana tendem a ser mais valorizadas e a concentrar uma maior densidade populacional. Essa intensificação de edificações em regiões determinadas, com o tempo, passa a sobrecarregar a infraestrutura urbana existente.

Para controlar e melhor distribuir a capacidade de comportar a área edificada no território da cidade, a legislação de uso e ocupação do solo deve determinar (muito mais do que orientar) as zonas em que a equação infraestrutura urbana e maior adensamento esteja equilibrada. Assim, quanto maior a intensidade do uso do solo, maior (deveria ser) a compensação ao Poder Público de modo a permitir um melhor equilíbrio entre densidade construída e equipamentos públicos.

Em outras palavras, a intenção de se implantar o solo criado na legislação nacional era controlar o crescimento urbano mediante a limitação da densidade habitacional e distribuição de áreas edificadas em razão da oferta de infraestrutura urbana.

O solo natural, mais precisamente, a área do terreno, passou a ser a referência do quanto se pode construir livremente (sem adquirir o direito do Poder Público Municipal) em um local. Pode-se edificar em um terreno o correspondente ao chamado coeficiente de aproveitamento básico (que, como se verá adiante, idealmente deveria valer a uma vez a área do terreno para todo o território da cidade). Construções acima disso passaram a ser consideradas como um solo edificável artificial, cujo direito de construir decorre da aquisição (onerosa) desse direito diretamente do Poder Público.

Portanto, em apertada síntese, o solo criado consiste na possibilidade de multiplicar o solo natural edificável em tantos novos solos artificiais edificáveis quanto a legislação edilícia permitir. Tecnicamente, toda vez que uma construção proporcionar uma área utilizável maior do que a área do terreno, haverá criação de solo.

No ordenamento jurídico nacional, o Estatuto da Cidade (Lei Federal nº 10.257/2001) insere na legislação geral o conceito de solo criado e tipifica seus instrumentos, sendo um deles o conceito de coeficiente de aproveitamento contido no § 1º, do artigo 28, abaixo em destaque:

> Art. 28. O plano diretor poderá fixar áreas nas quais o direito de construir poderá ser exercido acima do coeficiente de aproveitamento básico adotado, mediante contrapartida a ser prestada pelo beneficiário.
> § 1º Para os efeitos desta Lei, coeficiente de aproveitamento é a relação entre a área edificável e a área do terreno.

Nas palavras de Eros Roberto Grau, *"o coeficiente de aproveitamento expressa a relação entre a área construída (isto é, a soma das áreas dos pisos utilizáveis, cobertos ou não, de todos os pavimentos de uma edificação) e a área total do terreno em que a edificação se situa"*[1].

Com isso, surge o chamado coeficiente de aproveitamento[2], que representa o quanto de área edificável deverá (para fins de cumprimento da função social da propriedade) e poderá (limite máximo de construção admitida legalmente no terreno) haver em um terreno. A classificação do coeficiente de aproveitamento se dá, então, em (i) mínimo, (ii) básico e (iii) máximo.

O coeficiente de aproveitamento *mínimo* é o parâmetro utilizado para conferir a não edificação, subutilização ou não utilização da propriedade. Ele decorre do artigo 182, § 4º, da Constituição Federal. Corresponde ao metro quadrado mínimo de construção exigida para o cumprimento da função social da propriedade. Do contrário, o proprietário do imóvel ficará sujeito às penalidades previstas no artigo acima em referência, sendo elas: o parcelamento ou edificação compulsórios; o IPTU progressivo no tempo; ou – a mais gravosa – desapropriação-sanção, com pagamento em títulos da dívida pública.

Já o coeficiente de aproveitamento *básico* corresponde ao direito subjetivo[3] do proprietário do solo de edificar sem a necessidade de pleitear da Administração Pública a aquisição onerosa de potencial construtivo. É, pois, inerente ao direito de propriedade. Porém, seu valor é estabelecido pela legislação urbanística, de modo que corresponde ao direito de construir incorporado à propriedade privada pela legislação urbanística.

A determinação do que é e do limite do solo natural (entendido como o direito de construir inerente à propriedade), mediante a fixação de um coeficiente básico de edificação, decorre da legislação municipal. Ao município compete fixar o valor do coeficiente de aproveitamento básico, já que não há uma concepção universal a respeito de seu valor.

[1] GRAU, Eros Roberto. Aspectos jurídicos da noção de solo criado. *O Solo Criado/Carta de Embu. Anais do Seminário.* São Paulo. Fundação Prefeito Faria Lima. Centro de Estudos e Pesquisas de Administração Municipal (CEPAM), 1976.p. 136.

[2] No presente artigo, optou por utilizar de forma padronizada o nome "coeficiente de aproveitamento", em vez de adotar a expressão "potencial construtivo". Isso porque, na visão da autora, essa padronização facilita a compreensão dos institutos, sobretudo quando se trata da sua divisão em mínimo, básico e máximo.

[3] Em síntese, direito subjetivo corresponde a uma prerrogativa de seu titular, que pode ou não se valer dela no exercício de um direito.

A concepção do solo criado está intrinsicamente ligada à fixação do coeficiente de aproveitamento básico para todos os terrenos em um município. Como ele delimita a extensão do direito que o proprietário tem de construir sobre o terreno de seu domínio, a lei deve tratar de forma igualitária todos os imóveis em idêntica situação, sob pena de beneficiar cidadãos em detrimento de outros. Por esse motivo, decorre a ressalva feita por José Afonso da Silva, abaixo em destaque:

> Quando a legislação de uso e ocupação do solo fixa coeficientes variáveis, como têm que ser, para os vários terrenos edificáveis, isso gera desigualdade de tratamento entre seus proprietários, porquanto os que podem construir com coeficiente mais elevado têm seus terrenos mais valorizados. Com isso, o conteúdo econômico dos terrenos urbanos edificáveis varia também em razão do volume de construção que neles pode ser implantado.[4]

Para equilibrar esse tratamento a ser conferido pela legislação urbanística municipal, que tem o poder de valorizar e desvalorizar os imóveis a partir do estabelecimento de tal índice construtivo, adotar coeficiente de aproveitamento básico único igual a um (1) para todos os terrenos é uma forma de conferir tratamento igualitário aos proprietários de terreno. Sobre isso, destaca-se, mais uma vez, os ensinamentos de José Afonso da Silva:

> Pois bem, a fixação do coeficiente único iguala essa equação econômica. Esse coeficiente único pode ser qualquer um, mas o mais lógico e razoável consiste no coeficiente de aproveitamento correspondente a 1,0, o que equivale a reconhecer a todo proprietário o direito de erguer, no seu terreno, uma construção correspondente a tantos metros quadrados quantos forem os da superfície do lote, ou seja, cada metro quadrado do terreno dará o direito de construir $1m^2$ de edificação – coeficiente, esse, que poderá ser utilizado totalmente ou não, respeitados, evidentemente, os demais índices urbanísticos previstos para a zona.[5]

[4] SILVA, José Afonso da. *Direito urbanístico brasileiro*. 6. ed. revista e atualizada. São Paulo: Malheiros, 2010. p. 256.

[5] *Idem*, p. 256.

Por essa razão, Floriano de Azevedo Marques Neto destaca a necessidade de ponderação pelo Poder Público ao fixar o coeficiente de aproveitamento básico:

> O coeficiente básico de aproveitamento a ser definido, em cada Município, pelo plano diretor deverá observar três parâmetros. O primeiro é ditado pelo princípio da impessoalidade, de modo a interditar o estabelecimento de coeficientes básicos que onerem ou desonere, imotivadamente, indivíduos específicos ou situações particulares. O segundo, decorrente do princípio da finalidade, traduz-se na adstrição dos critérios para estabelecimento do ou dos coeficientes básicos de aproveitamento a partir das razões urbanísticas balizadoras do plano diretor. Por fim, há que se ter em conta que a fixação do coeficiente básico não poderá ser tal que sirva para desnaturar o direito de propriedade, condicionando toda a edificação à obtenção de outorga onerosa do direito de construir pelo proprietário.[6]

O coeficiente de aproveitamento básico é o direito originário do proprietário de um terreno de nele poder edificar, bastando a obtenção da licença construtiva expedida pelo Poder Público para tanto.

Por fim, o coeficiente de aproveitamento máximo diz respeito a toda edificação passível de construção acima do coeficiente de aproveitamento básico. Por exemplo, se a lei prevê como coeficiente de aproveitamento básico igual a 1 e o máximo igual a 4, a diferença entre eles (3) é exatamente o que se denomina solo criado. Para construir acima do coeficiente básico do terreno, a legislação municipal precisa prever o seu limite máximo e estabelecer o mecanismo de aquisição desse potencial construtivo, geralmente mediante pagamento de contrapartida também fixada em lei.

Ele representa a separação entre o direito de propriedade e o direito de construir. Tudo o que se pode construir em um terreno estará limitado ao coeficiente de aproveitamento máximo.

Isso significa que a propriedade sofre ingerência das regras de direito privado até a utilização do coeficiente de aproveitamento básico do

[6] MARQUES NETO, Floriano de Azevedo. Outorga Onerosa do Direito de Construir (Solo Criado). *In*: DALLARI, Adilson de Abreu; FERRAZ, Sérgio (coord.). *Estatuto da Cidade*: Comentários à Lei Federal 10.257/2001. 3. ed. São Paulo: Malheiros, 2003. p. 238.

terreno, ao passo que também fica sujeita às regras de direito público para edificar acima do básico e no limite do coeficiente de aproveitamento máximo. Nas palavras de José Antônio Apparecido Júnior:

> A lei urbanística, assim, ao distribuir os coeficientes de aproveitamento dos lotes no espaço urbano, define a capacidade edilícia dos terrenos do município, sendo certo que tal tarefa tem por escopo concretizar disposições essenciais do planejamento urbanístico que são alinhavadas na lei do plano diretor, que fixa as condições essenciais do aproveitamento do solo urbano.[7]

A determinação do coeficiente de aproveitamento máximo de um terreno, de acordo com seu zoneamento, poderá resultar no maior ou menor adensamento da região. Por essa razão, o município deve realizar o planejamento urbanístico de modo a projetar o crescimento ou não de determinada região, a partir do estabelecimento do coeficiente de aproveitamento.

Como se vê, o coeficiente de aproveitamento máximo é de fundamental importância para o ordenamento das cidades. É a partir dele que se fixa o limite da verticalização das edificações. Contudo, embora o direito de construir seja exercido em terreno privado, o coeficiente de aproveitamento máximo é um bem de natureza pública, que deve observar procedimentos legais para sua aquisição. É, por isso, que o presente estudo pretende analisar a natureza jurídica do coeficiente de aproveitamento máximo, para delimitar e analisar as implicações decorrentes de sua aquisição.

2. Natureza jurídica do coeficiente de aproveitamento máximo

Como visto acima, o coeficiente de aproveitamento máximo consiste na representação material do solo criado. Sua existência decorre da legislação municipal, em que consta se tratar de um bem imaterial, de titularidade do poder público municipal, a ser adquirido mediante aquisição onerosa.

[7] Apparecido Júnior, José Antônio. Potencial Construtivo Adicional (PCA) e sua utilização como instrumento jurídico: muito além da outorga onerosa. *Cadernos Jurídicos da Escola Paulista da Magistratura*, ano 20, nº 52, p. 53-68. São Paulo, novembro-dezembro/2019. p. 55.

Por essa razão, o presente artigo analisará a natureza jurídica do coeficiente de aproveitamento máximo, pois é ele quem assume o papel de intensificar o adensamento das diferentes regiões da cidade. É ele quem o Poder Público pode controlar por meio da legislação. É ele o objeto da transação financeira ocorrida entre particular e administração pública.

Assim, o solo criado se torna concreto no mundo jurídico por meio da realização de instrumentos de política urbana dispostos no Estatuto da Cidade, como a outorga onerosa do direito de construir (art. 4º, inciso V, letra *n*), ou ainda na forma de certificados de potencial adicional de construção (CEPACS). Se a intenção do legislador for obstar o adensamento, limitando o coeficiente de aproveitamento ao básico, não haverá que se falar em solo criado.

Exposto isso, passamos a analisar os pressupostos para um bem ser considerado bem jurídico, para, na sequência, tratar da natureza dos bens públicos e do enquadramento nessa classificação do coeficiente de aproveitamento máximo.

2.1 Classificação dos bens públicos

Em linhas gerais, são considerados bens, para o Direito, as coisas existentes, materiais ou imateriais, que possuam valor econômico, tenham utilidade a alguém e seja suscetíveis de apropriação.

Ao que interessa o presente estudo, e de forma bastante simples, o Código Civil divide os bens em bens particulares e bens públicos. Os bens particulares são tratados por exclusão, já que o artigo 98 do Código Civil determina que são particulares todos aqueles que não são públicos. Bens públicos, por sua vez, são aqueles que pertencem ou estão sob a administração de pessoa jurídica de direito público interno (basicamente, União, Estados, Distrito Federal, Municípios, autarquias). Veja a redação dada pelo artigo 98 do Código Civil que resume tal classificação:

> Art. 98. São públicos os bens do domínio nacional pertencentes às pessoas jurídicas de direito público interno; todos os outros são particulares, seja qual for a pessoa a que pertencerem.

Assim, o critério adotado pelo direito positivo brasileiro para explicar a diferenciação entre bens particulares e bens públicos é a titularidade: bens públicos são os pertencentes a entidades de direito público interno.

Quanto à classificação dos bens públicos, essa tarefa coube ao artigo 99, do Código Civil, cuja redação se destaca a seguir e que consagra três categorias de bens públicos, criadas pelo Código Civil de 1916 e mantidas pelo Código Civil de 2002:

> Art. 99. São bens públicos:
> I – os de uso comum do povo, tais como rios, mares, estradas, ruas e praças;
> II – os de uso especial, tais como edifícios ou terrenos destinados a serviço ou estabelecimento da administração federal, estadual, territorial ou municipal, inclusive os de suas autarquias;
> III – os dominicais, que constituem o patrimônio das pessoas jurídicas de direito público, como objeto de direito pessoal, ou real, de cada uma dessas entidades.
> Parágrafo único. Não dispondo a lei em contrário, consideram-se dominicais os bens pertencentes às pessoas jurídicas de direito público a que se tenha dado estrutura de direito privado.

Dessas três modalidades de bens públicos, pode-se ainda os dividir em bens de domínio público (inalienáveis, imprescritíveis, impenhoráveis e impossibilitados de oneração, insuscetível de disposição) e bens de domínio privado do Estado[8] (suscetível de disposição privada e de obtenção de renda). A doutrina administrativista mais abalizada traz ainda outras classificações e divisões dos bens públicos. Contudo, no presente estudo, o que se pretende demonstrar é que os bens de uso comum do povo e de uso especial sofrem maiores restrições, inclusive de disponibilidade/alienação, em razão de sua afetação a uma finalidade, um serviço público. Por isso, são, a princípio, inalienáveis. O Poder Público tem poderes fortemente reduzidos sobre tais bens[9].

[8] A palavra "Estado", nesse trecho, está sendo utilizado como sinônimo de pessoa jurídica de direito público interno.

[9] Assim afirma Luciano Ferraz: "[...] os poderes do proprietário estatal (pessoa jurídica de direito público interno) sobre bens de uso comum do povo são fortemente reduzidos e, portanto, distintos dos poderes gerais do proprietário no direito privado e mesmo no proprietário estatal em relação aos outros tipos de bem público". (FERRAZ, Luciano. *Tratado de Direito Administrativo*: direito administrativo dos bens e restrições estatais à propriedade. São Paulo: Revista dos Tribunais, 2014. p. 87).

Assim, são bens de domínio público os bens de uso comum do povo e os bens de uso especial. São bens de domínio privado os bens dominicais. A diferença essencial entre essas classificações reside na afetação dos bens públicos a uma função pública. É o que se destaca dos ensinamentos de Maria Sylvia Zanella Di Pietro:

> A afetação ao uso coletivo ou ao uso da Administração, que representa um traço distintivo entre os bens dessa categoria e os dominicais; aliás, esse traço revela a maior abrangência do vocábulo bem no direito público, em relação ao direito privado; neste, interessam as coisas suscetíveis de avaliação econômica e que possam ser objeto de posse ou propriedade exclusiva pelo homem; no Direito Administrativo, os bens têm sentido mais amplo, porque abrangem não apenas as coisas que podem ser objeto de posse e propriedade exclusivas, mas também aquelas que são destinadas ao uso coletivo ou ao uso do próprio poder público.[10]

Bens públicos de uso comum do povo são bens cuja função primordial é servir ao uso coletivo, seja em razão da sua natureza (rios, mares) seja por determinação legal (praças, estradas). São bens, portanto, cuja afetação a uma finalidade pública beneficia a toda coletividade, ou seja, quaisquer do povo. Não cabe ao Estado, na forma da entidade proprietária, criar restrições imotivadas sobre esse bem, exceto quando houver fundamentado interesse público para tanto. Sobre isso, destacam-se abaixo os ensinamentos de Luciano Ferraz:

> A razão de existir desse conteúdo diverso explica-se pelo fato de que o uso comum de certos bens configura um serviço público essencial para a vida em sociedade. É preciso haver vias sobre as quais todos possam circular; é preciso haver águas que todos possam consumir para sobreviver e assim por diante. Não por outro motivo, com precisão, Ruy Cirne Lima sustentava que o uso comum do povo é um serviço público em si! O serviço consiste, pois, em prover a coletividade com bens essenciais para sua integração cultural e social, para satisfação de suas necessidades vitais e, por consequência, para a concretização de inúmeros direitos fundamentais. O Código Civil, ao exemplificar os bens de uso comum em seu texto, destaca exatamente essa ideia. Ruas, praças, rios e outros

[10] Di Pietro, Maria Sylvia Zanella. *Direito Administrativo*. 21. ed. São Paulo: Atlas, 2008. p. 635.

> bens ali previstos são essenciais ao ser humano individualmente e à sociedade. Por isso, o ordenamento jurídico os estatiza, de um lado, mas garante o uso ao povo, de outro.[11]

Os bens públicos de uso especial[12] são todas as coisas, móveis ou imóveis, corpóreas ou incorpóreas, utilizadas pelo Estado para realizar suas atividades. São protegidos pelo princípio da indisponibilidade (inalienabilidade, impenhorabilidade e imprescritibilidade). São bens, portanto, que compõem o patrimônio indisponível, em razão de estar afetado a uma finalidade pública.

A respeito do regime jurídico desses bens de domínio público, Maria Sylvia ressalta a impossibilidade de alienação desses bens, decorrente da própria afetação a uma finalidade pública, por meio de instrumentos privados, consoante se destaca:

> Em razão de sua destinação ou afetação a fins públicos, os bens de uso comum do povo e os de uso especial estão fora do comércio jurídico de direito privado; vale dizer que, enquanto mantiverem essa afetação, não podem ser objeto de qualquer relação jurídica regida pelo direito privado, como compra e venda, doação, permuta, hipoteca, penhor, comodato, locação, posse ad usucapionem etc.[13]

Os bens dominicais, por sua vez, submetem-se a um regime mais próximo do regime privado de bens, justamente por não serem afetados a uma finalidade pública. São, pois, bens patrimoniais disponíveis cuja característica mais marcante é a ausência de afetação a se proteger, razão pela qual possui uma gestão flexível. Tanto é assim que o Código Civil autoriza que apenas esses bens podem ser alienados:

[11] Ferraz, Luciano. *Tratado de Direito Administrativo*: direito administrativo dos bens e restrições estatais à propriedade. São Paulo: Revista dos Tribunais, 2014. p. 87-88.

[12] Maria Sylvia Zanella Di Pietro elenca exemplos representativos dessa modalidade de bens: "São exemplos de bens de uso especial os imóveis onde estão instaladas repartições públicas, os bens móveis utilizados pela Administração, museus, bibliotecas, veículos oficiais, terras dos silvícolas, cemitérios públicos, aeroportos, mercados e agora, pela nova Constituição, as terras devolutas ou arrecadadas pelos Estados, por ações discriminatórias, necessárias à proteção dos ecossistemas naturais." (*Op. cit.*, p. 637).

[13] Di Pietro, Maria Sylvia Zanella. *Op. cit.* p. 637.

> Art. 101. Os bens públicos dominicais podem ser alienados, observadas as exigências da lei.

Portanto, somente os bens públicos dominicais estão autorizados a serem submetidos a um regime privado de bens pela Administração Pública. Sobre a comercialização desses bens, afirma Luciano Ferraz:

> Além de serem objeto de alienação ou transferência por meio de mecanismos administrativos, a falta da vinculação jurídica e formal a um ou mais uso afetados também permite a alienação mediante instrumentos de direito privado, inclusive por contato de compra e venda.[14]

A respeito das características dos bens públicos dominicais, vale destacar os ensinamentos de Maria Sylvia:

> 1. Comportam uma função patrimonial ou financeira, porque se destinam a assegurar rendas ao Estado, em oposição aos demais bens públicos, que são afetados a uma destinação de interesse geral; a consequência disso é que a gestão dos bens dominicais não era considerada serviço público, mas uma atividade privada da Administração.
> 2. Submetem-se a um regime jurídico de direito privado, pois a Administração Pública age, em relação a eles, como um proprietário privado.

A partir do quanto exposto acima, buscou-se demonstrar que, dentre a classificação tradicional dos bens públicos, dois deles (bem de uso comum do povo e bem de uso especial) sofrem fortes restrições em razão de sua afetação a uma finalidade pública. A maior restrição, ao que se pretende ao presente artigo, diz respeito à vedação de alienação/venda desses bens. Ao bem dominical cabe tal autorização, sobretudo por se tratar do bem público despido da afetação. Inclusive a autorização para venda decorre do próprio Código Civil, que somente a autoriza para bens dominicais, consoante se destacou do artigo 100, acima.

[14] FERRAZ, Luciano. *Op. cit.* p. 93.

2.2 O enquadramento do coeficiente de aproveitamento máximo, a partir da classificação dos bens públicos

Como visto anteriormente, o coeficiente de aproveitamento, sobretudo o básico e o máximo, decorre do conceito de solo criado. É a partir da divisão jurídica do direito de propriedade (que se mantém sobre o regramento do direito privado) do direito de construir (regrado por normas de direito público, com a finalidade de orientar o crescimento das cidades), que se tem a criação desse bem jurídico chamado coeficiente de aproveitamento máximo.

O interesse jurídico e econômico por esse bem decorre do interesse (facultativo) do particular (que pode ser ou não proprietário do terreno) em construir acima do coeficiente de aproveitamento básico. Assim, o bem jurídico coeficiente de aproveitamento máximo somente existirá se a legislação municipal previr a constituição de solo artificial cuja utilização não corresponde a um direito subjetivo do particular.

Por ser objeto de transações econômicas, ele corresponde a um bem jurídico. Por ser decorrente do solo criado, que tem função pública (consistente na regulação da construção e controle da densidade construtiva), corresponde a um bem público.

A partir da divisão clássica e tradicional dos bens públicos, ditada pelo Código Civil de 1916 e mantida pelo de 2002, conforme tratado no capítulo anterior, o coeficiente de aproveitamento máximo assumiu natureza jurídica de bem público dominical. A razão para tanto decorre basicamente das regras de direito administrativo aplicáveis para alienação de bens públicos.

Se outro fosse o enquadramento do coeficiente de aproveitamento máximo, a administração pública municipal poderia se ver tolhida da negociação de tal bem, sobretudo em face da autorização contida no artigo 101 do Código Civil, cuja redação autoriza a alienação tão somente dos bens públicos dominicais. É o que destaca José Apparecido no seguinte trecho:

> Ao cotejar a classificação trazida pela lei civil com o seu regime jurídico, observa-se, de fato, que o potencial construtivo não perde, em momento algum, sua função urbanística. Esta condição, contudo, não significa que ele esteja afetado, nos termos propostos pela classificação do Código Civil, a um uso comum ou especial – o que, como visto, **impediria sua**

> **comercialização** –, haja vista o conceito de "uso" não se confundir com o de "função".[15] (grifei)

Nesse contexto, o Plano Diretor de São Paulo, contido na Lei Municipal nº 16.050/2014, consolidou a natureza jurídica do coeficiente de aproveitamento máximo ao determinar, em seu artigo 116, que ele é um bem jurídico dominical, da titularidade da prefeitura e que assume funções urbanísticas e socioambientais.

Dessa forma, o critério adotado para determinar sua natureza jurídica decorre da necessidade de permitir a livre alienação desse bem, que assumiu natureza de bem público. Como os critérios de divisão dos bens públicos consideram necessariamente a forma de alienação, ao coeficiente de aproveitamento máximo restou ser classificado, do ponto de vista prático, como bem público dominical, que pode ser alienado com a finalidade de implantar a política de desenvolvimento urbano contida no plano diretor e na legislação correlata.

3. A importância do coeficiente de aproveitamento para a incorporação imobiliária

Na incorporação imobiliária, o parâmetro urbanístico do solo criado como limite de verticalização é determinante para alienação das frações ideais, que constituem o objeto primordial da obrigação à qual se vincula o incorporador. Ou seja, é o coeficiente de aproveitamento de determinado imóvel que irá determinar o número possível de unidades a serem construídas e, portanto, o número máximo de alienações que podem ser feitas no âmbito da incorporação imobiliária. Segundo Caio Mário da Silva Pereira[16]:

> Um indivíduo procura o proprietário de um terreno bem situado, e incute-lhe a ideia de realizar ali a edificação de um prédio coletivo. Mas nenhum dos dois dispõe de numerário e nenhum deles tem possibilidade de levantar por empréstimo o capital, cada vez mais vultoso, necessário a levar a termo o empreendimento. Obtém, então, opção do

[15] Apparecido Júnior, José Antônio. *Op. cit.*, p. 57.

[16] Pereira, Caio Mário da Silva. *Condomínio e incorporações*. 5. ed. Rio de Janeiro: Forense, 1985. p. 231-232.

> proprietário, na qual se estipulam as condições em que este aliena o seu imóvel. Feito isto, vai o incorporador ao arquiteto, que lhe dá o projeto. De posse dos dados que lhe permitem calcular o aspecto econômico do negócio (participação do proprietário, custo da obra, benefício do construtor e lucro), oferece à venda as unidades. Aos candidatos à aquisição não dá um documento seu, definitivo, ou provisório, mas deles recebe uma "proposta" de compra, em que vêm especificadas as condições de pagamento e outras minúcias. Somente quando já conta com o número de subscritores suficientes para suportar os encargos da obra é que o incorporador a inicia. Se da sua execução por empreitada, "contrata" com o empreiteiro; se por administração, ajusta esta com o responsável técnico e contrata o calculista, contrata os operários, contrata o fornecimento de materiais etc.

O cálculo do aspecto econômico supramencionado por Caio Mário Pereira da Silva pode ser traduzido como o Valor Geral de Vendas, ou VGV, do empreendimento a ser incorporado. Tal valor é diretamente impactado pelo potencial construtivo do terreno e implica: (i) no número de unidades que serão vendidas; (ii) qual o público que será atendido; (iii) o tamanho das unidades; e, especialmente, (iv) o valor de cada unidade.

A incorporação imobiliária é, então, uma atividade complexa que imprime transformação no espaço urbano, estimula sua função social e utilidade – por meio da alienação de unidades autônomas enquanto frações ideais – é capaz de ensejar o aproveitamento econômico do terreno por meio de seu potencial construtivo. Segundo Arnold Wald[17]:

> Chama-se incorporação imobiliária, incorporação edilícia ou simplesmente incorporação, o contrato pelo qual uma parte (o incorporador) obriga-se a fazer construir um edifício composto de unidades autônomas, alienando-as a outras partes (os adquirentes), em regime de condomínio, com as frações ideais do terreno.

Tal aproveitamento econômico se dá por meio da transmissão da propriedade das unidades autônomas a serem construídas aos adquirentes

[17] WALD, Arnold. *Obrigações e contratos*. 14. ed. São Paulo: Revista dos Tribunais, 2000. p. 431.

que ocorre, nos termos do § 2º do artigo 32 da Lei 4.591/1964, contratualmente (via contratos de compra e venda, promessa de compra e venda, cessão ou promessa de cessão de unidade autônoma).

Nesse contexto, se o coeficiente de aproveitamento é a representação material do solo criado, a incorporação imobiliária é sua representação contratual. É por meio da incorporação imobiliária que a obrigação de promover a construção – e criação – do solo adicional ao terreno incorporado ocorre, de forma irrevogável e irretratável, perante todos os adquirentes das frações ideais do solo.

A vinculação de forma irrevogável e irretratável decorre da obrigação de levar o registro da incorporação à matrícula do imóvel, como requisito para que sejam alienadas as unidades autônomas futuras ou em construção. Registro esse que, caso seja realizado antes ou durante a construção, será configurado como incorporação, mas caso não tenha sido realizado até a expedição da conclusão da obra – Auto de Conclusão ou HABITE-SE – diz respeito à instituição de condomínio[18]. Há, inclusive, uma dispensa de registro se as unidades autônomas futuras não forem alienadas, segundo Arnaldo Rizzardo[19]:

> Dispensa-se o registro se não destinadas à venda as unidades, ou se figurarem como seus proprietários os construtores, formando um grupo fechado, que as destinarão para o uso próprio. A finalidade do registro está na garantia e segurança em existindo a mercancia. Posteriormente à conclusão, se faz a individualização, e depois da averbação no registro imobiliário da construção do prédio, se procede às aberturas de matrícula. Entrementes, se pretender-se a venda no curso da construção, torna-se imprescindível o registro.

Em âmbito urbanístico, vale dizer que no Município de São Paulo a antiga Lei Geral de Zoneamento, Lei Municipal nº 7.805/1972, introduzia a "fórmula de Adiron", mecanismo pelo qual os interessados em realizar incorporação imobiliária deveriam negociar o aumento do coeficiente de aproveitamento de seus lotes, evidenciando tal fator como

[18] Cambler, Everaldo Augusto. *Incorporação imobiliária*: ensaio de uma teoria geral. São Paulo: Revista dos Tribunais, 1993. p. 133-134.

[19] Rizzardo, Arnaldo. *Condomínio edilício e incorporação imobiliária*. 8. ed. Rio de Janeiro: Forense, 2021. p. 340.

fundamental para a lucratividade de tal instituto jurídico, conforme narram Anderson Kazuo e Sully Guastella[20]:

> Em linhas gerais, essa fórmula, definida por Benjamin Adiron Ribeiro em negociação com representantes de empresários que atuam no setor de incorporação imobiliária, possibilita o aumento do coeficiente de aproveitamento até o máximo de quatro vezes a área do terreno caso sejam adotadas reduções nas taxas de ocupação em empreendimentos imobiliários residenciais verticais multifamiliares. Assim, as fachadas desses empreendimentos tendem a se afastar ainda mais das divisas dos lotes, inclusive das calçadas e das ruas inibindo ainda mais os usos não residenciais nos pavimentos térreos e aprofundando as dissociações entre os domínios públicos e privados, mencionadas anteriormente.

Cabe ressaltar também que o aproveitamento do máximo de potencial construtivo implica na contrapartida da Outorga Onerosa do Direito de Construir, que deve ser um valor considerado para fins de cálculo do VGV. A potencialidade de uso do coeficiente de aproveitamento com valor reduzido de outorga é o equilíbrio ideal para a redução dos preços das unidades, a exemplo do que ocorre com as Habitações de Interesse Social em São Paulo, cujas unidades são isentas de tal contrapartida.

A incorporação imobiliária, como visto, permite a obrigação contratual de entrega de "*tantos novos imóveis quanto são as frações ideais destacadas*"[21], o que depende diretamente do coeficiente de aproveitamento do terreno. O potencial construtivo é, portanto, não apenas uma previsão disputada no campo urbano, como é a representação material de uma obrigação que é representada contratualmente pela incorporação.

Conclusões

Para o Direito, conceituar os institutos jurídicos e classificá-los de acordo com a sua natureza jurídica importa para encontrar as normas que

20 NAKANO, Anderson Kazuo; GUASTELLA, Sully Alonso. A forma urbana a partir de planos diretores e leis de zoneamento do município de São Paulo. *PARC Pesquisa em Arquitetura e Construção*, v. 6, n. 3, p. 142-154, 2015.

21 RIZZARDO, Arnaldo. *Condomínio edilício e incorporação imobiliária*. 8. ed. Rio de Janeiro: Forense, 2021. p. 340.

disciplinam sua aplicação e, com isso, definir o regime jurídico – e seus impactos – a ser aplicado em concreto.

Com base nisso, buscou-se no presente artigo entender a origem do solo criado, os seus instrumentos correlatos, em especial o coeficiente de aproveitamento máximo, para apresentar quais são as normas que o disciplinam.

Assim, foi possível auferir que o solo criado não é propriamente um instituto jurídico. Ele é uma criação conceitual em que se separa o direito de propriedade, regido por regras de direito privado, do direito de construir, regido por regras de direito público.

Sua origem decorre da intenção do Estado em orientar o crescimento das cidades, por meio da determinação de locais onde é possível edificar mais, para assim adensar a região que detém determinadas características favoráveis a tanto, ou adensar menos, em razão de características a se proteger, por exemplo.

Do conceito de solo criado decorrem institutos jurídicos como o coeficiente de aproveitamento, a outorga onerosa do direito de construir, os certificados de potencial adicional de construção (cepacs).

Dentre esses, optou-se, neste estudo, por analisar a natureza jurídica do coeficiente de aproveitamento máximo, por se tratar do bem jurídico, decorrente do solo criado, que tem valor econômico e impactos no adensamento da cidade.

Sua opção por enquadrá-lo como bem público dominical decorre, sobretudo, de aspectos práticos. Dentre as classificações contidas no Código Civil para bens públicos, os bens de uso comum do povo e bens de uso especial estão submetidos a um regime jurídico mais rigoroso, por estarem afetados a um serviço, uma utilidade pública.

Já o bem público dominical tem suas regras próximas às do direito privado, por se tratar de bens que o Estado pode alienar, independentemente de procedimento prévio de desafetação ou de necessidade de prévia licitação. Portanto, estão sujeitos a regras mais similares às de direito privado. Tanto assim é que o Código Civil, em seu artigo 101, autoriza apenas a alienação de bens públicos dominicais.

Conclui-se, pois, que, pelo fato de o coeficiente de aproveitamento máximo ser estabelecido por lei municipal, incidente sobre a propriedade privada, não seria possível atribuir outra natureza a ele, que não a de bem dominical. Se diferente o fosse, o regime jurídico aplicável ao direito de construir inviabilizaria a criação do solo criado.

Além disso, se o potencial construtivo enquanto coeficiente de aproveitamento é a representação material do solo criado, a incorporação imobiliária é sua representação contratual, sendo que o aproveitamento econômico realizado enquanto obrigação contratual por meio da incorporação imobiliária só se performa por meio da construção do solo criado, que nada mais é do que a materialização do potencial construtivo.

Quanto aos demais institutos – outorga onerosa do direito de construir e cepacs – é preciso analisar e estudar especificamente esses instrumentos em sua classificação jurídica, para melhor entender a mercantilização do coeficiente de aproveitamento máximo.

Referências

APPARECIDO JÚNIOR, José Antônio. Potencial Construtivo Adicional (PCA) e sua utilização como instrumento jurídico: muito além da outorga onerosa. *Cadernos Jurídicos da Escola Paulista da Magistratura*, ano 20, nº 52, p. 53-68. São Paulo: novembro-dezembro/2019.

CAMBLER, Everaldo Augusto. *Incorporação imobiliária*: ensaio de uma teoria geral. São Paulo: Revista dos Tribunais, 1993.

DI PIETRO, Maria Sylvia Zanella. *Direito Administrativo*. 21. ed. São Paulo: Atlas, 2008.

FAGUNDES, Seabra. Aspectos jurídicos do solo criado. *Revista de Direito Administrativo*, nº 12.

FERRAZ, Luciano. *Tratado de Direito Administrativo*: direito administrativo dos bens e restrições estatais à propriedade. São Paulo: Revista dos Tribunais, 2014.

GRAU, Eros Roberto. Aspectos jurídicos da noção de solo criado. *O Solo Criado/Carta de Embu. Anais do Seminário*. São Paulo. Fundação Prefeito Faria Lima. Centro de Estudos e Pesquisas de Administração Municipal (CEPAM), 1976.

GRAU, Eros. *Direito urbano*: regiões metropolitanas, solo criado, zoneamento e controle ambiental, projeto de desenvolvimento urbano. São Paulo: Revista dos Tribunais, 1983.

GRAU, Eros. Solo criado. *Revista de Direito Imobiliário*, vol. 51, jul/2001, DTR\2001\281.

MARÉS DE SOUZA FILHO, Carlos Frederico. Introdução ao direito socioambiental. *In*: LIMA, André (org.) *O direito para o Brasil socioambiental*. São Paulo: Instituto Socioambiental; Porto Alegre: Sérgio Antônio Fabris, 2002.

MARQUES NETO, Floriano de Azevedo. *Bens públicos*: função social e exploração econômica: o regime jurídico das utilidades públicas. Belo Horizonte: Fórum, 2009.

MARQUES NETO, Floriano de Azevedo. Outorga onerosa do direito de construir (Solo criado). *In*: DALLARI, Adilson de Abreu; FERRAZ, Sérgio (coord.). *Estatuto da Cidade*: Comentários à Lei Federal 10.257/2001. 3. ed. São Paulo: Malheiros, 2003.

NAKANO, Anderson Kazuo; GUASTELLA, Sully Alonso. A forma urbana a partir de planos diretores e leis de zoneamento do município de São Paulo. *PARC Pesquisa em Arquitetura e Construção*, v. 6, n. 3, p. 142-154, 2015.

PEREIRA, Caio Mário da Silva. *Condomínio e incorporações*. 5. ed. Rio de Janeiro: Forense, 1985.

RIZZARDO, Arnaldo. *Condomínio edilício e incorporação imobiliária*. 8. ed. Rio de Janeiro: Forense, 2021.

SILVA, José Afonso da. *Direito urbanístico brasileiro*. 6. ed., revista e atualizada. São Paulo: Malheiros, 2010.

WALD, Arnold. *Obrigações e contratos*. 14. ed. São Paulo: Revista dos Tribunais, 2000.

13. CONTRATOS DE CONSTRUÇÃO NA INCORPORAÇÃO IMOBILIÁRIA PELO REGIME DE ADMINISTRAÇÃO COM PREÇO MÁXIMO GARANTIDO ("PMG")

Priscila Mie Gomes Sammi

Introdução

A incorporação imobiliária, atividade empresarial de extrema complexidade no país, além de tratar da própria comercialização de imóveis "na planta", impulsionada por uma cultura permeada pelo "sonho da casa própria", dispõe sobre os atos da sua produção, ou seja, da efetiva edificação de tal sonho. Sobre o assunto, a temática da construção de unidades em regime de incorporação imobiliária merece especial atenção por parte da parcela da sociedade que se debruça a estudá-la, especialmente por ser muito impactada pelos aumentos abruptos nos valores de materiais e de mão de obra decorrentes da economia inflacionária brasileira, que pode ocasionar desequilíbrios econômico-financeiros nas relações jurídicas que a permeiam.

Tal atividade empresária deve ser muito bem estruturada pelo incorporador imobiliário, *que é o formulador da ideia da implantação de um conjunto imobiliário, o planejador do negócio, o responsável pela mobilização dos recursos necessários à produção e comercialização de unidades imobiliárias integrantes de edificações coletivas*[1]. Isso porque um bom planejamento do

[1] Chalhub, Melhim Namem. *Incorporação imobiliária*. 7. ed. Rio de Janeiro: Forense, 2023. p. 11.

projeto arquitetônico a ser erigido, com uma apurada análise de riscos desde a sua concepção, pode mitigar em muito os problemas originados de mudanças excessivas no cenário econômico do país. No mais, a ideia central de uma incorporação imobiliária é a conclusão da obra e não a execução de contratos em face de inadimplementos relativos a problemas diversos originados no curso da construção. Nessa linha, há de se afirmar, inclusive, que as planilhas orçamentárias e o cronograma de obras bem elaborados, traduzidos nos contratos de construção, podem antecipar certas variáveis de risco que permeiam a atividade da incorporação, minimizando problemas que impactariam a cadeia produtiva de um empreendimento imobiliário.

Trazendo um recorte histórico para este artigo, e na linha dos ensinamentos do Professor Caio Mário da Silva Pereira, a incorporação imobiliária no país tendia a empregar o regime de empreitada na edificação de conjuntos imobiliários em planos horizontais[2], que, conforme será detalhado em tópico mais à frente, é o regime pelo qual o construtor é contratado para realizar uma obra, mediante o pagamento de um preço certo, fixo ou reajustável por índices a serem fixados em contrato[3]. No entanto, a acelerada inflação brasileira trouxe dificuldades de ordem financeira para a manutenção recorrente de tal regime construtivo nas incorporações imobiliárias, pois se tornava impossível estimar com maior precisão o custo total da obra, o que ensejou diversos pleitos de revisão contratual por parte de empreiteiros, mesmo havendo na época uma vedação legislativa que impedia a majoração do custo da obra durante o seu andamento, ainda que ocorresse a elevação dos valores de insumos e de mão de obra (conforme previa o art. 1.246 do Código Civil de 1916[4])[5].

[2] Pereira, Caio Mário da Silva. *Condomínios e incorporações*. 15. ed. rev. e atual. Rio de Janeiro: Forense, 2022. p. 377.

[3] Gonçalves, Alexandre Tadeu Navarro Pereira; Dias, Rodrigo Antonio. *Tributação das Operações Imobiliárias*. 2. ed. São Paulo: Quartier Latin, 2022. p. 472.

[4] Nesse sentido, é o teor do art. 1.246 do Código Civil de 1916: "O arquiteto, ou construtor, que, por empreitada, se incumbir de executar uma obra segundo plano aceito por quem a encomenda, não terá direito a exigir acréscimo no preço, ainda que os dos salários, ou o do material, encareça, nem ainda que se altere ou aumente, em relação à planta, a obra ajustada, salvo se se argumentou, ou alterou, por instruções escritas do outro contratante e exibidas pelo empreiteiro.".

Nesse passo, as construções nas incorporações imobiliárias caminharam para um regime de administração, ou também conhecido como "a preço de custo",

> [...] em que o incorporador oferece a unidade e a estimativa do seu custo, o qual variará na medida das oscilações de mercado, obrigando-se o adquirente a cobrir os gastos na medida em que se fizerem, mediante a atualização periódica das prestações[6].

Sob o viés das construtoras, deveria ser este o regime construtivo preferido, *pois asseguraria sempre o perfeito equilíbrio financeiro da construção*[7].

A Lei Federal nº 4.591/1964 – Lei de Incorporações Imobiliárias, em seu Capítulo III, positivou regras tanto para a construção de imóveis sob o regime de empreitada, quanto sob o regime de administração, ambos inseridos na dinâmica das incorporações imobiliárias. Há de se notar, contudo, que com a evolução do mercado imobiliário, os dois regimes construtivos positivados em referida lei passaram a não atender de forma plena as demandas do setor na hora da contratação de uma construção no sistema de incorporação. Isso porque, de um lado, o incorporador e seu mercado consumidor passaram a privilegiar contratações de obra com preços certos, para não assumirem prejuízos futuros de ordem econômica não previstos no ato da celebração de contratos[8]. De outro lado, as construtoras não possuíam incentivos econômicos expressivos ao celebrarem contratos de empreitada, que podiam lhes causar fortes prejuízos em cenários de incertezas e de crises econômicas.

Assim, foi introduzido no Brasil, em meados da década de 1990[9], uma modalidade híbrida de contratação de construções, que utiliza tanto elementos dos contratos de empreitada, quanto dos contratos por administração. É o chamado contrato de construção pelo regime de admi-

5 Pereira, Caio Mário da Silva, *op. cit.*, p. 377.

6 Pereira, Caio Mário da Silva, *op. cit.*, p. 378.

7 Franco, J. Nascimento; Gondo, Nisske. *Incorporações imobiliárias*. 3. ed. São Paulo: Revista dos Tribunais, 1991. p. 181.

8 Franco; J. Nascimento; Gondo, Nisske, *op. cit.*, mesma página.

9 Khouri, Paulo R. Roque A.; Pedras, Lucas Salim Vilela. A contratação por preço máximo garantido (PMG) e seu conjunto de relações jurídicas. *Revista de Direito Privado*, vol. 70, 2016. p. 1.

nistração com preço máximo garantido – PMG, modalidade atípica que não está positivada na legislação brasileira, mas que é majoritariamente empregada na atualidade para regular as construções em âmbito de uma incorporação imobiliária. Justamente em decorrência de tal peculiaridade, o presente artigo tem por objetivo discorrer a respeito dos contratos típicos existentes na legislação brasileira e as suas principais características, que embasaram e nortearam a criação dessa nova forma negocial de contratar construções no país.

1. Das regras gerais aplicáveis às construções no sistema jurídico brasileiro e dos contratos típicos de construção

1.1 Noções gerais – aspectos contratuais

As construções PMG, por serem atípicas, valem-se das regras existentes na legislação brasileira para as modalidades contratuais de empreitada e de administração/preço de custo, sendo relevante o estudo sobre as regras gerais aplicáveis às construções, bem como sobre as principais características de ambas as referidas modalidades contratuais que, de certo modo, impactarão as construções PMG. Isso para evitar futuras confusões de institutos quando da análise aprofundada do objeto deste estudo.

Sob esse racional, importante esclarecer, preliminarmente, que o *caput* do art. 48 da Lei de Incorporações Imobiliárias dispõe que a construção de unidades autônomas "*poderá estar incluída no contrato com o incorporador ou ser contratada diretamente entre os adquirentes e o construtor*"[10]. Com tal disposição, temos, então, algumas formas de serem contratadas as construções no âmbito das incorporações imobiliárias.

A primeira delas seria a da contratação da construção pelos adquirentes de unidades autônomas diretamente com a construtora. A lei, nesse caso, permite que ocorra a segregação de instrumentos contratuais, de modo que sejam celebrados contratos específicos para a compra de fração ideal de terreno junto ao incorporador, e outros para a

[10] Nesse sentido, é o inteiro teor do *caput* do art. 48 da Lei nº 4.591/1964: "Art. 48. A construção de imóveis, objeto de incorporação nos moldes previstos nesta Lei poderá ser contratada sob o regime de empreitada ou de administração conforme adiante definidos e poderá estar incluída no contrato com o incorporador (VETADO), ou ser contratada diretamente entre os adquirentes e o construtor.".

contratação direta, pelos adquirentes, da prestação de serviço da construção junto ao construtor, nas modalidades de regimes construtivos existentes no sistema[11]. Sob esse formato, cria-se, portanto, um vínculo obrigacional direto entre o adquirente e a construtora.

Embora haja o permissivo legal, essa não é uma prática recorrente do mercado imobiliário, justamente em face da existência de uma legislação vigente que confere ampla proteção aos adquirentes de imóveis, considerados, majoritariamente, consumidores à luz da legislação consumerista, e que imputa maiores responsabilidades ao incorporador que vem a mercado comercializar seu produto. Justifica-se essa dificuldade, sobretudo, em razão de ser o incorporador a grande figura central, à luz da Lei de Incorporações Imobiliárias, pela estruturação do empreendimento, responsabilizando-se pelo cumprimento do plano da incorporação até a efetiva entrega da obra, ainda que a promova indiretamente[12]. Nesse sentido, o incorporador responsabiliza-se pelas negociações decorrentes do empreendimento, de modo que o arranjo contratual aqui destacado teria grande complexidade de entendimento e de aplicação prática, dado que os consumidores visam a aquisição de um imóvel pronto junto ao incorporador, e não a contratação com terceiros da construção desse bem.

Sobre o assunto, vale destacar os ensinamentos de Nisske Gondo e J. Nascimento Franco[13]:

> Na verdade, é o incorporador quem escolhe o terreno, procura o construtor, minuta o contrato e estabelece os preços e as condições, sobrando aos condôminos apenas a posição de meros aderentes à incorporação. Assim, embora a construção se faça sob regime de empreitada ou de administração e não obstante se comprometam a adquirir a fração ideal de terreno do próprio incorporador, ou da pessoa que o autorizou a lançar o edifício, os interessados têm, na realidade, é a intenção de adquirir um apartamento.

A segunda delas seria a da contratação da construção diretamente pelos adquirentes junto à incorporadora, que assume a obrigação de

[11] Chalhub, Melhim Namem, *op. cit.*, p. 241.

[12] Pereira, Caio Mário da Silva, *op. cit.*, p. 264 e 266.

[13] Franco; J. Nascimento; Gondo, Nisske, *op. cit.*, p. 133.

realizá-la, perante a sua massa consumidora, por sua conta e risco, tal como previsto nos artigos 41 e 43, V da Lei de Incorporações Imobiliárias. Nessa sistemática, a incorporadora poderá ser a própria construtora do empreendimento, ou contratar com empresas construtoras a respectiva execução do empreendimento, mediante a celebração dos contratos de construção existentes no sistema jurídico imobiliário brasileiro, sejam as modalidades típicas, ou atípica.

Deve ser observado, no entanto, que a depender do caso, os próprios compromissos de compra e venda de unidades autônomas deverão assumir um formato específico. Independente da construção ser contratada com terceiros ou executada diretamente pelo incorporador, ela seguirá um regime construtivo próprio. Desse modo, caso não exista um preço certo e definido para a construção (pelo regime de construção por administração/preço de custo), os compromissos de unidades autônomas deverão refletir tal sistemática, e deverão ser firmados seguindo a sistemática de preço de custo ou administração. Desse modo, não haverá um preço definido no compromisso pela aquisição da futura unidade em construção a ser pactuado com o incorporador, e este ofertará *a unidade e a estimativa de seu custo, o qual variará na medida das oscilações de mercado, obrigando-se o adquirente a cobrir os gastos na medida em que se fizerem, mediante a atualização periódica das prestações*[14]. Também aqui não é uma modalidade usual da prática de incorporações, uma vez que o mercado pressiona por maiores certezas no que diz respeito aos valores de imóveis, ainda que eles venham a ser reajustáveis.

Por outro lado, em havendo preços certos e definidos atribuídos à construção (pelo regime de empreitada ou pela sistemática do PMG), os compromissos de unidades autônomas tomarão o formato de preço fechado ou também conhecido como preço fixo reajustável[15], ou seja, pelo valor global da fração ideal de terreno e da futura acessão (construção)[16]. É a prática mais recorrente do mercado nos idos atuais, sendo importante pontuar, na linha do entendimento de Alexandre Tadeu Navarro Pereira e Rodrigo Antonio Dias[17]:

[14] PEREIRA, Caio Mário da Silva, *op. cit.*, p. 378.

[15] GONÇALVES, Alexandre Tadeu Navarro Pereira; DIAS, Rodrigo Antonio, *op. cit.*, p. 447.

[16] FRANCO; J. Nascimento; GONDO, Nisske, *op. cit.*, p. 131.

[17] GONÇALVES, Alexandre Tadeu Navarro Pereira; DIAS, Rodrigo Antonio, *op. cit.*, p. 448.

> Esta modalidade obriga o vendedor na assunção de todos os riscos do negócio, inclusive no que tange ao reajuste de preços, devendo entregar o bem dentro do prazo contratado, sendo ainda conferida ao comprador a possibilidade de estender o pagamento do preço por um período superior ao da conclusão da obra.

No mais, nos termos do *caput* e inciso V do art. 43 igualmente da Lei de Incorporações Imobiliárias, uma vez adquirida a unidade autônoma por prazo e preços certos, a incorporadora ficará vedada de alterar as condições de pagamento, e de reajustar o preço, ainda que ocorra a elevação dos valores de materiais e de mão de obra, salvo se disposto de forma contrária em contrato. Dessa forma, definido o preço de venda da unidade autônoma, na ponta do consumidor, não poderão haver alterações de valores, mesmo que fatores externos elevem consideravelmente o valor de insumos da construção civil, motivo que corrobora ainda mais a necessidade de uma boa estruturação do empreendimento e das planilhas orçamentárias a serem elaboradas pelo incorporador, a fim de minimizar problemas para o desenvolvimento e a conclusão da obra em si, grande objetivo de toda a atividade empresarial sobre a qual se discorre.

1.2 Da construção em geral – aspectos legais

Importante também serem pontuadas no presente tópico as diretrizes previstas nos artigos 48 a 54 da Lei de Incorporações Imobiliárias, que tratam das regras gerais para as construções no âmbito das incorporações imobiliárias. Sendo assim, e independente da forma de serem contratadas as construções, conforme acima discorrido, os § 1º e 2º do art. 48 da Lei de Incorporações preveem a necessidade de se fazerem presentes nos contratos o projeto e memorial descritivo da obra, bem como a indicação do prazo para a conclusão e respectiva entrega do empreendimento, e as hipóteses da sua eventual prorrogação.

O contrato de construção igualmente deverá prever de quem será a responsabilidade pelos pagamentos das despesas com as ligações de serviços públicos que serão prestados ao empreendimento, tais como ligações de energia elétrica, água e esgoto, *sejam as referentes àqueles explorados diretamente pela Administração Pública, sejam os que se prestam em regime de concessão*[18], tal qual disposto no art. 51 da Lei de Incorporações Imobiliárias.

[18] Pereira, Caio Mário da Silva, *op. cit.*, p. 378.

No que tange aos aspectos técnicos da construção, o artigo 53 da Lei de Incorporações Imobiliárias reafirmou a obrigação da Associação Brasileira de Normas Técnicas – ABNT de dispor de normas técnicas para cada tipo de construção. Com isso, foi direcionado à ABNT a sua obrigação de preparar e observar

> [...] normas adequadas a cada tipo de prédio, visando à *padronização dos critérios* para cálculo de custo unitário, para elaboração do orçamento do custo da construção, para a avaliação do custo global da obra, bem como modelo de memorial descritivo dos acabamentos, e critério pelo qual se ajustem o cronograma das obras e o pagamento das prestações (art. 53). Além de proporcionar esses dados, a ABNT deverá, ainda, obrigar-se a atualizar periodicamente as normas previstas.[19]

Ainda, o artigo 54 Lei de Incorporações Imobiliárias imputou aos sindicatos estaduais da construção civil a obrigação de divulgar mensalmente os custos unitários de construção na respectiva região jurisdicional. Essas disposições técnicas aqui destacadas direcionam o espoco da obra a ser pactuado com as construtoras, se o caso, além de nortear o incorporador na definição das tabelas de venda do empreendimento. De forma bastante prática, as informações aqui dispostas podem ser parcialmente visualizadas nos conhecidos "quadros de áreas", elaborados nos ternos da ABNT NBR nº 12721, que devem integrar o memorial de incorporação imobiliária para fins de registro perante o cartório de registro de imóveis.

Por fim, e não menos importante, destacam-se as disposições que tratam da fiscalização do curso das obras pelos adquirentes de unidades autônomas. Esses poderão se reunir em assembleia, para deliberar assuntos pertinentes à construção, tudo nos termos do artigo 49 da Lei de Incorporações Imobiliárias. Ainda, o artigo 50 de referida lei trata da obrigatoriedade de ser constituída uma comissão de representantes, composta por no mínimo três membros escolhidos entre os adquirentes de unidades autônomas, para fiscalizar o bom andamento da incorporação, e representar os demais adquirentes perante o construtor e o incorporador.

[19] Pereira, Caio Mário da Silva, *op. cit.*, p. 379.

1.3 Cadastro Nacional de Obras – CNO

O presente artigo não tem por objetivo focar na tributação da construção civil, mas sim indicar e clarificar elementos gerais da sua prática que impactam diretamente no sistema contratual aqui tratado e, consequentemente, na atividade da incorporação imobiliária, que é extremamente regulada no país. Com isso, e para fins do melhor entendimento dos tipos contratuais a seguir detalhados e das suas particularidades no sistema jurídico brasileiro, importante mencionar que a Lei Federal nº 8.212/1991 ("Lei da Seguridade Social"), que dispõe sobre a organização e o custeio da seguridade social brasileira, prevê em seu art. 49; § 1º, a obrigatoriedade do registro das obras de construção civil perante a Receita Federal do Brasil – RFB, para a finalidade de fiscalizar a regular tributação dos atos da construção civil, minimizando irregularidades e ilegalidades da sua prática.

O registro em questão se dá, atualmente, por meio do Cadastro Nacional de Obras – CNO, conforme tratado na Instrução Normativa RFB nº 2061/2021, alterada pela Instrução Normativa RFB nº 2144/2023. O CNO é um depositário de dados das construções civis do país gerenciado pela RFB, e o respectivo cadastro das obras deve ocorrer no prazo de até 30 (trinta) dias contados do início da sua execução (art. 18 da IN RFB nº 2061/2021). Tal banco de dados atesta o regular cumprimento das obrigações tributárias de uma obra[20], sendo certo que, ao final da construção, caso tudo esteja regular, será possível a emissão da certidão de regularidade fiscal da construção, necessária para a averbação da construção no cartório de registro de imóveis competente, tudo nos termos do inciso II do art. 47 da Lei da Seguridade Social.

No que tange à apuração de obrigações, são responsáveis pela inscrição da obra no CNO e, consequentemente, pela sua regularidade, o incorporador[21], e o construtor quando contratado pelo regime de empreitada total[22]. Ainda, verifica-se que na obra executada sob o regime

[20] BRASIL. Governo Federal. Inscrever ou atualizar cadastro de obra de construção civil. (CNO). Disponível em: https://www.gov.br/pt-br/servicos/inscrever-ou-atualizar-cadastro-de-obra-de-construcao-civil. Acesso em 16 abr. 2023.

[21] Nos termos do disposto no art. 8º, III, da IN RFB nº 2021/2012 e no art. 5º, I da IN RFB nº 2061/2021.

[22] Nos termos do disposto no art. 8º, VI, da IN RFB nº 2021/2012 e no art. 5º, II da IN RFB nº 2061/2021.

de administração, a responsabilidade pela construção cabe ao incorporador[23]. Os conceitos aqui trazidos são importantes de serem observados na prática, e devem direcionar as contratações no âmbito das construções civis, especialmente em termos de clareza das disposições a serem inseridas nos instrumentos negociais, evitando-se, assim, interpretações equivocadas por parte do fisco em eventual fiscalização e *para fins de enquadramento nas regras de incidência tributária*[24].

1.4 Contrato de construção pelo regime de empreitada

O contrato de construção por empreitada está regulado nos artigos 55 a 57 da Lei de Incorporações Imobiliárias, sendo aplicáveis a tal modalidade, subsidiariamente, as disposições previstas nos artigos 610 a 626 do Código Civil Brasileiro. Trata-se do instrumento pelo qual o construtor se obriga a construir determinada obra, a preço fixo ou reajustável por índices determinados em contrato, usualmente o Índice Nacional de Custo da Construção – INCC, na forma e nas épocas nele expressamente previstas[25]. Nessa modalidade o empreiteiro se responsabiliza perante o dono da obra a realizá-la, por si ou por meio do auxílio de terceiros, sem a configuração de dependência ou subordinação entre as partes contratantes, mediante o pagamento de uma contraprestação financeira[26], que poderá ser *determinada ou proporcional ao trabalho executado*[27]. Aqui, tem-se um clássico exemplo de obrigação de resultado, uma vez que o objeto da relação contratual será a entrega final da obra e não a atividade do empreiteiro[28].

Caso a empreitada seja pactuada pelo preço reajustável, importante destacar que em toda a publicidade do empreendimento, bem como em todos os instrumentos a serem firmados para a venda de imóveis (tais como compromissos, escrituras, propostas, entre outros), deverá ser destacada referida condição de reajustabilidade, bem como o valor a

[23] Nos termos do disposto no § 1º do art. 8º da IN RFB nº 2021/2021.

[24] Gonçalves, Alexandre Tadeu Navarro Pereira; Dias, Rodrigo Antonio, *op. cit.* p. 473.

[25] Gonçalves, Alexandre Tadeu Navarro Pereira; Dias, Rodrigo Antonio, *op. cit.* p. 472.

[26] Peluso, Cezar. *Código civil comentado: doutrina e jurisprudência*. 16. ed. Barueri-SP: Manole, 2022. p. 620.

[27] Diniz, Maria Helena. *Curso de Direito Civil Brasileiro:* Teoria Das Obrigações Contratuais e Extracontratuais. v.3. 39. ed. São Paulo: Saraiva, 2023. p. 120.

[28] Diniz, Maria Helena, *op. cit.*, p. 120.

ser atribuído à fração ideal de terreno e à construção, tal como dispõe o art. 56 da Lei de Incorporações Imobiliárias.

Ainda, na linha do que prevê o art. 610 do Código Civil Brasileiro, a empreitada pode ser contratada apenas para o fornecimento de mão de obra específica, a chamada empreitada de lavor, ou para o fornecimento tanto de mão de obra quanto de materiais, a conhecida empreitada mista[29], devendo o contrato expressamente indicar se haverá o fornecimento de materiais pelo empreiteiro, uma vez que tal providência não se presume (§ 1º do art. 610 do Código Civil Brasileiro). Nesse sentido, a estrutura contratual da modalidade aqui tratada *parte da contratação de uma pessoa para o fornecimento de serviços (e, se for o caso, de materiais), a fim de entregar uma determinada obra, pronta e acabada*[30].

A construção pelo regime de empreitada também pode ser classificada como parcial, quando destinada à execução de apenas parcela da obra, ou quando a construtora presta diretamente parte dos serviços da construção e a parte remanescente dos serviços é realizada por terceiros por ela indicados e contratados diretamente pelo dono da obra[31], tal como previsto no art. 7º, inciso IV e seu § 2º, inciso IV da IN RFB nº 2021/2021. Aqui a construtora fica responsável pelos serviços prestados em nome próprio, e solidária com os demais prestadores contratados para a execução da obra[32]. Na empreitada parcial, conforme já mencionado, o CNO da construção deve ser realizado e emitido em nome do dono da obra, ou seja, do incorporador.

Já a construção pelo regime de empreitada total/global é a destinada à construção da integralidade do empreendimento, sob inteira execução da construtora contratada. Nesse caso a construtora se responsabiliza pela execução total da obra, e pelas subcontratações e recolhimento de todos os tributos incidentes[33]. É importante destacar que a RFB classifica a empreitada como total, nos termos do quanto observado no inciso III do art. 7º da IN RFB nº 2021/2021, sendo o emprego do termo global uma construção acadêmica/doutrinária de natureza civil. No mais, no

[29] Peluso, Cezar, *op. cit.*, p. 620.

[30] Peluso, Cezar, *op. cit.*, mesma página.

[31] Gonçalves, Alexandre Tadeu Navarro Pereira; Dias, Rodrigo Antonio, *op. cit.* p. 473-474.

[32] Gonçalves, Alexandre Tadeu Navarro Pereira; Dias, Rodrigo Antonio, *op. cit.*, p. 472.

[33] Gonçalves, Alexandre Tadeu Navarro Pereira; Dias, Rodrigo Antonio, *op. cit.*, p. 474.

que tange ao CNO da construção, é de responsabilidade da construtora emiti-lo e assegurar a regularização da obra de construção civil.

Uma das principais características desse regime construtivo é o da fixação do preço da construção em contrato, mesmo que ele venha a ser reajustado posteriormente em periodicidade e pelos índices a serem negociados entre as partes, tal como já destacado. É, inclusive, um dos pontos mais sensíveis desse tipo contratual. Isso porque o construtor necessita realizar uma estimativa do aumento futuro dos valores de insumos e de mão de obra e, na intenção de se precaver em relação a eventuais prejuízos financeiros, tende a estimar um preço mais elevado para a construção, impactando negativamente o mercado consumidor dos incorporadores[34]. Sob esse prisma, importante os ensinamentos de Caio Mário da Silva Pereira[35]:

> A empreitada permite saber, de antemão, em quanto a obra ficará, muito embora a sua aplicação na época inflacionária suscite um risco maior pelo qual o empreiteiro pode estimar tão alto que acabe por trazer ao adquirente condições onerosas demais ou o faça aquém das metas e acabe por sacrificar-se e sofrer prejuízos.

Importante mencionar o disposto no § 5º do art. 55 da Lei de Incorporações Imobiliárias, que prevê a necessidade de ser mencionado no contrato de empreitada o montante do orçamento atualizado da obra, calculado com base nos custos unitários da construção, quando o preço determinado for inferior ao previsto no orçamento. Caso contrário, o incorporador fica sujeito à contravenção penal disposta no inciso V do art. 66 da Lei de Incorporações Imobiliárias[36]. O regramento em questão deve ser interpretado para os casos de contratos de construção celebrados diretamente entre os adquirentes de unidades e o construtor no curso da construção do empreendimento, ou para aqueles pactuados ainda no prazo de carência da incorporação, seja entre o incorporador

[34] Franco; J. Nascimento; Gondo, Nisske, *op. cit.*, p. 181.

[35] Pereira, Caio Mário da Silva, *op. cit.*, p. 378.

[36] Nesse sentido, é o teor do art. 66, inciso V da Lei de Incorporações Imobiliárias: "Art. 66. São contravenções relativas à economia popular, puníveis na forma do artigo 10 da Lei nº 1.521, de 26 de dezembro de 1951: [...] V – omitir o incorporador, no contrato, a indicação a que se refere o § 5º do artigo 55, desta Lei;".

e o construtor, seja entre construtor e adquirentes. No mais, em face da literalidade de tal artigo causar certas dúvidas, importante destacar o entendimento de Nisske Gondo e J. Nascimento Franco[37] sobre esse aspecto legal:

> A atualização constará sempre do contrato, quer seja o preço inferior ou superior ao previsto no orçamento, não obstante a parte final do § 5º do art. 55: "quando o preço estipulado for inferior ao mesmo". Trata-se de expressão sem sentido lógico, dando a entender que se dispensa a menção ao orçamento atualizado quando o preço estipulado for superior ao orçado, o que não tem explicação plausível, porque o critério fundamental da lei das incorporações é manter o adquirente sempre informado sobre o custo da construção.

Ainda sobre a questão do preço no contrato de empreitada, é muito comum de ser ajustado no âmbito da construção civil, na linha do quanto previsto no artigo 614 do Código Civil, que os pagamentos sejam liberados ao empreiteiro na proporção da obra executada. É o que o mercado denomina de pagamento conforme a medição da obra. Nesses termos, as partes deverão averiguar, em periodicidade a ser pactuada em contrato, o quanto a obra evoluiu, considerando os marcos ajustados em cronogramas físicos elaborados previamente pelo incorporador e validado pela construtora, que normalmente são inseridos como anexos desse tipo de contrato. Desse modo, o empreiteiro receberá a sua remuneração de acordo com o quanto construiu. Cabe, aqui, destacar o entendimento da Professora Maria Helena Diniz a respeito do assunto[38]:

> Estipular-se-á o pagamento a tanto por unidade ou por parte concluída ou conforme as partes em que vier a dividir-se, podendo-se exigir, ainda, o pagamento na proporção da obra executada, recebendo o empreiteiro o quantum relativo ao que foi feito. Há presunção de que a obra paga está verificada, por ser direito do comitente averiguar, antes do pagamento, se o que foi entregue podia ser aceito. Tudo o que se pagar presumir-se-á, até prova contrária, verificado à custa do empreiteiro, exceto disposição contratual em sentido diverso, e aceito pelo comitente, e o que se

[37] FRANCO; J. Nascimento; GONDO, Nisske, *op. cit.*, p. 179.

[38] DINIZ, Maria Helena, *op. cit.*, p. 122.

> mediu também se, em trinta dias, contados da medição, não forem denunciados defeitos pelo dono da obra ou por quem tiver a incumbência de sua fiscalização (CC, art. 614, §§ 1º e 2º).

Também cabe destacar que embora o preço seja reajustável, o reajuste deve ocorrer em momentos certos definidos com o incorporador. Desse modo, eventual superação do preço acordado, o chamado "estouro" do custo total da obra, deverá ser arcado integralmente pelo construtor, que se obrigou pela entrega da construção no valor previamente definido no instrumento da sua contratação. No mais, pelo disposto no § 1º do art. 55 da Lei de Incorporações Imobiliárias, em sendo o preço fixo na empreitada, independente das variações que sofrer os custos da obra, ou quaisquer que sejam as suas causas, o valor do contrato será irreajustável.

Além dos pontos de desestímulo acima destacados, também é possível mencionar uma maior ineficiência tributária da empreitada em casos de subcontratação de terceiros para a execução da obra, o que encarece ainda mais o valor da construção. Isso porque, a depender da sistemática de tributação da construtora, poderá haver cenários da cobrança de imposto sobre imposto, a conhecida bitributação. Nesse caso, a bitributação ocorre quando a receita total aferida pela construtora é tributada sem a possibilidade de dedução de despesas com a contratação de terceiros e com a aquisição de materiais, na incidência do Imposto sobre a Renda – IRPJ e da Contribuição Social Sobre o Lucro Líquido – CSLL. Igualmente, no que tange ao PIS e COFINS, tributa-se toda a cadeia produtiva nos casos de subcontratação, não havendo a possibilidade de apuração de créditos. Assim, ocorre um cenário em que o mesmo serviço passa a ser tributado duas vezes, uma quando da emissão de nota fiscal da construtora e outra quando da emissão da nota fiscal do subcontratado[39].

Por fim, importante destacar o papel da comissão de representantes na fiscalização das construções por empreitada. A ela caberá a fiscalização do andamento da obra e da obediência ao projeto do empreendimento pela construtora (Art. 55, § 3º da Lei de Incorporações Imobiliárias). À comissão também caberá a tarefa de fiscalizar o cálculo

[39] Gonçalves, Alexandre Tadeu Navarro Pereira; Dias, Rodrigo Antonio, *op. cit.*, p. 481.

do reajuste do preço da construção nos casos das empreitadas a preço reajustável (art. 55, § 4º da Lei de Incorporações Imobiliárias).

1.5 Contrato de construção pelo regime de administração ou "a preço de custo"

O contrato de construção pelo regime de administração, ou também chamado "a preço de custo", está regulado nos artigos 58 a 62 da Lei de Incorporações Imobiliárias. Trata-se da modalidade em que a construtora é contratada para a execução dos serviços de administração, gerenciamento, fiscalização e coordenação da construção[40], disponibilizando no canteiro de obras apenas a sua mão de obra técnica especializada, ou seja, os engenheiros e mestres de obras, que irão fiscalizar e gerenciar os serviços prestados pelos fornecedores do incorporador, tais como os serviços de movimentação de terra, serralheria, pintura, entre tantos outros necessários ao desenvolvimento do empreendimento imobiliário.

Basicamente, a construtora em regime de administração gerencia os terceiros que prestarão, em nome próprio, os serviços de construção civil necessários à efetiva construção da obra. Para tanto, é remunerada mediante o pagamento de um valor fixo, ou de uma taxa a ser cobrada sobre todas as despesas incorridas para a execução da construção, a conhecida taxa de administração, calculada sobre o custo total da obra. Nessa segunda hipótese, a taxa a ser paga à construtora, que varia na média de 8% a 25%, normalmente incide sobre cada valor de nota fiscal dos fornecedores da obra, indicados pela construtora e contratados diretamente pelo dono da obra.

Uma das principais características dessa modalidade é a de ser a construção inteiramente custeada pelo dono da obra ou, a depender do caso, pelos próprios adquirentes de unidades autônomas. Sob tal aspecto, importante mencionar que não há, no respectivo contrato, a indicação expressa do preço da construção, sendo certo que no instrumento contratual poderá estar indicada apenas uma estimativa inicial do custo integral da obra[41], que será ajustado no curso do seu desenvolvimento. Com isso, destaca-se que "*Nesse sistema, cabe aos condôminos fornecer ao*

[40] Gonçalves, Alexandre Tadeu Navarro Pereira; Dias, Rodrigo Antonio, *op. cit.*, p. 481.

[41] Pereira, Caio Mário da Silva, *op. cit.*, p. 387.

incorporador e ao construtor, nos prazos estipulados, as parcelas destinadas ao pagamento das despesas. Essa parcela é rateada na proporção da participação de cada unidade autônoma nas despesas realizadas no período"[42].

Justamente por não haver um preço certo da construção, o artigo 62 da Lei de Incorporações Imobiliárias prevê a necessidade da indicação, em toda a publicidade ou material escrito destinado à promoção e concretização das vendas de uma incorporação cuja construção se dê em regime de administração, da indicação do preço da fração ideal de terreno e do montante atualizado do orçamento do custo da construção, indicando o mês de referência e o tipo padronizado a que se vincule referido orçamento.

Também nos termos do quanto previsto nos artigos 60 e 61 da Lei de Incorporações Imobiliárias, verifica-se a necessidade de ser revisado, pelo menos semestralmente, o custo total da obra, de modo que o contrato de construção poderá tratar dos mecanismos de reajuste das parcelas mensais de contribuições para a obra e a respectiva forma de pagamento. Em havendo majoração das prestações, o novo esquema de pagamentos deverá ser informado com antecedência mínima de 45 dias contados da data prevista para o respectivo reajuste das parcelas. No mais, a comissão de representantes também possui papel fundamental de fiscalização desse regime construtivo, pois analisa balancetes, concorrências, arrecadação de contribuições, entre outros, além de deliberar em conjunto com a construtora acerca da revisão do custo da obra.

Ainda, na modalidade aqui tratada, e tal como anteriormente indicado, a construtora não executa, em nome próprio, a construção do empreendimento, e nem fornece os insumos para tanto. O que normalmente se verifica é a seleção e indicação de prestadores de serviços para o dono da obra, que os contrata em nome próprio[43] e arca integralmente com os respectivos custos integrais da construção. Desse modo, e na linha do que é sugerido pela melhor doutrina, as contratações de fornecedores devem ser realizadas pelo próprio dono da obra. Nessa linha, e para facilitar o dia a dia da construção, a construtora pode figurar como mandatária do dono da obra nas contratações com os fornecedores da

[42] Franco; J. Nascimento; Gondo, Nisske, *op. cit.*, p. 181.

[43] Gonçalves, Alexandre Tadeu Navarro Pereira; Dias, Rodrigo Antonio, *op. cit.*, p. 476.

construção, podendo, inclusive, atuar, em nome próprio, como garantidora em tais instrumentos.

Também é possível verificar, a depender do caso, a contratação de uma empresa gerenciadora pelo dono da obra, que será parte no contrato de construção "a preço de custo" e fiscalizará os trabalhos da construtora. Nessa hipótese, a empresa gerenciadora poderá atuar também como mandatária da incorporadora nos contratos a serem celebrados com os fornecedores da obra, a fim de conferir uma melhor governança na dinâmica da construção do empreendimento, afastando quaisquer alegações de que a construtora pode se valer da posição de mandatária do incorporador para contratar fornecedores com valores de serviço mais elevados, vindo, assim, a se beneficiar quando remunerada por meio da taxa de administração incidente sobre o custo total da obra.

O regime construtivo aqui descrito, como o próprio nome diz, origina uma construção a preço de custo, e tende a ser mais econômica do que uma construção por empreitada, uma vez que o dono da obra arca diretamente com os valores dos serviços dos fornecedores de insumos e de mão de obra, e não há a dinâmica de se estimar um preço mais elevado para a construção, por parte da construtora, tal como na empreitada, justamente por não ser premissa contratual da modalidade aqui disposta a fixação de preço da construção. No mais, na seara fiscal, dada a sistemática de contratações de fornecedores aqui comentada, realizada diretamente pelo dono da obra, no regime de administração não ocorre o efeito da bitributação, tal como descrito no tópico anterior, enfatizando ainda mais uma construção com um menor custo de produção a ela atrelado.

Importante destacar, ainda, os riscos de um contrato de construção por administração ser descaracterizado e considerado como um contrato de empreitada parcial, bem como os reflexos de tal situação. É importante, quando da elaboração de contratos pelo regime de "preço de custo", ser observado se há qualquer tipo de imputação da prestação de serviços relacionados diretamente com a execução da construção civil da obra pela construtora, ou se, no dia a dia da obra, a construtora celebra em nome próprio os contratos com os fornecedores da obra, mesmo que o faturamento de tais serviços se dê em nome do dono da obra, o chamado faturamento direto. Caso tais situações se verifiquem, são grandes as chances de ocorrer uma descaracterização contratual da construção por administração, enquadrando-a como empreitada parcial, especialmente em face da atividade da incorporação imobiliária ser extremamente regulada e fiscalizada.

Desse modo, e de forma prática, o que pode vir a ocorrer será a autuação fiscal tanto da incorporadora quanto da construtora, com a aplicação das penalidades respectivas, tendo em vista que os contratos de empreitada parcial possuem regras tributárias próprias, distintas das aplicáveis aos contratos por administração. No mais, em havendo irregularidades de ordem tributária, haverá impactos negativos ao término da obra, quando da sua regularização perante os órgãos públicos competentes e perante o próprio registro de imóveis, no momento da averbação da construção. Sobre o assunto destaca-se:

> Caso isso ocorra, além da descaracterização do regime de administração, por consequência haverá grande dificuldade na obtenção da certidão de regularidade da obra (CND da obra), bem como a contratada deste contrato de administração sofrerá encargos múltiplos[44].

Por fim, e tal como já destacado anteriormente, o CNO da obra deve ser emitido em nome do próprio dono da obra.

2. Dos contratos de construção pelo regime de administração com preço máximo garantido – PMG

Tal como pontuado na introdução deste artigo, com a evolução da construção civil em nível global, despontaram na década de 90 estudos para o aperfeiçoamento dos métodos construtivos, que tinham como enfoque a melhora da *performance* de projetos. Nessa linha, surgiram estruturas comerciais que objetivavam o estreitamento das parcerias entre as partes relacionadas de um empreendimento, de modo a gerar maior eficiência no processo construtivo e mais motivação e engajamento das construtoras nessa relação obrigacional[45]. Sob tal aspecto, interessante destacar o seguinte:

[44] Gonçalves, Alexandre Tadeu Navarro Pereira; Dias, Rodrigo Antonio, *op. cit.*, p. 480.

[45] Chan, Daniel W.M.; Chan, Albert P.C.; Lam, Patrick T.I.; Lam, Edmond W.M.; Wong, James M.W. Evaluating guaranteed maximum price (GMP) and target cost contracting (TCC) strategies in Hong Kong construction industry. Hong Kong: *Journal of Financial Management of Property and Construction*, v. 12, p. 2. 2007. Disponível em: https://www.

> O "Projeto" é aquele que deve ser atendido e respeitado. Quanto mais eficiente for a execução de um projeto de construção (leia-se "eficiência" no sentido de (i) custo, (ii) prazo e (iii) qualidade), melhor terão sido atendidos os objetivos de todos os envolvidos na relação jurídica contratual, e também aqueles que gravitam em torno dela (futuros usuários das instalações construídas, empreendedores, acionistas, vizinhos, e em última análise a sociedade como um todo)[46].

Surgiu, então, no cenário internacional, o conceito de GMP – *Guaranteed Maximum Price*, chamado também de TCC – *Target Cost Contracting*, que pregam, na sua essência, um conceito informalmente denominado de "ganha-ganha", adotado para integrar o processo construtivo e motivar construtores a sempre buscarem melhoras contínuas nos resultados de um projeto de construção civil[47]. O conceito, adaptado para o mercado brasileiro, foi denominado de Preço Máximo Garantido – PMG, e inserido nos contratos de construção, surgindo, assim, o tão empregado contrato de construção pelo regime de administração com preço máximo garantido – PMG, especialmente utilizado nas incorporações imobiliárias, e aqui simplesmente denominado de contrato PMG.

O contrato PMG não está previsto na legislação brasileira, por isso é enquadrado como modalidade atípica de contratação, tal como permitido pelo artigo 425 do Código Civil Brasileiro. Pautado pelo princípio contratual da autonomia das partes, *no qual se funda a liberdade contratual dos contratantes, consistindo no poder de estipular livremente, como melhor lhes convier, mediante acordo de vontades, a disciplina de seus interesses, suscitando efeitos tutelados pela ordem jurídica*[48], os praticantes da área imobiliária extraíram elementos contratuais dos dois regimes construtivos anteriormente descritos e positivados na legislação brasileira para a criação

researchgate.net/publication/47870681_Evaluating_guaranteed_maximum_price_and_target_cost_contracting_strategies_in_Hong_Kong_construction_industry. Acesso em: 25 abr. 2023.

46 MARCONDES, Fernando. O fluxo de caixa e a performance na execução da obra. *In:* ARAÚJO, Marcos Minichillo de; SANTOS, Rosilene Carvalho (coord.). *Equilíbrio e reequilíbrio dos contratos na construção civil*. Porto Alegre: Paixão, Sinduscon-SP, 2021. p. 41.

47 CHAN, Daniel W.M.; CHAN, Albert P.C.; LAM, Patrick T.I.; LAM, Edmond W.M.; WONG, James M.W., *cit.*, p. 1.

48 DINIZ, Maria Helena, *op. cit.*, p. 18.

de um modelo híbrido de contratação de construções. Nesses termos, o contrato PMG emprega o elemento preço extraído dos contratos de empreitada, e a característica da mera gestão, coordenação e administração da obra pelo construtor dos contratos "a preço de custo".

Trata-se do contrato pelo qual o construtor é contratado para realizar a administração da obra, por um preço máximo definido em contrato, o PMG, que deverá englobar a remuneração do construtor[49]. Caso a obra seja executada em um valor maior que o limite do PMG, o construtor deverá assumir integralmente o prejuízo, arcando sozinho com os custos financeiros do respectivo "estouro". Nesse sentido, o construtor também não será remunerado pelo valor superior ao originalmente previsto para o PMG. Contudo, caso o construtor consiga executar a obra por um valor inferior ao PMG, a economia gerada será partilhada entre o construtor e o dono da obra, usualmente na proporção de cinquenta por cento para cada uma das partes contratantes. É o chamado "bônus" devido ao construtor que conseguir executar a obra com uma melhor eficiência financeira.

A dinâmica dessa inovação contratual no direito imobiliário, além de atender a uma demanda do setor pela fixação do preço da obra, que será um dos pilares iniciais para a estruturação de todo o plano de uma incorporação, enseja maior motivação e engajamento para os construtores. Isso se deve pela meta imposta no contrato para o construtor perseguir a economia do PMG, de modo que, caso atingida, tanto ele quanto o incorporador partilharão os lucros alcançados. Dessa forma, durante a execução do contrato PMG, há um intenso trabalho do construtor de indicar os fornecedores de insumos e de mão de obra ao incorporador com melhores custos-benefícios, melhorando, portanto, a performance geral do empreendimento imobiliário.

Conforme muito bem pontuado por Alexandre Tadeu Navarro Pereira e Rodrigo Antonio Dias, o contrato PMG nada mais é do que uma *condição comercial para atender ao anseio dos contratantes de obras para limitação do custo total da obra, bem como para permitir à contratada uma potencial eficiência fiscal*[50]. Não se trata de um novo regime construtivo, pois se baseia naqueles já existentes no sistema jurídico em vigor.

[49] Gonçalves, Alexandre Tadeu Navarro Pereira; Dias, Rodrigo Antonio, *op. cit.* p. 487.

[50] Gonçalves, Alexandre Tadeu Navarro Pereira; Dias, Rodrigo Antonio, *op. cit.* p. 486.

Sob esse aspecto, importante de serem destacadas algumas características próprias dos contratos PMG que, muito embora já tenham sido mencionadas nos itens deste estudo que tratam dos contratos de empreitada e "a preço de custo", serão utilizadas na modalidade contratual atípica aqui em análise. Nesse sentido, tal como mencionado nos contratos de empreitada, o PMG poderá ser fixo ou reajustável com base em índices ajustados no contrato que, majoritariamente, é o INCC. O contrato PMG deverá regrar também a forma e a periodicidade da correção monetária do preço do contrato.

Ainda, a construtora nos contratos PMG, igualmente como nos contratos de construção pelo regime exclusivo de administração, também é contratada apenas para administrar, gerenciar, fiscalizar e coordenar a construção, e manterá no local da obra apenas funcionários que realizarão tais serviços (engenheiros e mestres de obras), não sendo a responsável pela execução direta da construção. O dono da obra é quem contrata, em nome próprio, os fornecedores indicados e sugeridos pela construtora para a efetiva construção do empreendimento, sendo ele também o responsável direto pela emissão do CNO da construção. No mais, a remuneração da construtora normalmente se dá com base na cobrança de uma taxa incidente sobre as despesas incorridas para a execução da obra, que também varia de 8% a 25%, ora calculada sobre os valores das notas fiscais emitidas pelos fornecedores contratados.

Para se obter a melhor eficiência fiscal do regime por administração, importante frisar também que no contrato PMG não deve haver qualquer imputação de responsabilidade à construtora pela execução de serviços diretos da construção civil, necessários ao desenvolvimento da obra, sob pena também de ser considerado pelo fisco um contrato de empreitada parcial, imputando às partes contratantes todas as responsabilidades tributárias aplicáveis, além das respectivas penalidades.

Por fim, importante ressaltar que por se tratar de uma modalidade atípica, o contrato PMG poderá trazer outros elementos das modalidades típicas dos contratos de construção existentes no sistema jurídico brasileiro, devendo apenas serem observadas as cautelas acima mencionadas para não ser enquadrado como um contrato de empreitada parcial e, consequentemente, as partes contratantes serem penalizadas na esfera fiscal. Igualmente, a ele também são aplicáveis as disposições gerais atinentes às construções no âmbito de incorporações imobiliárias, tal como previsto nos artigos 48 a 54 da Lei de Incorporações Imobiliárias.

2.1 Breves notas sobre a flexibilização do PMG

É inegável o fato de que a economia inflacionária brasileira, historicamente, impactou o fluxo e o desenvolvimento da construção civil no país, especialmente com relação aos aumentos expressivos de insumos necessários ao desenvolvimento de uma obra, originando, inclusive, a inovação contratual objeto deste estudo. Como se não bastasse, em nível global, com o surgimento da pandemia de COVID-19 no ano de 2020, reflexos dos mais variados tipos assolaram o país, e o ramo das incorporações imobiliárias não deixou de senti-los.

Nessa toada, um fenômeno que atingiu ferozmente o setor à época foi o do aumento expressivo dos valores de certos insumos da construção civil, tal como ferro, aço, PVC, entre outros, de modo que o INCC da época não foi suficiente para corrigir monetariamente, de forma adequada, os contratos de construção em vigor naquela oportunidade, uma vez que referido índice é composto por uma média aritmética ponderada de preços referentes a diversos insumos da construção civil, muitos dos quais não tiveram elevação considerável de preços[51]. Essa alavancagem de apenas certos insumos impactou diretamente no custo global da obra, e gerou reflexos em toda a cadeia de relações obrigacionais decorrentes de um empreendimento objeto de uma incorporação imobiliária (construtor, incorporadora e consumidor)[52].

Desse modo, houve um debate massivo desde então sobre a necessidade de ser revisado o valor do PMG nas contratações de empreendimentos imobiliários, pautados sobre alegações, por parte das construtoras, de eventos que causaram o desequilíbrio econômico-financeiro dos contratos de construção.

O tema em questão poderia gerar estudos específicos, não sendo esse o objetivo aqui. O que se pretende é instigar o senso crítico do mercado nas relações de cooperação das partes vinculadas a um contrato de construção. Esse, inclusive, foi um dos cernes da importação para o país da

[51] FUNDAÇÃO GETÚLIO VARGAS – FGV. INCC-M: Resultados 2023. Disponível em: https://portal.fgv.br/noticias/incc-m-resultados-2023. Acesso em: 01 maio 2023.

[52] VITALE JUNIOR, Olivar Lorena; MARTINS, Regina Céli Silveira. Manutenção e revisão dos contratos na construção civil e a pandemia de covid-19. *In*: ARAÚJO, Marcos Minichillo de; SANTOS, Rosilene Carvalho (coord.). *Equilíbrio e reequilíbrio dos contratos na construção civil*. Porto Alegre: Paixão, Sinduscon-SP, 2021. p. 89.

condição comercial decorrente do contrato de construção PMG. Dessa forma, ao se negociar e redigir tal instrumento, o cenário aqui narrado não deve ser deixado de lado, para que sejam inseridas cláusulas que abordem formas de composição das partes em situações de novas crises globais, para uma tentativa de mitigar e/ou diminuir os impactos negativos à incorporação imobiliária.

Conclusões

A atividade da incorporação imobiliária no Brasil evolve uma série de arranjos obrigacionais, de extrema complexidade, voltados para o desenvolvimento da construção civil no país. Ao longo da história, sofreu inúmeros impactos de ordem econômica e social, de modo que se torna cada vez mais importante a necessidade do seu intenso estudo e compreensão, a fim de impulsionar cada vez mais a reflexão, o aprimoramento, e a cooperação das partes relacionadas ao setor, especialmente no que tange à entrega de melhores soluções para as novas demandas que surgirem sobre o assunto.

Nessa linha, a boa compreensão do sistema jurídico em que os contratos de construção no âmbito das incorporações imobiliárias estão inseridos é imprescindível para se driblar os diversos impactos negativos causados pela economia inflacionária brasileira que os atinge com recorrência. E justamente em um cenário econômico de incertezas, surgiu uma nova modalidade de contratação de construções, os contratos de construção pelo regime de administração com preço máximo garantido – PMG.

Modalidade atípica, que emprega elementos dos regimes construtivos da empreitada e "a preço de custo", passou a ser empregado no país como uma forma de unir interesses distintos, sob um viés de cooperação. Não se trata de um regime construtivo inovador, e por utilizar elementos das duas figuras típicas de contratos de construção existentes no ordenamento jurídico pátrio, foi necessário aprofundar o estudo sobre os contratos de empreitada e de administração, para então direcionar o melhor entendimento sobre o objeto deste estudo.

Depreende-se, assim, que se trata de uma inovação em termos comerciais para a contratação de uma obra. Trata-se da modalidade contratual em que as partes pactuam um preço máximo para o empreendimento a ser executado, de modo que a construtora fará apenas a administração da obra, sendo certo que a construção será executada por fornecedores a serem contratados diretamente pelo dono da obra. Assim, caso a gestão da obra contratada pelo incorporador tenha sido apta a gerar uma economia com relação ao PMG, o construtor será bonificado por meio do recebimento de um percentual da econômica atingida. Caso contrário, uma vez ocorrendo um "estouro" no valor fixado para o PMG, o construtor arcará com o pagamento integral dos valores excedentes para o término do empreendimento.

Referências

BRASIL. Receita Federal. Instrução Normativa nº 2061, de 20 de dezembro de 2021. Dispõe sobre o Cadastro Nacional de Obras (CNO). DF: Receita Federal do Brasil. Disponível em: http://normas.receita.fazenda.gov.br/sijut2consulta/link.action?idAto=122299. Acesso em 01 maio 2023.

BRASIL. Receita Federal. Instrução Normativa nº 2021, de 20 de abril de 2021. Dispõe sobre as contribuições previdenciárias e as contribuições destinadas a outras entidades ou fundos incidentes sobre o valor da remuneração da mão de obra utilizada na execução de obras de construção civil. DF: Receita Federal do Brasil. Disponível em: http://normas.receita.fazenda.gov.br/sijut2consulta/link.action?idAto=116968. Acesso em 01 maio 2023.

CHALHUB, Melhim Namem. *Incorporação imobiliária*. 7. ed. Rio de Janeiro: Forense, 2023.

CHAN, Daniel W.M.; CHAN, Albert P.C.; LAM, Patrick T.I.; LAM, Edmond W.M.; WONG, James M.W. Evaluating guaranteed maximum price (GMP) and target cost contracting (TCC) strategies in Hong Kong construction industry. Hong Kong: *Journal of Financial Management of Property and Construction*, v. 12, 2007. Disponível em: https://www.researchgate.net/publication/47870681_Evaluating_guaranteed_maximum_price_and_target_cost_contracting_strategies_in_Hong_Kong_construction_industry. Acesso em: 25 abr. 2023.

DINIZ, Maria Helena. *Curso de Direito Civil Brasileiro:* Teoria Das Obrigações Contratuais e Extracontratuais. v. 3. 39. ed. São Paulo: Saraiva, 2023.

FRANCO, J. Nascimento; GONDO, Nisske. *Incorporações imobiliárias*. 3. ed. São Paulo: Revista dos Tribunais, 1991.

GONÇALVES, Alexandre Tadeu Navarro Pereira; DIAS, Rodrigo Antonio. *Tributação das Operações Imobiliárias*. 2. ed. São Paulo: Quartier Latin, 2022.

KHOURI, Paulo R. Roque A.; PEDRAS, Lucas Salim Vilela. A contratação por preço máximo garantido (PMG) e seu conjunto de relações jurídicas. *Revista de Direito Privado*, v. 70, 2016.

MARCONDES, Fernando. O fluxo de caixa e a performance na execução da obra. *In*: ARAÚJO, Marcos Minichillo de; SANTOS, Rosilene Carvalho (coord.). *Equilíbrio e reequilíbrio dos contratos na construção civil.* Porto Alegre: Paixão, Sinduscon-SP, 2021.

PELUSO, Cezar. *Código civil comentado:* doutrina e jurisprudência. 16. ed. Barueri-SP: Manole, 2022.

PEREIRA, Caio Mário da Silva. *Condomínios e incorporações.* 15. ed. revista e atual. Rio de Janeiro: Forense, 2022.

VITALE JUNIOR, Olivar Lorena; MARTINS, Regina Céli Silveira. Manutenção e revisão dos contratos na construção civil e a pandemia de covid-19. *In*: ARAÚJO, Marcos Minichillo de; SANTOS, Rosilene Carvalho (coord.). *Equilíbrio e reequilíbrio dos contratos na construção civil.* Porto Alegre: Paixão, Sinduscon-SP, 2021.

Websites:

BRASIL. Governo Federal. Inscrever ou atualizar cadastro de obra de construção civil. (CNO). Disponível em: https://www.gov.br/pt-br/servicos/inscrever-ou-atualizar-cadastro-de-obra-de-construcao-civil. Acesso em 16 abr. 2023.

FUNDAÇÃO GETÚLIO VARGAS – FGV. INCC-M: Resultados 2023. Disponível em: https://portal.fgv.br/noticias/incc-m-resultados-2023. Acesso em 01 maio 2023.

14. AVANÇOS LEGISLATIVOS NA PROTEÇÃO DOS INTERESSES DOS ADQUIRENTES DE IMÓVEIS NA PLANTA

Viviane Zacharias do Amaral

Introdução

As normas jurídicas refletem a evolução da sociedade, o que impõe, aos seus operadores, a criação ou aprimoramento da legislação para regular essas relações, acompanhando o seu desenvolvimento, com o objetivo de refletir a melhor proteção da convivência social.

A moradia é um dos direitos fundamentais do ser humano, tendo sido reconhecido pela Declaração Universal dos Direitos Humanos em 1948. É um direito universal, com vários tratados internacionais firmados no intuito de criar obrigação aos Estados de promover e proteger esse direito.

No Brasil, antes do advento da Lei 4.591 em 1964, as normas do Código Civil de 1916, que disciplinavam as relações de direito privado, não continham os elementos necessários para regular a nova realidade social de verticalização das grandes cidades, gerando uma imensa insegurança jurídica aos adquirentes de imóveis em construção, uma vez que inexistia um regramento jurídico que criasse freios a especulação imobiliária.

O Decreto nº 5.481 de 25 de junho de 1928 cria normas incipientes de organização da venda de unidades autônomas em construção para edifícios de mais de cinco andares, estabelecendo a possibilidade de alienação, em separado, das unidades que se constituíam em propriedades autônomas numeradas e já estabelecia sua averbação (e não registro) no Registro de Imóveis, para efeitos de identidade e discriminação. A relação condominial mantinha-se regida pelas normas do Código Civil de 1916.

Em 1948, é promulgada a Lei 285, que determina a aplicação das regras do Decreto 5.481/1928 para edifícios de dois ou mais andares, ampliando a base de proteção dos adquirentes de apartamentos e salas comerciais em construção.

Somente em 1964, contando com o vasto conhecimento jurídico e vivência de mercado do Professor Caio Mario da Silva Pereira, autor do anteprojeto da Lei 4.591 – Lei de Condomínio e Incorporações, é que as incorporações imobiliárias e a venda de imóveis na planta passaram a ser disciplinadas de forma completa, com a criação de todo o arcabouço jurídico para a prática dessa atividade, que é utilizado até os nossos dias, com atualizações necessárias ante a evolução das relações sociais e jurídicas.

Em razão da experiência de seu autor, jurista e advogado, junto ao mercado imobiliário da época, vivenciando as dores de clientes, adquirentes de imóveis prejudicados pela má atuação de alguns empresários e, simultaneamente, com o conhecimento técnico necessário à estruturação jurídica e financeira do negócio da incorporação, a Lei 4.591/64 criou obrigações precedentes para que o incorporador pudesse vender imóveis na planta, bem como, foi pioneira na proteção dos interesses dos adquirentes, criando normas que regulavam mecanismos de sua proteção nas situações extremas, quando o incorporador não entregava o imóvel pronto, deixando as obras paralisadas, em total prejuízo dos compradores. Esse magnífico legado legislativo ajudou a superar um momento histórico em que, nas palavras do próprio Caio Mário, "*Multiplicavam-se os conflitos, que um sistema legal desparelhado não lograva desatar.*"[1]

A partir de então, o mercado imobiliário nacional se desenvolveu, com normas jurídicas e técnicas regulamentando as incorporações, os financiamentos imobiliários, as várias formas de contratos, até que,

[1] PEREIRA, Caio Mário da Silva. *Condomínio e Incorporações*. Prefácio à 2. ed. Rio de Janeiro: Forense, 1969.

na década de 1990, a falência de uma gigante do mercado de incorporações – Encol S.A, Engenharia Comércio e Industria, deixou mais de 700 projetos imobiliários com obras inacabadas em todo território nacional e milhares de adquirentes de imóveis desesperados, ante a possibilidade da perda de um bem tão valioso e um direito universalmente reconhecido – a moradia.

Nesse momento, todo o arcabouço jurídico de proteção dos direitos dos adquirentes de imóveis na planta foi posto à prova, restando comprovada a sua robustez, demonstrada pela jurisprudência que se formou, privilegiando o fim social da incorporação, que é a conclusão das obras e entrega das unidades aos seus compradores.

Porém, as dificuldades enfrentadas nesse processo pelos operadores do direito, ante a falta de normas que gerassem maior segurança ao patrimônio da incorporação e, também, quanto ao prosseguimento das obras pelos adquirentes em situações de falência e insolvência do incorporador, demonstraram a necessidade de aperfeiçoamento do ordenamento jurídico, o que resultou na criação da Lei 10.931 em 2004, introduzindo o instituto do Patrimônio de Afetação na Lei de Condomínio e Incorporações, seguida agora, em junho de 2022, pela Lei 14.382, ambas trazendo profundas mudanças que ampliaram a proteção dos adquirentes de imóveis na planta, visando a melhoria das práticas de mercado e a segurança jurídica necessária à aquisição de imóveis lançados pelas incorporadoras.

Além das normas específicas da Incorporação Imobiliária, o marco legal representado pelo Código de Defesa do Consumidor em 1990, a alteração do Código Civil em 2002, bem como do Código de Processo Civil em 2015, tiveram grande influência na percepção da proteção ao fim social da incorporação e, de forma direta, impactaram mudanças e aperfeiçoaram normas de proteção dos adquirentes.

Sem a pretensão de esgotar o assunto, ou ainda, abordar todas as normas envolvendo o tema, a análise dos principais veículos dessa evolução legislativa e, mais especificamente, dos direitos dos adquirentes dos imóveis na planta é que são o objetivo desse trabalho, que bebe na fonte de vários textos importantes já escritos, principalmente, dos próprios autores das leis, ilustres doutrinadores.

1. Normas de proteção aos adquirentes de imóveis na planta – marco inicial com a criação da Lei 4.591/1964

1.1 Artigo 32 da Lei 4.591/1964 – cria o regramento para o registro do memorial de incorporação junto à matrícula do imóvel, estabelecendo o rol de documentos obrigatórios, gerando segurança jurídica à alienação, ou oneração, de imóvel na planta.

Ao disciplinar, através do artigo 32, os requisitos para o registro da incorporação imobiliária junto ao Cartório de Registro de Imóveis e, somente a partir desse registro, a permissão para alienar ou onerar unidades na planta, o legislador gerou segurança jurídica quanto ao negócio caracterizado por uma promessa futura, ou seja, a alienação de um bem ainda inexistente.

As alíneas "a" a "p" do artigo 32 obrigam a comprovação documental dos principais pilares de segurança para a negociação de imóveis na planta, garantindo a regularidade da propriedade do imóvel (terreno) objeto da incorporação; sua adimplência junto ao fisco em todas as esferas; aprovação do projeto junto aos órgãos públicos; situação de regularidade tributária e dominial do próprio incorporador, e/ou, do proprietário do imóvel; falta de impeditivos que possam gerar qualquer tipo de nulidade posterior à aquisição; memorial descritivo das unidades; divisão do terreno em frações ideais autônomas, com discriminação, descrição e caracterização das futuras unidades e partes comuns; dentre outros requisitos que alteraram radicalmente o panorama de total insegurança anterior à Lei.

Toda a vulnerabilidade e desorganização existentes na prática da venda de imóveis em construção foi sanada pela apresentação dos documentos exigidos que, arquivados pelo Oficial de Registro de Imóveis, antes do registro do memorial de incorporação, diminui consideravelmente os riscos de aquisição de imóvel na planta, garantindo ao adquirente requisitos fundamentais de segurança do negócio.

A importância do registro do memorial de incorporação para a segurança do adquirente é tão relevante que o parágrafo 7º do artigo 32 estabelece que o Oficial de Registro de Imóveis responde civil e criminalmente se efetuar o arquivamento da documentação contrariamente à lei ou, der certidão sem o arquivamento de todos os documentos exigidos.

O parágrafo 3º do artigo 32 estabelece que o número do registro do memorial de incorporação, bem como a indicação do Cartório competente, constará, obrigatoriamente, dos anúncios, impressos, publicações, propostas, contratos, preliminares ou definitivos, referentes à incorporação, salvo dos anúncios "classificados". Isso porque, a publicidade do número do registro, bem como do Cartório competente, dá aos adquirentes acesso ao referido memorial e documentos anexos, possibilitando a obtenção de cópia pelos interessados (§ 4º), sua conferência e constatação de sua regularidade. A falta dessa informação na propaganda do empreendimento caracteriza infração ao Código de Defesa do Consumidor conforme disposto no § 3º do artigo 37 – "Para os efeitos deste código, a publicidade é enganosa por omissão quando deixar de informar sobre dado essencial do produto ou serviço".

A alienação ou oneração de fração ideal correspondente a futura unidade, pelo incorporador, sem o registro do memorial de incorporação, conforme previsto no artigo 32, caracteriza contravenção penal contra a economia popular, conforme disposto no inciso I do artigo 66 da própria Lei 4.591/1964.

Outro aspecto que merece destaque, relativamente à segurança jurídica do adquirente de imóvel na planta, é a previsão, no § 2º do artigo 32, dos direitos advindos do registro dos contratos de compra e venda, promessa de venda, cessão ou promessa de cessão das unidades autônomas, junto ao Cartório de Registro de Imóveis, conferindo ao adquirente direito real oponível a terceiros e atribuindo direito a adjudicação compulsória perante o incorporador ou a quem o suceder, inclusive na hipótese de insolvência posterior ao termino da obra.

O Código Civil Brasileiro, instituído pela Lei 10.406/2002, em seu artigo 1.225, inciso VII, introduz no rol dos direitos reais o "*direito do promitente comprador do imóvel*". E, nos artigos 1.417 e 1.418, disciplina o direito real do promitente comprador à aquisição do imóvel, estabelecendo, em caso de recusa do vendedor à outorga da escritura definitiva de compra e venda, o requerimento judicial da adjudicação do imóvel.

Em recente evolução legislativa, o artigo 216-B, da Lei 14.382/2022, cria a adjudicação compulsória extrajudicial. Dispõe que "*Sem prejuízo da via jurisdicional, a adjudicação compulsória de imóvel objeto de promessa de venda ou de cessão poderá ser efetivada extrajudicialmente no serviço de registro de imóveis da situação do imóvel, nos termos deste artigo*". Referido dispositivo legal caracteriza um grande avanço na defesa dos direitos dos adquirentes de imóveis e um enorme passo na tão necessária desjudicialização, desafogando o Judiciário, gerando uma celeridade antes impensável no registro da transferência da propriedade, através da utilização da ata notarial para o registro da transação, na hipótese de impossibilidade ou dificuldade de outorga da escritura pelo próprio promitente vendedor ou cedente.

1.2 Artigo 43, incisos III e VI da Lei 4.591/1964 – Estabelece a possibilidade de prosseguimento das obras pelos adquirentes em casos de falência, ou paralisação das obras pelo incorporador.

Diante da existência, já nos anos 1950 e 1960 de inúmeras obras paralisadas por insolvência ou falência do incorporador, o legislador introduziu a faculdade dos próprios adquirentes assumirem a gestão do empreendimento para a conclusão das obras.

1.2.1 O inciso III do artigo 43 é específico quanto a situação de falência do incorporador, porém, sua redação deixava muito espaço para interpretação subjetiva do julgador.

Ao dispor que

> [...] em caso de falência do incorporador, pessoa física ou jurídica, e não ser possível à maioria prosseguir na construção das edificações, os subscritores ou candidatos à aquisição de unidades serão credores privilegiados pelas quantias que houverem pago ao incorporador, respondendo subsidiariamente os bens pessoais deste [...]

o legislador deixava somente uma brecha de possibilidade para a atuação dos adquirentes no trecho em que dispõe "***e não ser possível à maioria prosseguir na construção das edificações***". Desse trecho tiram-se duas conclusões: a) ser possível aos adquirentes prosseguir na construção das edificações e, b) essa decisão deveria ser tomada por maioria. Mas, como se daria todo esse processo, ficou a cargo do trabalho de construção doutrinária e jurisprudencial. Em complemento à Lei 4.591/1964, o Decreto Lei 7.661/1945 (Lei de Falências e Concordatas) dispunha, em seu artigo 44, VI, que: "*Nas relações contratuais abaixo mencionadas, prevalecerão as seguintes regras: VI – na promessa de compra e venda de imóveis, aplicar-se-á a legislação respectiva;*". Essa norma foi mantida na Lei 11.101/2005, art. 119, VI. Foi baseado nesses dois dispositivos legais que, quando ocorreu a decretação da falência da incorporadora e construtora Encol S.A, no ano de 1999, foi criada toda a estrutura jurídica para a recuperação, pelos adquirentes de imóveis, dos mais de 700 empreendimentos com obras inacabadas, espalhados no território nacional. O encaminhamento jurídico adotado pelos advogados que conduziram esse processo foi: 1º) buscar as informações dos adquirentes junto à Massa Falida ou através de requerimento judicial; 2º) convocar, na forma prevista no artigo 49, uma assembleia geral para deliberação, por maioria dos adquirentes, sobre o prosseguimento das obras ou habilitação de crédito como credores privilegiados; 3º) interpor pedido de Alvará Judicial (procedimento de jurisdição voluntária) buscando o reconhecimento do direito ao prosseguimento das obras, com a obtenção de alvarás para: a) a Comissão representar o incorporador em tudo quanto necessário para a gestão da conclusão das obras (junto a órgãos públicos, cartórios, contratação de construtores, recebimento dos saldos devedores contratuais, leilões, etc.); b) notificação para os adquirentes que não se manifestaram favoráveis ao prosseguimento da obra, para que se pronunciassem, em um determinado prazo, optando por aderir à maioria, ou habilitar seu crédito na falência, ficando a unidade livre para ser levada a leilão, para que o arrematante ou o próprio condomínio, em caso de adjudicação, pudesse se responsabilizar pelo custeio do término das obras; c) transferência da propriedade das unidades não comercializadas (estoques) em favor da coletividade, para que os adquirentes, representados pela sua Comissão de Representantes, pudessem vendê-las e usar o produto da venda na conclusão das obras.

Esses procedimentos, reiterados centenas de vezes, forjaram um sistema de recuperação dos empreendimentos, possibilitando a conclusão da grande maioria dos projetos que ficaram abandonados, gerando um precedente que ajudou milhares de famílias brasileiras a resgatar o "sonho da casa própria", transformado em pesadelo quando da notícia da falência de uma incorporadora.

Aqui, vale destacar, além das decisões do Tribunal de Justiça do Estado de Goiás, que, na falta de uma legislação que atendesse ao caso em concreto, buscou nos princípios gerais do direito e no fim social da propriedade as bases para a melhor solução do problema enfrentado pelos adquirentes de unidades da falida Encol, em especial, o acórdão da lavra da Ministra Nancy Andrighi no REsp 1.115.605/RJ, pela sua relevância ao pacificar o entendimento que estava sendo adotado pelos Tribunais Estaduais:

> Processual civil e imobiliário. Incorporação. Falência Encol. Término do empreendimento. Comissão formada por adquirentes de unidades. Contratação de nova incorporadora. Possibilidade. Sub-rogação da nova incorporadora nos direitos e obrigações da Encol. Inexistência. Sistemática anterior às alterações impostas à lei nº 4.591/64 pela lei nº 10.931/04. 1. Na hipótese dos autos, diante do inadimplemento da Encol, parte dos adquirentes de unidades do empreendimento se mobilizou e criou uma comissão objetivando dar continuidade às obras. Para tanto, essa comissão interviu nos próprios autos da falência, tendo obtido provimento jurisdicional autorizando que as "unidades estoque" (aquelas não comercializadas pela Encol) e as "unidades dos não aderentes" (daqueles que não quiseram aderir à comissão) fossem excluídas de qualquer vinculação com a massa falida, propiciando a retomada e conclusão da edificação, independente de qualquer compensação financeira. O juízo falimentar também autorizou, após a realização de assembleia geral, a substituição da Encol no registro imobiliário, o que levou a comissão a celebrar com a incorporadora recorrente um contrato de promessa de permuta, para que esta concluísse o empreendimento, recebendo, em contrapartida, as unidades estoque e as unidades dos não aderentes. Há, pois, duas relações jurídicas absolutamente distintas: a primeira entre a Encol e os adquirentes originários de unidades do empreendimento; e a segunda entre a comissão de representantes desse empreendimento e a recorrente. Sendo assim, inexiste relação jurídica triangular que englobe a massa falida da Encol, os recorridos e a recorrente, a partir da qual esta teria se sub-rogado nos direitos e obrigações da Encol, o que justificaria a sua inclusão no polo passivo da execução movida pelos recorridos em desfavor da Encol. 2. Embora o art. 43, III, da Lei nº 4.591/64 não admita expressamente excluir do patrimônio da incorporadora falida e transferir para comissão formada por adquirentes de unidades a propriedade do empreendimento, de maneira a viabilizar a continuidade da obra, esse caminho constitui a melhor maneira de assegurar a funcionalidade econômica e preservar a função social do contrato de incorporação, do ponto de vista da coletividade dos contra-

> tantes e não dos interesses meramente individuais de seus integrantes. 3. Apesar de o legislador não excluir o direito de qualquer adquirente pedir individualmente a rescisão do contrato e o pagamento de indenização frente ao inadimplemento do incorporador, o espírito da Lei nº 4.591/64 se volta claramente para o interesse coletivo da incorporação, tanto que seus arts. 43, III e VI, e 49, autorizam, em caso de mora ou falência do incorporador, que a administração do empreendimento seja assumida por comissão formada por adquirentes das unidades, cujas decisões, tomadas em assembleia, serão soberanas e vincularão a minoria. 4. Recurso especial provido. (REsp 1.115.605-RJ, rel. Min. Nancy Andrighi, *DJe* 18/04/2011).

A mudança legislativa, para melhor disciplinar a proteção dos interesses dos adquirentes de imóveis, diante da repercussão social do caso Encol, que foi considerada a maior falência nacional no início dos anos 2000, veio logo a seguir.

Em 2004, com a Lei 10.931/2004 introduzindo o instituto do Patrimônio de Afetação na Lei de Condomínio e Incorporações, através dos artigos 31-A a 31-F, grande parte dos problemas gerados pela ausência legislativa, expostos no processo falimentar da Encol, foram solucionados, com a incorporação, à norma legal, das soluções técnicas para a implementação do direito dos adquirentes, tanto nas situações de falência do incorporador, quanto de paralisação das obras.

1.2.2 O inciso VI do artigo 43 cuida das situações em que se verifica a paralisação injustificada das obras, ou seu excessivo retardamento, pelo incorporador, possibilitando aos adquirentes solicitar em juízo a notificação daquele para que, no prazo de 30 dias, torne a dar-lhes andamento normal, ou, vencido esse prazo de forma inerte, ele possa, por voto de maioria dos adquirentes, ser destituído, permitindo-se aos compradores o prosseguimento das obras, por meio da gestão da sua Comissão de Representantes.

Havia, no entanto, grandes obstáculos práticos a serem enfrentados pelos adquirentes para a aplicação do inciso VI do artigo 43. Citaremos apenas alguns que pareciam insuperáveis ou de difícil superação: a) o desconhecimento por parte dos adquirentes dos demais compradores, dificultando a união do grupo para a deliberação, por maioria, acerca da destituição do incorporador, impondo, muitas vezes, ações de exibição de documentos que demandavam um longo processo judicial para obtenção de resultado prático; b) inexistência da Comissão de Representantes, visto que raramente eram constituídas antes que o problema da paralisação das obras ocorresse; c) transferência da propriedade das frações ideais das futuras unidades, tanto dos adquirentes, quanto dos estoques, por falta de previsão legal, impondo longas e onerosas ações judiciais para a sua obtenção, visto que, só depois de transmitida a propriedade das frações é que se tornava possível a comercialização das unidades, viabilizando os recursos financeiros necessários à conclusão das obras; d) dificuldade na obtenção da imissão na posse do canteiro de obras por parte dos adquirentes, pós destituição, requerendo, mais uma vez, a busca do judiciário para implementação desse direito básico ao prosseguimento das obras, gerando custos e acrescentando tempo precioso na árdua tarefa de assumir a conclusão do projeto.

A solução dos problemas citados requeria a busca da tutela jurisdicional, ante a falta de previsão legal, para a concretização dos direitos dos adquirentes relativamente ao prosseguimento das obras, o que agregava mais prejuízo às obras paralisadas, pelo tempo transcorrido para sua retomada e conclusão. Essa situação só foi alterada com o advento da Lei 14.382/22.

1.3 Artigo 50 da Lei 4.591/1964 – Introduz no ordenamento jurídico a figura da Comissão de Representantes dos adquirentes para exercer o papel de fiscalização e, excepcionalmente, de gestão da incorporação.

O Art. 50, na sua forma inaugural, já foi uma grande inovação e um cuidado especial do legislador com a proteção dos interesses da coletividade dos adquirentes que, antes, seria impensável para o mercado, o qual não admitia qualquer ingerência externa na gestão do negócio, dificultando assim sua fiscalização. O artigo dispunha que:

> "Será designada no contrato de construção, ou eleita em assembleia especial devidamente convocada antes do início da obra, uma Comissão de Representantes, composta de 3 membros, pelo menos, escolhidos entre os contratantes, para representá-los junto ao construtor ou ao incorporador, no caso do art. 43, em tudo que interessar ao bom andamento da obra."

Entretanto, apesar do verbo impositivo "será", que, quando presente na norma exprime uma condição de obrigatoriedade, a falta de imputação da responsabilidade por essa obrigação ao incorporador implicou em décadas de completo descumprimento da Lei. Na prática, as comissões não eram constituídas e, por consequência, as incorporações e práticas abusivas não eram fiscalizadas, gerando situações em que foram desviados quase todos os recursos necessários ao término das edificações, resultando em enorme prejuízo aos adquirentes.

Ressalva feita a uma maioria de incorporadores, que, mesmo não constituindo as comissões, cumpriam suas obrigações contratuais, mantendo a necessária credibilidade dos adquirentes no mercado de compra e venda de coisa futura (unidade na planta), os poucos que assim não agiam, geraram enorme prejuízo aos adquirentes, causando perdas financeiras e emocionais de difícil reparação. Muitas vezes, não foram somente os sonhos destruídos, mas as próprias famílias.

As Comissões de Representantes, nesse período, eram constituídas quase que exclusivamente para os projetos a "preço de custo", com obras contratadas pelo regime de administração, quando os incorporadores vendiam a fração do terreno e a obra era custeada pelos próprios adquirentes, que tinham uma participação ativa na fiscalização da aplicação dos recursos, intervindo inclusive nas compras efetuadas pelo gestor, conforme previsto nos artigos 58 a 62 da Lei 4.591/1964. Já nas obras sob o regime de empreitada global, com venda a preço e prazo certo, ainda que reajustável, as Comissões não eram constituídas, deixando assim de exercer seu papel de fiscalização.

Dessa forma, ainda que a Legislação previsse a proteção dos interesses dos adquirentes por meio da constituição da Comissão de Representantes, a falta dessa prática resultava em situações de inadimplemento do incorporador e não entrega da obra.

2. Normas de proteção aos adquirentes de imóveis na planta – evolução legislativa com a Lei 10.931 de 02 de agosto de 2004

2.1 – Patrimônio de afetação – Instituto jurídico introduzido no ordenamento pátrio pela MP 2.221/2001, adicionando mais transparência e segurança jurídica ao processo de incorporação e, por consequência, gerando a recuperação econômica do mercado, altamente impactado pela falência da Encol. Essa MP foi revogada com a promulgação da Lei 10.931/2004, que insere na Lei 4.591/1964 os artigos 31-A a 31-F, criando todo um novo arcabouço de regras, aperfeiçoando as normas da incorporação imobiliária, a proteção dos interesses dos adquirentes de imóveis na planta e incentivando a sua adoção pelo mercado, por meio de incentivo tributário, representado por um Regime Especial Tributário.

Após 40 anos de existência da Lei de Condomínio e Incorporações, que representou uma enorme evolução entre a ausência de normas e um regramento completo, desenvolvido e moderno do negócio de incorporação, ainda existiam práticas que comprometiam a segurança jurídica do adquirente, tais como: a) caixa único para inúmeras incorporações, todas no mesmo CNPJ da empresa, gerando confusão patrimonial entre os recursos das obras e muitas vezes do próprio incorporador, facilitando desvios patrimoniais; b) prática de garantias cruzadas, ou seja, o patrimônio de uma incorporação imobiliária com unidades já compromissadas dado em garantia de outras operações; c) ausência de fiscalização da aplicação dos recursos de financiamentos bancários nas obras, gerando situações de desvios de recursos, tanto pela inexistência das comissões de representantes, quanto pela falta de fiscalização das próprias instituições bancárias (no cumprimento de seu dever fiduciário), detentoras de garantias hipotecárias de imóveis, quase sempre, incorporados e já compromissados a adquirentes de boa-fé (base da súmula 308 do STJ);

Além dos problemas citados, nas situações de falência ou inadimplência do incorporador com a obrigação de entrega da obra, a falta de previsão legal clara tornava o exercício do direito de conclusão da edificação, para os adquirentes de imóveis, um desafio quase intransponível.

Os fundamentos doutrinários do regime de afetação patrimonial da incorporação imobiliária foram extraídos da monografia apresentada em 1997 pelo Dr. Melhim Namem Chalhub, na Faculdade de Direito da Universidade Federal Fluminense, sendo, também de sua autoria, o anteprojeto da Lei 10.931/2004.

Posto isso, ninguém melhor que o próprio autor para nos ensinar sobre a "Teoria da Afetação e sua aplicação no negócio da Incorporação Imobiliária", conforme exposto em livro de sua autoria[2]:

[2] Chalhub, Melhim Namem. *Da Incorporação Imobiliária*. 6. ed. Rio de Janeiro: Renovar, 2022. p. 107, 114, 116.

> A incorporação imobiliária se ajusta com perfeição à ideia da afetação patrimonial, considerada sua estrutura e função econômica e social, sendo até lícito admitir que, ao configurar esse negócio, na Lei nº 4.591/1964, o legislador tenha se orientado pelas linhas mestras da teoria da afetação.
>
> Observe-se a estrutura do negócio incorporativo, traçada a partir do art. 28, com especial atenção para o contorno físico-econômico-financeiro-jurídico traçado pelo Memorial de Incorporação de que trata o art. 32.
>
> O dossiê que forma o Memorial de Incorporação define o objetivo do respectivo negócio incorporativo, identificando com precisão os elementos que o compõem e que são capazes de conferir autonomia física e financeira à incorporação, tornando-a única, inconfundível, independente. Ao fixar esses caracteres, mediante reunião de elementos de identificação específica de cada empreendimento, a Lei nº 4.591/1964 confere condições de autonomia material a cada incorporação, circunstância que naturalmente atrai o negócio jurídico da incorporação para a órbita da teoria da afetação, pois o conteúdo do negócio incorporativo que o Memorial de Incorporação e os limites do patrimônio a afetar, observada a destinação própria da atividade da incorporação, que é a construção e a entrega das unidades aos respectivos adquirentes.
>
> Dada essa concepção, fica claro que, uma vez arquivado o Memorial de Incorporação e averbado o "termo de afetação" no Registro de Imóveis, o terreno, as acessões, as receitas provenientes da venda das unidades e, de outro lado, as obrigações (entre as quais as de natureza fiscal, trabalhista, os débitos por aquisição de materiais), tudo isso passa a formar um núcleo patrimonial especial que, embora continue a integrar o patrimônio geral do incorporador, funciona destacadamente em relação a ele, ou seja, opera com a autonomia necessária à consecução daquela incorporação específica. Por isso, as receitas de determinada incorporação, até o limite necessário à conclusão e entrega do edifício, são reservadas para satisfação das suas próprias obrigações, não podendo ser desviadas para outras obras ou para outras finalidades que não estejam vinculadas à realização da construção e sua regularização no Registro de Imóveis (art. 44).

A lei, no entanto, deixou ao critério do incorporador averbar ou não o termo de afetação da incorporação, conforme disposto no artigo 31-A, passando a coexistir incorporações com e sem a afetação patrimonial. Para os adquirentes de imóveis na planta, que desconhecem as implicações jurídicas dessas diferenças, essa faculdade do incorporador não foi uma boa decisão legislativa. Porém, esse fato foi corrigido pelo próprio sistema financeiro, já que, além do incentivo tributário estabelecido na própria lei, também as instituições bancárias passaram a incentivar a averbação do patrimônio de afetação para a concessão de financiamentos à produção, melhorando a segurança jurídica como um todo e dos adquirentes em especial.

O instituto do patrimônio de afetação estabelece nos artigos 31-A a F, resumidamente, que: a) constituição do patrimônio de afetação fica a critério do incorporador, após o registro do memorial de incorporação; b) a obrigação de manter e movimentar os recursos financeiros do patrimônio de afetação em conta de depósito aberta especificamente para tal fim (inciso V); c) a manutenção de contabilidade segregada, com escrituração contábil completa para cada incorporação com patrimônio de afetação averbado; d) o patrimônio afetado não se comunica com os demais bens, direitos e obrigações do patrimônio geral do incorporador; e) em caso de falência ou insolvência do incorporador, a incorporação afetada não integra a massa concursal (art. 31-F); f) em caso de falência ou paralisação das obras pelo incorporador (art. 43, III e VI) estabelece norma possibilitando a gestão da incorporação pela comissão de representantes, dando a essa uma extensão de poderes, inclusive para, representando o incorporador, promover a transferência do domínio aos adquirentes, promover o leilão das unidades de estoque e atuar em todas as esferas para cumprir a deliberação da assembleia de concluir as obras ou liquidar o patrimônio, na forma estabelecida no art. 31-F;

Essas obrigações legais do incorporador são normas que protegem o patrimônio de afetação, dando transparência a todo o processo, facilitando a fiscalização da comissão e evitando a confusão patrimonial, que tem sido o maior motivo de paralisação das obras e prejuízo aos adquirentes.

Segundo o nosso ilustre Melhim Chalhub[3], ainda em sua obra basilar sobre Incorporações:

[3] Chalhub, Melhim Namem. *Da Incorporação Imobiliária*. 6. ed. Rio de Janeiro: Renovar, 2022. p. 117.

> Importa ressaltar que a afetação não elimina por completo a possibilidade de prejuízos dos adquirentes, mas delimita esse risco, fazendo com que ele fique contido no limite das obrigações próprias do empreendimento, tendo como teto o preço contratado para a aquisição das unidades. Se o incorporador vier a falir, o empreendimento não será arrecadado à massa, mas passará a ser administrado diretamente pelos adquirentes, por meio de sua comissão de representantes. Vale dizer: os adquirentes das unidades imobiliárias de determinada obra e os credores daquela obra devem obter a satisfação dos seus direitos com as receitas do empreendimento e, por outro lado, não sofrem os efeitos dos desequilíbrios do patrimônio geral do incorporador, nem são contaminados por eventual insucesso de outros empreendimentos do mesmo incorporador, porque os compromissos de cada empreendimento afetado devem ser atendidos pelas suas receitas próprias.

De fato, o avanço legislativo representado pelo patrimônio de afetação, que trouxe maior segurança jurídica inclusive para as instituições financeiras, movimentou e aqueceu o mercado, gerando seu fortalecimento e crescimento. Porém, no tocante às questões relativas à recuperação, pelos adquirentes, das obras paralisadas por inadimplemento do incorporador, ainda persistiam inúmeras dificuldades ao exercício desses direitos.

Como já foi dito, apesar de constar expressamente do artigo 50 da Lei nº 4.591/1964 que seria eleita uma comissão de representantes, em assembleia geral, composta de três membros, pelo menos, escolhidos entre os adquirentes, para representá-los perante o construtor ou, no caso do art. 43, o incorporador, em tudo o que interessasse ao bom andamento da incorporação, e, em especial, perante terceiros, para praticar os atos resultantes da aplicação dos arts. 31-A a 31-F, não havia qualquer fixação de responsabilidade para convocação da assembleia, nem prazo fixado para esse fim. Dessa forma, o que se verificou foi a não criação das comissões de representantes.

O artigo 49 da Lei 4.591/1964, estabelece que:

> Os contratantes da construção, inclusive no caso do art. 43, para tratar de seus interesses, com relação a ela, poderão reunir-se em assembleia, cujas deliberações, desde que aprovadas por maioria simples dos votos presentes, serão válidas e obrigatórias para todos eles salvo no que afetar ao direito de propriedade previsto na legislação.

Como se verifica, o exercício dos direitos dos adquirentes em relação à construção e incorporação, nos casos de obras paralisadas pelo incorporador, art. 43 III e VI e 31-F, só pode ser exercido de forma coletiva. Para tanto, é imprescindível que tenham o conhecimento de quem são os adquirentes das unidades comercializadas. Como nessas situações, quase sempre o incorporador se negava a prestar essas informações, inexistindo uma comissão eleita tornava-se muito difícil a prática desse direito.

Outras situações que dificultavam a concretização dos direitos previstos no artigo 31-F da Lei nº 4.591/1964, além da obtenção da lista de adquirentes, para realizar assembleia de eleição da Comissão e destituição do incorporador, ou deliberação pelo prosseguimento das obras/liquidação do patrimônio de afetação eram: a) obtenção das informações técnicas e financeiras da incorporação para auditoria; b) averbação da ata de destituição nos Cartórios de Registro de Imóveis ante a falta de norma legal uniformizando os requisitos para esse ato; c) obtenção da imissão na posse do canteiro de obras para perícias e para o próprio prosseguimento de obra; d) criação de pessoa jurídica com obtenção junto à Receita Federal de CNPJ para o exercício das atividades financeiras inerentes ao prosseguimento das obras; e) relutância e demora do judiciário no deferimento de pedidos tais como exibição de documentos, imissão na posse e outros, ante a falta de previsão legal.

Os entraves descritos geravam para os adquirentes a necessidade de obtenção de tutela jurisdicional para a proteção e efetividade de seus direitos, demandando ações que por vezes demoravam anos para uma tutela definitiva.

Ocorre que o espírito da Lei 4.591/1964 é a celeridade dos atos para a retomada das obras, sua desburocratização e, especialmente, sua extrajudicialização, para possibilitar uma retomada imediata da obra pelos adquirentes, visando à diminuição dos prejuízos que são gerados com a paralisação da edificação. Tanto que o legislador prevê em seu artigo 63 uma forma de execução extrajudicial, através de leilão, para a cobrança da inadimplência, gerando rapidez na reposição do custeio de obra das unidades, que respondem pelo débito do adquirente.

Mais uma vez verificava-se a necessidade de uma mudança legislativa que viesse aprimorar a defesa dos direitos e interesses dos adquirentes de imóveis na planta e essa evolução veio em junho de 2022, por meio da Lei nº 14.382, que altera de forma muito importante os artigos 50 e 43 da Lei nº 4.591/1964.

3. Normas de proteção aos adquirentes de imóveis na planta – evolução legislativa com a Lei 14.382 de 22 de junho de 2022

A entrada em vigor da Lei 14.382/2022 representa um marco evolutivo tanto para o direito imobiliário, quanto, de forma especial, para o direito registral e notarial. Toda a sociedade ganha com as inovações encartadas nas normas dessa legislação. Ganhamos em segurança jurídica, em desjudicialização, em transparência. São tantos os aspectos inovadores e dignos de relevância que precisamos ressaltar que, neste trabalho, fazemos um recorte exclusivamente quanto às alterações dos artigos 50 e 43 da Lei 4.591/1964.

As alterações mais relevantes em relação à proteção dos direitos dos adquirentes, introduzidos pela Lei nº 14.382/2022 são: a) extensão dos benefícios do patrimônio de afetação para incorporações não afetadas; b) criação da obrigação para o incorporador de convocação da assembleia para a constituição da comissão de representantes, estabelecendo prazo para sua realização; c) supressão de lacunas da lei quanto a entrega de documentos, imissão na posse do imóvel e requisitos para a averbação da destituição do incorporador, que reduzirão a necessidade de ações judiciais, dando efetividade e celeridade a todo o processo de retomada das obras.

3.1 – Comissão de representantes – art. 50 da Lei 4.591/1964, com as alterações da Lei 14.382/2022

> Será designada no contrato de construção ou eleita em assembleia geral a ser realizada por iniciativa do incorporador no prazo de até 6 (seis) meses, contado da data do registro do memorial de incorporação, uma Comissão de Representantes composta por, no mínimo, 3 (três) membros escolhidos entre os adquirentes para representá-los perante o construtor ou, no caso previsto no art. 43 desta Lei, o incorporador, em tudo o que interessar ao bom andamento da incorporação e, em especial, perante terceiros, para praticar os atos resultantes da aplicação do disposto nos art. 31-A a art. 31-F desta Lei.

Após quase 60 anos de existência da Lei de Condomínio e Incorporações, somente agora o legislador fixou a responsabilidade do incorporador para a realização da assembleia de eleição da comissão de representantes, bem como fixou o prazo para que seja convocada. Também, não fez distinção se a incorporação teve ou não a averbação da afetação patrimonial, ou seja, essa obrigação se estende a todas as incorporações.

Quanto ao prazo de até seis meses, contados da data do registro do memorial de incorporação, entendemos que, havendo a fixação do prazo de carência, previsto no artigo 34 dessa Lei, o prazo para a realização da assembleia de eleição da comissão de representantes seria logo ao término do prazo de carência, com a consolidação da incorporação.

A obrigatoriedade legal de constituição da comissão de representantes dos adquirentes para fiscalização e, em situações excepcionais, gestão da incorporação, mesmo não afastando todos os riscos de insucesso dos projetos imobiliários, representa um grande aperfeiçoamento do sistema, para possibilitar o acompanhamento das obras por seus adquirentes, auxiliando na prevenção de práticas que comprometam a sua conclusão.

As empresas incorporadoras movimentam um volume muito grande de recursos financeiros de terceiros, adquirentes de imóveis em construção e instituições financeiras. A realização de um projeto imobiliário envolve milhões de reais e esses recursos normalmente são obtidos por meio de financiamento à produção e do pagamento, pelos adquirentes, de seus contratos de aquisição, durante a construção. Apesar de movimentar recursos por vezes maiores que alguns bancos, as incorporadoras não têm um órgão específico de regulação e fiscalização, a exemplo dos bancos, que são regulados e fiscalizados pelo Banco Central, ou as seguradoras, que são reguladas e fiscalizadas pela SUSEP, Superintendência de Seguros Privados. A legislação pátria delega essa fiscalização às instituições financeiras que, para liberar as parcelas do financiamento, fiscalizam a evolução das obras e para os próprios adquirentes, por meio do acompanhamento pela comissão de representantes, na forma prevista na lei.

A atuação da comissão de representantes tem duas fases distintas, a primeira, junto ao incorporador, de acompanhamento e fiscalização da evolução da obra de acordo com seu cronograma físico-financeiro, e a segunda, nas hipóteses de paralisação injustificada das obras por mais de

30 dias, destituição ou falência do incorporador, quando assume a gestão da incorporação para, cumprindo deliberação da assembleia geral, promover a conclusão das obras ou liquidação do patrimônio de afetação.

1ª Fase – Fiscalização – Na fase de fiscalização e acompanhamento da evolução da obra, a Lei 4.591/1964 municia a comissão de representantes de elementos para o exercício de sua função, estabelecendo, no artigo 43, inciso I, alínea "a", que o incorporador deverá encaminhar à comissão, a cada três meses, o demonstrativo do estado da obra e de sua correspondência com o prazo pactuado para entrega do conjunto imobiliário. Essa obrigação já estava prevista também no artigo 31-D, inciso IV, para as incorporações com patrimônio afetado. Agora, com a entrada em vigor da Lei 14.382/2022, estende-se a todas as incorporações.

Ora, sendo a comissão composta por adquirentes, em sua maioria sem conhecimento necessário para essa análise técnica, o legislador incluiu no artigo 31-C a faculdade de contratação, tanto pela comissão de representantes, quanto pela instituição financiadora, de pessoa física ou jurídica para fiscalizar e acompanhar o patrimônio de afetação. Entendemos que esse direito se estende também às comissões das incorporações não afetadas pelo incorporador. No exercício dessa fiscalização, tanto a própria comissão, como quem por ela nomeado, deverão agir, segundo a lei, com zelo, dedicação e sigilo, no trato dessas informações.

Pois bem, apesar da possibilidade legal de contratação de técnico, pessoa física ou jurídica, para auxiliar a comissão na função de acompanhamento e fiscalização da construção, na realidade, resta um problema de difícil solução, que é o custeio dessa contratação. Quem deverá pagar por esse serviço? A comissão de representante é composta por adquirentes, que, sem qualquer remuneração, farão a doação de seu tempo para fiscalizar a evolução da construção do patrimônio coletivo. Assim, não é crível imaginar que ainda irão sustentar a contratação de profissionais para o auxílio nessa função. Uma alternativa a esse problema é apresentada no parágrafo terceiro do art. 31-C, que coloca à disposição da comissão o relatório ou parecer técnico contratado pela instituição financiadora, estabelecendo que esse fornecimento não caracteriza quebra do sigilo imposto pelo parágrafo segundo desse artigo. Dessa forma, havendo financiamento bancário, além do relatório fornecido pelo próprio incorporador a cada três meses, a comissão poderá contar, de forma complementar, e sem custos, com o relatório da gerenciadora contratada pela instituição financeira, para o exercício de sua função de fiscalização.

Na fase de fiscalização, encontrando a comissão inconsistências nas informações prestadas, a legislação lhe assegura, como também à pessoa por ela nomeada, conforme previsto no inciso VII do artigo 31-D, o livre acesso à obra, bem como aos livros, contratos, movimentação da conta de depósito exclusiva referida no inciso V deste artigo e, ainda, a quaisquer outros documentos relativos ao patrimônio de afetação. Dessa forma, poderá a comissão, constatando irregularidades, tomar todas as medidas preventivas que se fizerem necessárias à proteção do patrimônio de afetação, em especial, de sua finalidade social, que é a conclusão das obras e entrega das unidades prontas aos adquirentes.

2ª Fase – Gestão – Nas hipóteses previstas nos artigos 31-F e 43, III e VI, da Lei de Condomínio e Incorporações (falência e destituição do incorporador), as alterações introduzidas pela Lei 14.382/2022 vieram suprir lacunas e sanar dúvidas que anteriormente demandavam longas medidas judiciais, representando um aperfeiçoamento legislativo que em muito auxilia o exercício dos direitos dos adquirentes na retomada das obras paralisadas.

O artigo 43 da Lei 4.591/1964 disciplinou a forma de obtenção das informações relativas ao rol dos adquirentes dos imóveis, estabelecendo a obrigação do incorporador de sua entrega, quando solicitado pela comissão. Com o rol dos adquirentes, a comissão passa a ter os meios de convocação de assembleias, inclusive para as deliberações de destituição do incorporador inadimplente e constituído em mora na forma do seu inciso VI, ou sobre o prosseguimento das obras em caso de falência, conforme o inciso III. Disciplinou ainda, o artigo, os requisitos para o registro da ata de destituição junto ao Cartório de Títulos e Documentos, para posterior averbação junto ao Cartório de Registro de Imóveis. Essa averbação gera uma notificação do Oficial Registrador para o incorporador destituído, fixando o prazo de 15 dias para que ele: a) entregue à comissão a documentação inerente à incorporação (plantas, projetos, alvarás, documentação fiscal e tributária, contratos, entre outros); b) promova a imissão da comissão na posse do imóvel e c) comprove a quitação das quotas de construção de sua responsabilidade (estoque) a que se referem o § 5º do art. 31-A e o § 6º do art. 35 ou efetive o pagamento das quotas que estiverem pendentes, de modo a viabilizar a realização da auditoria a que se refere o art. 31-C.

A inclusão do inciso II, ao parágrafo terceiro do artigo 43, pacifica no judiciário o entendimento sobre a extensão dos direitos da comissão de representantes após a averbação da ata de destituição do incorporador na matrícula do imóvel, ou, ainda, após a decisão pelo prosseguimento das obras em casos de falência deste, solucionando o problema de decisões pouco técnicas que não reconheciam os direitos dos adquirentes, visto não estarem expressos na norma legal de forma tão clara.

A partir da nova Lei, mesmo que o incorporador desatenda a notificação do Oficial Registrador, no prazo fixado, para a entrega de documentos e imissão na posse, poderá a comissão tomar as medidas judiciais cabíveis, com pedidos em caráter liminar ou de tutela antecipada, tendo como embasamento legal o próprio texto da lei, que dispõe:

> Art. 43, § 3º – A ata de que trata o § 2º deste artigo, registrada no registro de títulos e documentos, constituirá documento hábil para:
> II – implementação das medidas judiciais ou extrajudiciais necessárias: a) à imissão da Comissão de Representantes na posse do empreendimento; b) à investidura da Comissão de Representantes na administração e nos poderes para a prática dos atos de disposição que lhe são conferidos pelos arts. 31-F e 63 desta Lei; c) à inscrição do respectivo condomínio da construção no CNPJ; d) quaisquer outros atos necessários à efetividade da norma instituída no caput deste artigo, inclusive para prosseguimento da obra ou liquidação do patrimônio da incorporação.

Como se verifica, essa atualização legislativa trouxe esclarecimentos sobre os direitos dos adquirentes e sobre os poderes e a atuação da sua comissão de representantes promovendo, em grande escala, a segurança jurídica dos atos por ela praticados, tirando do judiciário muitas ações que antes demandavam vários anos até sua conclusão e aumentavam exponencialmente o prejuízo gerado pelas obras paralisadas.

Conclusões

A atividade da incorporação imobiliária tem muito espaço para crescimento em um País que convive com grande déficit habitacional, que se estende desde a completa falta de moradia, à moradias inadequadas, seja pela falta de estrutura urbana de saneamento básico, seja por insegurança edilícia, como temos visto noticiado na imprensa, com desabamentos de construções clandestinas, que não cumprem a lei, causando perdas de vida.

Nesse cenário, o desenvolvimento da atividade de incorporação é essencial para impulsionar o progresso do País, com melhora na qualidade de vida daqueles que adquirem um imóvel, seja para moradia, seja outros usos.

O que constatamos, especialmente a partir da introdução no ordenamento jurídico do patrimônio de afetação e, mais recentemente, das alterações trazidas pela Lei 14.383/2022, é uma grande melhora de todo o arcabouço jurídico, com regras mais claras e adequadas, gerando um ambiente de negócios com maior segurança para todos e em especial para os adquirentes de imóveis na planta.

As dificuldades no exercício do direito pelos adquirentes, que se veem em caso de inadimplência do incorporador, ainda são grandes, no entanto, a legislação avança dispondo de forma coerente a defesa da função social da incorporação, priorizando o término das obras e a entrega dos empreendimentos, o que corresponde ao princípio norteador da criação da Lei 4.591/1964. Isso se identifica, em especial, ao aproximar as prerrogativas dos adquirentes em incorporações afetadas e não afetadas.

Entretanto, a falta de conhecimento, divulgação e orientação, especialmente quanto à constituição da comissão de representantes e sua função fiscalizadora, com o limite das responsabilidades de seus membros e a forma de exercício dessa fiscalização, pode levar a uma prática inadequada do instituto, como comissões sendo criadas somente para o cumprimento de imposições, especialmente do sistema financeiro, sem que os adquirentes tenham plena consciência de como executar a fiscalização que o cargo impõe.

Para que o sistema realmente funcione de forma adequada a proteger os interesses dos que aportam os recursos nas obras (adquirentes e instituições financeiras) essa fiscalização deveria ser feita, por órgãos especializados e não de forma precária pelos adquirentes, que não têm o conhecimento técnico necessário. Importante frisar que esse encargo não pode representar corresponsabilidade dos adquirentes com eventuais práticas irregulares do incorporador.

Referências

ABELHA, André; CHALHUB, Melhim Namem; VITALE JR, Olivar Lorena. *Lei do Sistema Eletrônico de Registros Públicos:* Comentada e Comparada. Rio de Janeiro: Forense, 2022.

AVVAD, Pedro Elias. *Direito imobiliário*: teoria geral e negócios imobiliários. 2. ed. Rio de Janeiro: Renovar, 2009.

CAMBLER, Everaldo Augusto. *Responsabilidade Civil na Incorporação Imobiliária.* 2. ed. São Paulo: Revista dos Tribunais, 2014.

CHALHUB, Melhim Namem. *Da Incorporação Imobiliária.* 6. ed. Rio de Janeiro: Forense, 2022.

CHALHUB, Melhim Namem. O Contrato de Incorporação Imobiliária sob a Perspectiva do Código de Defesa do Consumidor. *Revista de Direito Imobiliário.* v. 24, n. 50, p. 92–135, jan.-jun. 2001. p. 1-41.

FRANCO, João Nascimento. *Incorporações Imobiliárias.* 2. ed. São Paulo: Revista dos Tribunais, 1984.

GHEZZI, Leandro Leal. *A incorporação imobiliária à luz do código de defesa do consumidor e do novo código civil.* 2. ed. São Paulo: Revista dos Tribunais, 2011.

PEREIRA, Caio Mário da Silva. *Condomínio e Incorporações.* 11. ed. Rio de Janeiro: Forense, 2014.

PEREIRA, Caio Mário da Silva. *Instituições de Direito Civil*: Direitos Reais. 22. ed. Rio de Janeiro: Forense, 2014.

RIZZARDO, Arnaldo. *Condomínio Edilício e Incorporação Imobiliária.* 2. ed. Rio de Janeiro: Forense, 2012.

SILVA, José Marcelo Tossi. *Incorporação Imobiliária.* São Paulo: Atlas, 2010.